成都慈善档案选编

（1911—1951）

成都市社会福利和慈善事业发展中心
成都市档案馆
编

西南交通大学出版社
·成都·

图书在版编目（CIP）数据

成都慈善档案选编：1911—1951 / 成都市社会福利和慈善事业发展中心，成都市档案馆编. —成都：西南交通大学出版社，2020.10
ISBN 978-7-5643-7787-8

Ⅰ. ①成… Ⅱ. ①成… ②成… Ⅲ. ①慈善事业－史料－成都－1911-1951 Ⅳ. ①D632.1-09

中国版本图书馆 CIP 数据核字（2020）第 210228 号

Chengdu Cishan Dang'an Xuanbian（1911—1951）
成都慈善档案选编（1911—1951）
成都市社会福利和慈善事业发展中心
成都市档案馆
编

责任编辑	居碧娟
封面设计	原创动力
出版发行	西南交通大学出版社 （四川省成都市金牛区二环路北一段 111 号 西南交通大学创新大厦 21 楼）
发行部电话	028-87600564　028-87600533
邮政编码	610031
网　　址	http://www.xnjdcbs.com
印　　刷	成都市金雅迪彩色印刷有限公司
成品尺寸	185 mm × 260 mm
印　　张	14.25
字　　数	216 千
版　　次	2020 年 10 月第 1 版
印　　次	2020 年 10 月第 1 次
书　　号	ISBN 978-7-5643-7787-8
定　　价	168.00 元

图书如有印装质量问题　本社负责退换

《成都慈善档案选编（1911—1951）》编撰委员会

目录 | CONTENTS

第一篇 慈善政策法规 / 001

002 （一）成都市政府送市各慈善会关于抗战建国时期难童救济实施方案一案的训令及呈文

003 （二）成都市政公益券经理处送四川省会军事警察厅关于成都市区各慈善机关募捐一案的公函

004 （三）四川省政府送成都市政府关于寺庙兴办公益慈善事业的训令

005 （四）成都足球慈善赛筹备委员会送成都市政府关于举行足球慈善赛赈济学生医药及烈士家属生活费等情况的呈

007 （五）慈善团体组织章程

008 （六）教育部送四川省艺术专科学校关于捐资兴学褒奖条例并废止该条例补充办法一案的训令

010 （七）全国童子军救灾总动员办法

012 （八）四川省政府送成都市政府关于各医院派遣医生护士组建救护队慈善团体担负资金的训令

013 （九）社会救济法实施细则

016 （十）各地方慈善团体立案办法

018 （十一）慈善团体立案呈请书

020 （十二）成都市市立医院关于遵办救济贫苦产妇并照转保婴事务所办理婴儿救济一案的呈
022 （十三）成都市政公所送四川省会军事警察厅关于成都市慈善团体调查一案的训令
024 （十四）监督慈善团体施行规则草案

第二篇 主要慈善团体 / 025

026 （一）慈惠堂
051 （二）育婴堂
061 （三）女婴教养所
071 （四）普济堂
077 （五）寄宇养老院
083 （六）瞽童教养所
096 （七）培根火柴厂
104 （八）正心堂慈善会
112 （九）萃杰堂慈善会
120 （十）中西组合慈善会
137 （十一）成都红十字会
149 （十二）明声聋哑学校
159 （十三）战时儿童保育院
165 （十四）成都义仓委员会

第三篇 其他慈善团体与慈善活动 / 171

172 （一）成都市各个慈善会名称、地址等简要情况表

182 （二）华洋义赈会拟在成都设立华洋义赈分会商议的邀请函

183 （三）世界红卍字会成都分会成立慈幼院的申请

184 （四）世界红卍字会成都慈幼院简章

185 （五）成都市善团联合会章程

188 （六）成都市善团联合会职员简明履历表

189 （七）成都市善团联合会会员名册

190 （八）崇伦堂十全慈善会职员合影

191 （九）成都市崇伦慈善会各职员就职纪念照片

192 （十）私立慈善第一小学校学生邓天旭的毕业证书

193 （十一）四川省会慈善救济会第一小学校学生张全懋的毕业证书

194 （十二）成都县知事游

195 （十三）宝筏慈善会公益慈善团体执照

196 （十四）胡长兴请求慈善救助申请

197 （十五）第二游民教养所暂行每周日课表

198 （十六）成都市政府第一游民教养所所长简历

199 （十七）成都市冬令救济委员会募捐启

200 （十八）洪裕成捐款办善事证明书

201 （十九）成都市两仪慈善会女会员名册

202 （二十）成都市两仪慈善会历年所办十全善务简明表

204 （二十一）临时施粥流水簿

205　（二十二）成都市孝德慈善会组织章程
207　（二十三）孝德慈善会财产目录
208　（二十四）成都市玉参慈善会章程
209　（二十五）与人同慈善会调查表
210　（二十六）成都市玉参慈善会成都市政府关于填发证明书以便豁免赋税的呈文及批示
211　（二十七）成都市政府送成都基督教女青年会关于该会向政府呈请捐赠电影票一事的批示
212　（二十八）四川省会疏散区西区儿童寄托所送成都市政府关于请求补发美国捐赠蓝布的呈
213　（二十九）集善公所办理急赈说明书
214　（三十）集善公所请求省会警察总厅维持赈灾现场秩序
217　（三十一）恤嫠会联合悦来茶社进行开演募捐
218　（三十二）四川省会慈善救济会贫民贷款所简章
220　（三十三）四川省赈济会徽章

第一篇 慈善政策法规

（一）成都市政府送市各慈善会关于抗战建国时期难童救济实施方案一案的训令及呈文

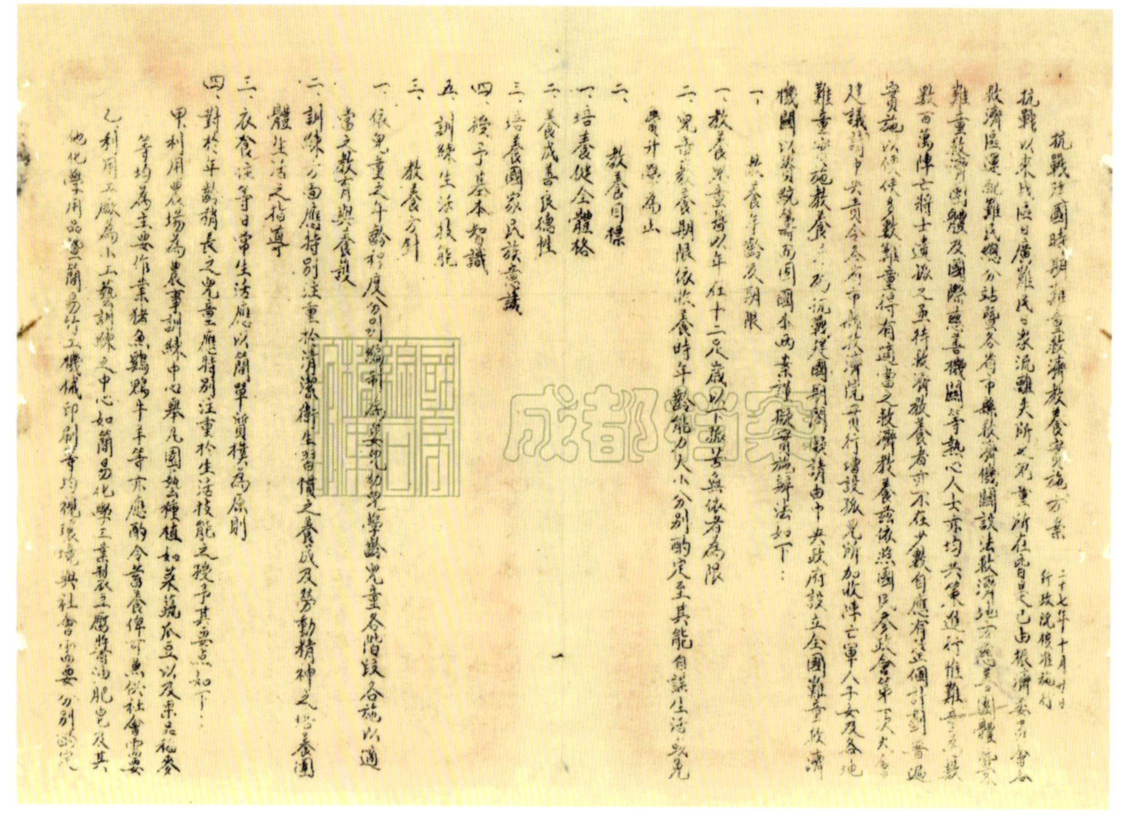

抗戰建國時期難童救濟教養實施方案

二十七年十月廿日行政院核准施行

抗戰以來戰區日廣難民日衆流離失所之兒童所在皆是已由振濟委員會及救濟區遷[illegible]難民總分站暨各省市縣救濟機關設法救濟地方慈善團體暨難童救濟團體及國際慈善機關等熱心人士亦均共策進行惟難童之數數百萬陣亡將士遺族之亟待救濟教養者亦不在少數自應有整個計劃普遍實施以使多數難童得有適當之救濟教養茲依照國民參政會第一次大會建議請中央責令各省市縣救濟院實行增設孤兒所加收陣亡軍人子女及各地難童實施教養之[illegible]為抗戰建國期間擬請由中央政府設立全國難童救濟機關以資統籌而固國本茲謹擬實施辦法如下：

一、教養年齡及期限

一、教養兒童暫以年在十二足歲以下孤苦無依者為限

二、兒童教養期限依收養時年齡能力大小分別酌定至其能自謀生活或兒童升學為止

二、教養目標

一、培養健全體格

二、養成善良德性

三、培養國家民族意識

四、授予基本知識

五、訓練生活技能

三、教養方針

一、依兒童之年齡程度分別編制為[illegible]學前兒童學齡兒童各階段各施以適當之教育與養護

二、訓練方面應特別注重於清潔衛生習慣之養成及勞動精神之培養團體生活之指導

三、衣食住等日常生活應以簡單質樸為原則

四、對於年齡稍長之兒童應特別注重於生活技能之授予其要點如下：

甲、利用農場為農事訓練中心舉凡園藝種植如菜蔬瓜豆以及果品秈麥等均為主要作業豬魚雞鴨牛羊等亦應酌令畜養俾可兼供社會需要

乙、利用工廠為小工藝訓練之中心如簡易化學工業制衣工廠肥皂油脂及其他化學用品暨簡易竹工機械印刷等均視環境與社會需要分別酌定

民国时期我国的儿童救济思想，经历了一个从传统到现代的转变过程，在继承传统“慈幼”思想的同时，引进了西方前卫的“救人救彻”思想，传统与西方的结合形成了当时独特的救济思想。这种转变是从国家社会满足儿童的基本生存需要开始的，遂逐步发展为从学理上懂得尊重儿童的生命潜能的过程。可以说，民国时期儿童救济思想的这种转变对于推动儿童福利事业起到了关键性作用。

在抗日战争期间，现代化的儿童救济思想基本形成，确定了政府应尽的社会职责，摆脱了传统社会自由施舍的慈善观念与放任态度，这是积极与进步的标志，逐渐将中国的儿童救济思想提升到“善生、善教、善养、善保”的新阶段。

难童救济是政府不可推卸的责任与义务，但是由于近代各届政府所处的特殊的时代背景，政府并没有尽到应有的义务，民间社会组织成了难童救济的主导。但是随着政府对于难童的重视，尤其到了抗战时期，国民政府对于难童救济设立了专门的行政机关，并且颁布了比较完善的政策法规，使得难童救济开始了从“社会为主、国家为辅”到“政府与社会互助合作”的转变。

（二）成都市政公益券经理处送四川省会军事警察厅关于成都市区各慈善机关募捐一案的公函

世界矫正处遇的雏形最早产生于中世纪后期欧洲先进国家英国、荷兰等。1555 年，英国伦敦最早建立了布赖德维尔贫民习艺所。1596 年，荷兰也建立了贫民习艺所阿姆斯特丹挫木厂，主要收容乞食者和流浪者等，目的是贫民救济和发展生产。后来由于贫困的犯罪者在收容者中占的比例越来越大，这类场所就逐渐成为刑事设施性质的惩治场所，以犯罪者的改善为目的的刑事设施就诞生了。

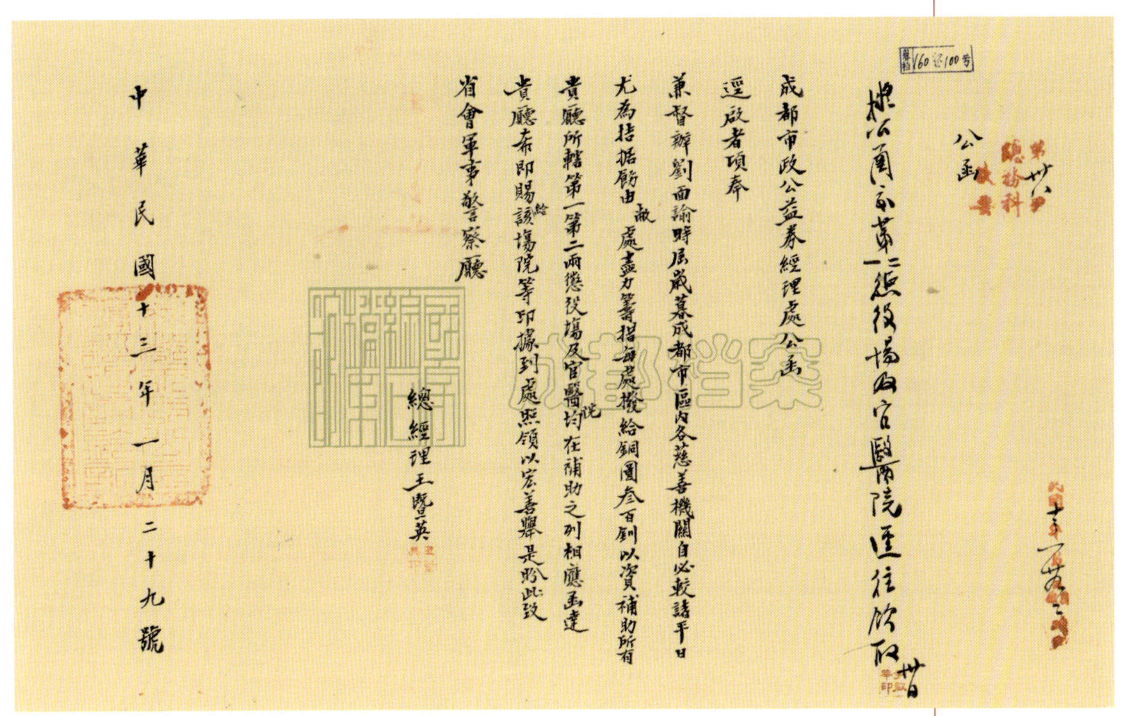

成都市政公益券經理處公函

逕啟者頃奉

兼督辦劉面諭時屆歲暮成都市區內各慈善機關自必較諸平日尤為拮据飭由敝處盡力籌措每處撥給銅圓叁百釧以資補助所有

貴廳所轄第一第二兩懲役場及官醫院均在補助之列相應函達

貴廳希即賜給該場院等収據到處照領以宏善舉是盼此致

省會軍事警察廳

總經理王鑒英

中華民國十三年一月二十九號

日本的刑务所制度开始于江户时代宽政二年（1790）的石川岛人足寄场，可认为是职业学习、利于生计的处遇制度的萌芽。中华民国成立后学习借鉴日本、法国、德国的法制，引入了“惩役场”作为对贫民犯罪者矫正处遇的模式。

该档案为民国 13 年（1924）由成都市政公益券经理处致省会军事警察厅的公函，其中建议将“第一第二两惩役场与官（办）医院”与“市区内各慈善机关”一视同仁都给予资金补助，充分体现了公益慈善理念与人道主义精神的融合。

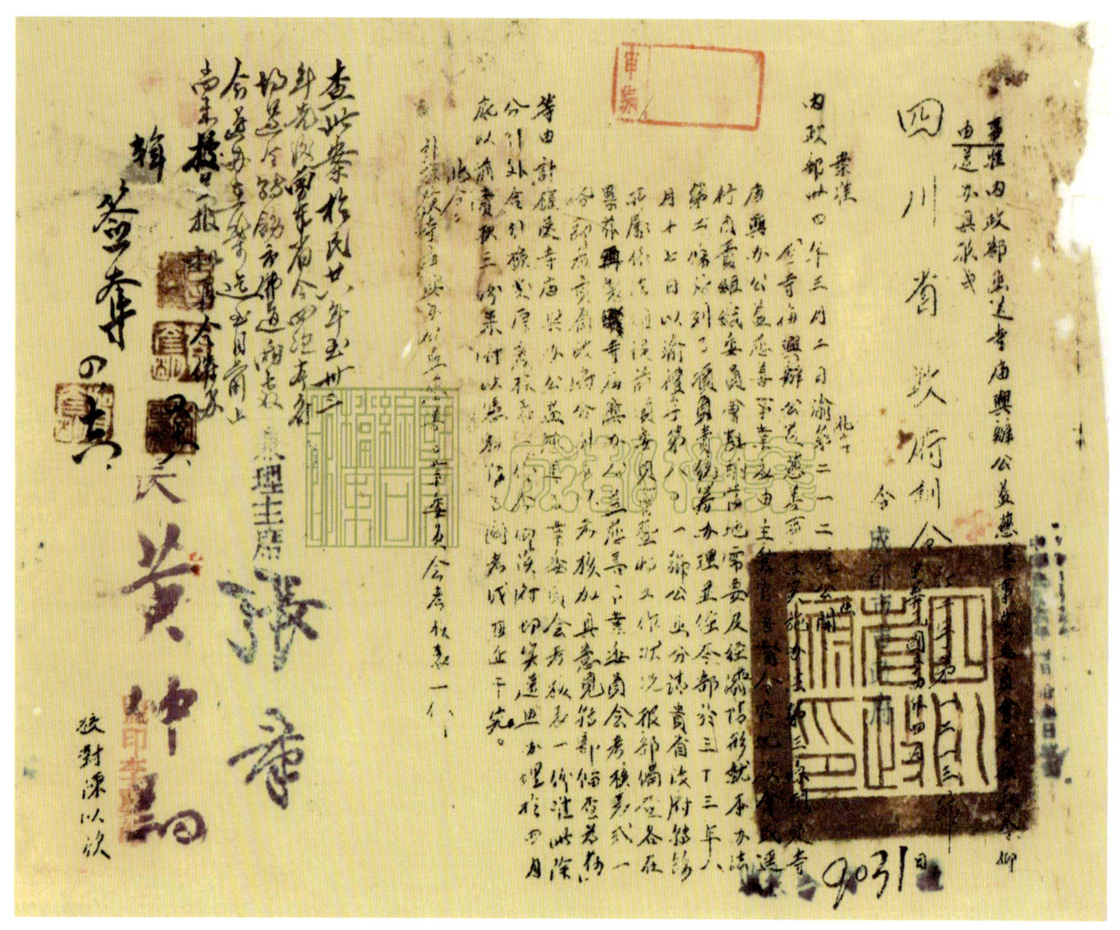

四川省政府训令

（三）四川省政府送成都市政府关于寺庙兴办公益慈善事业的训令

兴办慈善公益事业本是佛教僧众由内而外的自然行为，就中包含了佛教布施去执、普度众生等理念与修持。以政府的名义强行组织，遂使此一行为的性质发生了改变。加之某些地方政府的别有企图，此一《寺庙兴办慈善公益实施办法》便易成为他们侵损寺院财产的合法理由，与清末以来提产兴学、毁寺兴学的思路如出一辙，损害的不仅是广大佛教僧众的利益，更是千百年来佛教开展慈善公益活动的传统。

民国佛教慈善事业具有明显的时代印记，与明清佛教慈善活动完全不同，佛教慈善活动已由传统的“行善积德”逐渐过渡到了“服务社会”。但就实际效果来看，民国时期成都佛教慈善活动的点点滴滴，看似零碎无序，却带有很大的偶然性，对其条分缕析后能发现其复杂化、系统化、整体化的趋势，佛教慈善不仅承担了自身作为宗教团体需要为社会提供的宗教服务，而且承载了本应由国家政府负责的社会保障事务。

（四）成都足球慈善赛筹备委员会送成都市政府关于举行足球慈善赛赈济学生医药及烈士家属生活等情况的呈

20 世纪初，华西协中、华西协合大学先后开学，所在的校园分别被称为“华西后坝”和“华西前坝”。后坝的华西协中有协中足球场，协中的足球运动很快成长起来，水平也很高，在当时成都的各中学里无人能敌。1910 年开学的华西协合大学，在前坝拥有号称“东亚第一”的足球场。在华西坝，由教会学校外籍老师引入的足球成了当时最流行的体育运动。

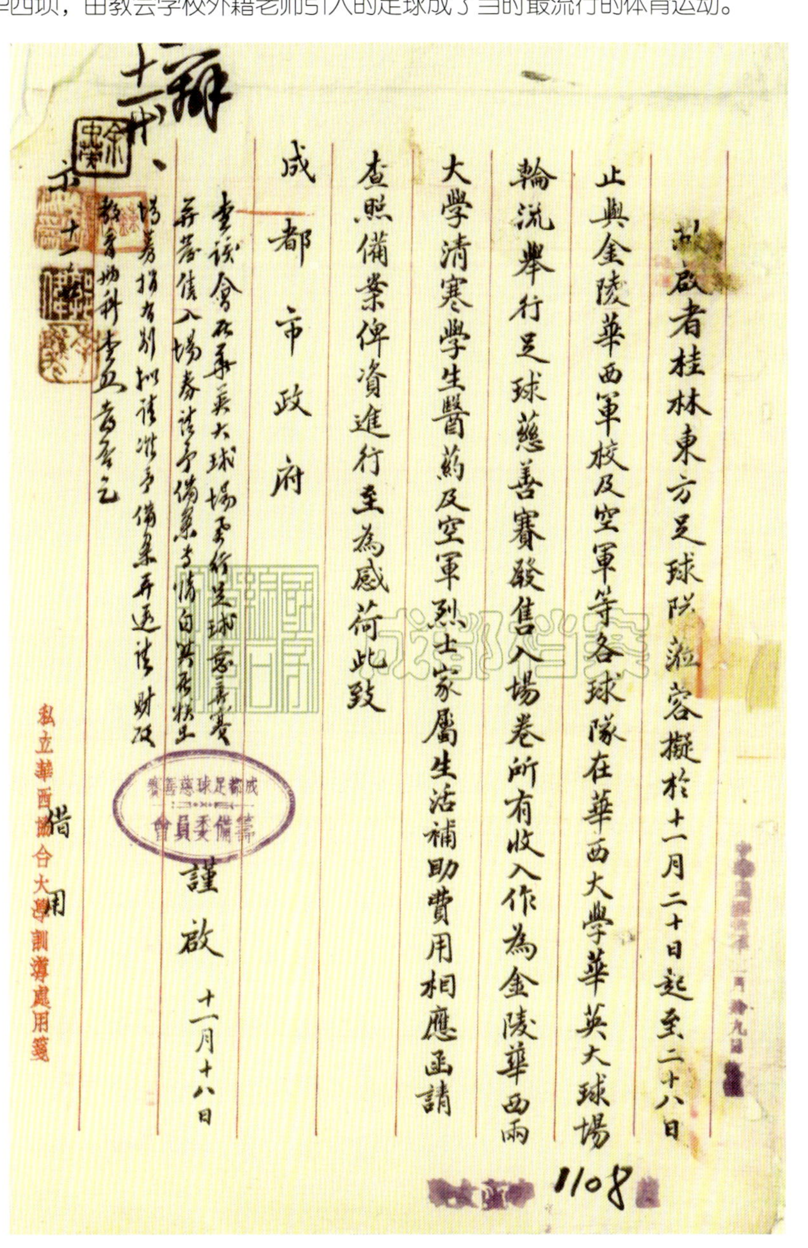
逕啟者桂林東方足球隊涖蓉擬於十一月二十日起至二十八日止與金陵華西軍校及空軍等各球隊在華西大學華英大球場輪流舉行足球慈善賽發售入場卷所有收入作為金陵華西兩大學清寒學生醫藥及空軍烈士家屬生活補助費用相應函請查照備案俾資進行至為感荷此致

成都市政府

成都足球慈善賽籌備委員會

謹啟

十一月十八日

私立華西協合大學訓導處用箋

1108

此档案揭示的历史是 1942 年 11 月，在华西协合大学华英大球场，由当时“中国球王”李惠堂率领的桂林东方足球队做客成都与金陵华西军校和空军等各足球队举办“成都足球慈善赛”，筹得善款用于资助华西协合大学和因抗战内迁成都的金陵大学两所大学的贫困学生医药及空军烈士家属抚恤，这是体育界和成都高校参与公益慈善活动的早期记录。

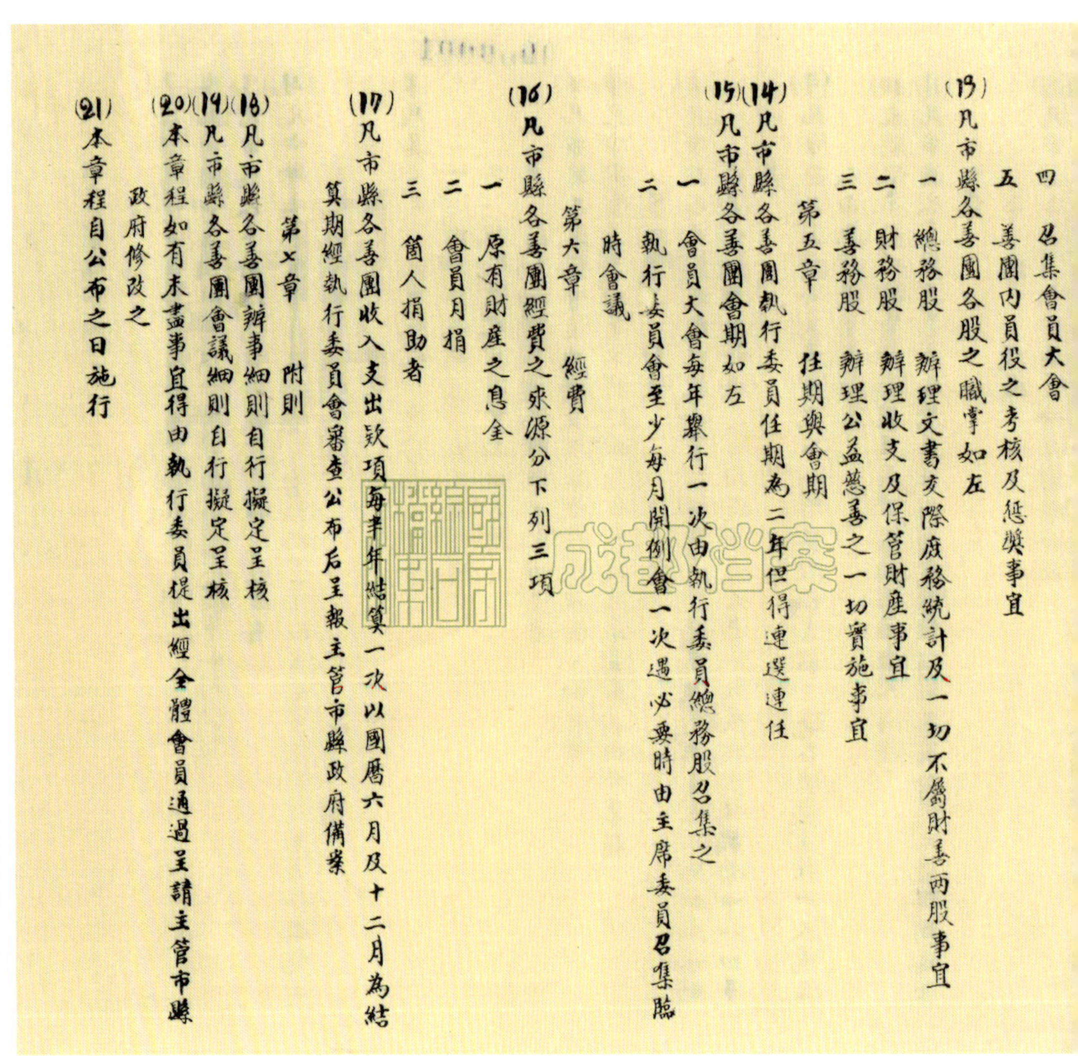
四　召集會員大會

五　善團内員役之考核及懲奬事宜

(13) 凡市縣各善團各股之職掌如左

一　總務股　辦理文書交際庶務統計及一切不屬財善兩股事宜

二　財務股　辦理收支及保管財產事宜

三　善務股　辦理公益慈善之一切實施事宜

第五章　任期與會期

(14) 凡市縣各善團執行委員任期為二年但得連選連任

(15) 凡市縣各善團會期如左

一　會員大會每年舉行一次由執行委員總務股召集之

二　執行委員會至少每月開例會一次遇必要時由主席委員召集臨時會議

第六章　經費

(16) 凡市縣各善團經費之來源分下列三項

一　原有財產之息金

二　會員月捐

三　個人捐助者

(17) 凡市縣各善團收入支出款項每半年結算一次以國曆六月及十二月為結算期經執行委員會審查公布后呈報主管市縣政府備案

第七章　附則

(18) 凡市縣各善團辦事細則自行擬定呈核

(19) 凡市縣各善團會議細則自行擬定呈核

(20) 本章程如有未盡事宜得由執行委員提出經全體會員通過呈請主管市縣政府修改之

(21) 本章程自公布之日施行

（五）慈善团体组织章程

民国时期慈善组织的发展呈现出不同以往的新特点：传统善堂善会依旧活跃、新兴慈善组织数量不断增加、跨区域的临时性救济组织增加等。但慈善组织在发展的过程中逐渐暴露出很多内部治理中存在的问题，比如治理混乱、账目不清、私吞公款等。

随着政府职能逐渐健全，相关管理法规相继出台，对于慈善组织的管理日渐强化；市场经济的兴起和发展为内部治理提供了更为优越的外部市场环境；社团的日渐完善为慈善组织的发展提供适宜的人文环境；会计师制度的兴起为慈善组织会计制度的制定和完善提供可能和参照。在此种情况下，对慈善组织进行治理，尤其是从慈善组织内部进行制度性的规范和根本性的治理就显得尤为必要。此档案卷宗便是民国时期成都市政府颁布的《慈善团体组织法》之《慈善团体组织章程》。

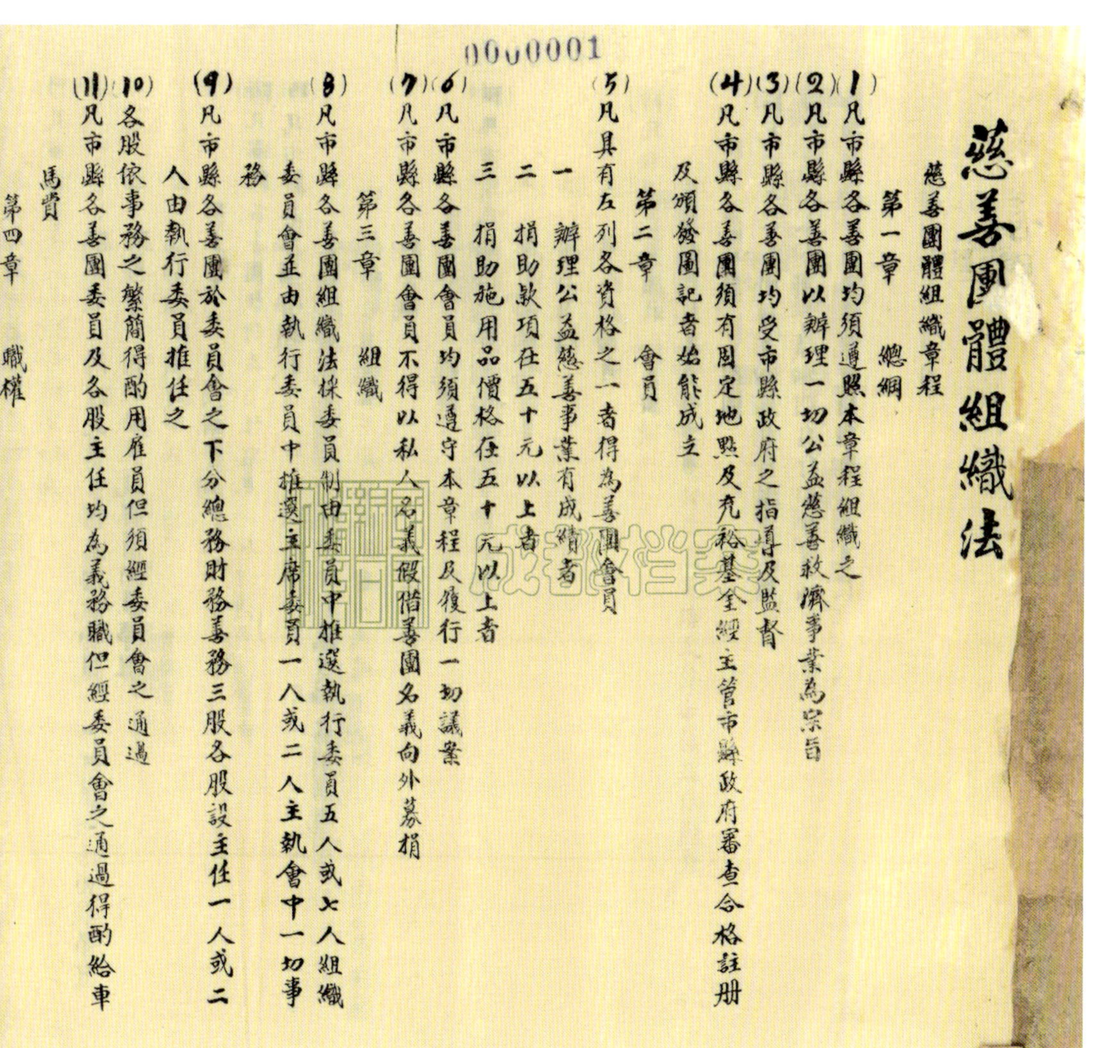

0000001

慈善團體組織法

慈善團體組織章程

第一章　總綱

(1)凡市縣各善團均須遵照本章程組織之

(2)凡市縣各善團以辦理一切公益慈善救濟事業為宗旨

(3)凡市縣各善團均受市縣政府之指導及監督

(4)凡市縣各善團須有固定地點及充裕基金經主管市縣政府審查合格註冊及頒發圖記者始能成立

第二章　會員

(5)凡具有左列各資格之一者得為善團會員

一　辦理公益慈善事業有成績者

二　捐助款項在五十元以上者

三　捐助施用品價格在五十元以上者

(6)凡市縣各善團會員均須遵守本章程及履行一切議案

(7)凡市縣各善團會員不得以私人名義假借善團名義向外募捐

第三章　組織

(8)凡市縣各善團組織法採委員制由委員中推選執行委員五人或七人組織委員會並由執行委員中推選主席委員一人或二人主執會中一切事務

(9)凡市縣各善團於委員會之下分總務財務善務三股各股設主任一人或二人由執行委員推任之

(10)各股依事務之繁簡得酌用雇員但須經委員會之通過

(11)凡市縣各善團委員及各股主任均為義務職但經委員會之通過得酌給車馬費

第四章　職權

（六）教育部送四川省艺术专科学校关于捐资兴学褒奖条例并废止该条例补充办法一案的训令

《捐资兴学褒奖条例》源自清朝，发展于民国。整个民国时期政府的财政可谓紧之又紧，即使经济得到发展，存在发展或恢复时间短、社会动荡等不利因素，没有足够的资金用于教育事业的发展，各大省城学校虽有政府资助，但县乡学校的发展举步维艰。因此，政府此时也必须采取其他的办法来筹集资金发展教育，鼓励民众捐资兴学成为一个选择。

乐善好施是中华民族自古以来流传的美德。明清时期，全国范围内的私人办学主要由官方倡导，个人或团体通过捐田、捐银、捐房等方式来

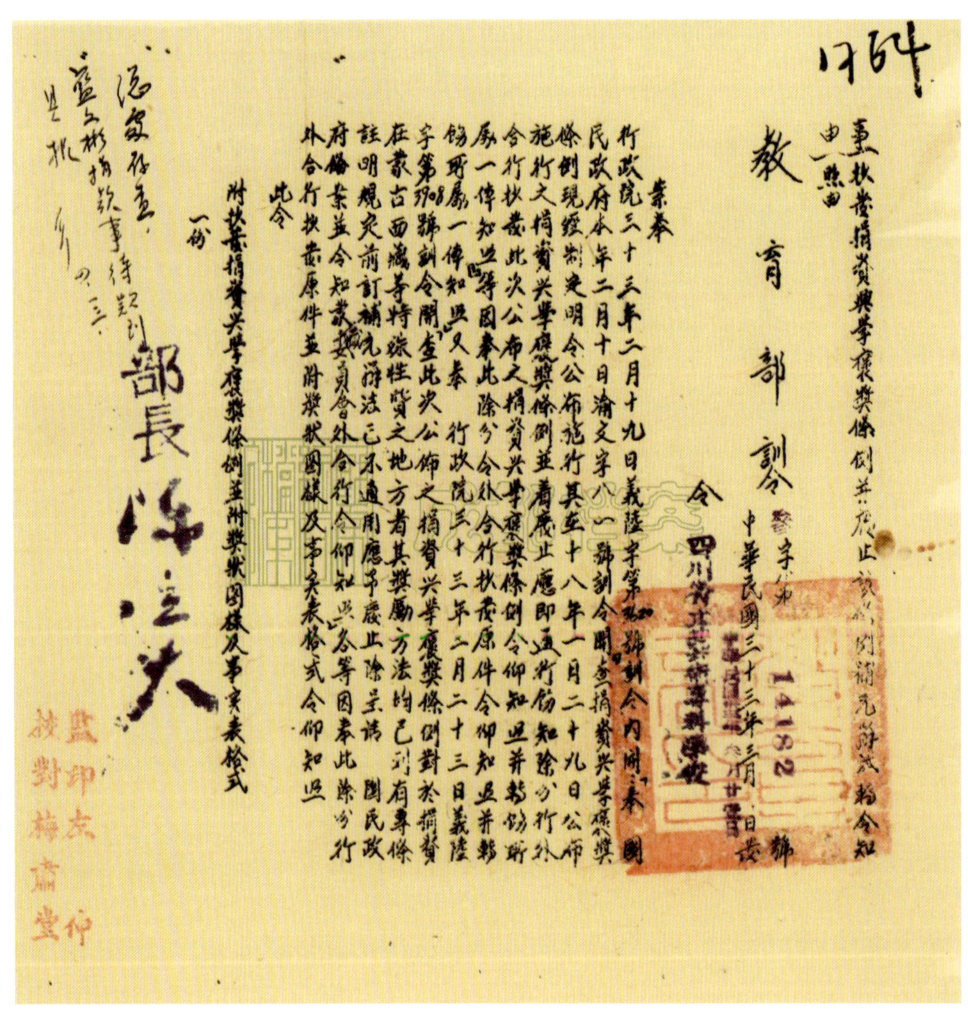
重抄發捐資興學褒獎條例並廢止該條例補充辦法令知

教育部訓令

令四川省立藝術專科學校

案奉

行政院三十三年二月十九日義陸字第　號訓令內開：「案奉國民政府本年二月十日渝文字八一號訓令開：查捐資興學褒獎條例現經制定明令公佈施行，其在十八年一月二十九日公佈施行之捐資興學褒獎條例並著廢止，應即通行飭知，除分行外，合行抄發此次公佈之捐資興學褒獎條例，令仰知照並轉飭所屬一體知照。等因。奉此，除分令外，合行抄發原件，令仰知照並轉飭所屬一體知照。」又奉

行政院三十三年二月二十三日義陸字第　號訓令開：「查此次公佈之捐資興學褒獎條例，對於捐資在蒙古西藏等特殊性質之地方者，其獎勵方法均已列有專條註明，規定前訂補充辦法已不適用，應予廢止。除呈請國民政府備案並令知蒙藏委員會外，合行令仰知照。」各等因。奉此，除分行外，合行抄發原件並附獎狀圖樣及事實表格式，令仰知照。

此令

附抄發捐資興學褒獎條例並附獎狀圖樣及事實表格式一份

部長 陳立夫

筹措经费。近代中国处于社会的转型时期，民族危机深重。面对这种情况，各界人士纷纷提出救国良策。兴办教育愈发为民众所重视，捐资兴学从家族教育开始扩散至社会教育。民众秉承中华传统道德恩泽后代、惠人济世的观念，家乡办学，这与浓厚的血缘关系和地域的家乡情怀密切相连。民国成立之际强邻环伺，民族危机激发了民众的自觉意识，使之成为联系国家命运的纽带，自我价值的实现、道德义务的履行成为捐资兴学的动力之源。

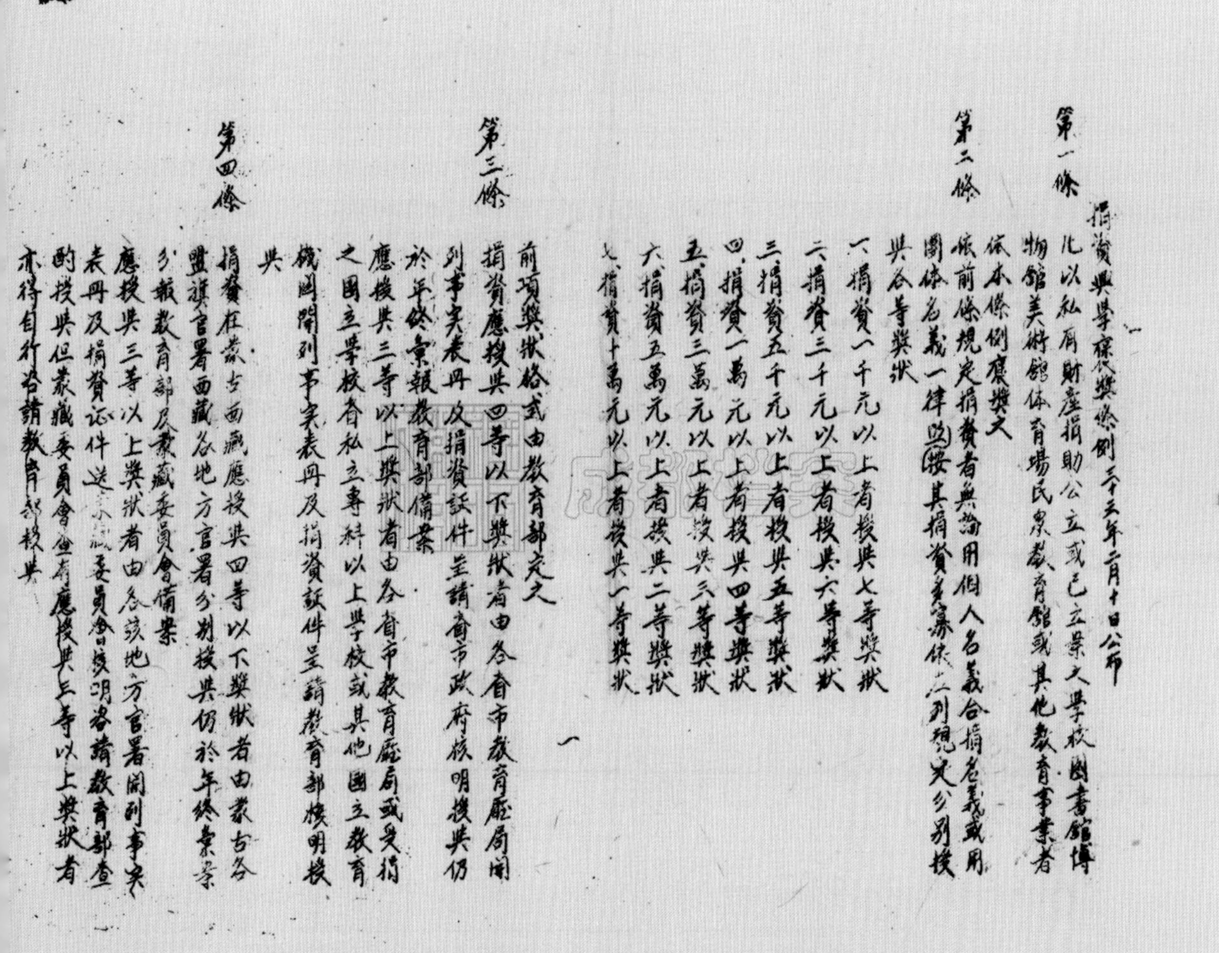

捐資興學褒獎條例 三十三年二月十日公布

第一條 凡以私有財產捐助公立或已立案之學校、圖書館、博物館、美術館、体育場、民衆教育館或其他教育事業者，依本條例褒獎之。

第二條 依前條規定捐資者，無論用個人名義、合捐名義或用團体名義，一律照其捐資多寡，依下列規定分別授與各等獎狀：
一、捐資一千元以上者授與七等獎狀
二、捐資三千元以上者授與六等獎狀
三、捐資五千元以上者授與五等獎狀
四、捐資一萬元以上者授與四等獎狀
五、捐資三萬元以上者授與三等獎狀
六、捐資五萬元以上者授與二等獎狀
七、捐資十萬元以上者授與一等獎狀

第三條 前項獎狀格式由教育部定之。捐資應授與四等以下獎狀者，由各省市教育廳局開列事實表冊及捐資證件，呈請省市政府核明授與，仍於年終彙報教育部備案。應授與三等以上獎狀者，由各省市教育廳局或受捐之國立學校、省私立專科以上學校或其他國立教育機關開列事實表冊及捐資證件，呈請教育部核明授與。

第四條 捐資在蒙古西藏應授與四等以下獎狀者，由蒙古各盟旗官署、西藏各地方官署分別授與，仍於年終彙案分報教育部及蒙藏委員會備案。應授與三等以上獎狀者，由各該地方官署開列事實表冊及捐資證件，送蒙藏委員會核明咨請教育部查酌授與，但蒙藏委員會查有應授與三等以上獎狀者，亦得自行咨請教育部核與。

（七）全国童子军救灾总动员办法

童子军作为 20 世纪曾经风靡于世界的青少年组织，最初是由英国的贝登堡提出，通过在野外进行一系列的游戏、训练活动来提高青少年的身体素质，完善青少年的人格，使他们长大后成为服务于社会、奉献于祖国的人才。民国初年童子军在我国建立，并且得到很大的关注，曾在我国广泛发展。

童子军在中国建立之后的一段时间内，四川也曾受到这一新式教育思潮的影响。在传入中国之初，四川就出现过童子军的萌芽，但是受到川内政治形势的影响，童子军并没有能够正式建立。直到民国 25 年（1936），全川高小一律实行童子军训练，于是才普遍建立了童子军团。但是在抗战时期，作为抗战的西南大后方，四川没有被日本侵略者直接占领，又有大量高校迁入，接受了更多的新思想，为童子军运动的发展提供了良好的契机，受到的影响也更为深远。

国民政府时期针对童子军的训练内容不仅使童子军具有更加完备的生活能力，也致力助其树立更加完整的人生观和世界观，使童子军具有良好的道德品行。正确的道德观不是在较短的时间内就能形成的，必须是在日常生活的点点滴滴之中完善的，在训练之中逐步完善道德观，能使童子军更好地为社会服务。此档案卷宗便是国民政府为鼓励童子军为主体的全国青少年参与抢险救灾、卫生防疫、赠衣施药等公益慈善活动而发布的《全国童子军救灾总动员办法》。

全國童子軍救災總動員辦法

甲、童子軍應做的工作：

(一)盡力捐施——節省零用，籌備金錢。

(二)募集現金——向親屬朋友及社會人士募捐。

(三)募集用品——募集衣服、糧食、用具、药品。

乙、童子軍團部的工作：

(一)督率童子軍實行救災總動員。

(二)開遊藝會或出售勞作品籌款。

(三)每週向上級機關報告並解送募集品。

丙、童子軍領導機關的工作：

(一)各省市理事會或省市党部負責徵集各團部所有捐款及物品轉呈童軍總會或逕送就近義賑會，一面并將辦理情形呈報童子軍總會備查。

(二)童子軍總會負宣傳此次救災總動員及收集捐款物品直接送施賑機關。

丁、災民童子軍的工作：

(一)自衛以外應協助軍警河工築堤搶險。

(二)注意公共衛生預防疾病並担任救護工作。

(三)救濟難民贈衣施食贈药並設法收容居住。

（八）四川省政府送成都市政府关于各医院派遣医生护士组建救护队慈善团体担负资金的训令

抗战时期，地处西南腹地的川西平原是中国的大后方，具有极其重要的战略地位。

从 1937 年 4 月开始，成都周边就建起许多空军基地，以备抗战。双流、新津、温江、邛崃、彭山、简阳等地开始新建或扩建飞机场。尤其太平洋战争爆发后，美国派出志愿航空队到中国战场，同时向中国提供航空设备。此时，在川西平原修建的机场，成为中美空军联手抗战的重要军事设施。

在川西平原建起的军用机场，为美国轰炸日本提供了隐蔽的大型前进基地。而在这背后，还有数以万计从双流、温江、新繁、邛崃、郫县征集而来的成都民工，凭血汗为抗战胜利铺平跑道。

本档案反映是民国 26 年（1937）因扩建成都飞机场（双桂寺机场今双流机场）征调民工四万多人，因需要配备相应的医疗诊治资源，由四川省政府责令成都市政府函请华西协合大学召集全市各大医院派遣医生及护士组建救护队，所需药费由市内各慈善团体联合承担，救护队人员均为义务参与，其住宿和交通由扩修机场工程处负责解决。

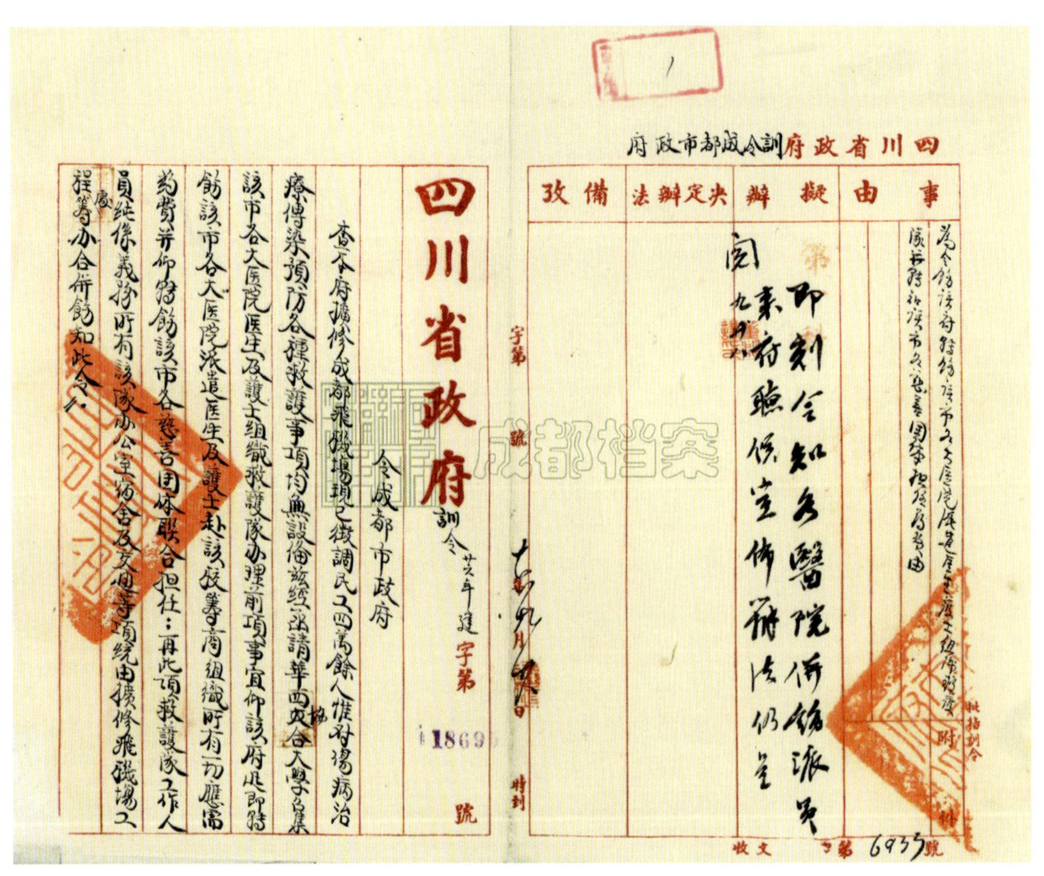
四川省政府训令成都市政府

事由 拟办 决定办法 备考

收文 字第 6933 号

四川省政府 训令 廿六年 建字第 1869 号

令成都市政府

查本府扩修成都飞机场，现已征调民工四万余人，惟对于伤病治疗、传染预防各种救护事项，均无设备。兹经函请华西协合大学召集该市各大医院医生及护士组织救护队办理前项事宜，仰该府即转饬该市各大医院派遣医生及护士赴该校筹商组织，所有一切应需药费，并仰转饬该市各慈善团体联合担任；再此项救护队工作人员纯系义务，所有该队办公室、宿舍及交通等项，统由扩修飞机场工程处筹办。合行饬知此令。

（九）社会救济法实施细则

社会救济法的颁布是民国时期社会救济事业最值得纪念的事情。抗战时期南京国民政府成立社会部，由社会部主管社会福利事业。

柯象峰在其《社会救济》中引用社会部施政报告谈道：“为确立社会救济制度，及奠定社会救济事业起见，社会救济法之订定，实有必要。盖以现代之社会救济，与往昔之慈善事业异趣，不仅图谋事后之救济，更当着重事前之预防，不仅解除受救济人之疾苦，更当扶助受救济人使能独立生活。故其观念并非慈善，而为政府对人民应尽之责任，其方针不重消极，而当趋于积极，此实现现代救济事业之新精神。本部施政，一本此精神，以建立新制度，并以新方法新技术切实推进。期树立今后救济事业之新基础，爰经拟订社会救济草案，初稿成于三十年，计分五章七十七条，举凡救济对象、救济设施、救济方法、救济费用以及救济行政等，均有明确规定。本部以兹事体大，复经参照现行社会救济法规，及我国实际情形详加研讨，并函邀各有关机关及专家会商修订完成。”

1943 年 9 月 29 日国民政府公布首部救济法《社会救济法》。该法规定了社会救济对象，包括：年在六十岁以上精力衰耗者、未满十二岁者、妊妇、因疾病伤害残废或其他精神上身体之障碍不能从事劳作者、因水旱或其他天灾事变致受重大损害或因而失业者、其他依法令应于救济者，上述各类如果因为贫穷导致没有能力生活的，可以依据《社会救济法》请求适当救济。当然，对于遭受非常灾变之灾民、难民，为之紧急救济，其受救济人不以前条所列者为限。就是说，社会上因为各种原因不能自养者都属于社会救济法所规定的救济对象，而且有权利依照社会救济法请求救济。救济设施主要是安老所、育婴所、育幼所、残废教养所、习艺所、妇女教养所、助产所、施医所以及其他以救济为目的设施。《社会救济法》要求各县市视实际需要及经济状况，依照本法分别举办这些救济设施，即各县市必须举办，但可以根据实际情况分别举办，而不一定全部举办；对于中央及省，亦得酌量办理，如果中央及各省设置救济院，应当在救济院内分办各种救济设施；对于乡镇，只是弹性规定，乡镇财力充裕者，亦得举办各种救济设施；对于团体个人，经过主管官署批准，团体、个人都可以举办各种救济设施。主管官署对于此类救济设施有视察、指导、责令改正的权力。

《社会救济法》所规定的救济设施的具体落实体现在《救济院规程》。1944 年 9 月行政院核准施行《救济院规程》，该规程总纲中规定了救济院的组织机构和院务程序。

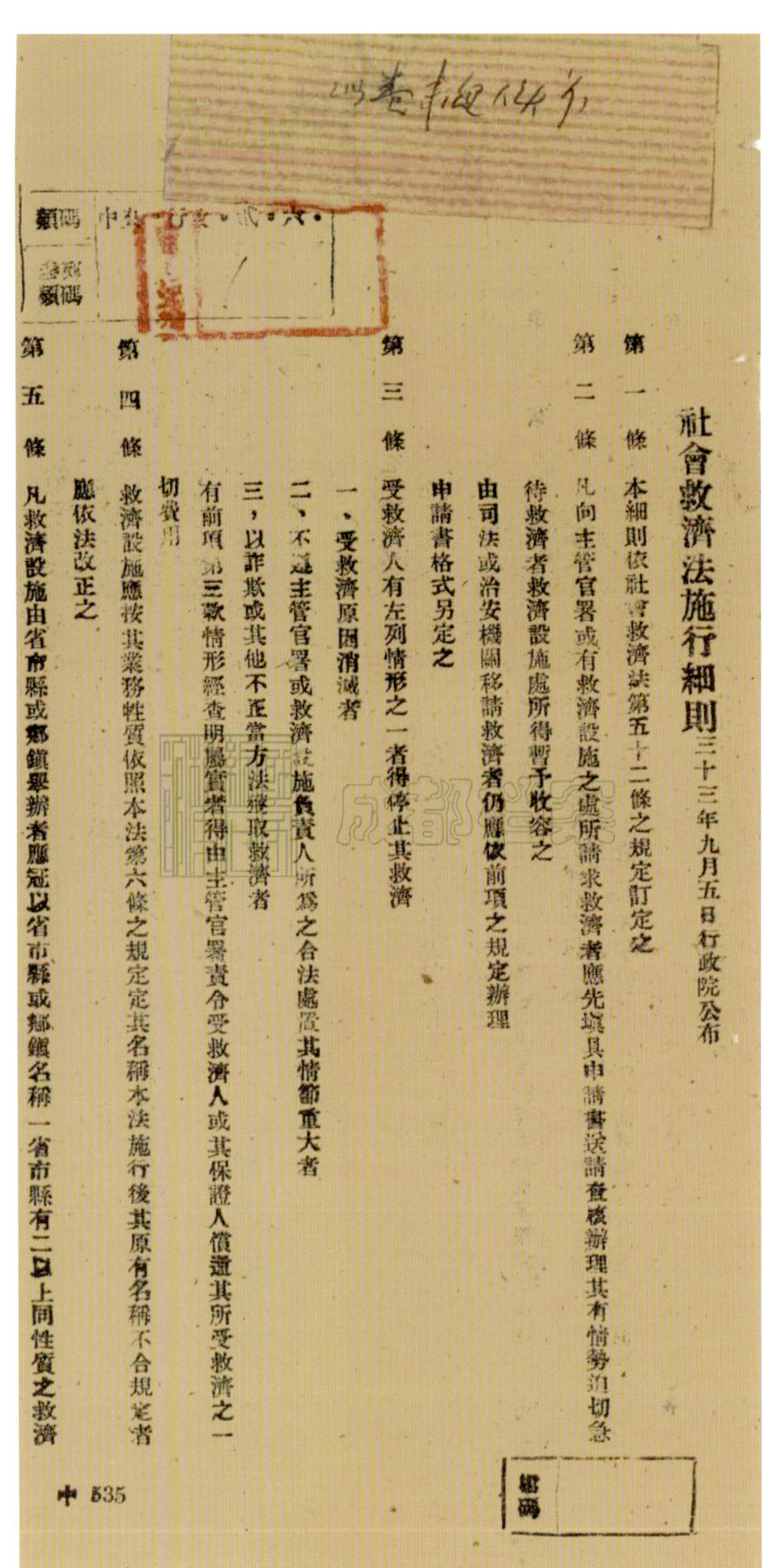

社會救濟法施行細則 三十三年九月五日行政院公布

第一條 本細則依社會救濟法第五十二條之規定訂定之

第二條 凡向主管官署或有救濟設施之處所請求救濟者應先填具申請書送請查核辦理其有情勢迫切急待救濟者救濟設施處所得暫予收容之

由司法或治安機關移請救濟者仍應依前項之規定辦理

申請書格式另定之

第三條 受救濟人有左列情形之一者得停止其救濟

一、受救濟原因消滅者

二、不遵主管官署或救濟設施負責人所為之合法處置其情節重大者

三、以詐欺或其他不正當方法獲取救濟者

有前項第三款情形經查明屬實者得由主管官署責令受救濟人或其保證人償還其所受救濟之一切費用

第四條 救濟設施應按其業務性質依照本法第六條之規定定其名稱本法施行後其原有名稱不合規定者應依法改正之

第五條 凡救濟設施由省市縣或鄉鎮舉辦者應冠以省市縣或鄉鎮名稱一省市縣有二以上同性質之救濟

中 535

救濟院規程

三十三年九月五日行政院公布

第一章 總綱

第一條 公立救濟院各種救濟設施依社會救濟法第六條之規定各省(市)縣(市)得視實際需要及經濟狀況次第設立之

私立救濟院至少有二種以上之救濟設施

第二條 公立救濟院置院長一人綜理院務副院長一人襄理院務均由主管官署遴選富有公正人士或訓練合格人員聘任之

私立救濟設施之業務主持人由創辦人或董事會推選其所屬工作人員由業務主持人聘派之並報請主管官署備案

第三條 公立救濟院得因事務繁簡分組辦事其分組辦法及職掌劃分由主管官署訂定之並呈報上級機關備案

每組設組長一人由院長遴請主管官署派任之

第四條 公立救濟院各所各設所長一人主辦各該所事務由院長遴請主管官署派任之

第五條 公立救濟院及各所得設幹事教師技士醫師助產士護士保育員辦事員助理員保姆及工役其名額由主管官署就業務需要擬呈上級機關核定之

前項人員由院長派任但教師技士醫師助產士護士保育員有數人時得指定一人為主任

第六條 縣(市)鄉鎮所設之公立救濟院院長得出席縣(市)鄉鎮會議

第七條 公立救濟院應按月舉行院務會議一次由院長副院長各所所長各組組長組織以院長為主席

第八條 公立救濟院得視業務需要設置各種委員會研討業務改進及專門問題其組織辦法由主管官署擬

（十）各地方慈善团体立案办法

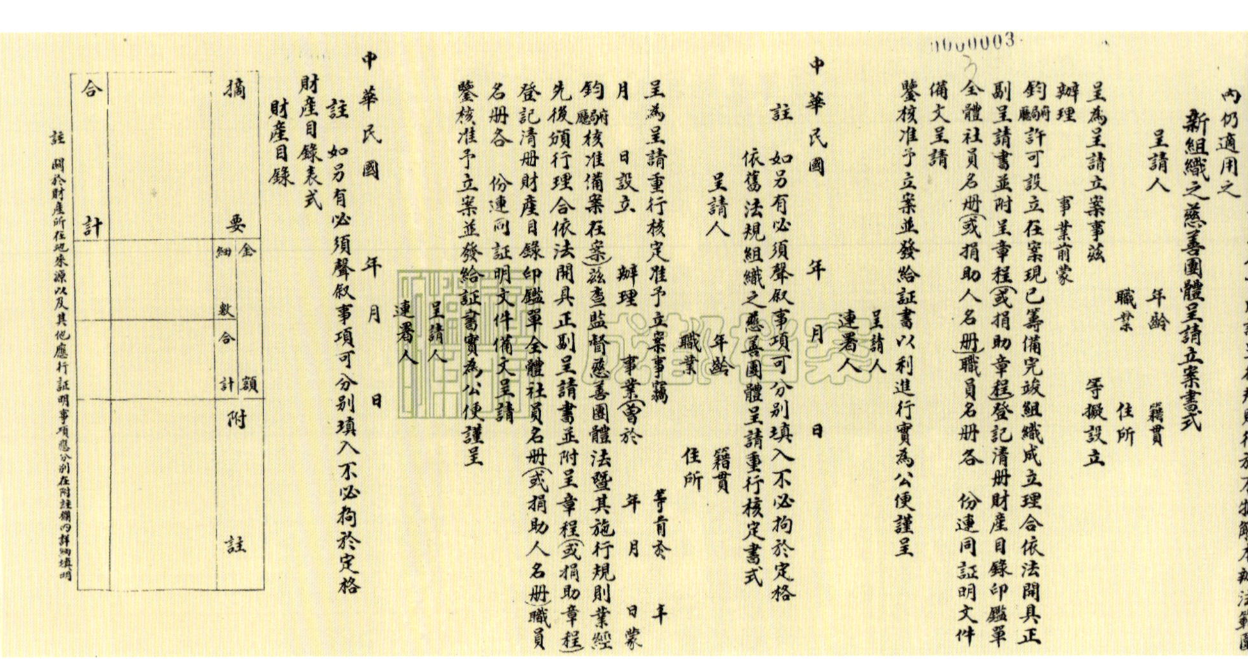

内仍適用之

新組織之慈善團體呈請立案書式

呈請人　年齡　籍貫

職業　住所

呈為呈請立案事茲　等擬設立

辦理　事業前蒙

鈞廳（府）許可設立在案現已籌備完竣組織成立理合依法開具正副呈請書並附呈章程（或捐助章程）登記清冊財產目錄印鑑單全體社員名冊（或捐助人名冊）職員名冊各　份連同證明文件備文呈請

鑒核准予立案並發給證書以利進行實為公便謹呈

呈請人

連署人

中華民國　年　月　日

註　如另有必須聲敘事項可分別填入不必拘於定格

依舊法規組織之慈善團體呈請重行核定書式

呈請人　年齡　籍貫

職業　住所

呈為呈請重行核定准予立案事竊　等前於　年　月　日設立　辦理　事業（曾於　年　月　日蒙

鈞廳（府）核准備案在案）茲查監督慈善團體法暨其施行規則業經先後頒行理合依法開具正副呈請書並附呈章程（或捐助章程）登記清冊財產目錄印鑑單全體社員名冊（或捐助人名冊）職員名冊各　份連同證明文件備文呈請

鑒核准予立案並發給證書實為公便謹呈

呈請人

連署人

中華民國　年　月　日

註　如另有必須聲敘事項可分別填入不必拘於定格

財產目錄表式

財產目錄

摘要	金額 細數	金額 合計	附註
合計			

註　關於財產所在地來源以及其他應行證明事項應分別在附註欄內詳細填明

0000002

各地方慈善團體立案辦法

一、各地方慈善團體依監督慈善團體法及監督慈善團體法施行規則第三條或第十三條向所在地主管官署呈請立案時依本辦法行之

二、慈善團體立案應由全體董事備具正副呈請書並附呈左列各文件

1、章程或捐助章程

2、登記清册

3、財產目録

4、印鑑單

5、全體社員名册或捐助人名册

6、職員名册

7、各項足資証明之文件

三、前項章程及登記清册所有記載事項應分別依照民法總則第四十七條第四十八條第六十條及第六十一條各規定辦理

四、各主管官署辦理慈善團體立案時應酌置左列各簿册

1、慈善團體登記簿　2、慈善團體登記收件存根册

3、慈善團體登記証書存根册　4、其他

五、慈善團體以事務所之設置或遷移立案事項之變更消滅或廢止為立案或為立案之更正及塗銷者應由董事向原立案官署聲請之

為前項聲請者應附具聲請事由之証明文件

六、各主管官署接受慈善團體立案呈請書後應即行立案其有須調查者應於兩星期內調查完畢但有特别事由者不在此限

七、各主管官署對於慈善團體之呈請查有違背法令及本辦法者應令其補正始行立案

八、各主管官署准許慈善團體立案後應即發給立案証書並公告之

九、慈善團體所附呈各項証明文件及其他應行發還之文件主管官署應蓋印並記載立案號數收件年月日收件號數後再行發還

十、主管官署立案完畢後發見立案有錯誤或遺漏時應即通知原立案慈善團體於指定期限内補正之

十一、慈善團體之主事務所或分事務所遷移至原立案官署管轄區域以外為遷移之立案者其原立案即行銷結立案証書應同時繳銷

十二、慈善團體經依法解散後原立案官署應即飭令繳銷其立案証書並公告之

十三、各地方慈善團體立案後主管官署應於三個月内依照監督慈善團體法施行規則第三條後半段之規定分别轉報内政部備

0000004

印鑑單式樣

團體名稱
印模

全體社員名册式樣

姓名	別號	年齡	籍貫	經歷	住所或通訊處	入社年月

捐助人名册式樣

姓名	別號	年齡	籍貫	經歷	住所或通訊處	捐助數額

職員名册式樣

姓名	別號	年齡	籍貫	職務	經歷	住所或通訊處

（十一）慈善团体立案呈请书

民国时期南京政府对慈善事业一直持扶持与监督并重的立场，对慈善团体的整顿监督制度也日渐成熟。南京政府一方面大力整顿旧有善堂、善会，积极鼓励社会各界捐资兴办社会公益慈善事业并将其纳入各级政府主管部门的统一管理和监督之下；另一方面也在加强规范和监督慈善团体的立法工作，将规范和监督慈善组织的运行纳入法制化轨道。南京政府先后制定与颁布了《管理私立慈善机关规则》（1928）、《各地方救济院规则》（1928）、《监督慈善团体法》（1929）、《监督慈善团体法实施规则》（1929）、《各地方慈善团体立案办法》（1932）、《中华民国红十字会管理条例》（1932）、《中华民国红十字会管理条例施

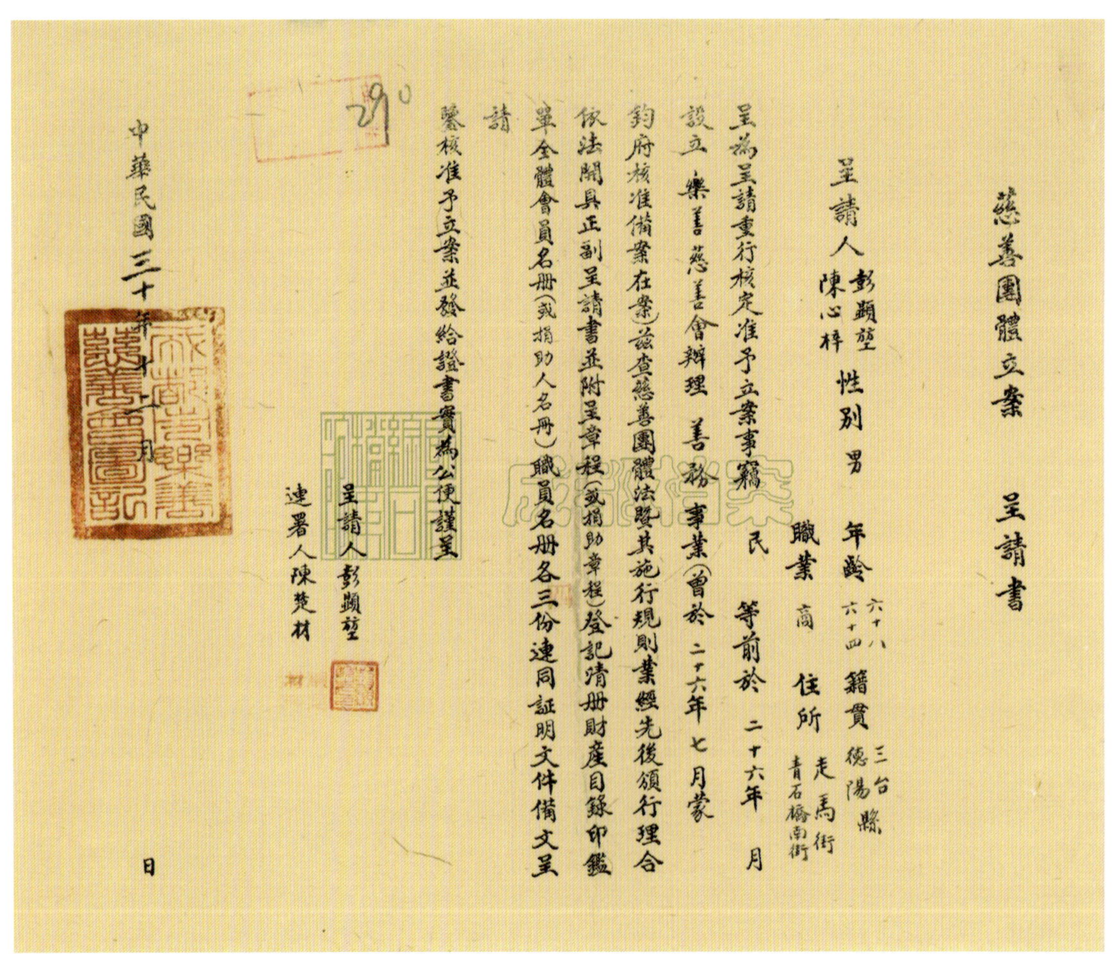
慈善團體立案 呈請書

呈請人 彭顯堃 陳心梓 性別 男 年齡 六十八 六十四 籍貫 三台 德陽 縣

職業 商 住所 走馬街 青石橋南街

呈為呈請查行核定准予立案事竊 民 等前於 二十六年 月

設立 樂善慈善會辦理 善務 事業（曾於 二十六年 七 月蒙

鈞府核准備案在案）茲查慈善團體法暨其施行規則業經先後頒行理合

依法開具正副呈請書並附呈章程（或捐助章程）登記清冊財產目錄印鑑

單全體會員名冊（或捐助人名冊）職員名冊各三份連同証明文件備文呈

請

鑒核准予立案並發給證書實為公便謹呈

呈請人 彭顯堃

連署人 陳楚材

中華民國 三十 年 十一 月 日

行细则》（1933）、《救济院规程》（1944）等法律、法规，使得转型期的中国慈善事业基本上有法可依，并在一定程度上促进和保障了慈善事业的健康发展。

南京政府制定的一系列监督法规除了明确慈善团体的特殊属性之外，也对慈善团体发起者、管理者的权力、职责以及运行过程做了全面系统的监控约束：严格监督慈善团体成立（立案）的审批程序、明确慈善团体的主体资格；对慈善团体发起捐助项目事前要严格审批过程必须公开透明，事后严格审计督查；健全慈善团体董事会、基金会等机构建设完善慈善团体内部管理和约束机制；在强化主管部门实施全程监督的同时，鼓励并吸收社会各界爱心人士加入慈善团体董事会、基金会，将慈善事业发展置于全社会的公众监督之下。

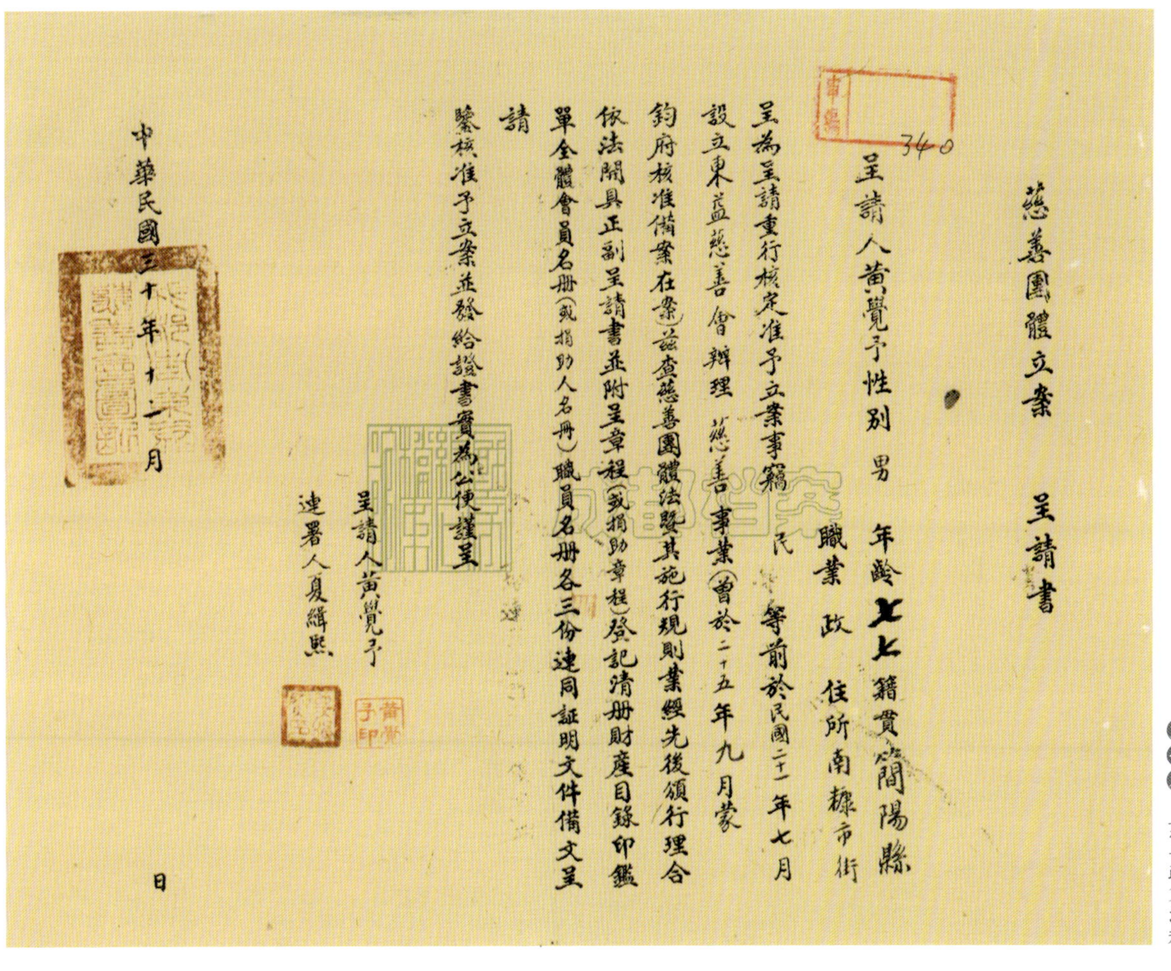
慈善團體立案　呈請書

呈請人黃覺予　性別男　年齡七七　籍貫簡陽縣

職業政　住所南棣市街

呈為呈請重行核定准予立案事竊民　等前於民國二十一年七月設立東益慈善會辦理慈善事業（曾於二十五年九月蒙鈞府核准備案在案）茲查慈善團體法暨其施行規則業經先後頒行理合依法開具正副呈請書並附呈章程（或捐助章程）登記清冊財產目錄印鑑單全體會員名冊（或捐助人名冊）職員名冊各三份連同証明文件備文呈請

鑒核准予立案並發給證書實為公便謹呈

呈請人黃覺予

連署人夏緝熙

中華民國三十年十二月　日

（十二）成都市市立医院关于遵办救济贫苦产妇并照转保婴事务所办理婴儿救济一案的呈

晚清民国时期的医疗慈善机构之间互相合作，共同救治水深火热中的灾民、难民。接受医疗慈善救济的群体为失去劳动能力的下层贫病者，而进行医疗慈善救济的群体是能够满足自身生存且有一定经济能力并有思想觉悟的中上层阶级。医疗慈善事业在社会生活中扮演着社会调节的角色，是解决社会矛盾的手段之一。

此档案卷宗记载的是民国 33 年（1944）6 月由成都市市立医院为“遵办救济贫苦产妇并照转保婴事务所办理婴儿救济一案”致函成都市政府的信件，反映当时社会救济制度下，公立医院联合救济院保婴事务所共同参与救济妇婴的情况。

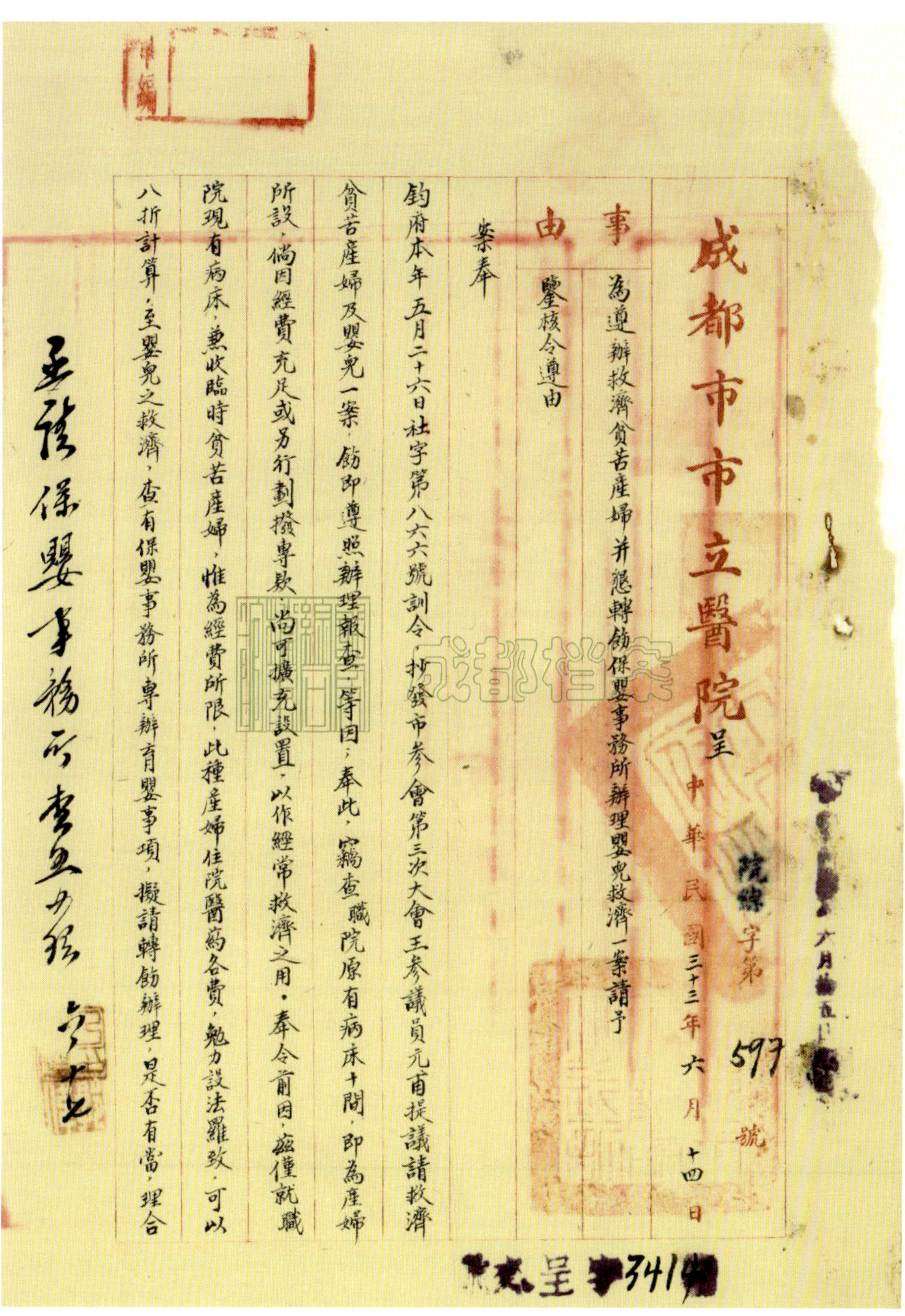

成都市市立醫院呈

中華民國三十三年六月十四日

院總字第597號

事由：為遵辦救濟貧苦產婦并懇轉飭保嬰事務所辦理嬰兒救濟一案請予鑒核令遵由

案奉

鈞府本年五月二十六日社字第八六六號訓令，抄發市參會第三次大會王參議員元甫提議請救濟貧苦產婦及嬰兒一案，飭即遵照辦理報查一等因；奉此，竊查職院原有病床十間，即為產婦所設，倘因經費充足或另行劃撥專款，尚可擴充設置，以作經常救濟之用。奉令前因，茲僅就職院現有病床，兼收臨時貧苦產婦，惟為經費所限，此種產婦住院醫藥各費，勉力設法羅致，可以八折計算，至嬰兒之救濟，查有保嬰事務所專辦育嬰事項，擬請轉飭辦理，是否有當，理合

函請保嬰事務所查照辦理 六十七

呈341

（十三）成都市政公所送四川省会军事警察厅关于成都市慈善团体调查一案的训令

市政公所为市政府的前身，最开始出现在北京。民国初年，随着城市化进程的加快，1914 年北京成立京都市政公所，成为管理北京市政的专门机构。1922 年，成都、华阳两县合并为市，成立成都市政公所，为成都市政府的雏形。

档案中另外一个单位为省会警察总厅，当时的警察与现在警察在职能上有非常大的区别，其业务范围远远超过现在警察的职能范围，包括治安、卫生、消防、征税、人口普查、食品安全等等。当时的警察总厅相当于现在的警察局、税务局、应急管理局、卫计委、工商局等多个政府机构。警察总厅与市政公所共同履行成都市市政管理的职能，慈善机构的管理也属于其管辖范围。

中華民國十一年三月廿一日

督辦劉成勳

第八三號 行政科 次卷

813卷24号

通令正分各署查照填報

訓令

成都市市政公所訓令 第三號

令省會警察總廳

照得慈善事業屬於市政範圍近年成都市内各慈善團體分别林立若不詳細調查予以保護改良既不足表揚發起者之功德又無以激發人民之觀感合行發給表式令仰該總廳轉令各署就所管區域内按照表式詳細調查分欄填入彙送来所以憑查考切切此令

附發調查表式一紙

813 24

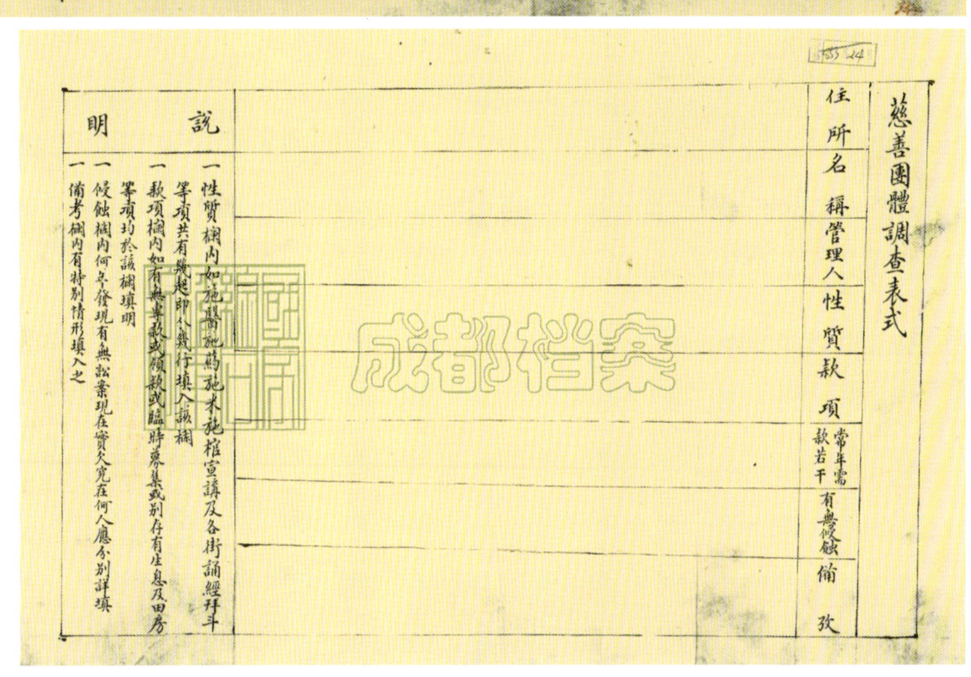

慈善團體調查表式

住所	名稱	管理人	性質	款項（常年需款若干）	有無侵蝕	備攷

說明

一 性質欄内如施醫施藥施米施棺宣講及各街誦經拜斗等項共有幾起即分幾行填入該欄

一 款項欄内如有無專款或領款或臨時募集或别存有生息及田房等項均於該欄填明

一 侵蝕欄内何年發現有無訟案現在實欠究在何人應分别詳填

一 備考欄内有特别情形填入之

（十四）监督慈善团体施行规则草案

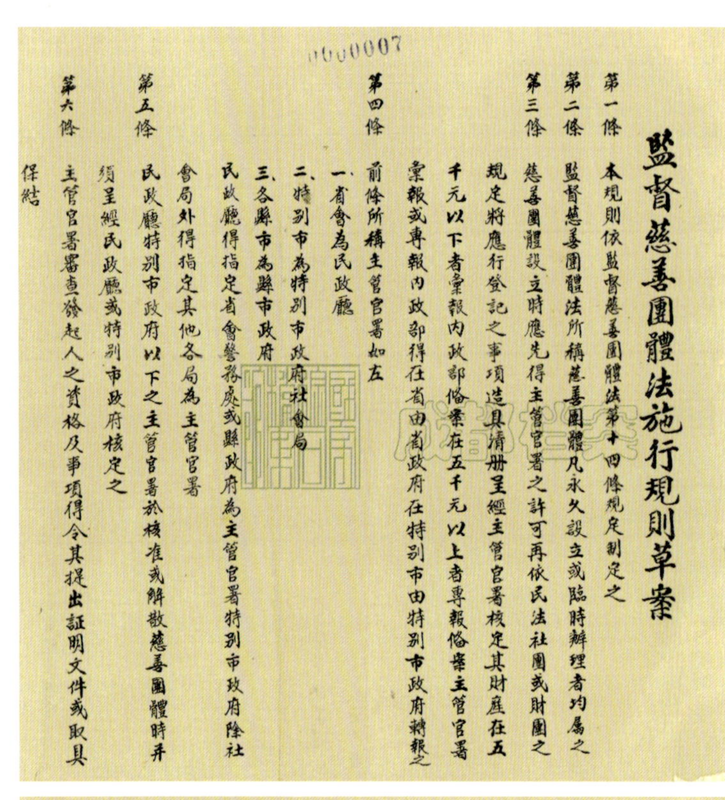

監督慈善團體法施行規則草案

第一條　本規則依監督慈善團體法第十四條規定訂定之

第二條　監督慈善團體法所稱慈善團體凡永久設立或臨時辦理者均屬之

第三條　慈善團體設立時應先得主管官署之許可再依民法社團或財團之規定將應行登記之事項造具清册呈經主管官署核定其財產在五千元以下者彙報內政部備案在五千元以上者專報備案主管官署彙報或專報內政部得在省由省政府在特別市由特別市政府轉報之

第四條　前條所稱主管官署如左

一、省會為民政廳

二、特別市為特別市政府社會局

三、各縣市為縣市政府

民政廳得指定省會警務處或縣政府為主管官署特別市政府除社會局外得指定其他各局為主管官署

第五條　民政廳特別市政府以下之主管官署於核准或解散慈善團體時并須呈經民政廳或特別市政府核定之

第六條　主管官署審查發起人之資格及事項得令其提出証明文件或取具保結

第七條　慈善團體如須募款時應先得主管官署之許可其收據捐册并須編號送由主管官署蓋印方為有効

第八條　慈善團體每屆月終應將一月內收支款目及辦事實況公開宣布

第九條　慈善團體對於左列各款應於每年六月及十二月呈報主管官署查核

一、職員之任免

二、職員成績之考核

三、財產之總額及收支之狀況

四、會員之加入或告退

五、辦理之經過情形

第十條　主管官署因考核上之必要得令慈善團體造送預算書及決算書

第十一條　監督慈善團體法第九條之賬簿單據如慈善團體解散時未滿十年者應由原辦人或發起人負責保管之

第十二條　監督慈善團體法第十二條之褒獎依照救濟事業褒奬條例辦理

第十三條　監督慈善團體法施行前凡依舊日法規組織之慈善團體應呈由主管官署重行核定轉報備案

第十四條　監督慈善團體法定於民國十八年十月十五日施行

《监督慈善团体法》于 1929 年 6 月正式颁布，其“对于慈善团体之限制，悉订有详细规定，如事业之限制，发起人资格之限制，发起人名额之限制，会员之限制，会期及财务之限制，以及主管官署之考核检查等，皆有定则，俾资遵办”。

该法共 14 条，大体可分为慈善团体的创设、发起人、会员、章程、财务监管、奖惩等方面。

由于种种原因，《监督慈善团体法》颁布之后并未获得很好的推广与实施，但不可否认，该法的出台为推进中国慈善事业的发展提供了法律上的先例。

第二篇

主要慈善团体

（一）慈惠堂

慈惠堂为清咸丰时叶荣庆同冯、刘、秦、高诸善士创建，曾经取得过相当的成就，时人赞誉慈惠堂“善举多端，成、华穷民赖焉”，但“民国以来，政乱财窘，救济经费，逐渐挪作他用，堂务日废”，可谓百废待兴。1923 年，赋闲在家的尹昌龄先生受当时市政督办陈光藻的委托，全面接手慈惠堂的业务。

尹昌龄，字仲锡，号约堪，祖先从湖南武岗迁徙入川，世居成都郫县，由于父亲经商缘故来到华阳，考入当地县学，便入籍华阳。曾历任白河县与长安县知县、延安府知府、西安府知府等职。辛亥革命后，先后担任了四川军政府审计院院长、四川政务厅长、贵州黔中道道尹等职，为人正直清廉，素有“尹青天”的称号，正是主持慈惠堂最佳人选。

尹昌龄像（尹大锡提供）

慈惠堂在尹昌龄管理时期，设有包括普济堂、养老院、育婴堂、幼稚园、女婴教养所、培根小学校、恤嫠会、瞽童教养所、培根火柴厂、培根工厂、培根农场、培根菜园、畜牧场、售货所、接待所、拯溺所等十六个堂厂，为当时成都最大的慈善机构。

1. 成都慈惠堂章程

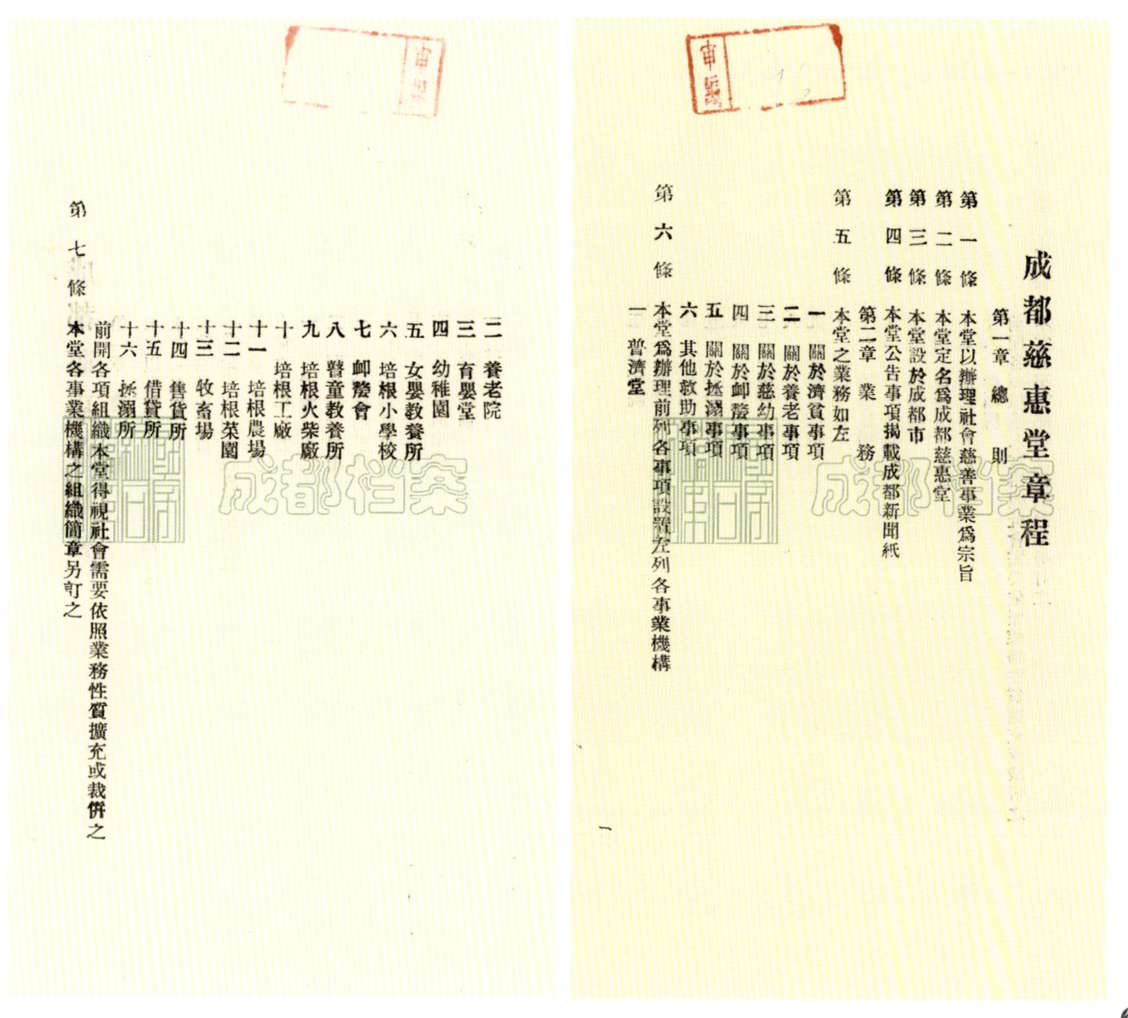

成都慈惠堂章程

第一章 總則

第一條 本堂以辦理社會慈善事業爲宗旨

第二條 本堂定名爲成都慈惠堂

第三條 本堂設於成都市

第四條 本堂公告事項揭載成都新聞紙

第二章 業務

第五條 本堂之業務如左

一 關於濟貧事項

二 關於養老事項

三 關於慈幼事項

四 關於卹嫠事項

五 關於拯溺事項

六 其他救助事項

第六條 本堂爲辦理前列各事項設置左列各事業機構

一 普濟堂

二 養老院

三 育嬰堂

四 幼稚園

五 女嬰教養所

六 培根小學校

七 卹嫠會

八 瞽童教養所

九 培根火柴廠

十 培根工廠

十一 培根農場

十二 培根菜園

十三 牧畜場

十四 售貨所

十五 借貸所

十六 拯溺所

前開各項組織本堂得視社會需要依照業務性質擴充或裁併之

第七條 本堂各事業機構之組織簡章另訂之

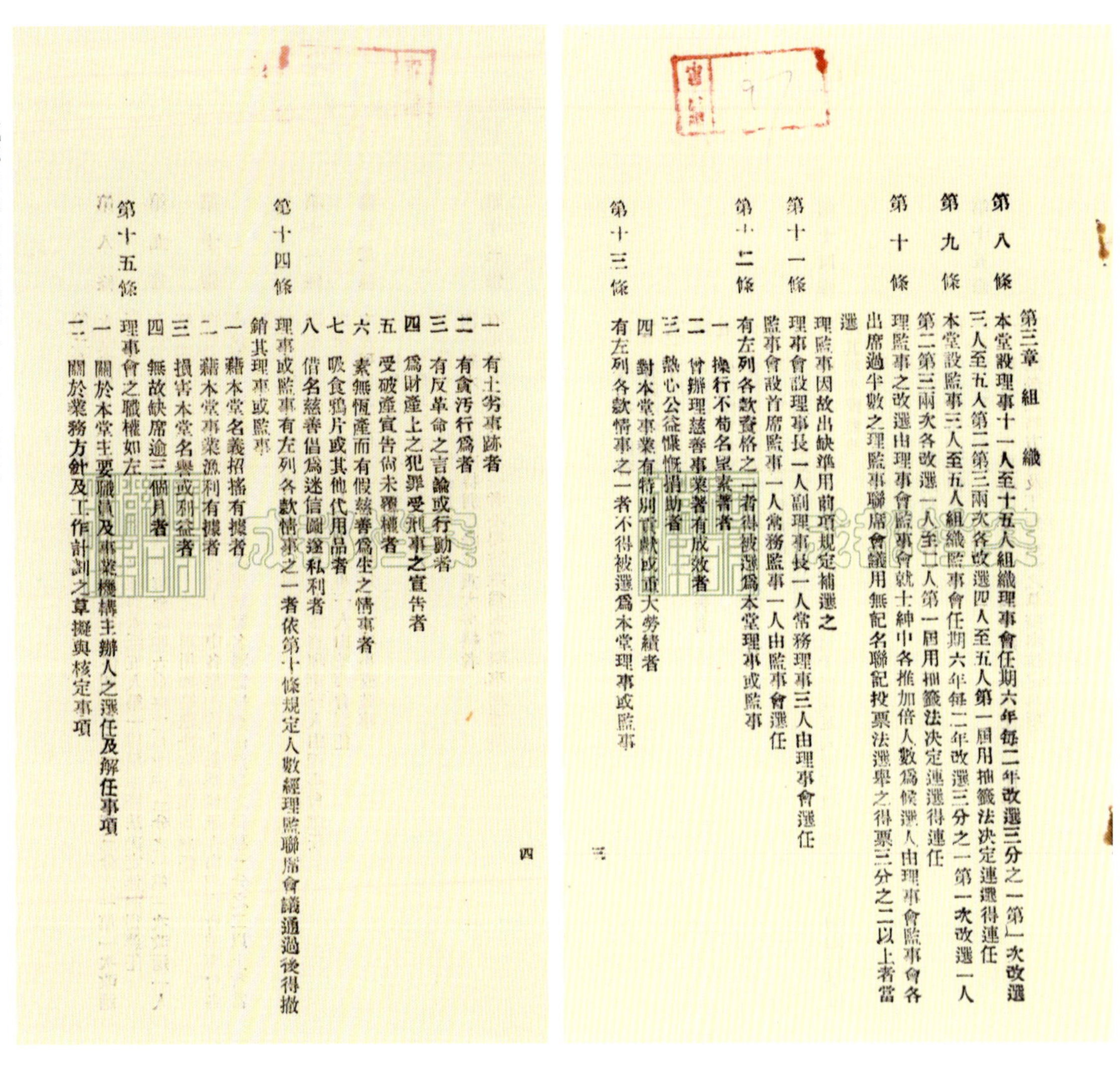

第三章 組 織

第八條 本堂設理事十一人至十五人組織理事會任期六年每二年改選三分之一第一次改選三人至五人第二第三兩次各改選四人至五人第一屆用抽籤法決定連選得連任

第九條 本堂設監事三人至五人組織監事會任期六年每二年改選三分之一第一次改選一人第二第三兩次各改選一人至二人第一屆用抽籤法決定連選得連任

第十條 理監事之改選由理事會監事會就士紳中各推加倍人數為候選人由理事會監事會各出席過半數之理監事聯席會議用無記名聯記投票法選舉之得票三分之二以上者當選

理監事因故出缺準用前項規定補選之

第十一條 理事會設理事長一人副理事長一人常務理事三人由理事會選任

監事會設首席監事一人常務監事一人由監事會選任

第十二條 有左列各款資格之一者得被選為本堂理事或監事

一 操行不苟名望素著者

二 曾辦理慈善事業著有成效者

三 熱心公益慷慨捐助者

四 對本堂事業有特別貢獻或重大勞績者

第十三條 有左列各款情事之一者不得被選為本堂理事或監事

三

一 有土劣事跡者

二 有貪污行為者

三 有反革命之言論或行動者

四 為財產上之犯罪受刑事之宣告者

五 受破產宣告尚未覆權者

六 素無恆產而有假慈善為生之情事者

七 吸食鴉片或其他代用品者

八 借名慈善倡為迷信圖遂私利者

第十四條 理事或監事有左列各款情事之一者依第十條規定人數經理監聯席會議通過後得撤銷其理事或監事

一 藉本堂名義招搖有據者

二 藉本堂事業漁利有據者

三 損害本堂名譽或利益者

四 無故缺席逾三個月者

第十五條 理事會之職權如左

一 關於本堂主要職員及事業機構主辦人之選任及解任事項

二 關於業務方針及工作計劃之草擬與核定事項

四

三 關於本堂及事業機構預決算之審核事項
四 關於本堂財務之規劃事項
五 關於理監聯席會決議案之執行事項
六 其他有關本堂事業之指導攷核及管理事項

第十六條 監事會之職權如左
一 關於本堂人事之糾察彈劾事項
二 關於本堂總決算書之核定事項
三 關於本堂財產財務之監查考核事項
四 關於本堂事業之諮詢調查事項
五 其他有關監察事項

第十七條 理事會及監事會得舉行聯席會議其職權如左
一 關於候選理監事之選舉事項
二 關於理監事之撤銷及補充事項
三 關於本堂財產之變更事項
四 關於本堂事業機構之擴充裁併事項
五 關於本堂章則之修訂事項
六 其他有關本堂事業之重大事項

第十八條 理事及監事為名譽職概不支薪但因事實之需要得視事務之性質酌支經常或臨時輿馬費

第十九條 理事長綜理本堂一切事務副理事長襄助之理事長有事故時得代行其職權

第二十條 常務理事襄助理事長副理事長處理日常事務
常務監事襄助首席監事處理日常事務

第二十一條 本堂設總管理處置總幹事一人承理事長副理事長之命辦理本堂一切事務

第二十二條 總管理處依事務性質分設左列各組室
一 文書組 掌理本堂文書事項
二 事務組 掌理本堂庶務及租佃事項
三 出納組 掌理本堂銀錢出納事項
四 收租組 掌理本堂房地產租之催收及稽查事項
五 業務組 掌理本堂事業及教養之設計與考核事項
六 會計室 掌理本堂會計事項
前項各組室經理監聯席會議之決議得增減之

第二十三條 總管理處各組室各設主任一人承總幹事之命辦理各該管事務幹事助理幹事練習生各若干人承主任之命分辦事務

第二十四條 總幹事主任及各事業機構主管人由理事長提請理事會議通過後聘任之其餘人員由

理事長派充之

第二十五條　總管理處及各事業機構辦事細則另訂之

第四章　會　議

第二十六條　理事會每月開會一次由理事長召集之

第二十七條　監事會每月開會一次由首席監事召集之

第二十八條　理監事聯席會議每三個月開會一次由理事長暨首席監事聯名召集之

第二十九條　常務理事會由理事長副理事長及常務理事組織之每星期開會一次

第三十條　本堂爲謀事業之推進設業務會議由全體理監事總幹事各組室主任及各事業機構主管人組織之以理事長爲主席每半年舉行一次由理事長召集之

第三十一條　本堂各種會議得因事實需要召開臨時會議

第三十二條　本堂各種會議之決議案除第十條第十四條及第二十九條別有規定外以過半人數之出席及以出席人過半數之同意行之

前項會議或表決不足法定人數時準用民法關於假決議之規定辦理

第五章　會　計

第三十三條　本堂以每年一月一日至十二月三十一日爲一會計年度

第三十四條　會計年度開始前本堂總管理處及各事業機構應分別編製歲出概算書其有收入者並應編製歲入概算書送總管理處會計室彙編歲入歲出總預算書提經理事會核定施行

第三十五條　會計年度終了後本堂總管理處及各事業機構應分別編製決算書送由總管理處會計室彙編總決算書提經理事會核轉監事會核定之

第三十六條　本堂總管處及各事業機構於年終結算時應編製左列各項書表

一　財產目錄

二　財產增加表及財產減損表

三　平準表

四　損益計算書（有收入者）或餘絀表（無收入者）

五　工作報告書

第三十七條　本堂預算及前條規定之書表應依法呈報主管機關查核備案

第三十八條　本堂每年開支如有不敷得呈請政府撥款補助并得對外募捐

第六章　附　則

第三十九條　本章程有未盡事宜得提請理監聯席會依第十條規定人數通過後修改之

第四十條　本章程自呈准備案之日施行

2. 成都慈惠堂总管理处办事通则

慈惠堂中总管理处下设文书组、事务组、租务组、出纳组、会计室、稽核组等六大部门，在总干事的领导下，按照职责规定，各司其职。这也是现代组织管理的基本要素之一。

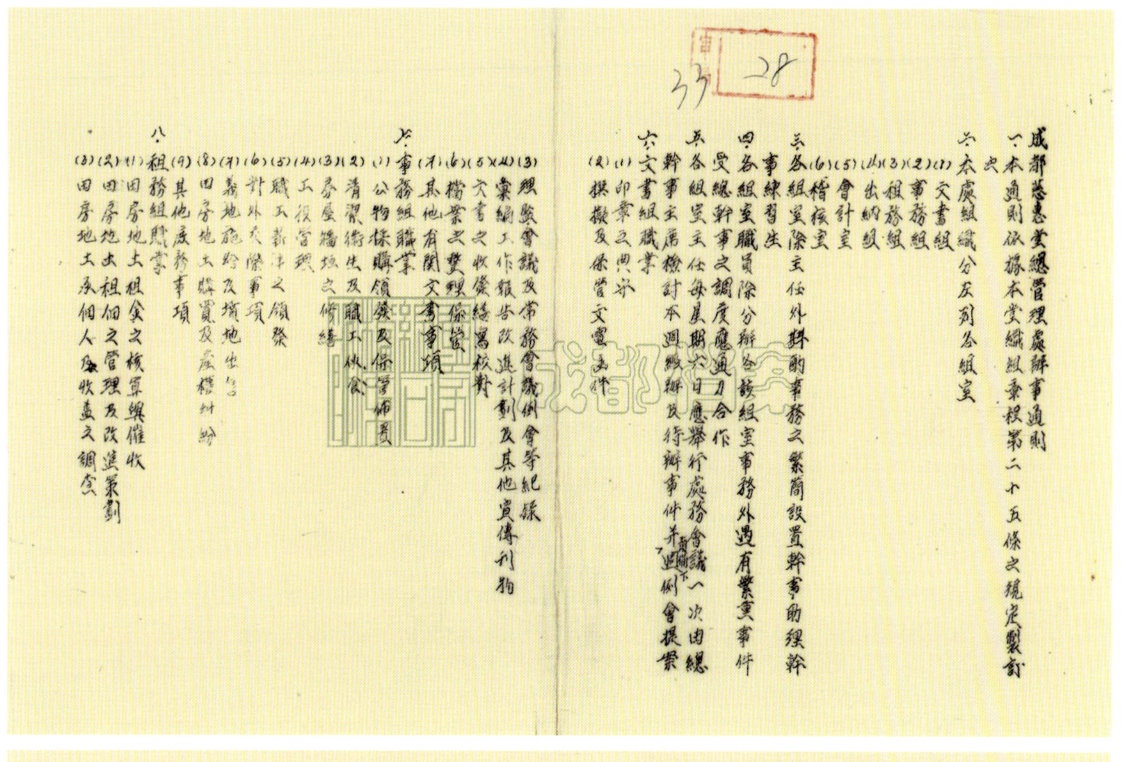

成都慈惠堂總管理處辦事通則

一、本通則依據本堂組織章程第二十五條之規定製訂之

二、本處組織分左列各組室

(1)文書組

(2)事務組

(3)租務組

(4)出納組

(5)會計室

(6)稽核室

三、各組室除主任外，斟酌事務之繁簡設置幹事助理幹事練習生

四、各組室職員除分辦各該組室事務外，遇有緊要事件受總幹事之調度應通力合作

五、各組室主任每星期六日應舉行處務會議一次，由總幹事主席檢討本週已辦及待辦事件并商訂下週例會提案

六、文書組職掌

(1)印章之典守

(2)撰擬及保管文電函件

(3)總幹事會議及常務會議例會等紀錄

(4)彙編工作報告改進計劃及其他宣傳刊物

(5)文書之收發繕寫校對

(6)檔案之整理保管

(7)其他有關文書事項

七、事務組職掌

(1)公物採購領發及保管佈置

(2)清潔衛生及職工伙食

(3)房屋稽核之修繕

(4)工役管理

(5)職工薪津之領發

(6)對外交際事項

(7)義地施捨及墳地出售

(8)田房地土購買及產權糾紛

(9)其他庶務事項

八、租務組職掌

(1)田房地土租佃之核算與催收

(2)田房地土租佃之管理及改進策劃

(3)田房地土承佃人及收益之調查

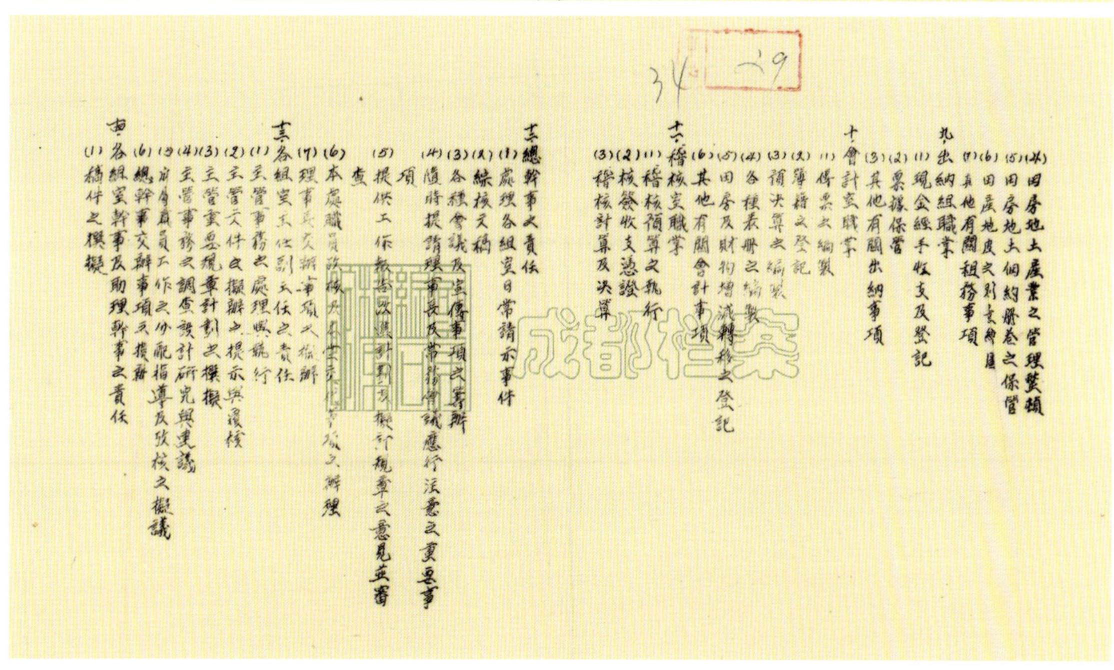

(4)田房地土產業之管理整頓

(5)田房地土佃約契卷之保管

(6)田產地皮之別表編具

(7)其他有關租務事項

九、出納組職掌

(1)現金經手收支及登記

(2)票據保管

(3)其他有關出納事項

十、會計室職掌

(1)傳票之編製

(2)簿籍之登記

(3)預決算之編製

(4)各種表冊之編製

(5)田房及財物增減轉移之登記

(6)其他有關會計事項

十一、稽核室職掌

(1)稽核預算之執行

(2)核簽收支憑證

(3)稽核計算及決算

十二、總幹事之責任

(1)處理各組室日常請示事件

(2)綜核文稿

(3)各種會議及宣傳事項之審核

(4)隨時提請理事長及常務會議應行注意之重要事項

(5)提供工作報告改進計劃及擬訂規章之意見並審查

(6)本處職員考核及其他交代之辦理

(7)理事長交辦事項之核辦

十三、各組室主任副主任之責任

(1)主管事務之處理與執行

(2)主管文件之擬辦與提示與覆核

(3)主管重要規章計劃之擬撰

(4)主管事務之調查設計研究與建議

(5)所屬員工工作之分配指導及考核之擬議

(6)總幹事交辦事項之擬辦

十四、各組室幹事及助理幹事之責任

(1)稿件之撰擬

(2) 主辦事務之執行與建議
(3) 經辦冊籍簿記圖表格式之擬訂登記繪製核計及彙編保管
(4) 印章之典守及檔卷資料文件之保管整理
(5) 主任交辦事件之擬辦
(6) 現金之出納與經常臨時支付經費之保管
(7) 財物之購置登記與保管
(8) 工役之訓練與管理
(9) 其他臨時指定之任務

十五、各組室職員應負之責任
(1) 文件之繕寫校對
(2) 文件之收發
(3) 圖書檔案文件之保管
(4) 其他臨時指定事項

十六、文書處理
(1) 本堂往來文件概由文書組總收總發，其處理方法與程序依照規定行之
(2) 來文除密件外，應即行拆閱編號摘由填明年月日彙送文書組主任查閱後，依來文性質與關係或擬批送核，或請總幹事批示
(3) 文件經總幹事核發後，仍交文書組再行分別自辦或轉送其他組室辦理
(4) 文稿辦理完竣由各該主管人閱後，連同送核簿送總幹事綜核，再轉呈理事長判行
(5) 文稿判行後，即交文書組繕寫校對鈐蓋印章登入發文簿發出，并將原稿連同原來文送檔卷管理人員分類編號歸檔
(6) 緊急文件應隨到隨送，封面有密件或親啓字樣之文件收發人員不得開拆，經主任查閱後送總幹事轉候批示辦理
(7) 本處文稿之字號以六字代之，第一字為慈字，代表本堂，第二字為各組室之第一字，如文書組承辦文稿用「慈文」二字，事務組承辦用「慈事」二字，餘類推
(8) 本處各組室承辦文件有相互關係者，由關係較重之部份主辦，交有關部份會簽後轉送核判
(9) 緊急文件應隨到隨辦，不得延擱，普通文件不能即日辦清者，至遲不得逾三日，密件應保守秘密

十七、事務處理
(1) 本處承辦事務人員應對所辦事件妥為規劃并處理
(2) 承辦事務人員應將辦理經過結果成效具報以資考核
(3) 承辦事務人員應照預定步驟迅速完成，如因意外障碍而致延長時日或竟不能達其任務者，須聲明障碍情事聽取進止
(4) 承辦事務人員對所辦事項發現利弊所在應建議改進

十八、財物管理
(1) 本堂所有銀款及契券等之管理由保管委員會負其責任，會計稽核室有單行規程，各組室有關收支或購置領用事項應照規定手續辦理
(2) 本堂一切收入於收到後由會計室製收入傳票送稽核室核簽再交出納組，如應轉送保管委員會者即由該組按照規定辦理
(3) 本堂支出應由會計室查原始單據編製支出傳票并連同單據送稽核室核簽後送交出納組照開支票交付領款人
(4) 本堂經費之收入與支出應由出納組依照規定登記，并按日編製現金出納日報表送稽核室核簽後再送總幹事查閱，月終應編製收支對照表，經過此項程序後再轉呈理事長核閱
(5) 本處為便利零用開支起見，特採用預付零用金制度，由事務組簽請常務會議決定後得向出納組領借零用金以備支應
(6) 本處財物之購置屬於不時辦公必需之物品，由事務組負責人隨時填具購物單送稽核室核簽再送總幹事批准購置，其屬於特殊購置更須加以說明，送稽核室簽註意見經總幹事查閱後轉呈理事長核定
(7) 購置物品應取單據証明經手人員姓名加蓋私章，連同物品送交稽核室點驗或請其派員點驗後交保管人員負責收管
(8) 大宗物品領用由領人填具領物單經各該主管人核閱加章送稽核室核簽後交事務組驗發
(9) 本處現金公用物品及財產若有毀損遺失等情事，除因不可抗力經証明屬實者外，經手人應負其責

十九、服務守則
(1) 本處所定辦公時間各職員應切實遵守，不得遲到早退，并須簽名於劃到簿
(2) 職員非因疾病婚喪或其他不得已情事時不得請假
(3) 事假每月不得逾七日，病假在五日以上者應繳驗醫生証明書，婚假不得逾半月，喪假不得逾二十日，娩假不得逾四十五日
(4) 職員請假應填具請假單，三日以內主任核准，三日以上由主任轉請總幹事核准，并須委託其他職員代理，主任請假由總幹事核准
(5) 本處值日由各組室職員輪流充之，處理退公後一切臨時發生事務，并備值日簿一本遞交
(6) 新到職員須到文書組報到登記，離職人員須將離手續辦清楚經証明後始得離職
(7) 幹事以上人員更動時無論離職或新到以及他調均應由文書組根據理事長條示通報週知

廿、本處各組室得依據本通則製訂工作範圍內應有之辦事細則

廿一、本通則經理事長核准後施行

3. 慈惠堂收支情况

与现在慈善组织主要收入来自捐赠不同，慈惠堂的主要收入来源于不动产、利息收入以及培根火柴厂收入。其中收入中第四项为厕租收入，这是一项比较另类的收入。民国初年，全市的厕所大约有 1000 个，基本上都是旱厕，就是没任何疏通管道的厕所。对于城外耕种的广大农民来说，这些黄白之物大有用武之地，有专门的商户定期进行收购，于是修建厕所便成了大可获利的一件事情。

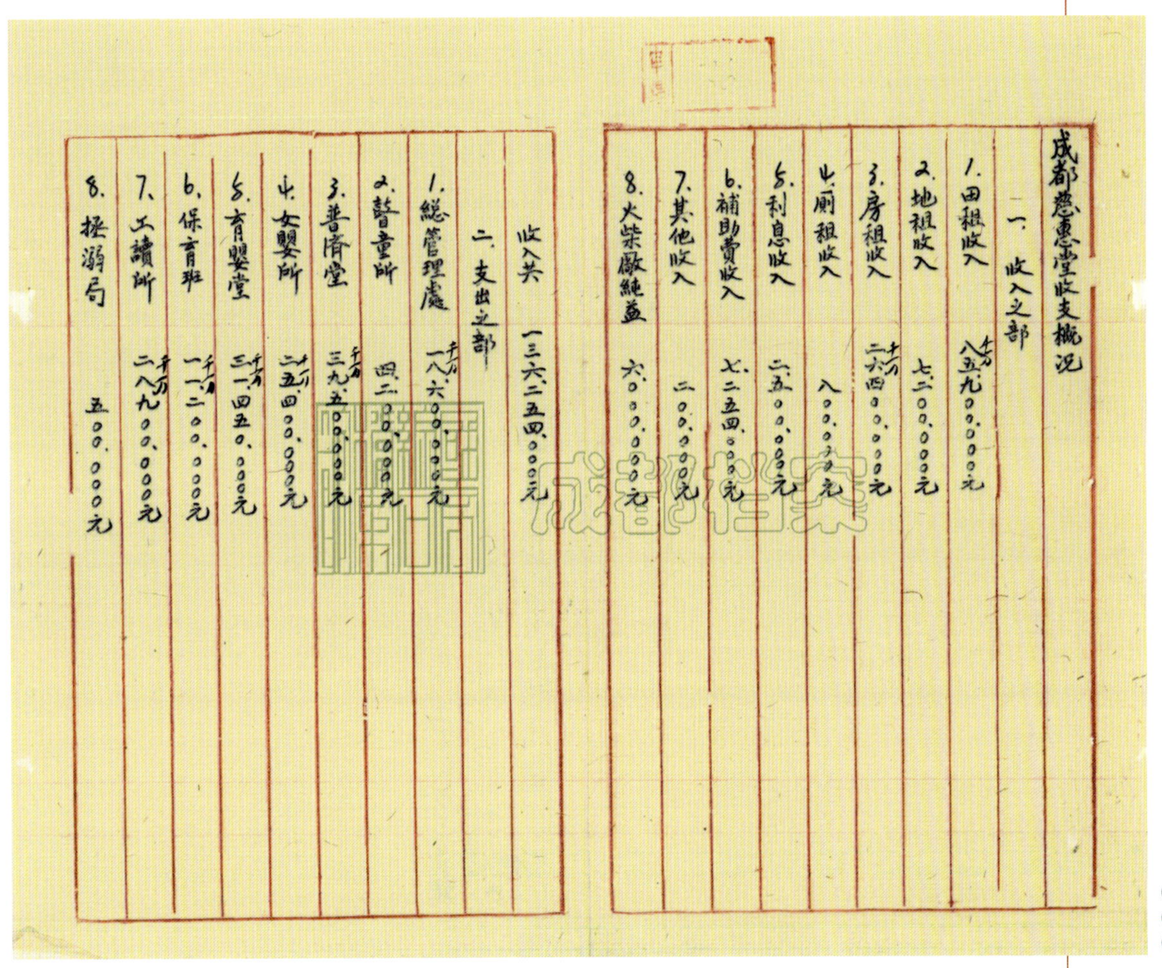

成都慈惠堂收支概况

一、收入之部

1. 田租收入 八五九〇〇、〇〇〇元
2. 地租收入 七二〇〇、〇〇〇元
3. 房租收入 二六四〇〇、〇〇〇元
4. 厕租收入 八〇〇、〇〇〇元
5. 利息收入 二五〇〇、〇〇〇元
6. 補助費收入 七二五四、〇〇〇元
7. 其他收入 二〇〇、〇〇〇元
8. 火柴厰純益 六〇〇〇、〇〇〇元

收入共 一三六二五四、〇〇〇元

二、支出之部

1. 總管理處 一八六〇〇、〇〇〇元
2. 瞽童所 四二〇〇、〇〇〇元
3. 普濟堂 三九五〇〇、〇〇〇元
4. 女嬰所 二五四〇〇、〇〇〇元
5. 育嬰堂 三一四五〇、〇〇〇元
6. 保育班 一一二〇〇、〇〇〇元
7. 工讀所 二八九〇〇、〇〇〇元
8. 拯溺局 五〇〇、〇〇〇元

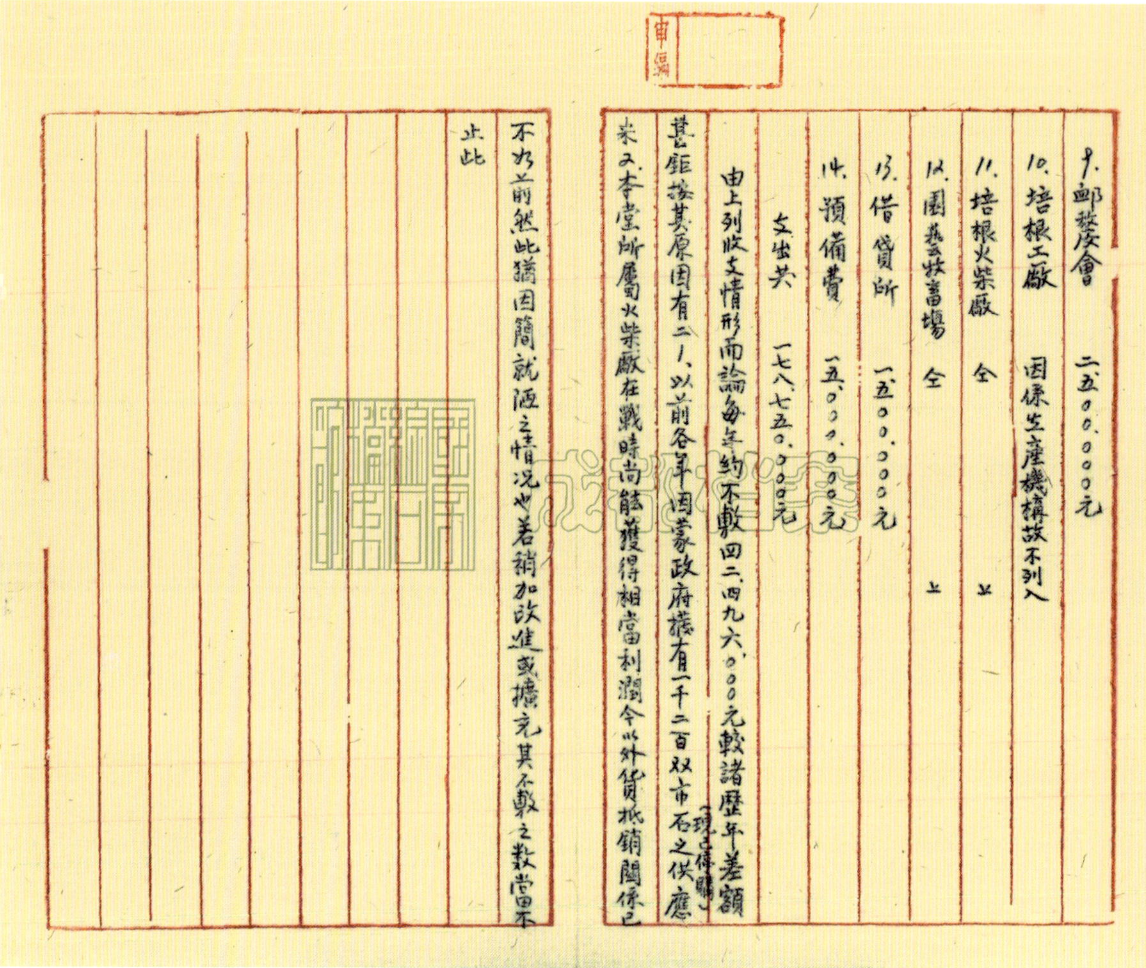

9. 郵蔭會　二五〇〇、〇〇〇元
10. 培根工廠　因係生產機構故不列入
11. 培根火柴廠　仝　上
12. 園藝牧畜場　仝　上
13. 借貸所　一五〇〇、〇〇〇元
14. 預備費　一五、〇〇〇、〇〇〇元
支出共　一七八、七五〇、〇〇〇元

由上列收支情形而論每年約不敷四二、四九六、〇〇〇元較諸歷年差額甚鉅探其原因有二 1. 以前各年因蒙政府撥有一千二百双市石之供應（現已停聯）米 2. 本堂所屬火柴廠在戰時尚能獲得相當利潤今以外貨抵銷關係已不如前然此猶困簡就陋之情況也若稍加改進或擴充其不敷之數當不止此

4. 振济机关及慈善团体调查表

由该档案可知，慈惠堂运行的最大问题还是经费。慈惠堂属下堂厂众多，当时时局动荡，能维持实属不易。

振濟機関及慈善團體調查表

名稱	慈惠堂	地址	成都慈惠堂街16[illegible]
成立年月	創自清中葉年歲不可考	備案機関及年月	立案機関及年月
創辦人姓名及畧歷	創於南陽葉氏畧歷已不可考	現任主持人姓名及畧歷	尹仲錫前清翰林院庶[illegible]陝鳳翔府知府現任省振務會[illegible]
職員姓名及其職務	庶務楊沛司帳鄭少臣稽查趙少培	性質	永久：官立 公立 私立；臨時：官立 公立 私立
組織	總理一人監察員三十人總庶務主任三人司書六人廚役三人雜役四人司閽一人	與其他機関團體之聯繫	本堂內附設一慈善院

經費				
補助機関	1市政府每月一百元	2	3	4
籌募方式	1無	2	3	4
基金	已動用每年收米百餘石	未動用田業一百九十二畝	保管方法 慈惠堂總務處	存儲機関
經常費	每月收入共無元	事業方面每月收入無元	行政方面每月支出　元	事業方面每月支出　元
臨時費	以前籌振共無元	以前最多一次募得無元	支出類別 1經費 2薪工 3伙食 4	

設本會會所來源	面積291方丈	所屬分支機関團體之名稱及地址	外北簸箕街培根小學第一校 方正東街培根小学第二校 馬鞍街培根小学第三校 下東大街和川淦南培根小学第一分校 外東大壩培根小学第二分校 火柴廠街設培根小学第三分校 普濟堂內女嬰教所
備其他			

振濟事業 本堂職在救濟孤兒孤女教養兼施使之成家立業而後已

社會服務 無

擴充計劃 本堂原來規模極小至民國十二年推舉尹仲錫接管後逐漸擴充以有今日祇以時局関係未能日進無疆

有無困難 近因事業發展而經費萬分支拙勉維現狀殊苦艱難

改進意見 查本堂事業專在救濟欲求事業之改進必須多數之金錢時局所関殊難滿志.

備考 查本堂本身財產無多而事業日益發展經費出入相差甚巨全賴火柴廠利及各界自動捐款以資應用收支祇能填其概略不能額定預算合併聲明

5. 成都慈惠堂接收尹故总理各项清册

尹昌龄于 1942 年去世。他在弥留之际，拿出一把钥匙给妻子说，这把钥匙你收好，交给我的继任者，其他任何人不得打开。在尹昌龄去世百天后，他的妻子召集各方人士聚于慈惠堂，亲自将钥匙交付给继任者张澜、徐孝刚，当众打开了一个小箱子。黄稚荃在《尹昌龄事略》中记载：“得房宇管业证二十有七，计为房二百四十九间，又独院二十四所；田产管业证计八千三百四十八亩有奇，现金百数十余万。观者莫不耸叹感服。”

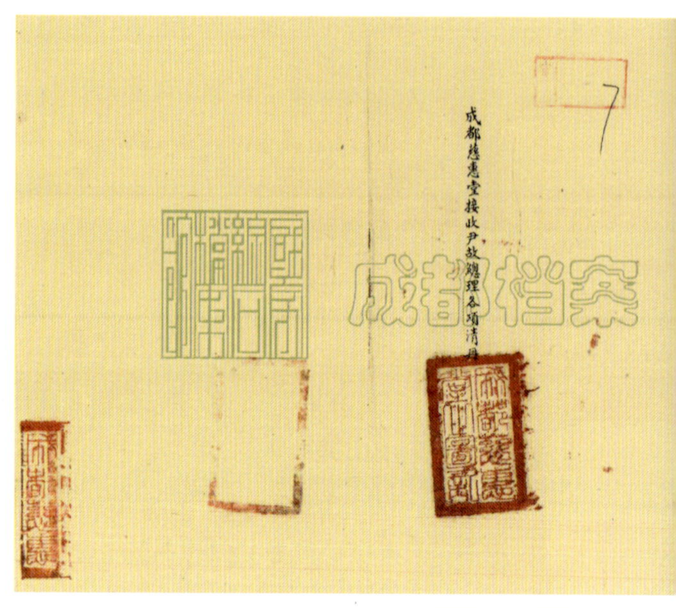
成都慈惠堂接收尹故總理各項清冊

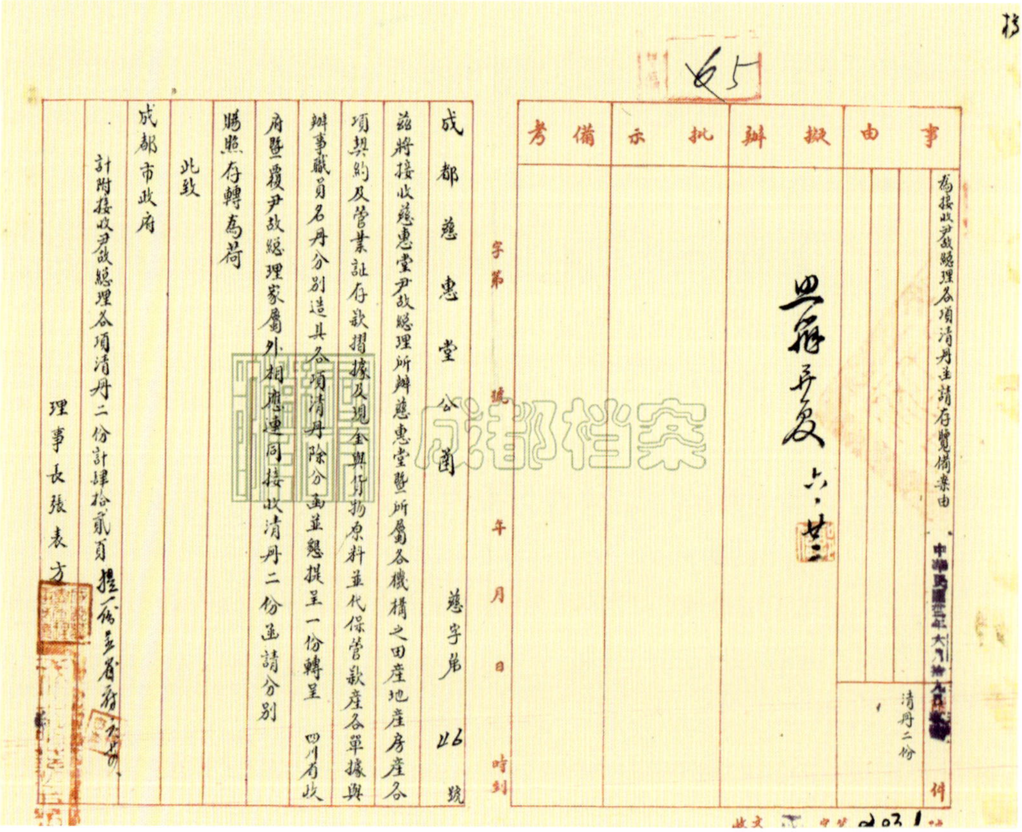

事由：為接收尹故總理各項清冊呈請存覽備案由

附：清冊二份

成都慈惠堂公函　慈字第 16 號

茲將接收慈惠堂尹故總理所辦慈惠堂暨所屬各機構之田產地產房產各項契約及管業証存款摺據及現金與行物原料並代保管款產各單據與辦事職員名冊分別造具各項清冊除分函並懇摺呈一份轉呈四川省政府暨慈尹故總理家屬外相應連同接收清冊二份函請分別

賜照存轉為荷

此致

成都市政府

計附接收尹故總理各項清冊二份計肆拾貳頁

理事長張表方

副理事長徐深甫

中華民國二十二年六月十八日

山田 二仟七百九十八畝七分零五毫四毛

查本堂水田山田共計五仟一百九十一畝二分八厘五毫四毛其中以普濟堂山田為較多此係前之馬廠皇莊百年前之佃户皆為輾轉頂佃次數愈多其押租數亦愈多幾已視為自業自民國十八年曾經一度清釐增租收入亦較普通之山田為少其塇田亦多係遠年舊佃租入亦較通常為低而普濟堂水田山田全年僅可收入租米九百七十餘石其餘本堂之水田山田每年僅可收入租米一仟二百六十六石零又谷八十五石五斗水田租米可算堂中固定收入山田每年均賴天雨始能栽插如遇旱年只能收四五賍或一三賍不等花災年年皆有欠收亦鉅本堂擬於本年聘請測量專家逐處詳細測繪製圖存堂以期分厘毫無出入而垂永久

地產項下

縣別	所在地	類別	面積
華陽縣	外南李子園	地	四〇〇〇
同	外東真武廟	地	一一〇〇〇
同	淨居寺	地	二六四九三
同	林巷子	山地	五〇〇〇
同	明水寺	山地	二三〇三五七六一
同	高店子馬廠	山地	四四八〇三〇
同	姬家林	山地	一一四五〇
成都縣	外北白馬寺	地	五〇〇〇
同	賴家店五顯廟	山地	四〇〇〇
同	同	山地	四〇〇〇
同	同	山地	一〇〇〇
同	同	山地	一三四四三
合計		地四十六畝四分九厘三毫	

山地二仟七百九十畝零四分九厘九毫一毛正

查地產多係山地更惪遠年舊佃均係銀租從前所收之租如丙元可購米一升近來縱增至十倍以二十元僅能購米升餘况本堂人數衆多以食米為大宗即使再為增加亦難補償原狀

成都慈惠堂接收尹斂總理各項清册

田產項下

縣別	所在地	類別	面積	備攷
郫縣	犀浦場鉄門坎	田	七七八七九	
同	同	田	七〇〇〇〇	
同	冉家碾右鄉	田	四〇五〇〇	
同	同	田	二五〇〇〇	
同	同	田	二五〇〇〇	
同	冉家碾左鄉	田	四〇〇〇〇	
同	同	田	七〇〇〇〇	
同	毛家橋	田	四一〇〇〇	
同	同	田	五二〇〇〇	
同	席草埧方家碾	田	六五九〇〇	
同	毛家橋何家碾	田	七三〇〇〇	
同	何家灣編勘巷	田	五七九九〇	
同	黃金色	田	六四二八五	
同	老鄧家碾	田	五〇二六三	
同	大禹廟	田	四三九一〇	
同	惠村萄家埧	田	六〇五〇	
同	三道堰	田	二三〇〇〇	

房業項下

街別	種別	數目	警號	備
外東心旂街	住房	一院		内一正二厢过廳一座
同	鋪房	二七間	一二五號起 一八三止	
同	學校	一所	一二三號	
同	鋪房	一七間	六四號起 一三五止	
同	同	二二間	九六號起 五八止	
同	同	一二間	六三號起 八五止	
同	同	三〇間	五七號起 一〇〇止	
同	住房	一院		内一正二厢
太平南街	鋪房	一九間	一號起 一九止	
慶雲南街	同	五間	三七號起 四五止	
四聖祠南街	住房	三間	三五號	
下蓮池教練所	同	一六間	三號起 一八止	
上東大街	同	一院	五六號	係種善里東劉家寺全院
王家塤	同	一院	二〇號	
興隆巷	鋪房	七間	三二號起 三九止	
榮華寺	同	五間	三八號起 四六止	
	毛房	一所	無	
簸箕中街	鋪棧房	一八間	一〇五號起 一一九止	棧房由鋪面進出并無门道

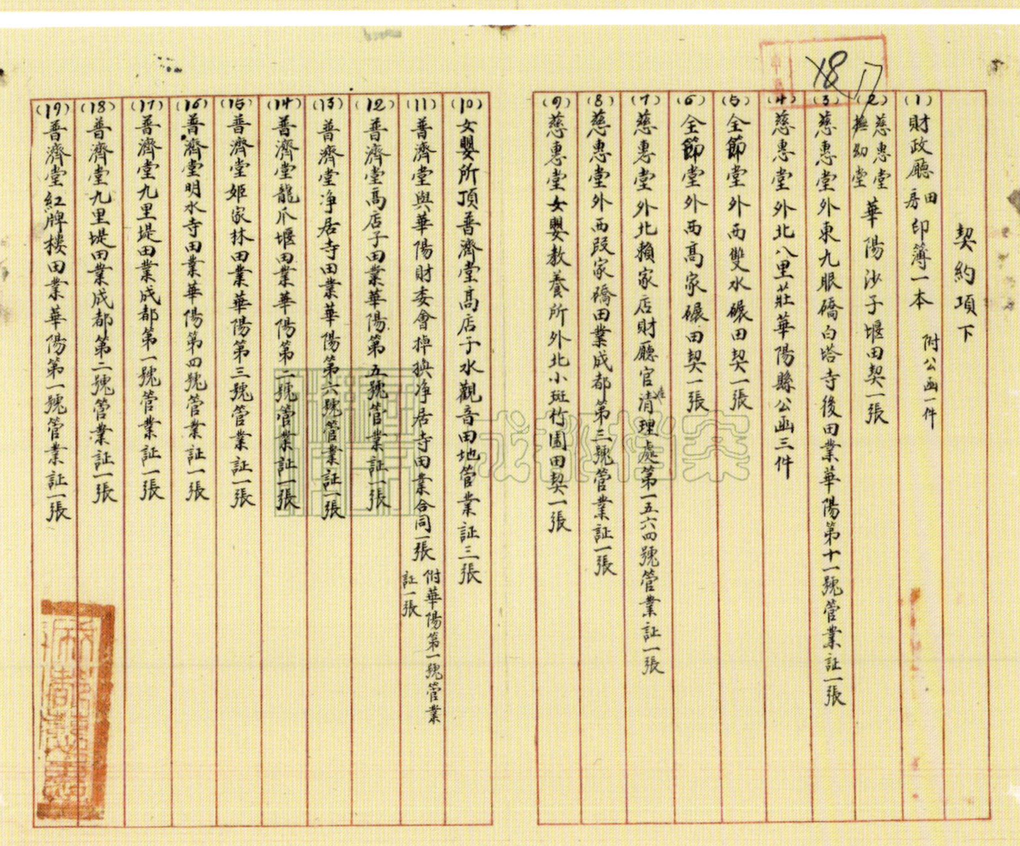

契約項下

(1)財政廳田房印簿一本 附公函一件
(2)慈惠堂撫卹堂華陽沙子堰田契一張
(3)慈惠堂外東九眼橋白塔寺後田業華陽第十一號管業証一張
(4)慈惠堂外北八里莊華陽縣公函三件
(5)全節堂外西雙水碾田契一張
(6)全節堂外西高家碾田契一張
(7)慈惠堂外北賴家店財廳官清理處第一五六四號管業証一張
(8)慈惠堂外西段家橋田業成都第三號管業証一張
(9)慈惠堂女嬰教養所外北小斑竹園田契一張
(10)女嬰所頂善濟堂高店子水觀音田地管業証三張
(11)善濟堂與華陽財委會掉换淨居寺田業合同一張 附華陽第一號管業証一張
(12)善濟堂高店子田業華陽第五號管業証一張
(13)善濟堂淨居寺田業華陽第六號管業証一張
(14)善濟堂龍爪堰田業華陽第二號管業証一張
(15)善濟堂姬家林田業華陽第三號管業証一張
(16)善濟堂明水寺田業華陽第四號管業証一張
(17)善濟堂九里堤田業成都第一號管業証一張
(18)善濟堂九里堤田業成都第二號管業証一張
(19)善濟堂紅牌樓田業華陽第一號管業証一張

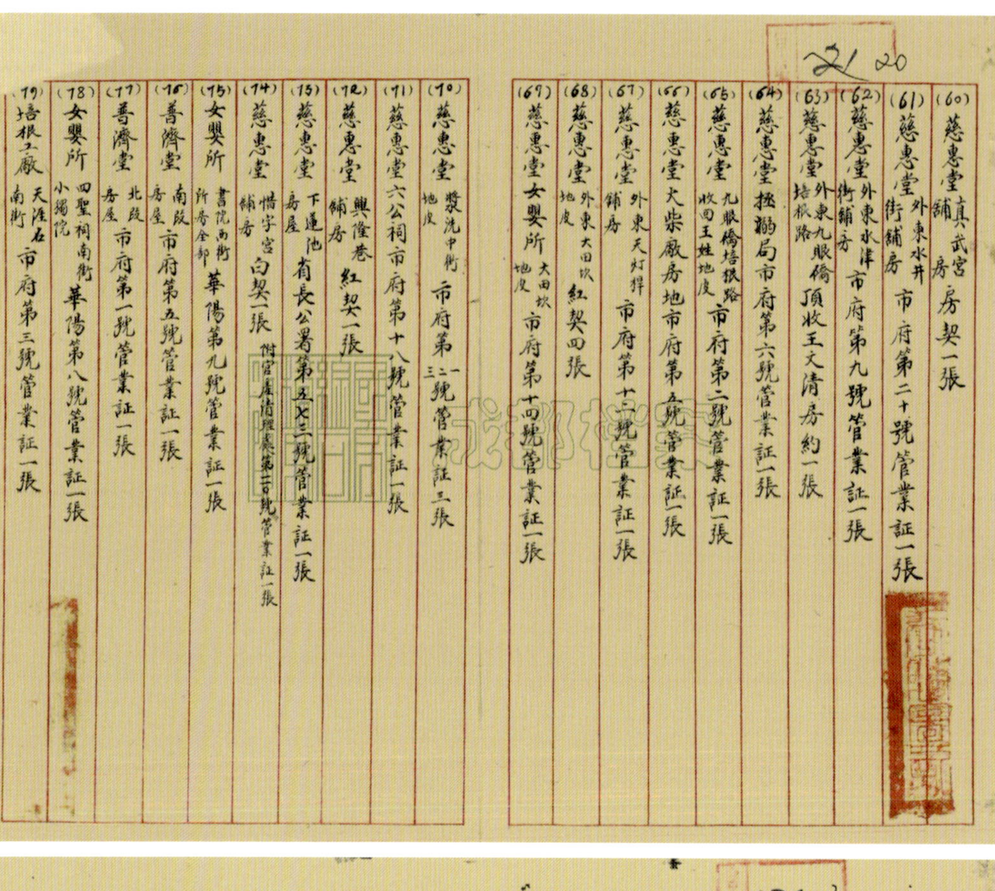

21 20

(60)慈惠堂真武宫舖房 房契一張
(61)慈惠堂外東水井街舖房 市府第二十號管業証一張
(62)慈惠堂外東水津街舖房 市府第九號管業証一張
(63)慈惠堂外東九眼橋培根路 頂收王文清房約一張
(64)慈惠堂拯溺局市府第六號管業証一張
(65)慈惠堂九眼橋培根路收回王姓地皮 市府第二號管業証一張
(66)慈惠堂大柴廠房地市府第五號管業証一張
(67)慈惠堂外東天灯巷舖房 市府第十三號管業証一張
(68)慈惠堂外東大田坎地皮 紅契四張
(69)慈惠堂女嬰所大田坎地皮 市府第十四號管業証一張
(70)慈惠堂漿洗中街地皮 市府第一二三號管業証三張
(71)慈惠堂六公祠市府第十八號管業証一張
(72)慈惠堂興隆巷舖房 紅契一張
(73)慈惠堂下蓮池房屋 省長公署第五七三號管業証一張
(74)慈惠堂惜字宫舖房 白契一張 附官產清理處第二百號管業証一張
(75)女嬰所書院南街所房全部 華陽第九號管業証一張
(76)善濟堂南段房屋 市府第五號管業証一張
(77)善濟堂北段房屋 市府第一號管業証一張
(78)女嬰所四聖祠南街小獨院 華陽第八號管業証一張
(79)培根工廠天涯石南街 市府第三號管業証一張

24 23

存款暨現金項下
(1)慈惠堂存和成閬期款五萬元計第2563號存單一張
(2)惠記存中原閬期款五萬元計第一號存摺一扣
(3)慈惠堂存和成閬期款五萬元計第2581號存單一張
(4)慈惠堂存福川閬期款五萬元計第1560號存單一張
(5)慈惠堂存精進閬期款叁拾萬元存摺一扣
(6)慈惠堂存福川閬期款五萬元計第1514號存單一張
(7)寄宇捐五養老院存和成閬期款叁萬五仟元計第2719號存單一張
(8)慈惠堂存和成閬期款壹萬伍仟元計第2120號存單一張
(9)慈惠堂存成益閬期款壹拾萬元計第14號存摺一扣
(10)慈惠堂存簡陽縣金庫款叁萬元計簡特第7號存單一張
(11)慈惠堂存華原糖廠款弍拾萬元存摺一扣
(12)慈惠堂存惠元質店款叁萬元存条一張
(13)寄宇捐五養老院存川鹽款七萬元計第一號存摺一扣
(14)慈惠堂存和成往来款四萬七仟八百三十五元六角九仙計第520號支票、送金簿各一本
(15)慈惠堂存中國行往来款十七萬零九百零一元九角一仙計2539號支票、送金簿各一本
(16)慈惠堂存通惠閬期七萬元計第865號存摺一扣
(17)大柴廠存華洋葯房款二萬零八百五十九元八角七仙存摺一扣
(18)女嬰所存中國行款五百七十三元零一分計第321號活期存摺一扣
(19)善濟堂、慈惠堂出納股存中國行款各一元計第1031、1010號活期存摺各一扣

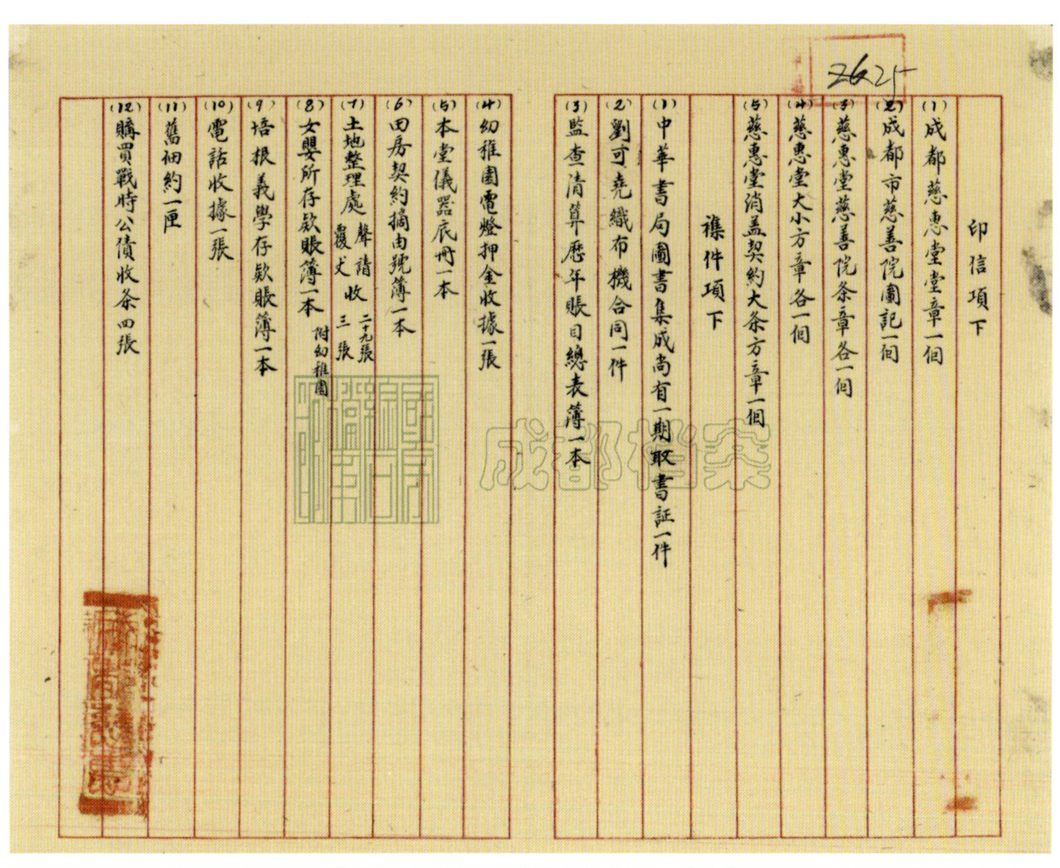

2625

印信項下

(1)成都慈惠堂堂章一個

(2)成都市慈善院圖記一個

(3)慈惠堂慈善院条章各一個

(4)慈惠堂大小方章各一個

(5)慈惠堂消盖契約大条方章一個

襍件項下

(1)中華書局圖書集成尚有一期取書証一件

(2)劉可堯織布機合同一件

(3)監查清算歷年賬目總表簿一本

(4)幼稚園電燈押金收據一張

(5)本堂儀器底冊一本

(6)田房契約摘由號簿一本

(7)土地整理處聲請收二十九張 覆丈三張

(8)女嬰所存款賬簿一本 附幼稚園

(9)培根義學存款賬簿一本

(10)電話收據一張

(11)舊佃約一匣

(12)購買戰時公債收条四張

2726

培根火柴廠存原料貨項下

(1)存黄燐陸箇正

(2)存硫磺九仟零六十七斤正

(3)存牛膠四仟四百四十斤零半斤正

(4)存巴粉九百四十一斤正

(5)存玻粉一仟三百四十九斤正

(6)存廢硫化燐八十九箇正

(7)存赤燐六十六箇正

(8)存巴拉冰一仟七百零一斤半正

(9)存灰粉二仟四百四十五斤正

(10)存硫化錦二仟二百七十五斤正

(11)存酸化錳一仟五百七十四斤正

(12)存鹽酸鉀四仟六百七十四斤正

(13)存白礬十五斤正

(14)存松香四百二十七斤正

(15)存廢漂粉一十三箇正

(16)存桃紅二百一十六箇正

(17)存紅精八箇正

(18)存品綠二十二箇正

(19)存品青三十三箇正

6. 尹仲锡铜像设计稿

民众为感怀尹仲锡先生对成都慈善事业 20 年的付出，在成都市政府、慈惠堂多方努力下，聘请雕塑名家刘开渠在少城公园（今人民公园）儿童图书馆草地前为尹昌龄先生竖立铜像，1946 年 4 月 22 日在少城公园举行铜像揭幕仪式，慈惠堂所有堂厂前往祭拜。

成都慈惠堂总理尹仲锡先生铜像（杨若虚提供）

7. 尹仲锡铜像揭幕典礼来宾画到簿

尹昌龄铜像揭幕仪式上，除开慈惠堂各个堂厂如瞽童教养所、育婴堂、培根工厂等机构外，我们可以看到《中央日报》《华西日报》《华西晚报》《成都晚报》，吴照华（石室中学校长）、陶亮生（知名老师）、蓝光鉴（荣乐园创始人）、洪幼三（知名慈善家）、车辐（著名记者）均到场。

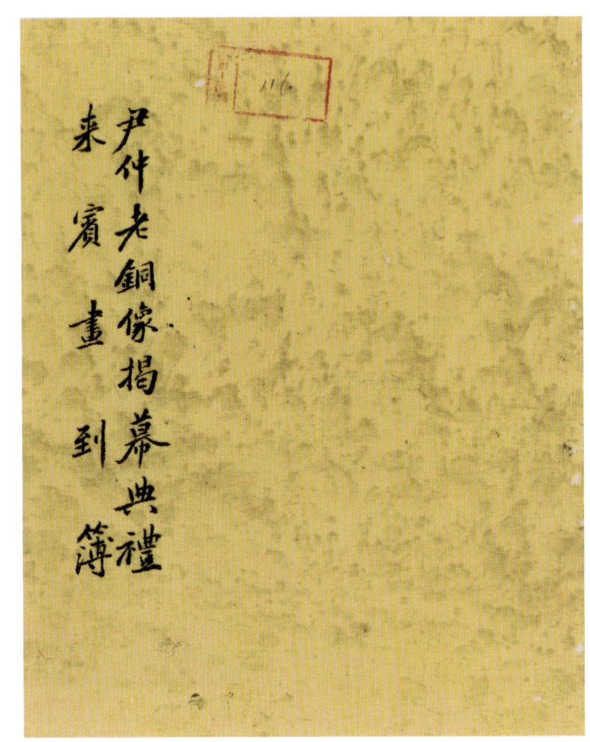

尹仲老铜像揭幕典禮
来賓畫到簿

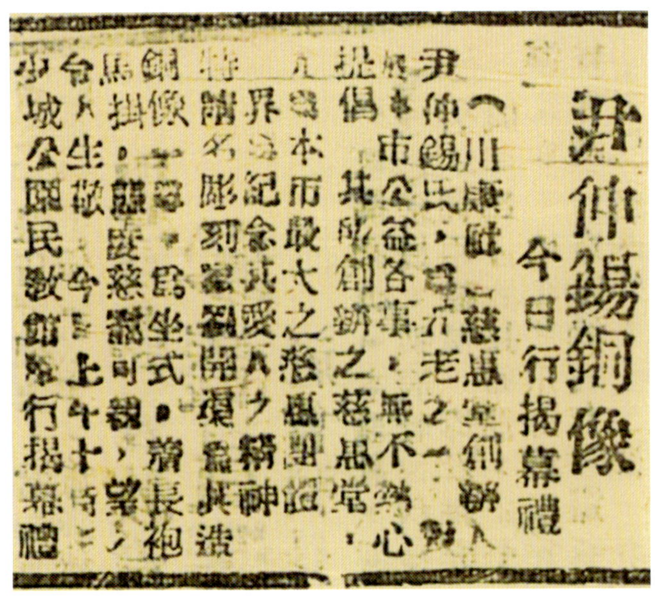

尹仲錫銅像 今日行揭幕禮

（川康社）慈惠堂創辦人尹仲錫氏，為五老之一，對本市公益各事，無不熱心提倡，其所創辦之慈惠堂，尤為本市最大之慈善團體，各界為紀念其愛人之精神，特請名彫刻家劉開渠氏造銅像一尊，坐式，着長袍馬褂，鬚髮慈祥可親，業已告成，擬今日上午十時三刻於少城公園民教館舉行揭幕禮

《新新新闻》中刊载《尹仲锡铜像今日行揭幕仪礼》的新闻（杨若虚提供）

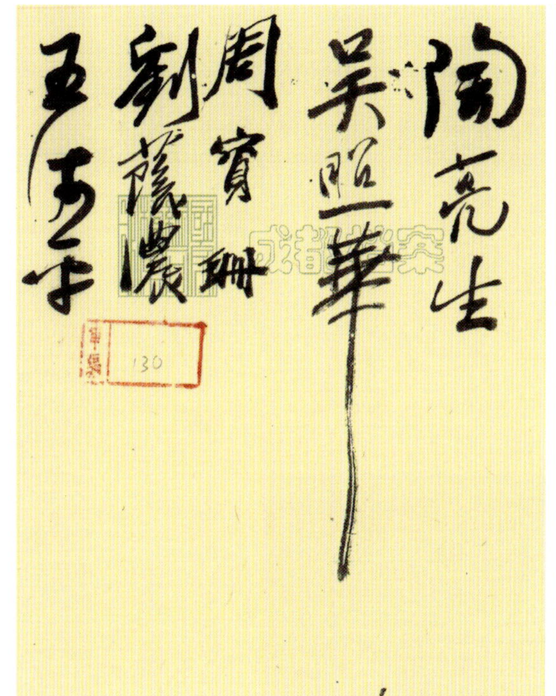

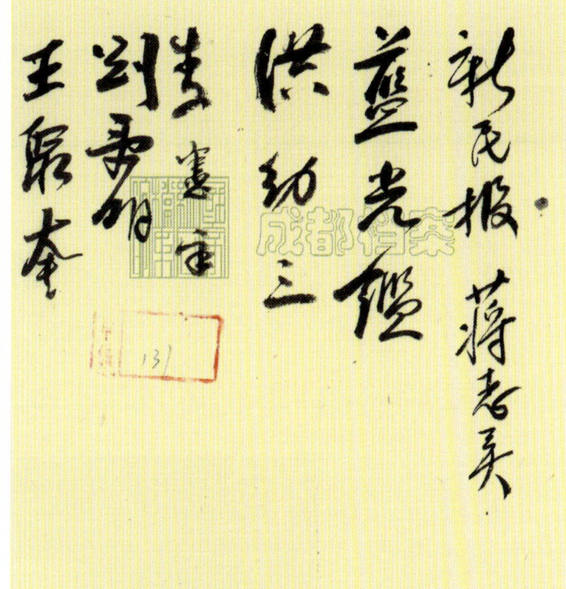

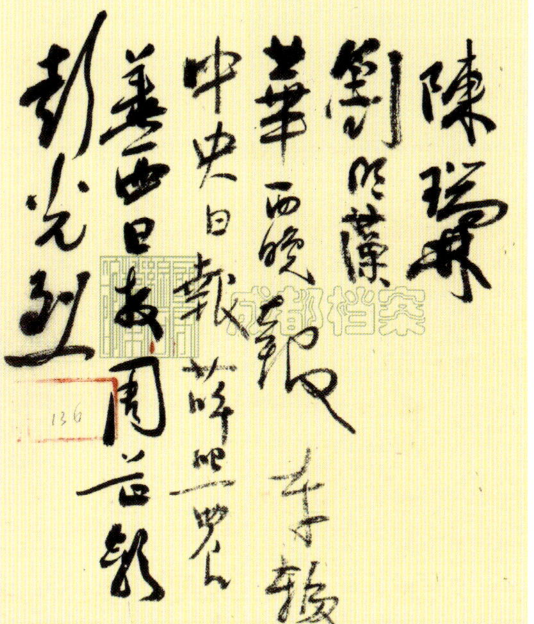

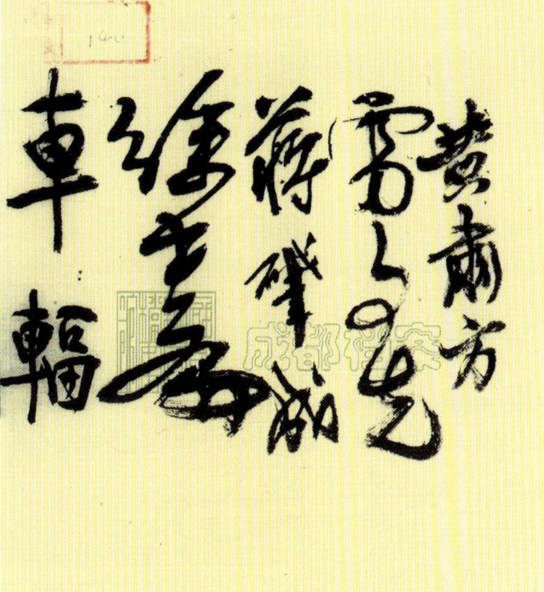

8. 成都市政府成都市慈惠堂关于总理尹仲锡逝世拟举张表方几人的呈文

尹昌龄去世后，慈惠堂亟须寻找一位新的继任者。经过慈惠堂全体理事推选，号称“川西圣人”的张澜继任。张澜，字表方，西充人，著名的民主主义革命家、教育家，中国民主同盟的创建者和领导者，中华人民共和国成立后曾任国家副主席。

张澜

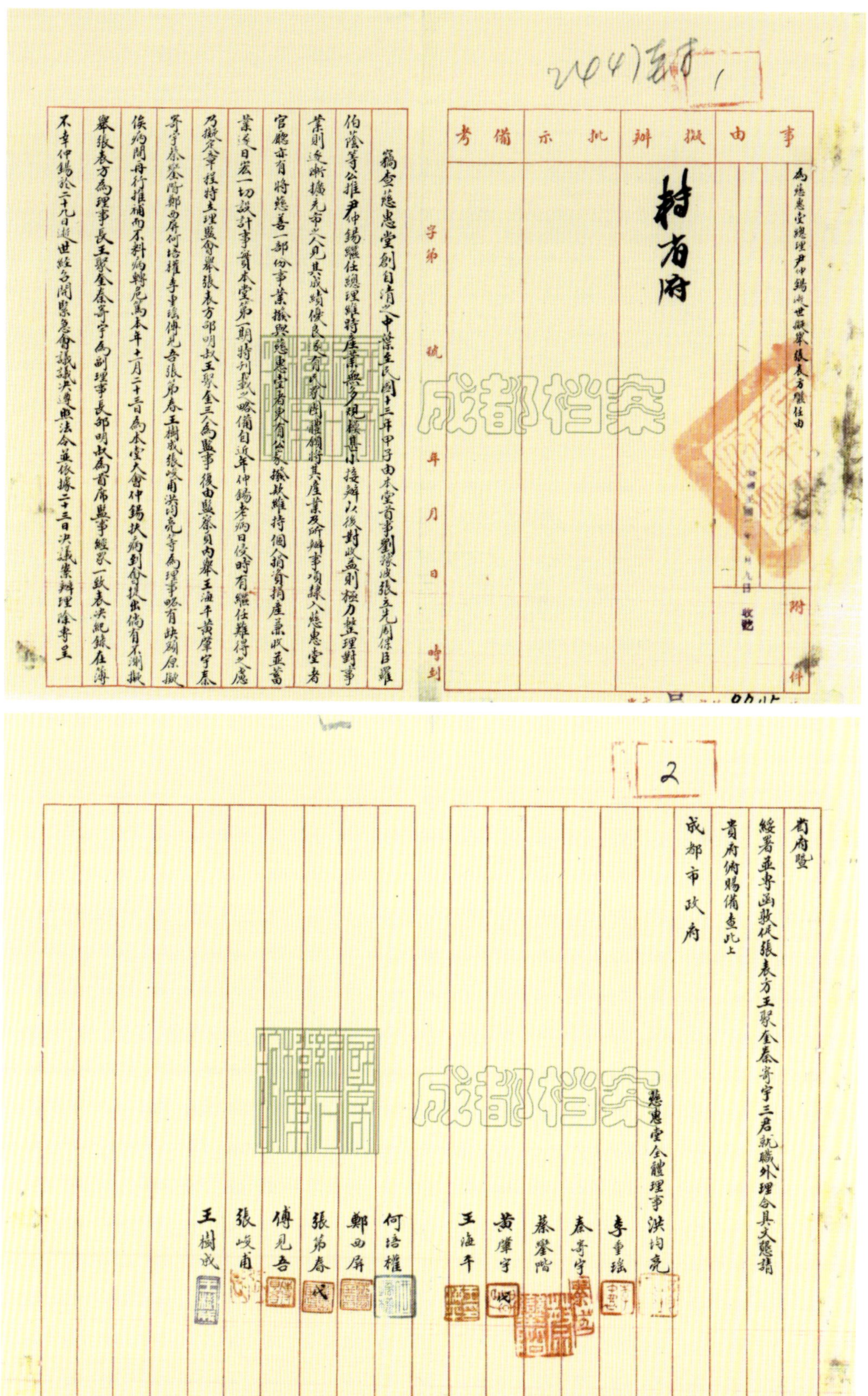

2041 1

事由	擬辦	批示	備考
為慈惠堂總理尹仲錫逝世擬舉張表方繼任由	封省府		
附件			

字第　號　年　月　日　時到

九日 收

竊查慈惠堂創自清之中葉至民國十三年甲子由本堂首事劉豫波張立先周保臣羅伯蔭等公推尹仲錫繼任總理維時產業無多規模甚小接辦以後對收益則極力整理對事業則逐漸擴充市人見其成績優良亦有以家祠遺囑將其產業及所辦事項隸入慈惠堂者官廳亦有將慈善一部份事業撥與慈惠堂者更有公家撥款維持個人捐資捐產彙收並蓄業務日宏一切設計事實本堂第一期特刊載之略備自近年仲錫老病日侵時有繼任難得之慮乃擬定章程特立理監會舉張表方鄧明叔王聚金三人為監事復由監察員內舉王海平黃肇宇秦寄宇蔡鑒階鄭西屏何培權李重瑤傅見吾張弟春王樹成張峻甫洪昀亮等為理事略有缺額原擬俟病間再行推補而不料病轉危篤本年十月二十三日為本堂大會仲錫扶病到會提出備有不測擬舉張表方為理事長王聚金秦寄宇為副理事長鄧明叔為首席監事經眾一致表決紀錄在簿不幸仲錫於二十九日逝世經各開緊急會議議決遵照法令並依據二十三日決議案辦理除專呈

2

省府暨綏署並專函敦促張表方王聚金秦寄宇三君就職外理合具文懇請貴府俯賜備查此上

成都市政府

慈惠堂全體理事　洪昀亮　李重瑤　秦寄宇　蔡鑒階　黃肇宇　王海平　何培權　鄭西屏　張弟春　傅見吾　張峻甫　王樹成

第二篇　主要慈善团体

9. 纪念尹昌龄祝文

尹昌龄去世后，慈惠堂定期举行祭祀活动。立功、立德、立言，人谓之三不朽，尹昌龄是立德一项的最高典范。

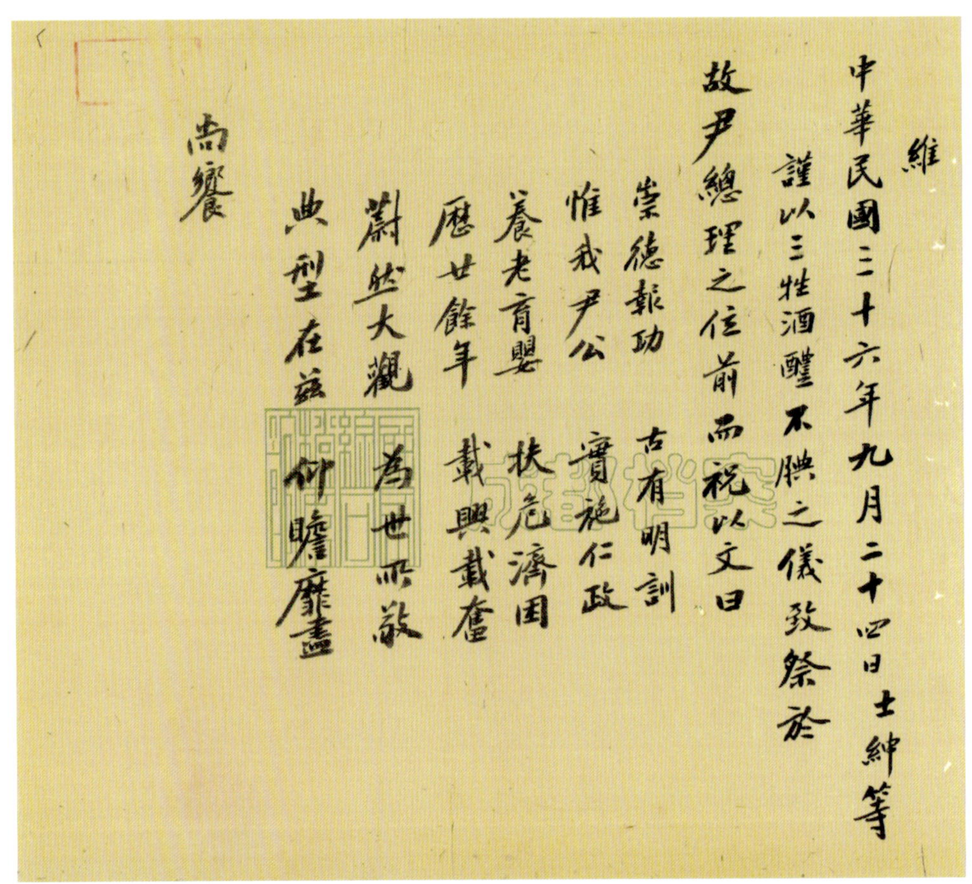

維
中華民國三十六年九月二十四日士紳等
謹以三牲酒醴不腆之儀致祭於
故尹總理之位前而祝以文曰
崇德報功　古有明訓
惟我尹公　實施仁政
養老育嬰　扶危濟困
歷世餘年　載興載奮
蔚然大觀　為世所欽
典型在茲　仰瞻靡盡
尚饗

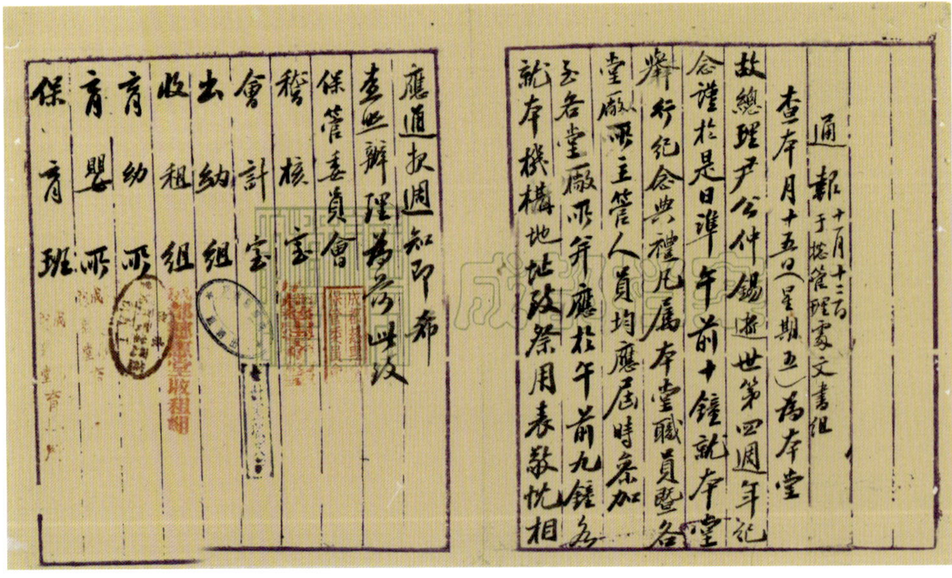

通報　十月十三日　于總管理處文書組
查本月十五日（星期五）為本堂
故總理尹公仲錫逝世第四週年紀
念謹於是日準午前十鐘就本堂
舉行紀念典禮凡屬本堂職員暨各
堂廠所主管人員均應屆時參加
至各堂廠所并應於午前九鐘各
就本機構地址致祭用表敬忱相
應通報周知即希
查照辦理為荷此致
保管委員會
稽核室
會計室
出納組
收租組
育幼所
育嬰所
保育班

卅四年十月廿六日（即陰曆十月廿二日）為
本堂故總理尹仲老第三週年
紀念定於是日午前十鐘行禮
備函通知理監會全體及平日
與仲老有往者

徐深甫　余中英　何嬉權
王海平　李伯中　黃仲翔
鄭西屏　周萃池　鍾君猷
向育仁　劉豫波　張第春
王聚奎　張表方　李幼春未在蓉未嘗通知
鄧明叔　秦壽宇　蔡鑾皆
尹元禮　文藻青
黃平如（已故）　陳益廷　洪幼三
劉劉甫　陳清樞　洪均亮
李重璟　王樹成　劉師伏
梁仲光　傅見吾　黃肇宇
李子儀

行禮儀式

一 主祭就位
二 與祭就位
三 全體肅立
四 奏樂　樂止
五 主祭出班上香　獻帛
　獻饌　獻果　獻畢讀祝
六 脫帽
七 向尹總理位前行三鞠躬禮
　一　二　三
八 復帽
九 靜默三分　默畢
十 禮成　散班　鳴炮

第二篇 主要慈善团体

附：尹昌龄先生年谱

清同治八年（1869），先生于3月21日出生于四川省华阳县。

清光绪十四年（1888），乡试中举。

清光绪十八年（1892），殿试二甲第四十名进士。

清光绪二十年（1894），任职陕西白河县知县。同年调任渭南知县。

光绪二十三年（1897），任职长安、咸宁知县。

光绪二十七年（1901），升任商州知府兼郴州知州。同年任商州知州，创办商州中学堂。

光绪二十九年（1903），凤翔府知府兼摄西安府知府。

光绪三十年（1904），开办陕西工艺厂，并搭救于右任。

光绪三十一年（1905），凤翔府中学堂附设师范传习所、桑蚕学堂，将盐法道衙署改设为西安中学堂。

光绪三十二年（1906）兼任陕西学务公所名誉议长、清学部二等谘议官，襄办西潼铁路。

光绪三十三年（1907），筹款创办火柴公司。

光绪三十四年（1908），兼任陕西省会农业学堂提调。

宣统元年（1909），兼任存古学堂提调。

宣统二年（1910），筹设陕西中等实业学堂，同年母逝，丁忧未准。

宣统三年（1911），调任广东差委，留任存古学堂校长。同年任陕西民政司司长。

民国元年（1912），任四川军政府审计院院长。

民国2年（1913），任四川政务司司长。

民国4年（1915），任黔中道尹。

民国5年（1916），任四川政务厅厅长。

民国12年（1923），任成都慈惠堂总办。

民国13年（1924），长子尹志纯出生。

民国14年（1925），任成都救恤事业董事会主任，同年接管育婴堂、济贫工厂、普济堂、幼孩厂。

民国15年（1926），兼任四川赈务委员会理事，同年在瞽童教养所设立洋琴科。

民国16年（1927），设立慈惠堂总务处，统管各“堂厂义学”，设立幼稚园、女婴教养所。

民国17年（1928），培根火柴厂设夜课义学。

民国20年（1931），任四川省水灾救济会主席、赈务委员会主席，后又任四川省参议员。同年民生工厂划归慈惠堂。

民国29年（1940），任国民参政会第二届参政员。

民国31年（1942），11月29日病逝，享年73岁。

（二）育婴堂

育婴堂为收养弃婴（多为女婴）的机构，几乎是最常见的传统慈善机构。成都育婴堂早期为官办，主要来源于田产收租及财政厅补贴，除此之外每月还有财政厅拨给的补助银圆 433 元。随后财政厅实款拨助减少，每月只可领得铜圆十余钏到二三十钏不等，幸得市政公所每月补助银圆 150 元，育婴堂才得以维持生存下来。

1925 年冬，市政公所罗平章督办将成都旧有慈善机关育婴堂交给本地绅商办理。两年后，陈鸿文代督办恐责任不专，将来或卷入政潮，于是商量改组办法，育婴堂完全脱离官方，专由绅办。育婴堂此时实已隶属慈惠堂，其费用或其他用具均由慈惠堂供给。

1. 四川省城育婴堂办事细则

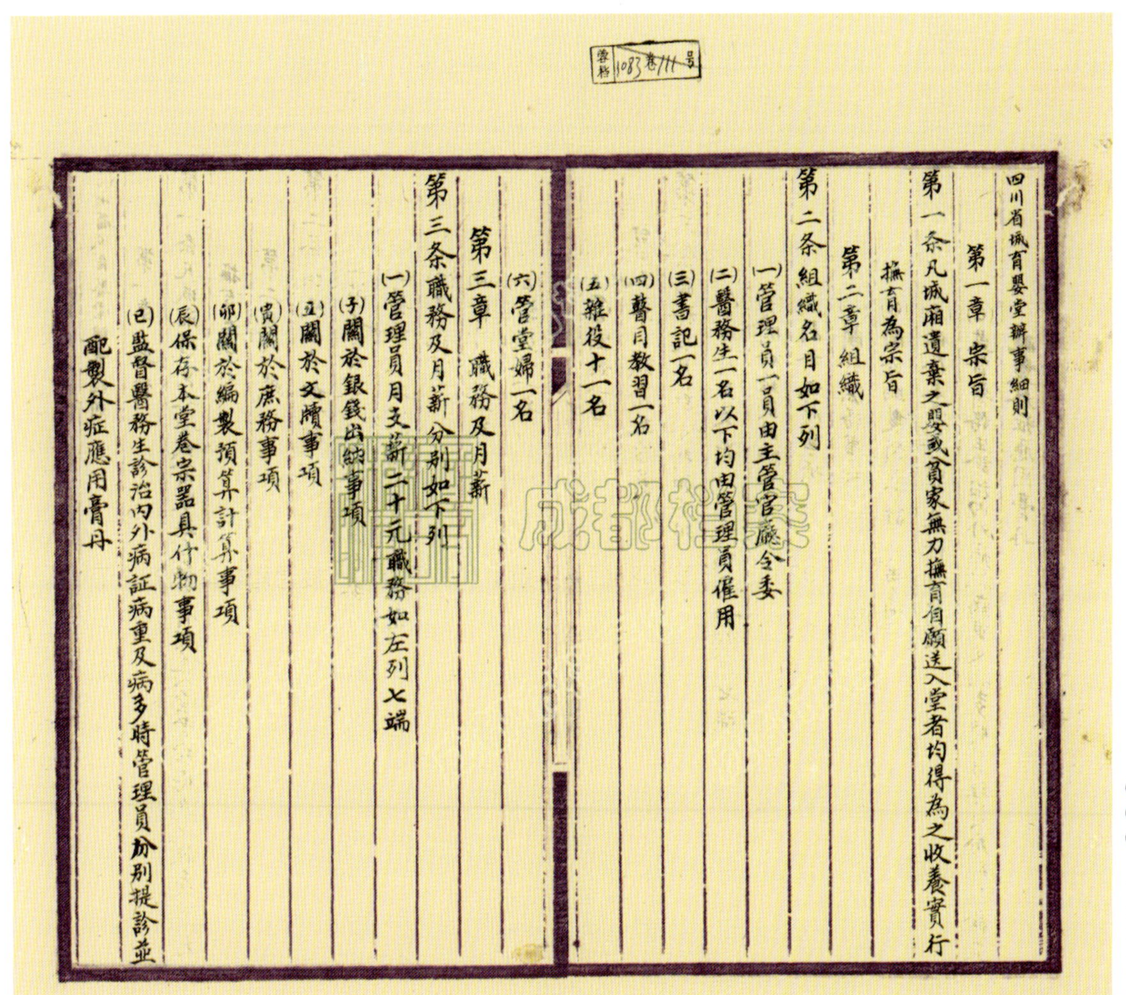

四川省城育嬰堂辦事細則

第一章 宗旨

第一条 凡城廂遺棄之嬰或貧家無力撫育自願送入堂者均得為之收養實行撫育為宗旨

第二章 組織

第二条 組織名目如下列

(一)管理員一員由主管官廳令委

(二)醫務生一名以下均由管理員僱用

(三)書記一名

(四)醫目教習一名

(五)雜役十一名

(六)管堂婦一名

第三章 職務及月薪

第三条 職務及月薪分別如下列

(一)管理員月支薪二十元職務如左列七端

(子)關於銀錢出納事項

(丑)關於文牘事項

(寅)關於庶務事項

(卯)關於編製預算計算事項

(辰)保存本堂卷宗器具什物事項

(巳)監督醫務生診治內外病証病重及病多時管理員分別提診並配製外症應用膏丹

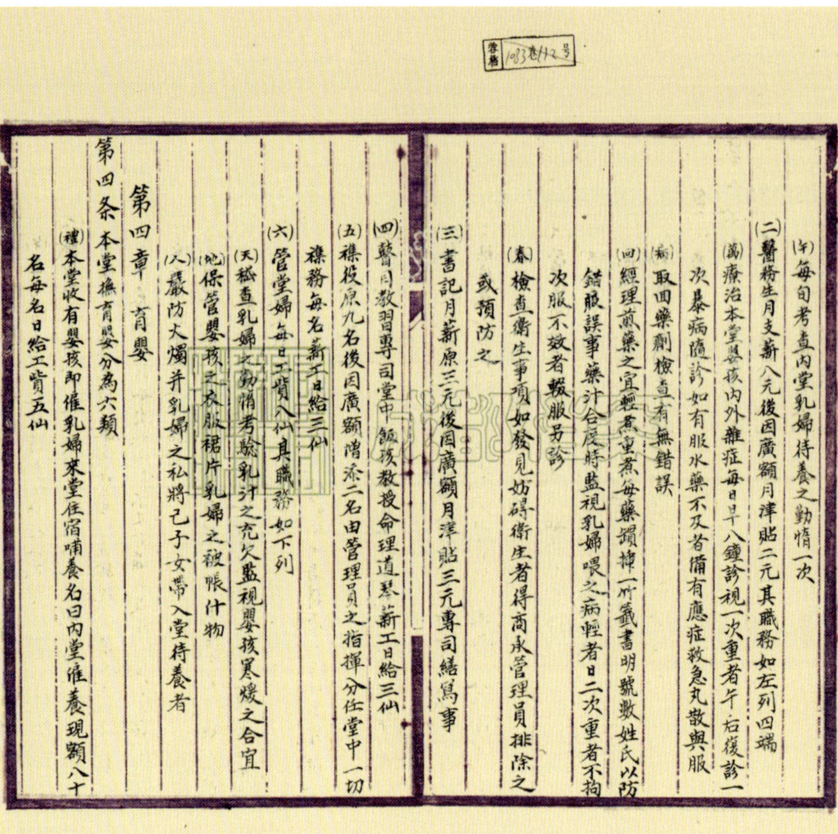

(午)每旬考查内堂乳婦待養之勤惰一次

(二)醫務生月支薪八元後因廣額月津貼二元其職務如左列四端

(萬)療治本堂嬰孩内外雜症每日早八鐘診視一次重者午后復診一次暴病隨診如有服水藥不及者備有應症救急丸散與服

(病)取回藥劑檢查有無錯誤

(回)經理煎藥之宜輕煮重煮每藥罐掉一竹籤書明號數姓氏以防錯服誤事藥汁合度時監視乳婦喂之病輕者日二次重者不拘次服不效者輙服另診

(春)檢查衛生事項如發見妨碍衛生者得商承管理員排除之或預防之

(三)書記月薪原三元後因廣額月津貼三元專司繕寫事

(四)醫司教習專司堂中飯孩教授命理道琴薪工日給三仙

(五)襍役原九名後因廣額增添二名由管理員之指揮分任堂中一切襍務每名薪工日給三仙

(六)管堂婦每日工資八仙具職務如下列

(天)稽查乳婦之勤惰考驗乳汁之充欠監視嬰孩寒煖之合宜

(地)保管嬰孩之衣服裙片乳婦之被帳什物

(人)嚴防火燭并乳婦之私將己子女帶入堂待養者

第四章　育嬰

第四条　本堂撫育嬰孩分為六類

(禮)本堂收有嬰孩即雇乳婦來堂住宿哺養名曰内堂雇養現額八十名每名日給工資五仙

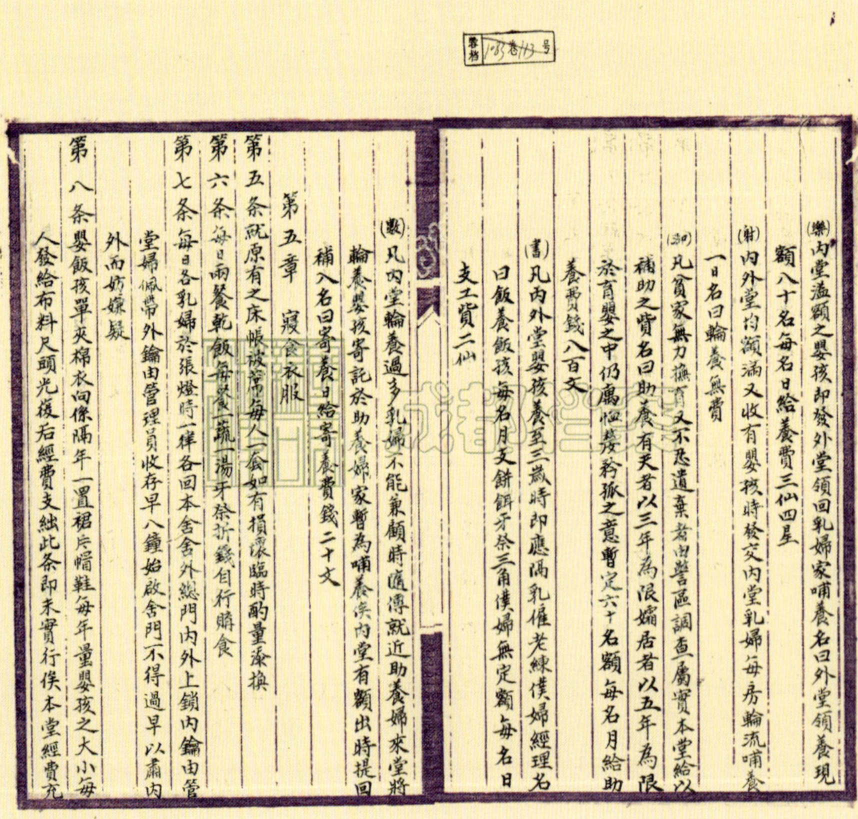

(樂)内堂溢額之嬰孩即發外堂領回乳婦家哺養名曰外堂領養現額八十名每名日給養費三仙四星

(射)内外堂均額滿又收有嬰孩時發交内堂乳婦每房輪流哺養一日名曰輪養無費

(御)凡貧家無力撫育又不忍遺棄者由警區調查屬實本堂給以補助之資名曰助養有夫者以三年為限孀居者以五年為限於育嬰之中仍寓恤嫠矜孤之意暫定六十名額每名月給助養費錢八百文

(書)凡内外堂嬰孩養至三歲時即應隔乳雇老練僕婦經理名曰飯養飯孩每名月支餅餌牙祭三角僕婦無定額每名日支工資二仙

(數)凡内堂輪養過多乳婦不能兼顧時隨傳就近助養婦來堂將輪養嬰孩寄託於助養婦家暫為哺養俟内堂有額出時提回補入名曰寄養日給寄養費錢二十文

第五章　寢食衣服

第五条　就原有之床帳被席每人一套如有損壞臨時酌量添換

第六条　每日兩餐乾飯每餐一蔬一湯牙祭折錢自行購食

第七条　每日各乳婦於張燈時一律各回本舍舍外總門内外上鎖内鑰由管堂婦佩帶外鑰由管理員收存早八鐘始啟舍門不得過早以肅内外而妨嫌疑

第八条　嬰飯孩單夾棉衣向係隔年一置裙片帽鞋每年量嬰孩之大小每人發給布料尺頭光復后經費支絀此条即未實行俟本堂經費充

分時再行分年置備帷裙片帽鞋仍須按年發給尺頭以為作嬰孩鞋襪帽片之用

第六章　乳傭婦之選格及去留

第九条　本堂收僱乳婦以乳汁充足者為合格

第十条　本堂收僱傭婦以老成耐煩性質温和者為合格

第十一条　本堂收僱時須問明乳傭年歲籍貫住址登記册上如有疾病即送回診治

第十二条　内外堂乳婦一經管堂婦驗明乳足又無疾者即令補牌并將入堂年月日書於牌上以充本堂乳婦

第十三条　内堂乳婦有左列情形之一者得取消之

(甲)乳汁欠缺將嬰孩愈哺愈瘦或私喂冷飯者

(乙)患重病時

(丙)身有孕時

(丁)不守堂規及不服約束者

(戊)有竊盗行為經管堂婦或乳婦得有賍証舉發者

(己)有將己之子女送入堂内而本人又入堂充乳婦哺養自己子女者查出子女仍留堂

(庚)不請假私行在外宿者

(辛)虐待嬰孩者

(壬)嬰孩有病不細心待養或有病不報告醫務生致病本輕而轉為重者

(癸)私行借故出外與人接乳希圖小利將嬰孩拖成奶疳者

第七章　嬰飯孩之出堂

第十四条　凡有人願將堂中嬰飯孩抱撫出堂作為子女者或大家選出作為使女者如查確係正當人家又覓有舖保者即應准其領出繳費二元

第十五条　凡堂中飯孩長大成人無人抱撫男子自十二歲以上即由堂代覓正當舖店送往學藝女子自十八歲以上即由堂代為擇配并酌奩貲至於殘廢者尤須設法妥為安置務冝始終成全

第十六条　嬰飯孩有病殤時由堂購備火匣裝殮抬埋於義地

第八章　衛生

第十七条　本堂嬰孩每屆春令須延痘科醫士普通點放牛痘一次

第十八条　本堂乳婦之房床必須整理潔淨排除汚穢衣服被物由管堂婦隨時考查督率乳婦滌洗潔淨以免妨碍衛生

第十九条　凡嬰孩患病有與本病相抵觸之食物由醫務生告知乳婦應行禁忌何種食物

第二十条　凡嬰孩務須勤於沐浴每旬薙髮一次每日洗二次

第九章　防閑

第二十一条　本堂事務極為瑣繁管理員既受委任斯職刻刻當以嬰孩生命寄託為念常川駐堂除有切己之事書明事由請假於主管官廳外不得應酬他事至於會客除有因本堂之事與管理員接洽外以夜八鐘為會客時間非時得謝絶之

第二十二条　本堂醫書司役各執其事外來之閑雜人等不得容留入堂

第二十三条　乳婦會客如係夫男者由門役傳出在二門外會如係女流者在二門内乳婦會客室會不得引入内舍擅留餐宿

第二篇　主要慈善团体

第十章 經費

第二十四条 本堂收入之經費分為五種

(一)每月編製預算書在財政廳領經常費四百四十三元

(二)每月直接收三家房銀五元五角九仙三星

(三)每月直接收七省會館息銀二十九元五角八仙二星

(四)每年收八家佃户租谷銀壹千數百元(田谷價定數)

(五)收抱撫費每名二元(無定)

第二十五条 本堂支出之經費分為四種

(一)預算案内之支出每月編製計算書報銷

(二)溢出預算案與未列預算之支出并遵案廣額之支出各款每月造册由主管官廳核銷

(三)因田產之事項支出在清册内造銷

(四)如有重大開支預先估計呈報指令遵辦

第十一章 附則

第二十六条 本章程有未盡事宜得隨時增删

2. 育婴堂呈报内外堂育婴饭孩人数名目及承抚之乳仆妇姓氏清册

针对婴孩的收养模式有堂内养育和外堂养育两种。堂内养育是指婴孩在育婴堂内进行养育，婴孩额定 80 名，由所雇乳妇和保育各 1 人进行养育，其薪津为每月支付银两 1 元零 5 仙。而外堂养育则是由他人将婴孩领养在外，不居住在育婴堂内，数量不限。将婴孩领养在外的乳妇每月给付铜圆 3000 文。

育嬰堂呈報內外堂嬰飯孩人數名目及承撫之乳僕婦姓氏清冊

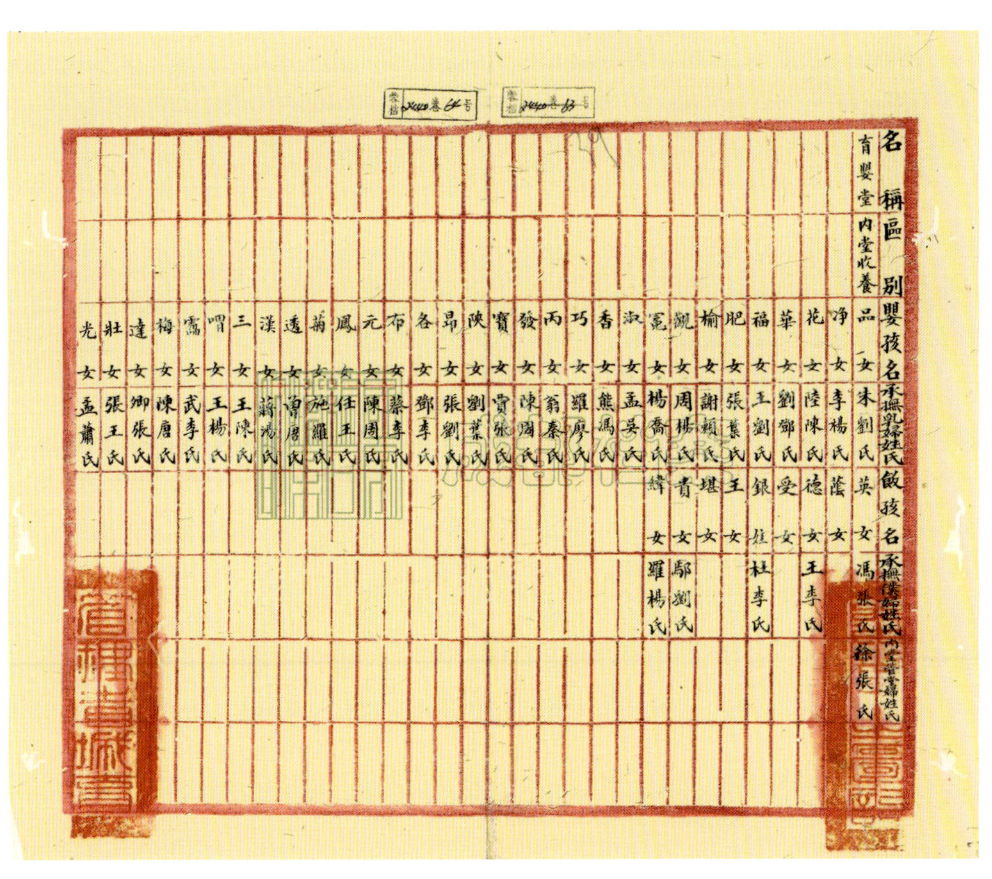

名稱區別	嬰孩名	承撫乳婦姓氏	飯孩名	承撫僕婦姓氏	內堂管堂婦姓氏
育嬰堂內堂收養	品一女	朱劉氏	英女	馮張氏	徐張氏
	淨女	李楊氏	蓬女		
	花女	陸陳氏	德女	王李氏	
	華女	劉鄧氏	受女		
	福女	王劉氏	銀[illegible]	杜李氏	
	肥女	張綦氏	王女		
	榆女	謝賴氏	堪女		
	靚女	周楊氏	青女	鄔劉氏	
	[illegible]女	楊喬氏	縴女	羅楊氏	
	淑女	孟吳氏			
	香女	熊馮氏			
	巧女	羅廖氏			
	丙女	翁秦氏			
	發女	陳閻氏			
	寶女	賈張氏			
	陝女	劉葉氏			
	昂女	張劉氏			
	各女	鄧李氏			
	布女	蔡李氏			
	元女	陳周氏			
	鳳女	任王氏			
	蒲女	施羅氏			
	透女	曾唐氏			
	漢女	蔣馮氏			
	三女	王陳氏			
	喟女	王楊氏			
	靄女	武李氏			
	梅女	陳唐氏			
	達女	卿張氏			
	壯女	張王氏			
	光女	孟蕭氏			

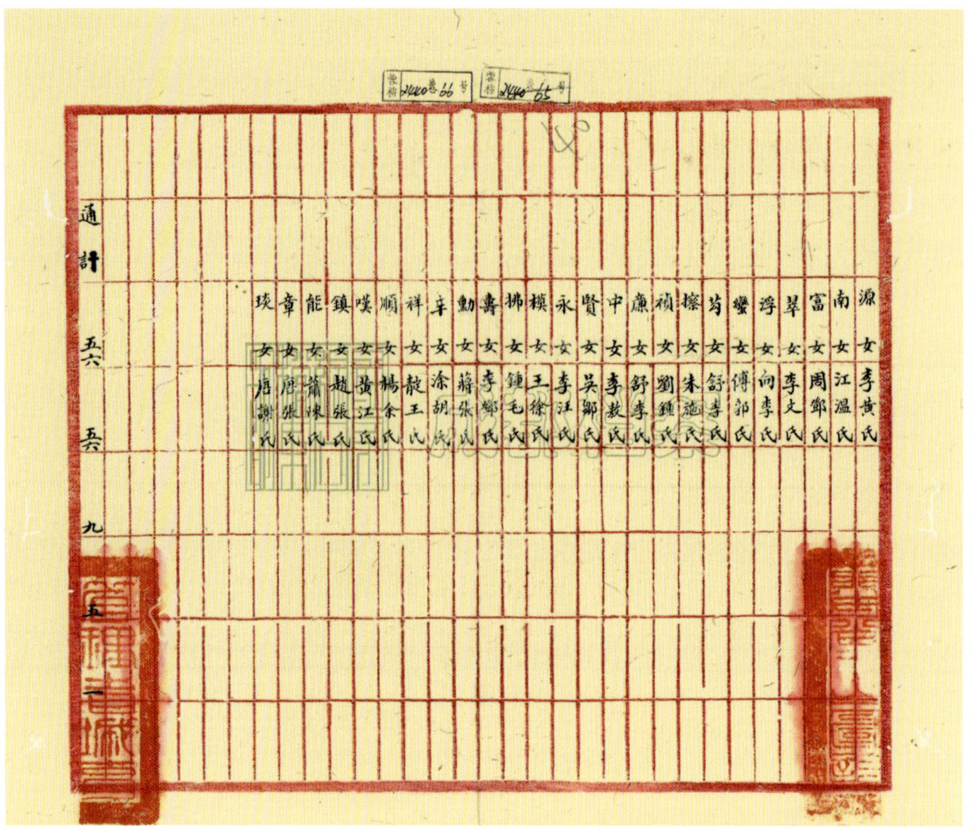

嬰孩名	承撫乳婦姓氏
源女	李黄氏
南女	江温氏
富女	周鄧氏
翠女	李丈氏
浮女	向李氏
鑾女	傅郭氏
芶女	舒李氏
擦女	朱施氏
禎女	劉鍾氏
廉女	舒李氏
中女	李敖氏
賢女	吴鄒氏
永女	李江氏
模女	王徐氏
拂女	鍾毛氏
壽女	李鄒氏
勳女	蔣張氏
辛女	涂胡氏
祥女	敖王氏
順女	楊余氏
嘆女	黄江氏
鎮女	趙張氏
能女	蕭陳氏
章女	唐張氏
琰女	唐謝氏

通計　五六　五六　九　五　一

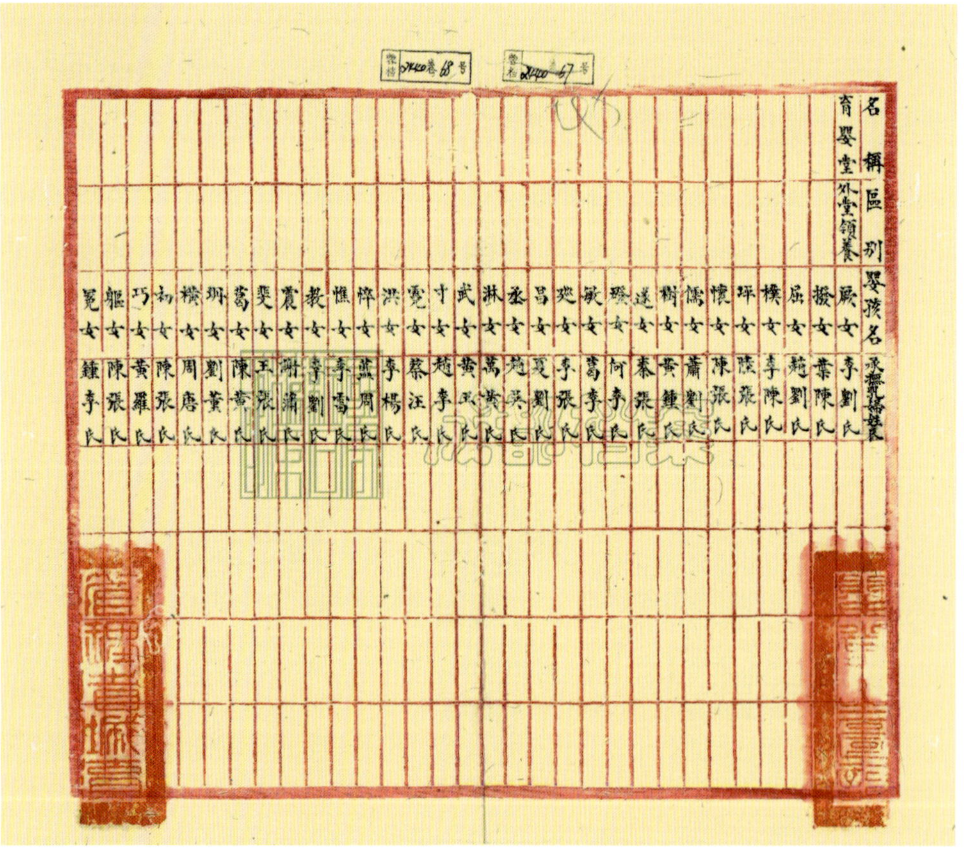

名稱	區別	嬰孩名	承撫乳婦姓氏
育嬰堂	外堂領養	厥女	李劉氏
		撥女	葉陳氏
		屈女	趙劉氏
		樸女	李陳氏
		坪女	陸張氏
		懷女	陳張氏
		儒女	蕭劉氏
		樹女	黄鍾氏
		遂女	秦張氏
		璘女	何李氏
		敏女	葛李氏
		從女	李張氏
		昌女	夏劉氏
		丞女	趙吴氏
		淋女	萬黄氏
		武女	黄[illegible]氏
		寸女	趙李氏
		覓女	蔡汪氏
		洪女	李楊氏
		梓女	藍周氏
		樵女	李雷氏
		教女	李劉氏
		震女	謝蒲氏
		斐女	王張氏
		葛女	陳黄氏
		瑚女	劉黄氏
		櫟女	周唐氏
		初女	陳張氏
		巧女	黄羅氏
		軀女	陳張氏
		冕女	鍾李氏

3. 乳妇请奖姓名表

对于抚养婴孩较好的乳妇，也会给予些许的物质奖励。

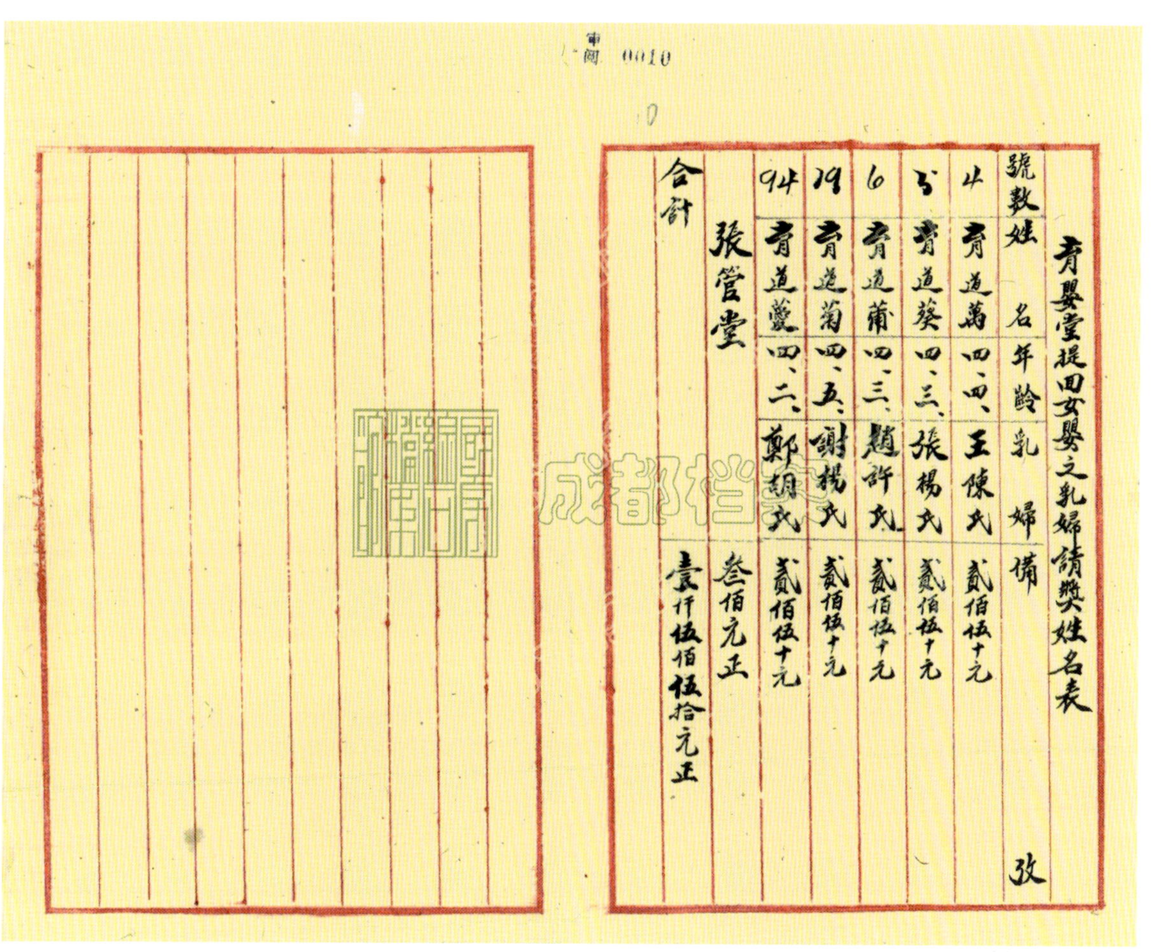

育嬰堂提回女嬰之乳婦請獎姓名表

號數	姓名	年齡	乳婦	備攷
4	育道萬	四、四、	王陳氏	貳佰伍十元
5	育道葵	四、三、	張楊氏	貳佰伍十元
6	育道蒲	四、三、	魏許氏	貳佰伍十元
19	育道菊	四、五、	謝楊氏	貳佰伍十元
94	育道豔	四、二、	鄭胡氏	貳佰伍十元
	張管堂			叁佰元正
合計				壹仟伍佰伍拾元正

4. 肖华清聘书

张澜担任慈惠堂理事长期间，把慈惠堂用作民主活动的基地，安排进步人士在慈惠堂下属堂厂担任领导职务。肖华清作为民盟盟员，任职育婴堂堂长。中华人民共和国成立后，肖华清曾经担任重庆民盟地方组织负责人。

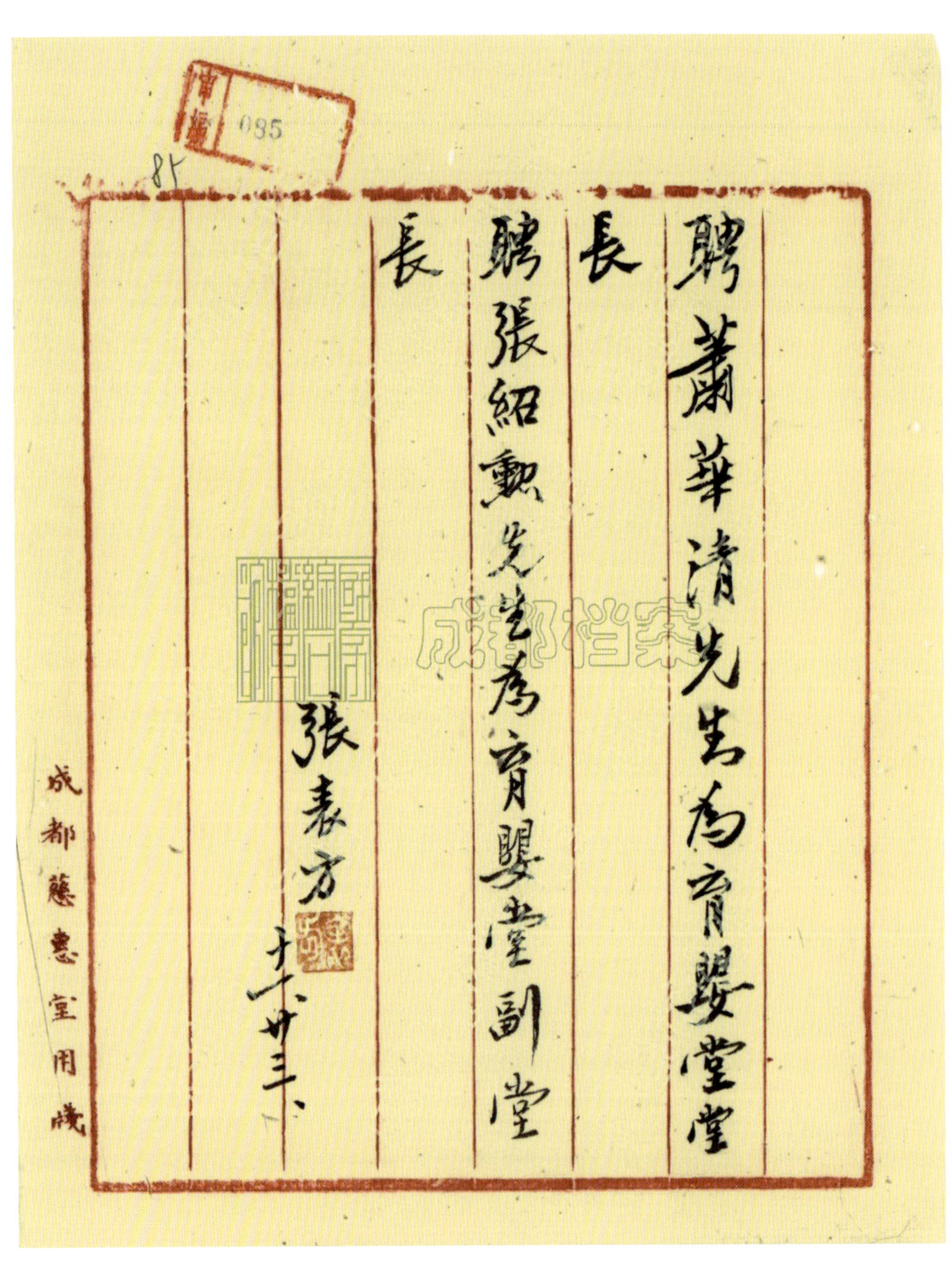

聘蕭華清先生為育嬰堂堂長

聘張紹勲先生為育嬰堂副堂長

張表方

十一、廿三、

成都慈惠堂用牋

5. 育婴堂准抚领婴孩规程

育婴堂对于婴孩的领养方有着明确规定，一是五十岁以上无后者；二是有相当的财力；三是不得虐待婴孩；四是每半年回访一次，如有虐待等行为即提回婴孩；五是领养婴孩必须报总堂核准。

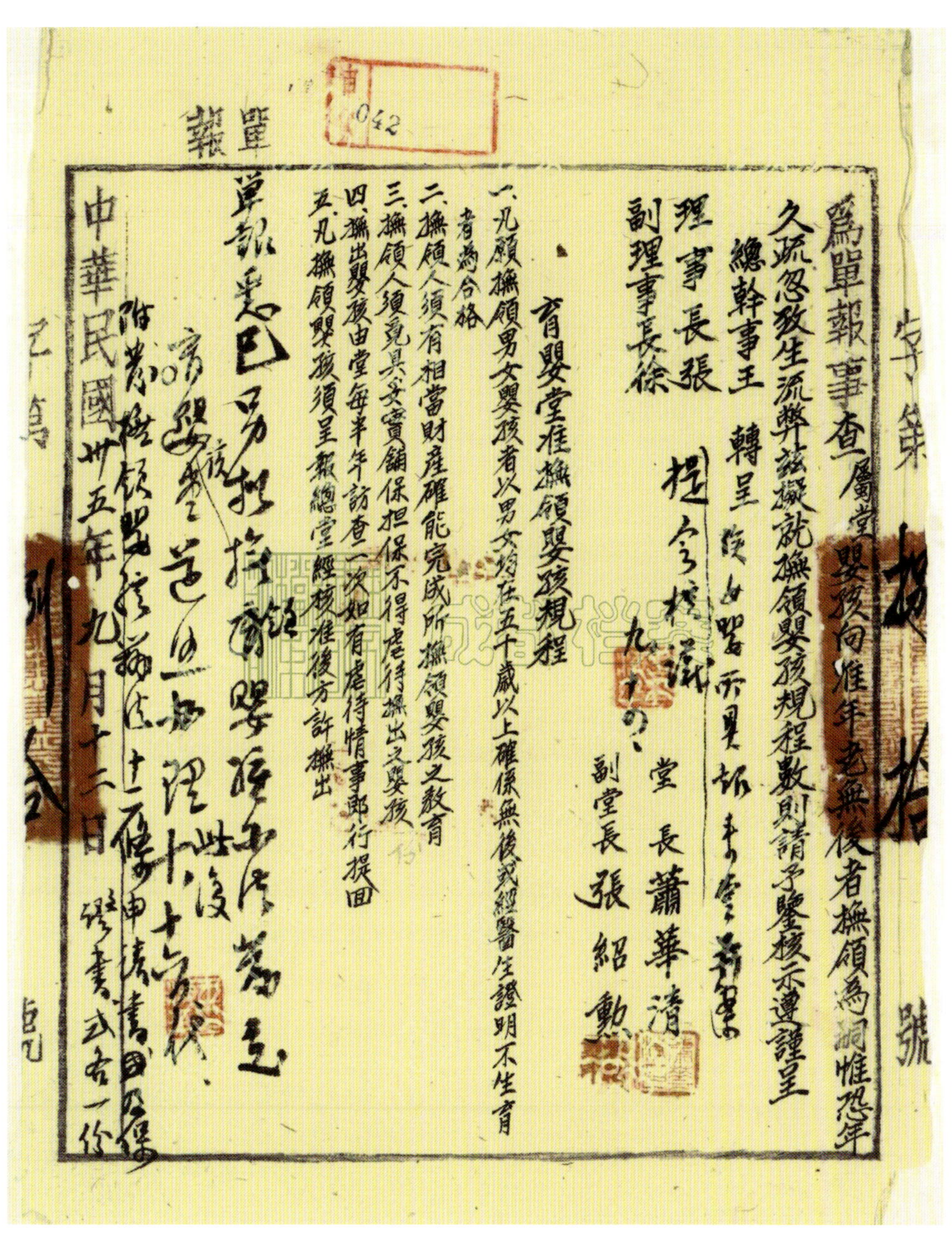

字第　　號

單報

為單報事查屬堂嬰孩向准年老無後者撫領為涸惟恐年久疏忽致生流弊茲擬就撫領嬰孩規程數則請予鑒核示遵謹呈

總幹事王　轉呈

理事長張

副理事長徐

堂　長　蕭華清

副堂長　張紹勳

育嬰堂准撫領嬰孩規程

一、凡願撫領男女嬰孩者以男女均在五十歲以上確係無後或經醫生證明不生育者為合格

二、撫領人須有相當財產確能完成所撫領嬰孩之教育

三、撫領人須覓具妥實舖保担保不得虐待撫出之嬰孩

四、撫出嬰孩由堂每半年訪查一次如有虐待情事即行提回

五、凡撫領嬰孩須呈報總堂經核准後方許撫出

中華民國卅五年九月十二日

6. 每日活动时间表

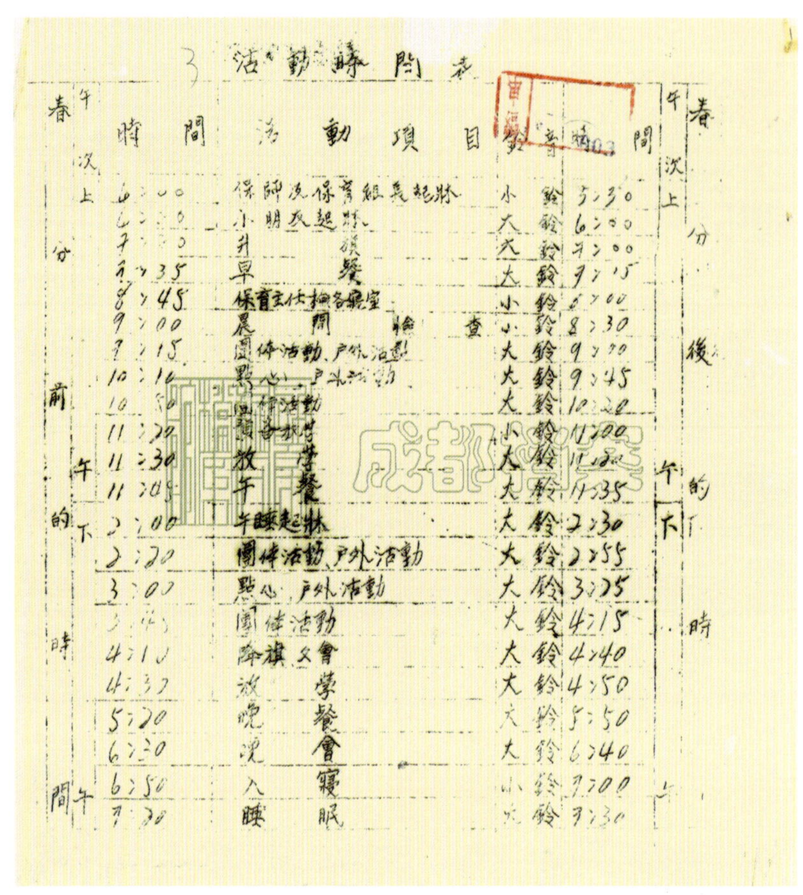

活動時間表

時間	活動項目	鈴音	時間
6:00	保師及保育組長起床	小鈴	5:30
6:30	小朋友起床	大鈴	6:00
7:00	升旗	大鈴	7:00
7:35	早餐	大鈴	7:15
8:45	保育主任檢查寢室	小鈴	8:00
9:00	晨間檢查	小鈴	8:30
9:15	團体活動、戶外活動	大鈴	9:20
10:10	點心、戶外活動	大鈴	9:45
10:50	團体活動	大鈴	10:20
11:20	[illegible]	小鈴	11:00
11:30	放學	大鈴	[illegible]
11:[illegible]	午餐	大鈴	11:35
2:00	午睡起床	大鈴	2:30
2:20	團体活動、戶外活動	大鈴	2:55
3:00	點心、戶外活動	大鈴	3:25
[illegible]	團体活動	大鈴	4:15
4:10	降旗 夕會	大鈴	4:40
4:30	放學	大鈴	4:50
5:20	晚餐	大鈴	5:50
6:30	[illegible]會	大鈴	6:40
6:50	入寢	小鈴	7:00
7:30	睡眠	大鈴	7:30

春分以前的時間 上午 下午 / 春分以後的時間 上午 下午

7. 菜单

育婴堂的工作到后期已经逐步专业化，从“以养为主”变为“养教并重”，乳妈逐步被教师、保师和保育员所取代，保育从婴孩的基本特点出发，科学安排活动与饮食。

星期＼餐別	早餐	餐点	午餐	餐点	晚餐
一	菠菜稀飯	豆漿	肉末東莧菜爛焖飯	營養蛋糕	烏鷄白麵皮
二	洋芋稀飯	〃	豬血豆腐爛焖飯	〃	菠菜爛焖飯
三	牛肝稀飯	〃	[illegible]菠菜爛焖飯	〃	東莧菜爛焖飯
四	綠豆稀飯	〃	豬血豆腐爛焖飯	〃	[illegible]菠菜麵皮
五	菠菜稀飯	〃	[illegible]東莧菜爛焖飯	〃	紅豆蘿蔔白菜掛麵
六	花生米稀飯	〃	肉末洋芋焖飯	〃	菠菜豬血麵
七	菠菜稀飯	〃	牛肉末豆腐焖飯	〃	烏鷄白麵皮

每人每月以八升米（上熟米計算）

（三）女婴教养所

女婴教养所之创设是回应育婴堂内婴孩的出路问题：“民国17年，尹总理因见到育婴堂女婴年渐长成，如任人领出恐有拐卖等情形，不送出则堂又窄小无处可容，故辟普济堂附近之地以创办女婴教养所。”随着年纪的逐渐增长，育婴堂已经不再适合女孩的成长，这时她们就会来到女婴教养所。在这里，孩童完全住所内，接受基本的教育（开设有国语、数学、常识等课程），掌握生存手段（开设有手工课程），能够基本自立或找到归属。

1. 女婴教养所抚育婴孩办法

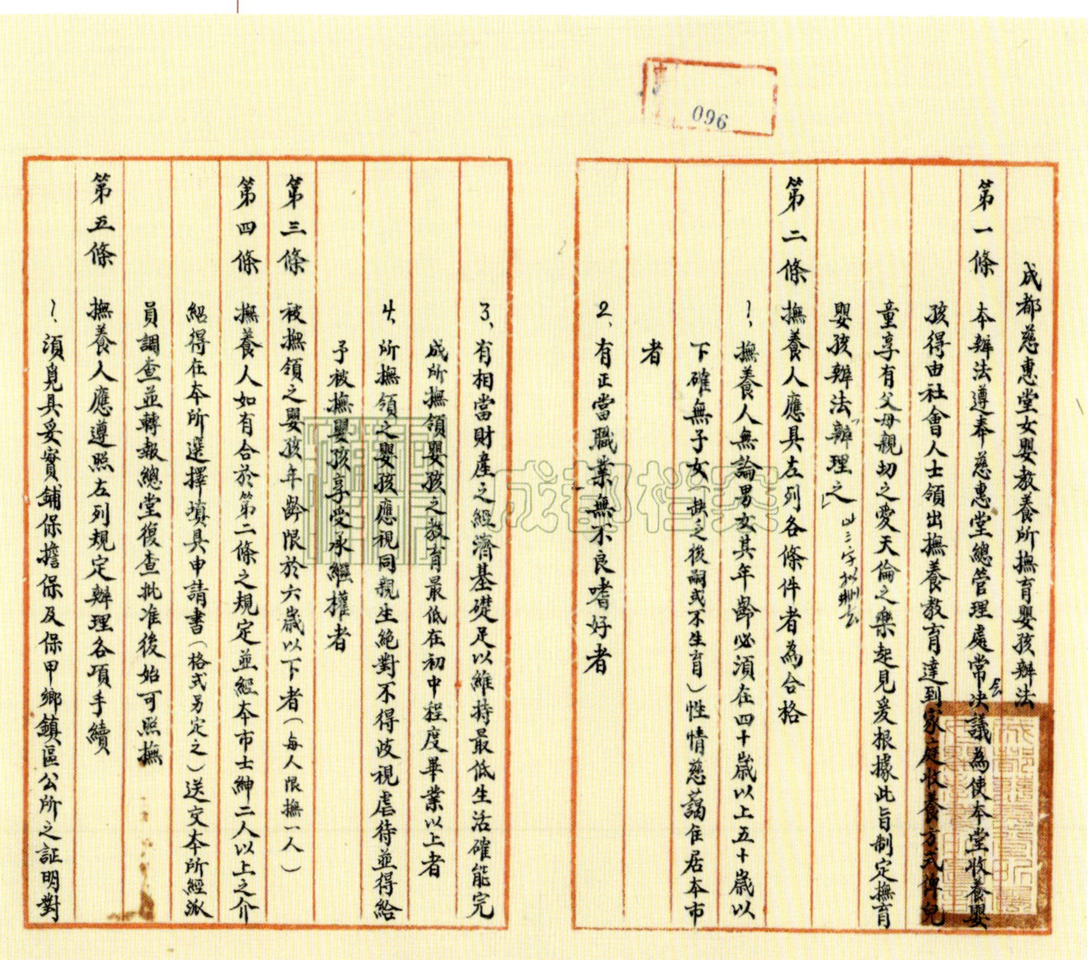

096

成都慈惠堂女嬰教養所撫育嬰孩辦法

第一條 本辦法遵奉慈惠堂總管理處常會決議為使本堂收養嬰孩得由社會人士領出撫養教育達到家庭收養方式俾兒童享有父母親切之愛天倫之樂起見爰根據此旨制定撫育嬰孩辦法辦理之（此三字擬删去）

第二條 撫養人應具左列各條件者為合格

1、撫養人無論男女其年齡必須在四十歲以上五十歲以下確無子女（抱之後嗣或不生育）性情慈藹住居本市者

2、有正當職業無不良嗜好者

3、有相當財產之經濟基礎足以維持最低生活確能完成所撫領嬰孩之教育最低在初中程度畢業以上者

4、所撫領之嬰孩應視同親生絕對不得歧視虐待並得給予被撫嬰孩享受承繼權者

第三條 被撫領之嬰孩年齡限於六歲以下者（每人限撫一人）

第四條 撫養人如有合於第二條之規定並經本市士紳二人以上之介紹得在本所選擇填具申請書（格式另定之）送交本所經派員調查並轉報總堂復查批准後始可照撫

第五條 撫養人應遵照左列規定辦理各項手續

1、須覓具妥實鋪保擔保及保甲鄉鎮區公所之証明對

於第二條之規定各項負完全責任（填具保証書格式另訂之）

2、遷移住址時必須通知本所備查

3、應備簡單衣服鞋帽於撫出時給予被撫嬰孩穿用

4、經申請批准後於領走之時填具承領書交所存查

第六條　關於被撫嬰孩本所得隨時調查其生活情形外並規定每半年詳細訪查一次如有虐待情事經查屬實即行報請總堂予以提回收養並依法呈請政府處辦之

第七條　撫養人如嗣後倘有生育或有子女時對被撫領之嬰孩仍應視同親生不得歧視所有生活及教育承繼權利均應依法給予享受不得剝奪

第八條　撫養人對撫領之嬰孩養育成人時應予以適當之職業並為主持其婚嫁

第九條　被撫養之嬰孩除有第六條之規定因虐待情事屬實得由本堂提回收養外撫養人於領出後不得中途退回或藉詞推卸養育責任

第十條　本辦法如有未盡事宜得另修改呈准慈惠堂常務會議通過後有效

第十一條　本辦法呈奉慈惠堂核准之日起施行

通过申请或证明，辅之保状书等常规手续，普通家庭将育婴堂（所）婴孩领出抚养。这对育婴堂来说不仅提供更多机会给其他无依无靠的弃儿，相对减轻机构经费负担，同时让婴孩有机会回归家庭，融入正常社会生活。

2. 成都慈惠堂女婴教养所女婴遣嫁办法

女婴教养所对所择配偶男方也有相当的要求：有正当职业者；品行端正，年龄相当者；绝对无重婚或纳妾行为者；无不良嗜好及暗疾、残废者；有生活经济能力或经济基础者方为适合标准者，以此基本保障所嫁之女的日后生活不致太贫苦。此外还有订婚和结婚两阶段的不同手续，以示对所养女婴婚嫁之事的重视。订婚时主要是填写订婚证明书，并告知男方择定结婚时间后通知教养所。订婚证明书一式二纸，男女方各存一张，经双方主婚人、介绍人、证明人约定时间，在教养所办理，女方主婚人即以所长任之（不举行仪式）。而结婚手续则更加细致详尽：婚前头一天，男方至低须备办女汗中衣各二套，面衫一件，鞋袜各一双，裤带一根及棉夹衣裤各一套，其多办者听之。这些物品的质料，由男方选定缝就，在结婚前一日送交教养所，同时即将教养所应给女婴之物品付给男方。结婚当天遣嫁之女由男方迎娶回家，举行婚礼，教养所派女管理二人参加之，仍须填写结婚证书。婚礼后归宁事项，则是教养所定期通知男方。“在所内举行简单仪式。恭请理事长、总干事、理监事、各组主任及本所所长、教职员训示，仅备茶点招待。”

结婚自古以来被认为是人生之要事，故有“终身大事”之称，女婴教养所内所养育成人的婴孩如同自己的孩子一般，所以总是期待遣嫁之女过得幸福，不管是从对男方的选择条件还是订婚与结婚的流程看，都是教养所希望达到的一种理想状态。而“应遣嫁之女婴，于结婚前两周，准予不上课、不作工艺，办自己应行准备之事；女婴遣嫁离所时，应将所领本所发给之衣服、书籍、用品等须完全清出，交庶务接收存储，以重公物；遣嫁时每一遣嫁女婴，由所长查明应备必须妆奁，拟具当时物价预算，报慈惠堂核定发给之；女婴平时所作工艺应得的奖酬金；由本所妥为积存，于其遣嫁时一次算给之；已遣嫁之女婴，每年规定在农历正月初十日准予回所团聚一次，绝对不准留宿。其居住乡中，或距城过远者，得准留宿一夜，不能在所久住，以免旷废其家政；凡嫁出之女婴，对于男家务须守妇道、尽职责，如有被人虐待，经查属实，本所得报请慈惠堂办理之”这些规定无不透露出教养所的慈善关怀，亦可引发我们思索。

1、男方至低、須備辦女汗中衣各二套、面衫一件、鞋襪各一雙、褲帶一根及棉袷衣褲各一套、其多辦者聽之、是項物品之資料、由男方選定縫就、於結婚前一日送交本所、同時即將本所應給女嬰之物品付與男方。

2、屆期由男方迎娶回家、舉行婚禮、本所派女管理二人參加之、仍須填寫結婚證書。（照訂婚辦理）

3、其遣嫁後之肆業、由本所定期通知男方、在所內舉行簡單儀式、恭請理事長、副理事長、總幹事、理監事、各組主任及本所所長、教職員訓示、僅備茶點招待。

第六條　每一遣嫁女嬰、由所長查明應備必需裝奩、擬具當時物價預算、報由慈惠堂核定發給之

第七條　女嬰平時所作之藝、應得之獎酬金、由本所妥為存積、於其遣嫁時一次算給之。

第八條　應遣嫁之女嬰、於結婚前兩週、准予不上課、不作工藝、辦自己應行準備之事。

第九條　女嬰遣嫁離所時、應將所領本所發給之衣服、書籍、用品等完全清出交庶務接收存備、以重公物。

第十條　已遣嫁之各女嬰、每年規定在農曆正月初十日准予回所團聚一次、絕對不准留宿、其居住鄉中或距城過遠者、得准留宿一夜、不能在所久住、以免曠廢其家政。

第十一條　凡嫁出之女嬰、對於男家、務須守婦道、盡職責、如有被人虐待經查屬實、本所得報請慈惠堂辦理之。

第十二條　本辦法經本所務會議通過後、呈報慈惠堂核准之日施行。（如有未盡事宜隨時修改亦同）

90

成都慈惠堂女嬰教養所女嬰遣嫁辦法

第一條　本辦法依據女嬰教養所（以下簡稱本所）簡章第四條規定制定之

第二條　本所女嬰達於成人年齡（十八歲以上者）即應擇配遣嫁，其辦法如次

甲、介紹——經正當之介紹，其擇配之女嬰得由本所女管理員指其與介紹人查看認可後，須由介紹人將男方之詳細情形具書面之介紹書交與本所查考

乙、調查——根據介紹人之介紹書，即由所長派女管理員一人（男職員一人）分別前往詳細訪查男方之(1)年齡(2)品行(3)職業(4)家庭狀況(5)經濟情形（調查書格式另定之），據實報告所長查核（一面即轉告女嬰并由理事長或所長面約男女談話一次以示鄭重）

丙、報核——經所長審核調查報告，如屬確實并取得女嬰本人之同意，則由本所正式具文報請慈惠堂理事長派員覆查，經核准後再予進行訂婚結婚等手續

八

第三條　所擇配偶之男女應具左列之條件：

1、有正當職業者

2、品行端正年齡相當者

3、絕對無重婚或納妾行為者

4、無不良嗜好及暗疾殘廢者

5、有生活經濟能力或經濟基礎者

第四條　訂婚之手續：

1、必須填具訂婚證明書壹式二紙，男女方各存一張，經雙方主婚人、介紹人、證明人約定時間，在本所辦理。女方主婚人則以所長任之（不舉行儀式）

2、擇定結婚之時間，由男方選定，通知本所。

第五條　結婚之手續：

（1）育天弟婚配单报

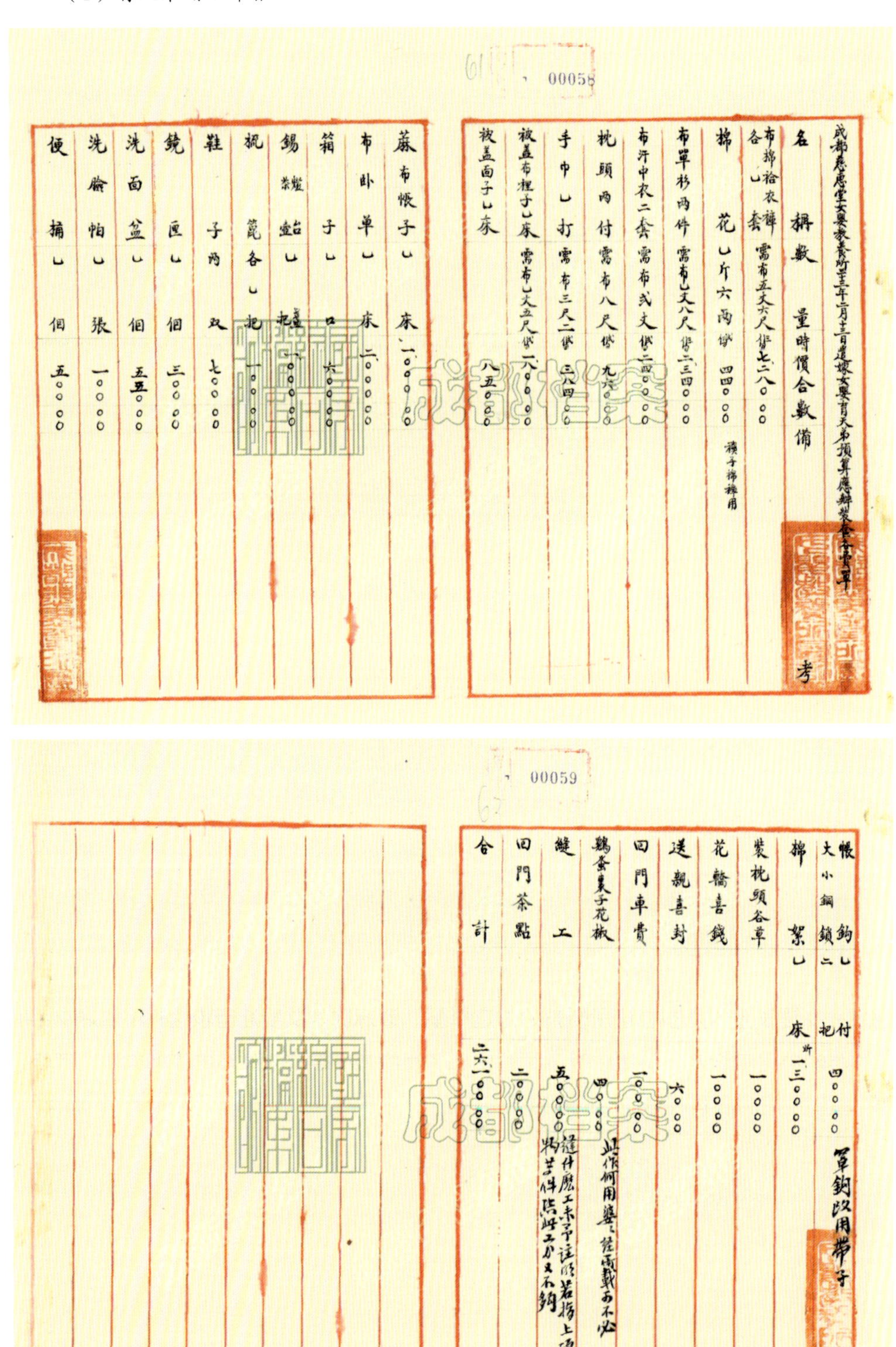

00058

成都慈惠堂女婴教养所三十三年十二月十三日遣嫁女婴育天弟预算應辦裝奩需費單

名稱數	量時價合數	備考
布棉袷衣褲各乙套	需布五丈六尺 價七二八〇〇	
棉花乙斤六兩	價四四〇〇	褥子棉褲用
布單衫兩件	需布乙丈八尺 價二三四〇〇	
布汗衣二套	需布弍丈 價二四〇〇〇	
枕頭兩付	需布八尺 價九六〇〇	
手巾乙打	需布三尺二 價三八四〇〇	
被蓋布裡子乙床	需布乙丈五尺 價一八〇〇〇	
被蓋面子乙床	八五〇〇〇	
蔴布帳子乙床	一〇〇〇〇〇	
布卧單乙床	二〇〇〇〇〇	
箱子乙口	六〇〇〇〇	
錫茶盤蜡台乙盞把	一〇〇〇〇〇	
梳篦各乙把	一〇〇〇〇	
鞋子兩双	七〇〇〇〇	
鏡匣乙個	三〇〇〇〇	
洗面盆乙個	五五〇〇〇	
洗臉帕乙張	一〇〇〇〇	
便桶乙個	五〇〇〇〇	

00059

名稱數	量時價合數	備考
帳鉤乙付 大小銅鎖二把	四〇〇〇〇	帳鉤改用帶子
棉絮乙床	斤一三〇〇〇〇	
裝枕頭谷草	一〇〇〇〇	
花轎喜錢	一〇〇〇〇	
送親喜封	六〇〇	
回門車費	一〇〇〇〇	
鵝蛋棗子花椒	四〇〇〇	此作何用耶？既屬載可不必
縫工	五〇〇〇〇	縫什麽工未予註明，若指上項一切衣物等件，照此工價又不夠
回門茶點	二〇〇〇〇	
合計	二六一〇〇〇〇	

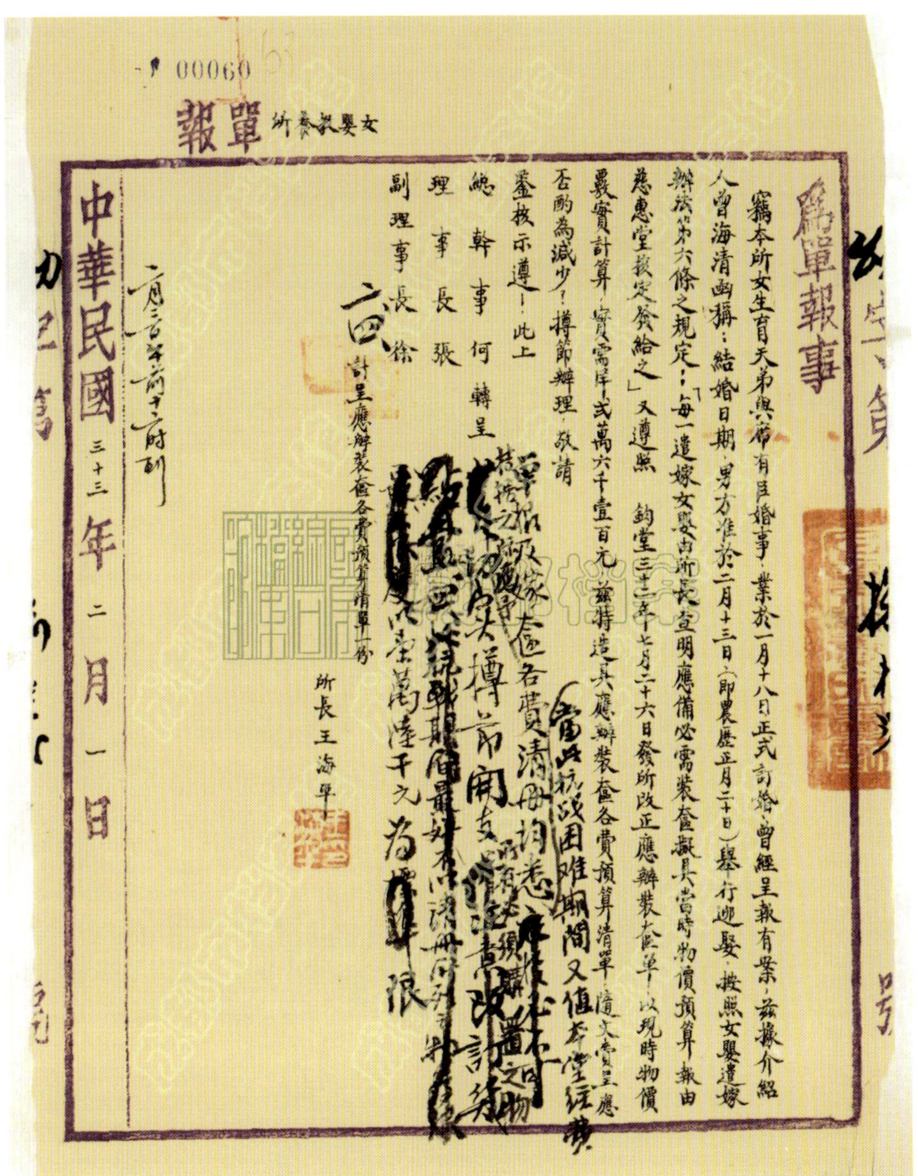

00060

女嬰教養所 呈報單

爲呈報事

竊本所女生育天弟與[illegible]有[illegible]婚事，業於一月十八日正式訂婚，曾經呈報有案。茲據介紹人曾海清函稱：結婚日期，男方准於二月十三日（即農歷正月二十日）舉行迎娶。按照女嬰遣嫁辦法第六條之規定：「每一遣嫁女嬰由所長查明應備必需裝奩，擬具當時物價預算，報由慈惠堂核定發給之」又遵照 鈞堂三十二年十七月二十六日發所改正應辦裝奩單，以現時物價覈實計算，需實洋貳萬六千壹百元，茲特造具應辦裝奩各費預算清單，隨文呈呈，應否酌為減少，撙節辦理，敬請

鑒核示遵！此上

總幹事何 轉呈

理事長張

副理事長徐

附呈應辦裝奩各費預算清單一份

所長王海平

中華民國三十三年二月一日

女婴长至十八岁，该所便开始为之择配，遣嫁时为女婴准备妆奁并将遣嫁女平时结存所售成品余利，在遣嫁时一并给付。子女的遣嫁有着成体系的管理办法，须经过介绍—调查—报核三个流程，其具体内容如下：

① 介绍——经正当之介绍，其择配之女婴得由教养所女管理员指定，与介绍人查看认可后，须由介绍人将男方之详细情形出具书面之介绍书，交于教养所查考。

② 调查——根据介绍人之介绍书，即由所长派女管理二人、男职员一人分别前往详细访查男方之年龄、品行、职业、家庭状况、经济情形（调查书格式另定之），据实报告所长查核，一面即转告女婴，并由理事长或所长面约男女谈话一次，以示郑重。

③ 报核——经所长审核调查报告，如属确实，并取得女婴本人之同意，则由本所正式具文报请慈惠堂理事长派员复查，经核准后再予进行订婚等手续。

女嬰教養所單報

爲單報事

竊本所女生育天弟與席有臣婚事，業經

鈞堂派員復查屬實，並於本月十八日，經双方主婚人介紹人證明人同男女兩方，在本所填具

訂婚證書，均簽蓋印章，男女兩方各存一張，結婚時期，據介紹人稱：約在農歷明年正

月內舉行，所有育天弟與席有臣訂婚經過手續，理合備文呈請

鑒核示遵！此上

總幹事何 轉呈

理事長張

副理事長徐

據報育天弟與席有臣已於本月十八日舉行訂婚各情已悉 一廿

所長王海平

中華民國三十三年一月十九日

二十日到

幼字第 號

育天弟（育婴堂收养的弃婴，如无具体身份证明，一律取姓为“育”）婚嫁时的相关公文

（2）徐惠清上学的相关文件

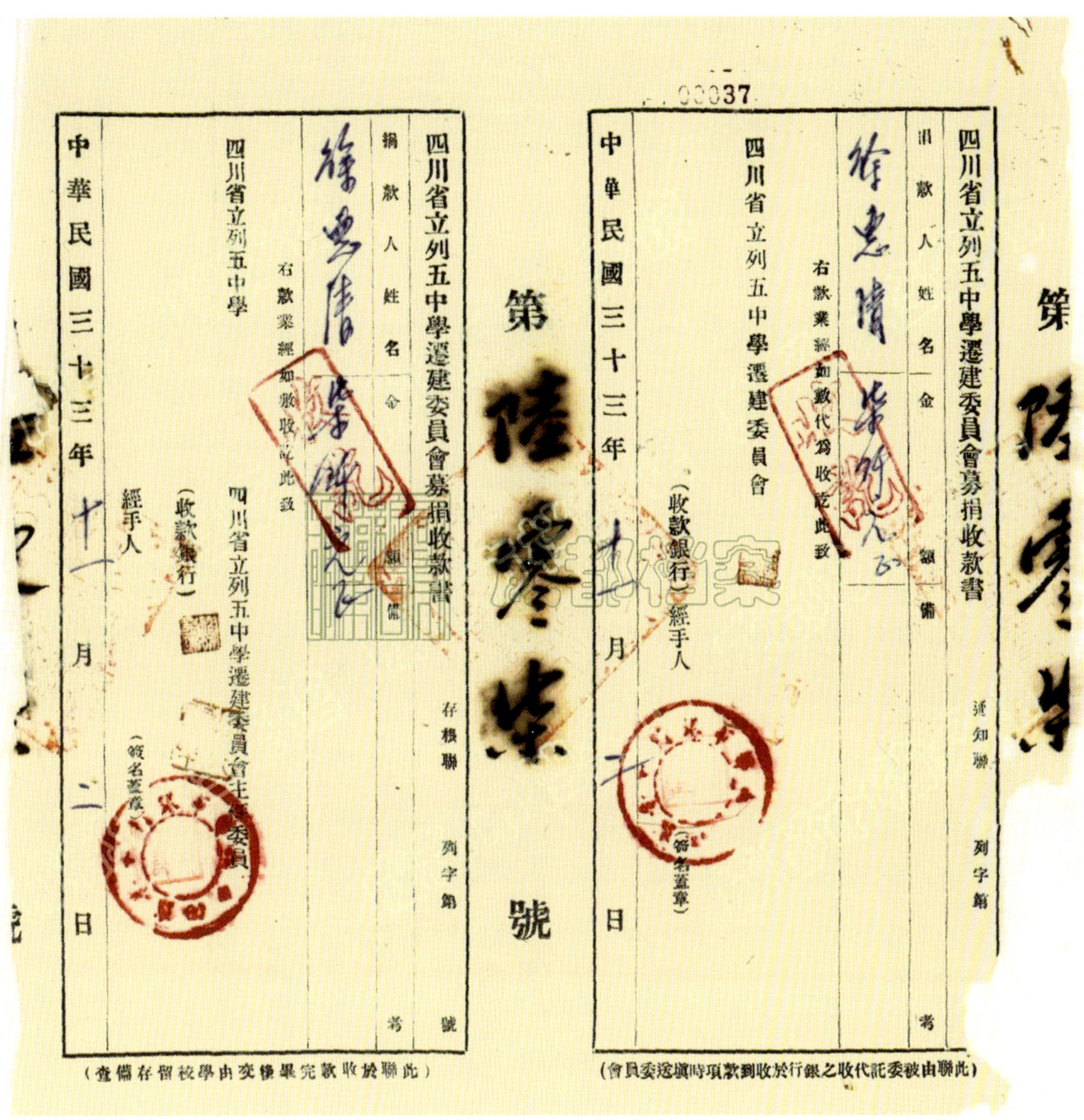

00037

四川省立列五中學遷建委員會募捐收款書

通知聯

列字第　號

捐款人姓名　徐惠清

金額

備考

右款業經如數代爲收訖此致

四川省立列五中學遷建委員會

（收款銀行）經手人

（簽名蓋章）

中華民國三十三年十一月二日

（此聯由被委託代收之銀行於收到款項時隨時填送委員會）

四川省立列五中學遷建委員會募捐收款書

存根聯

列字第　號

捐款人姓名　徐惠清

金額

備考

右款業經如數收訖此致

四川省立列五中學

四川省立列五中學遷建委員會主任委員

（收款銀行）經手人

（簽名蓋章）

中華民國三十三年十一月二日

（此聯於收款完畢後交由學校留存備查）

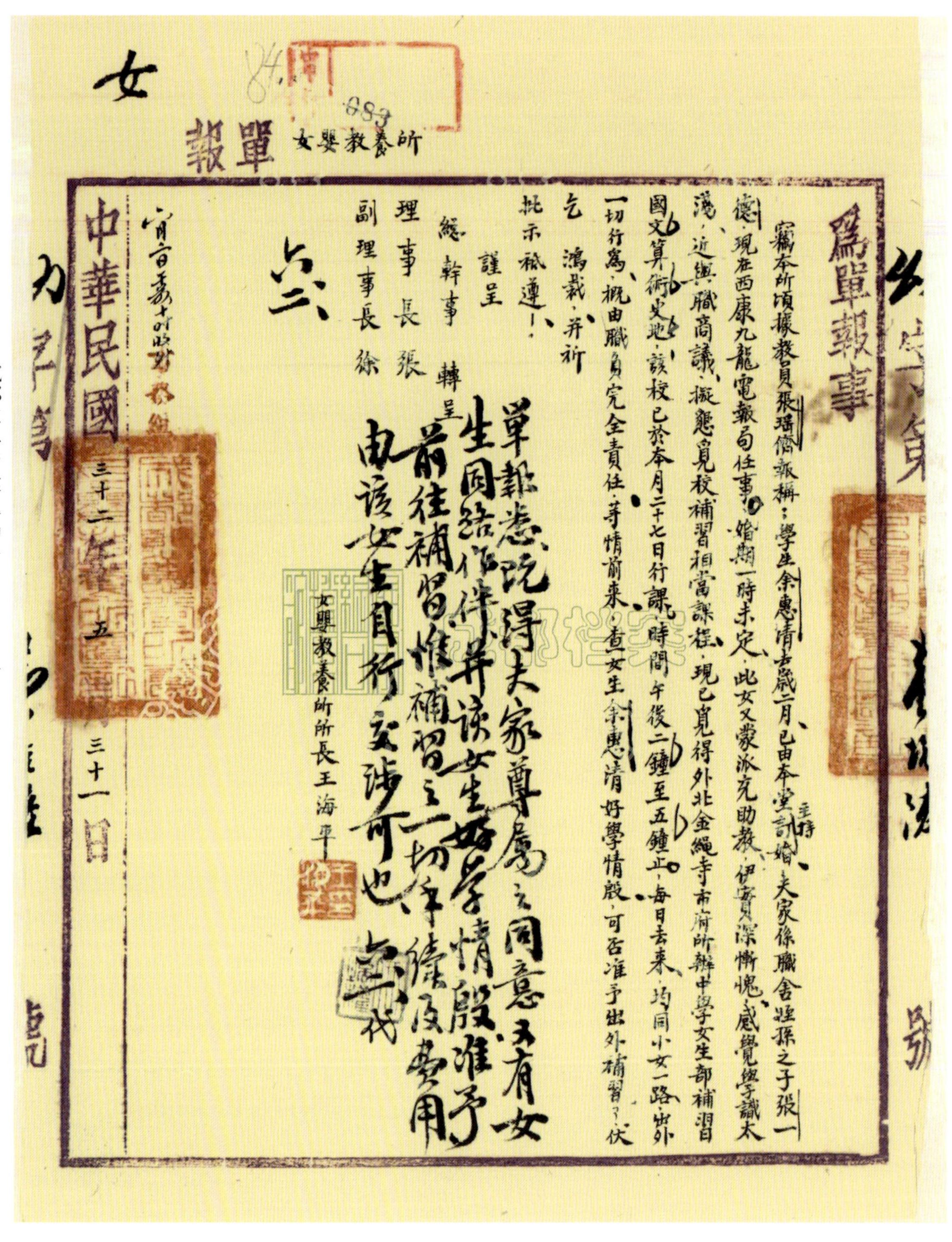

女

女嬰教養所

單報

為單報事

竊本所頃據教員張瑞儋報稱：學生余惠清去歲二月，已由本堂主持訂婚，夫家係職舍姪孫之子張一德，現在西康九龍電報局任事，婚期一時未定，此女又蒙派充助教，伊自覺深慚愧，感覺學識太淺，近與職商議，擬懇覓校補習相當課程，現已覓得外北金繩寺市府所辦中學女生部補習國文、算術、史地，該校已於本月二十七日行課，時間午後二鐘至五鐘止，每日去來，均同小女一路，出外一切行為，概由職負完全責任，等情前來，查女生余惠清好學情殷，可否准予出外補習之處，伏乞

鴻裁，並祈

批示祇遵！

謹呈

總幹事 轉呈

理事長 張

副理事長 徐

女嬰教養所所長王海平

中華民國三十二年五月三十一日

單報悉，既得夫家尊長之同意，又有女生同路作伴，並該女生好學情殷，准予前往補習，惟補習之一切伴護及費用由該女生自行交涉可也。

六、二 代

六、二

对于有机会进行深造的女婴，女婴教养所一律给予相关帮助。

（四）普济堂

普济堂为成都最早慈善机构之一，成立于清康熙年间，初名为孤老院。乾隆元年，孤老院在原有田地基础上补充田地，更名为普济堂。宣统元年，普济堂划归警厅管辖。辛亥革命后，又交由慈善会接办。民国元年（1912），慈善会解散，普济堂又重新交归警厅委员会管理。民国2年（1913），又划归内务司管辖，每月由官府拨款，但经常不能依限给领。民国5年（1916），普济堂再一次划归警厅管辖。民国 11 年（1922），划归市政公所管理。1925 年，市政公所特设救恤事业董事会，将旧有慈善机构普济堂、育婴堂、幼孩厂、济贫厂四处交归救恤事业董事会管理，共举董事八人，推举尹昌龄为董事会主任。普济堂收归董事会后，共收容孤老残废者 616 人。

1. 普济堂简章

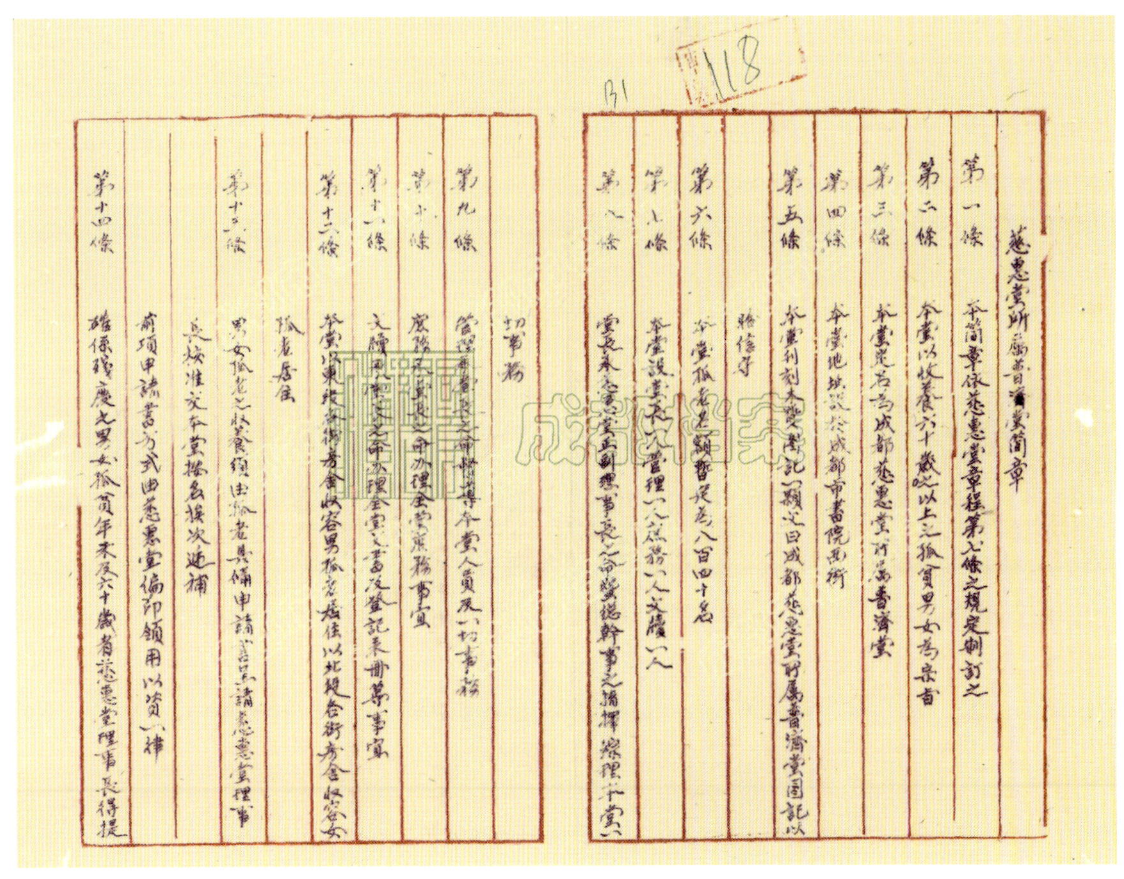

慈惠堂所属普济堂简章

第一条 本简章依慈惠堂章程第七条之规定制订之

第二条 本堂以收养六十岁以上之孤贫男女为宗旨

第三条 本堂定名为成都慈惠堂所属普济堂

第四条 本堂地址设于成都市书院西街

第五条 本堂刊刻木质戳记一颗，文曰成都慈惠堂附属普济堂图记以昭信守

第六条 本堂孤老暂定为八百四十名

第七条 本堂设堂长一人，管理一人，庶务一人，文牍一人

第八条 堂长承慈惠堂正副理事长之命暨总干事之指挥综理本堂一切事务

第九条 管理承堂长之命辅导本堂人员及一切事务

第十条 庶务承堂长之命办理全堂庶务事宜

第十一条 文牍承堂长之命办理全堂文书及登记表册等事宜

第十二条 本堂以东北各街房舍收容男孤老栖住，以北校合街房舍收容女孤老居住

第十三条 男女孤老之收养须由孤老具备申请书呈请慈惠堂理事长核准交本堂按名按次递补

前项申请书分式由慈惠堂编印领用以资一律

第十四条 凡系残废之男女孤贫年未及六十岁者慈惠堂理事长得提

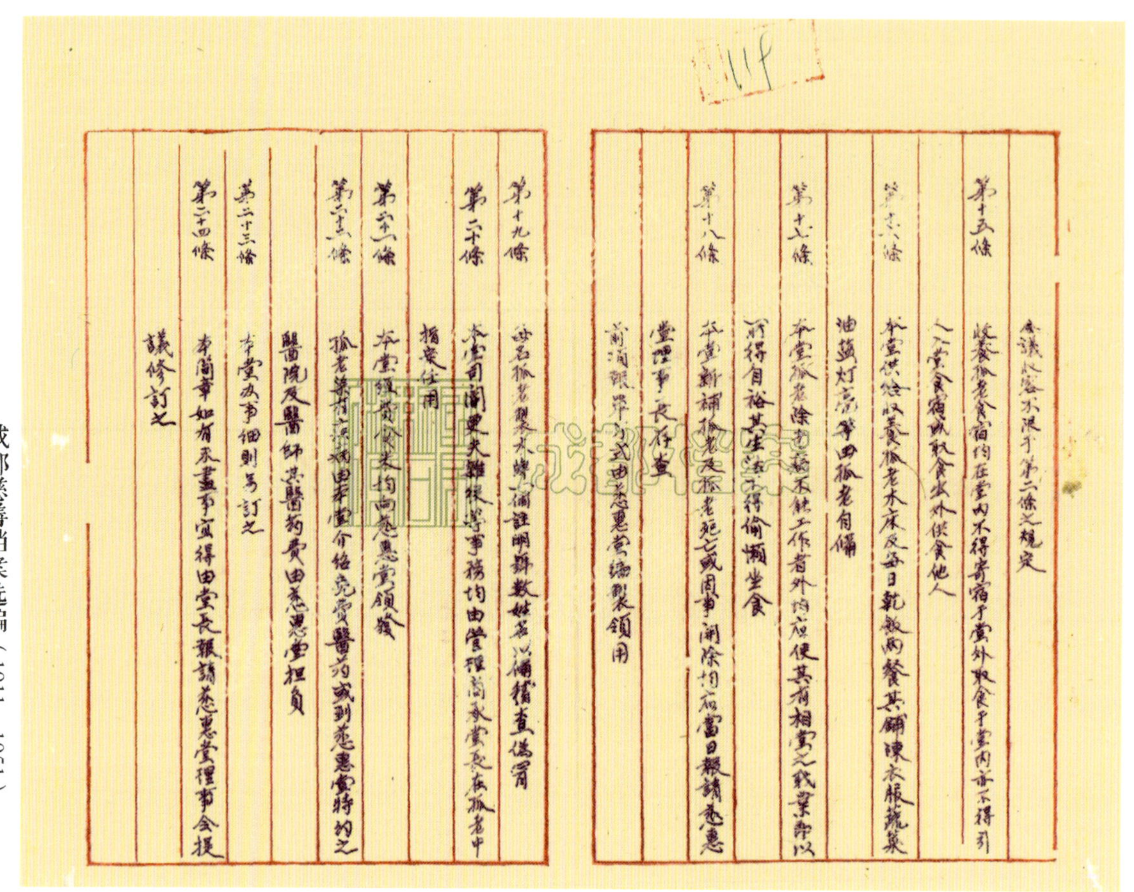

[illegible]收容不限于第二條之規定

第十五條　收養孤老食宿均在堂內不得寄宿于堂外取食于堂內并不得引入本堂食宿或取食出外供食他人

第十六條　本堂供給收養孤老木床及每日乾飯兩餐其鋪陳衣服蔬菜油鹽灯亮等由孤老自備

第十七條　本堂孤老除老弱不能工作者外均應使其有相當之職業以所得自裕其生活不得偷懶坐食

第十八條　本堂新補孤老及孤老死亡或因事開除均應當日報請慈惠堂理事長存查

前項報單另式由慈惠堂編製領用

第十九條　每名孤老製木牌一個註明號數姓名以備稽查偽冒

第二十條　本堂司閽更夫雜役等事務均由管理員於本堂現在孤老中指定任用

第二十一條　本堂經費除米均向慈惠堂領發

第二十二條　孤老染有疾病由本堂介紹免費醫藥或到慈惠堂特約之醫院及醫師其醫藥費由慈惠堂担負

第二十三條　本堂辦事細則另訂之

第二十四條　本簡章如有未盡事宜得由堂長報請慈惠堂理事會提議修訂之

普济堂设立堂长，接受慈惠堂正副理事长及总干事的指挥，总理普济堂内一切事务，“承堂长之命，督导本堂人员及一切事务”，管理租佃事务。设庶务人员，文牍人员、后更名为干事，一人调查各佃田山林丰歉情况，并兼任男女两院生活指导员，一人办理文书、书牍及登记表册等工作。此外，全院设正副头目，男院各街、女院各排设舍长，男女各室还设有室长。人员组织方面与救恤事业董事会管理下的普济堂相比，精简了不少。普济堂简章中规定，管理人员在孤老中指定承担司阍（指看门）、更夫、杂役等事务。

孤老欲进入普济堂时，须递交申请书，待慈惠堂理事长核准后，再由普济堂按照次序递补。普济堂如有新补孤老或孤老死亡、因事开除等，须于当日向慈惠堂理事长报告。普济堂实行寄宿制，所有孤老食宿均在堂内。为了防止冒充孤老，普济堂为每位孤老制作木牌一个，并注明编码及姓名。孤老死亡或离开普济堂时缴回木牌，便于核查。

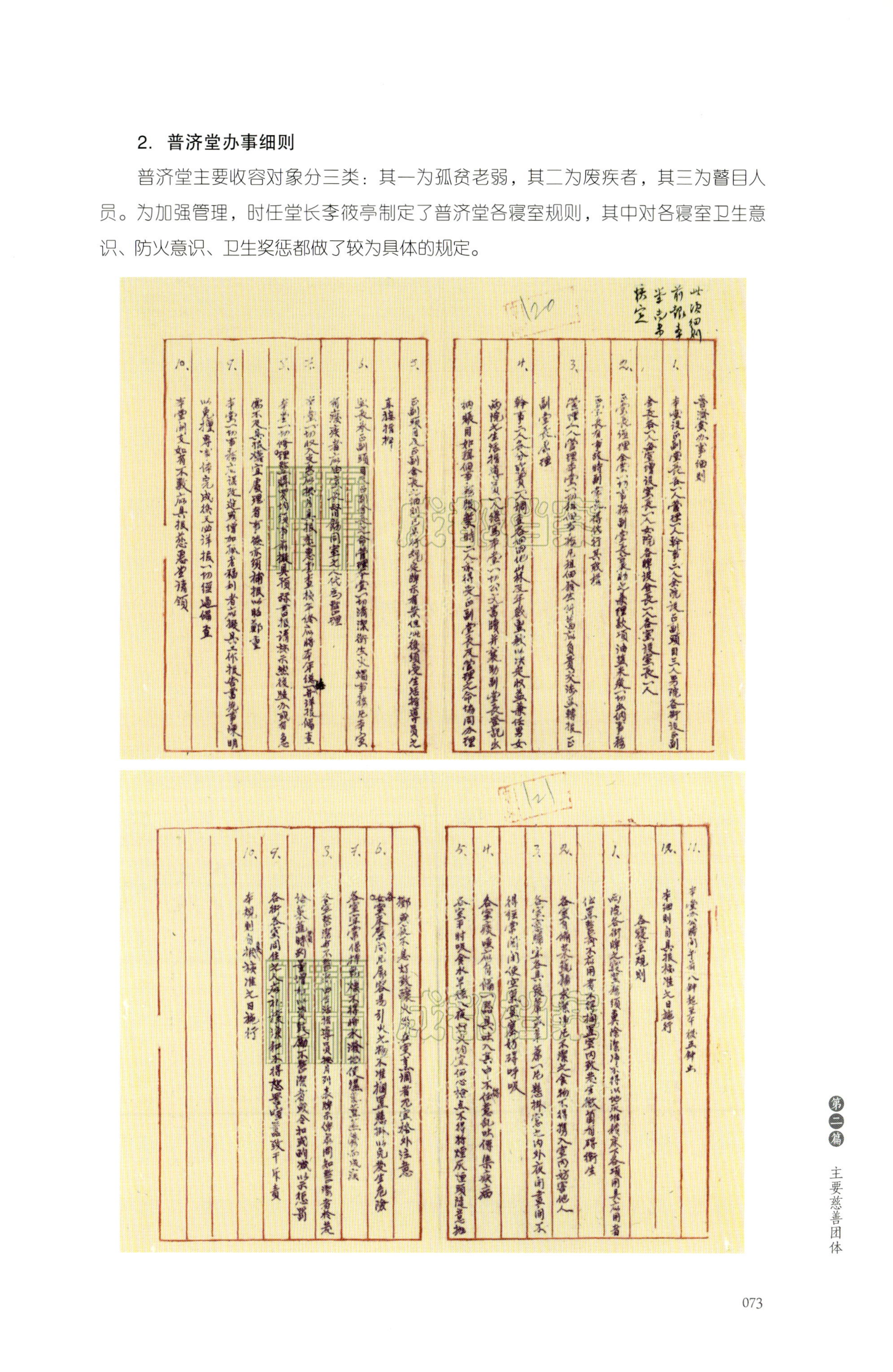

2. 普济堂办事细则

普济堂主要收容对象分三类：其一为孤贫老弱，其二为废疾者，其三为瞽目人员。为加强管理，时任堂长李筱亭制定了普济堂各寝室规则，其中对各寝室卫生意识、防火意识、卫生奖惩都做了较为具体的规定。

3. 聘请王干青为普济堂堂长

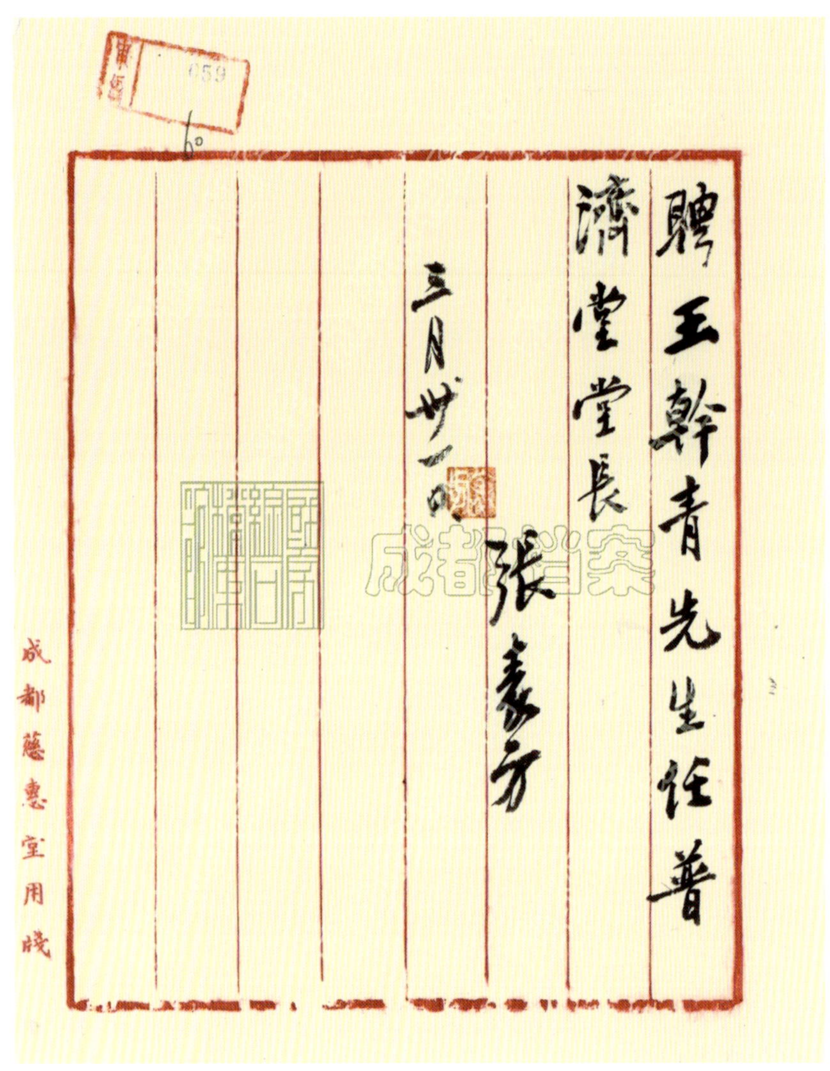
聘王幹青先生任普
濟堂堂長
張表方
三月廿一日
成都慈惠堂用箋

王干青，民盟盟员，成都十二桥烈士之一。1942 年受慈惠堂理事长张澜之聘，担任普济堂堂长。任职期间，革除积弊，创立新规，让普济堂面貌一新。1949 年成都解放前夕，王干青被杀害于十二桥。

4. 普济堂职员工役姓名清册

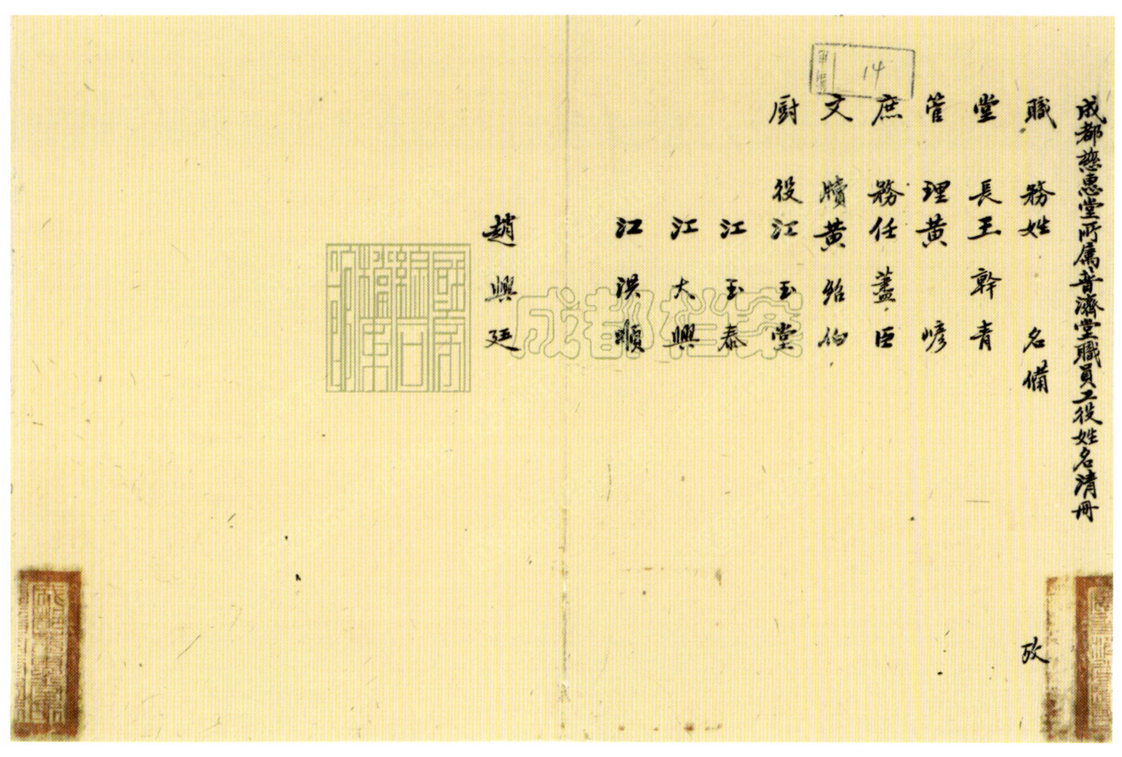

成都慈惠堂所屬普濟堂職員工役姓名清册

職務 姓名 備攷

堂長 王幹青

管理 黃崚

庶務任 蓋臣

文牘 黃紹伯

廚役 江玉堂

江玉泰

江大興

江洪順

趙興廷

5. 普济堂男院孤老年龄清册

成都慈惠堂所屬普濟堂遵奉通知秘查男院孤老確齡清册

普济堂中孤老，大多年逾七十，普济堂就成为他们人生的最后一站。孤老临终前，其被管辖区域内舍长舍副须邀头目及其他各舍舍长舍副、死亡者室友询问临终者对遗物、遗体有无主张，并做记录。知晓临终者意愿后，管辖舍长舍副与头目、其他舍长舍副及室友一同向堂长、管理进行书面或口头汇报。临终者有指定遗物赠予对象时，应在记录遗言时指明遗物，并做好标识，等待受赠人前来领取。受赠人领取遗物时，还须出具书面报告，并须有能证实其确切身份的保证人。

（五）寄宇养老院

秦寄宇，江苏无锡人，曾任四品候补知府。由于能力出众，受到时任四川总督的锡良欣赏，邀请四川为官，后定居于成都。秦寄宇先生生活节俭朴素，用节省下来的钱在成都先后置田数百余亩。秦有一独子，夫妇二人将儿子养大并送儿子出国深造，儿子回国后任职于南京国民政府。有一年，秦寄宇先生到南京探访儿子，儿子儿媳不仅与他分餐而食，而且将他赶出家门，安排在一个私人开设的寄宿舍居住。秦寄宇先生感到十分失望，于是起身回川。

回川途中，秦在宜昌书函一封致四川省主席刘湘，表达他意愿将他名下的数百亩田地捐赠。刘湘以为这不过是气愤之举，并未给予明确答复。回成都后，秦寄宇多方打听，拜访当时慈惠堂总理尹昌龄落实捐地事宜。秦寄宇于 1937 年致尹昌龄的信中称：“以后此项田房即永为寄宇所设养老院产业，不得移作他用。倘后之接办者因敷衍而滋生敝窦，因便利而潜行挪移，寄宇一息尚存，自难置身事外。”后该养老院以捐赠者为名，取名寄宇养老院。

养老院办理细则及各守规中规定寄宇养老院采取的组织方式为总理制，下设管理办公室，内设管理、文牍兼稽查，管理的职责是“承总理之命及本院负责监察之监督，综理院内一切事务”，文牍兼稽查则“承管理之命办理院务”。管理从院内收容孤老中选任院头、男女舍长、传事、司阍、更夫、夫役等职，并按照普济堂的标准支付津贴。

1. 寄宇养老院呈

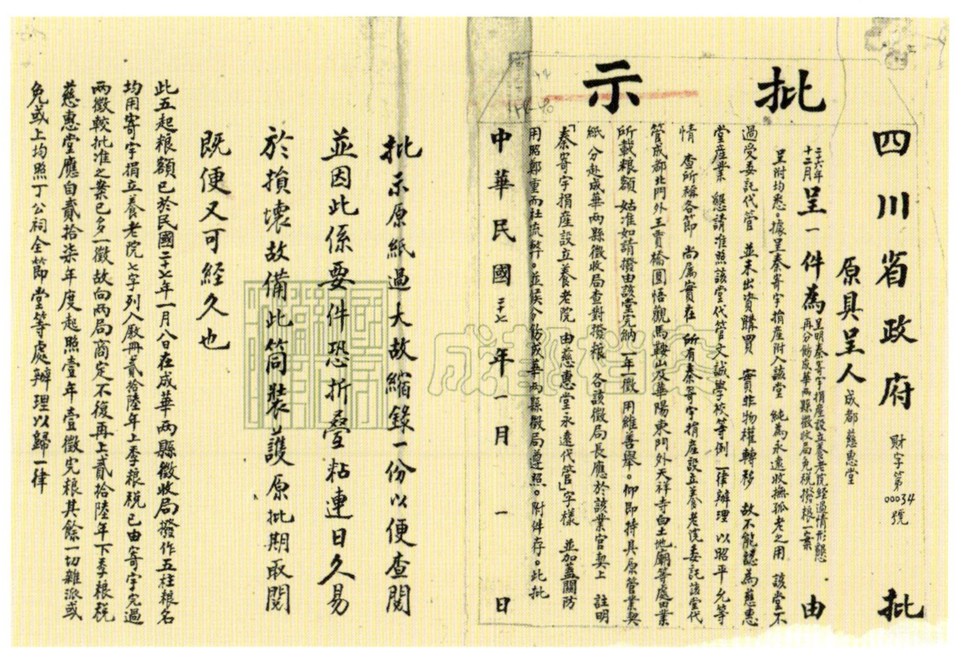
四川省政府 批 財字第00034號

原具呈人 成都慈惠堂

二十六年十二月呈一件為呈明秦寄宇捐產設立養老院經過情形懇再分飭成華兩縣徵收局免稅撥糧一案 由

呈附均悉。據呈秦寄宇捐產附入該堂 純為永遠收撫孤老之用 該堂不過受委託代管 並未出資購買 實非物權轉移 故不能認為慈惠堂產業 懇請准照該堂代管文誠學校等例 一律辦理 以昭平允等情 查所稱各節 尚屬實在 所有秦寄宇捐產設立養老院委託該堂代管成都北門外王賈橋圓悟觀馬鞍山及華陽東門外天祥寺白土地廟等處田業所載糧額 姑准如請撥由該堂完納 一年一徵 用維善舉。仰即持具原管業契紙 分赴成華兩縣徵收局查對撥糧 各該徵局長應於該業官契上 註明「秦寄宇捐產設立養老院 由慈惠堂永遠代管」字樣 並加蓋關防 用昭鄭重而杜流弊。並候分飭成華兩縣徵局遵照。附件存。此批

中華民國二十七年一月一日

批示原紙過大故縮錄一份以便查閱
並因此係要件恐摺疊粘連日久易
於損壞故備此筒裝護 原批期取閱
既便又可經久也

此五起糧額已於民國二十七年一月八日在成華兩縣徵收局撥作五柱糧名均用寄宇捐立養老院七字列入廒冊貳拾陸年上季糧稅已由寄宇完過兩徵較批准之案已多一徵故向兩局商定不復再上貳拾陸年下季糧稅慈惠堂應自貳拾柒年度起照壹年壹徵完糧其餘一切雜派或免或上均照丁公祠全節堂等處辦理以歸一律

2. 寄宇养老院田地房产清册

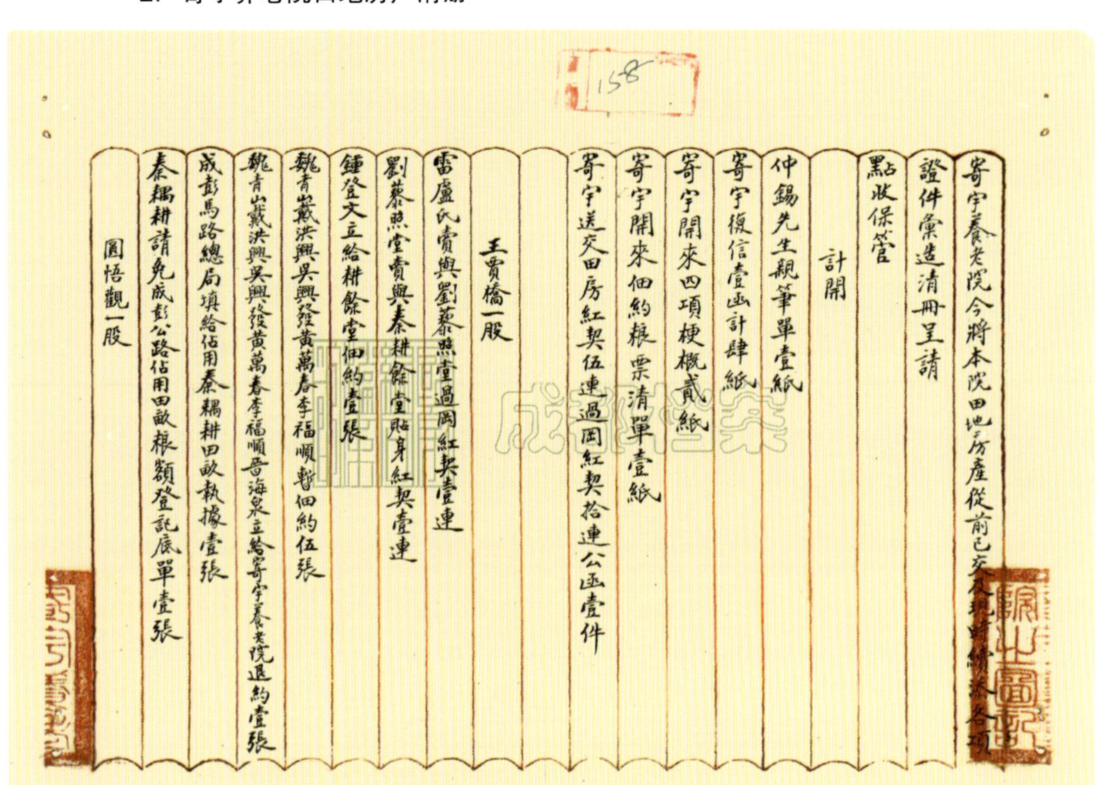

寄宇養老院今將本院田地房產從前已交及現時續添各項
證件彙造清冊呈請
點收保管
計開
仲錫先生親筆單壹紙
寄宇復信壹函計肆紙
寄宇開來四項梗概貳紙
寄宇開來佃約糧票清單壹紙
寄宇送交田房紅契伍連過囤紅契拾連公函壹件

王貫橋一股
雷盧氏賣與劉蓁熙堂過囤紅契壹連
劉蓁熙堂賣與秦耕餘堂貼身紅契壹連
鍾發文立給耕餘堂佃約壹張
魏青巖洪興吳興發黃萬春李福順暫佃約伍張
魏青巖洪興吳興發黃萬春李福順晉海泉立給寄宇養老院退約壹張
成彭馬路總局填給佔用秦耦耕田畝執據壹張
秦耦耕請免成彭公路佔用田畝糧額登記底單壹張
圓悟觀一股

吳仕珍等賣與賴義田過囤紅契壹連
賴鄧氏等賣與秦宜有堂貼身紅契壹連
周雨亭立給宜有堂佃約壹張
周柏林立給寄宇養老院退約壹張
李家巷背後馬鞍山一股
廖應遠等賣與羅成文過囤紅契壹連
李萬有等賣與羅盛銀過囤紅契壹連
李萬保等賣與羅盛錢過囤紅契壹連
李宗煜等賣與羅盛財過囤紅契壹連

羅選青賣與秦淮海堂貼身紅契壹連
蔣德盈立給淮海堂佃約壹張
蔣德盈立給寄宇養老院暫佃約壹張
天祥寺一股
蕭緗等賣與洪怡友堂過囤紅契壹連
白永茂賣與洪怡友堂過囤紅契壹連
洪怡友堂賣與秦至善堂貼身紅契壹連
羅健章立給至善堂佃約壹張
羅宇靜立給寄宇養老院暫佃約壹張

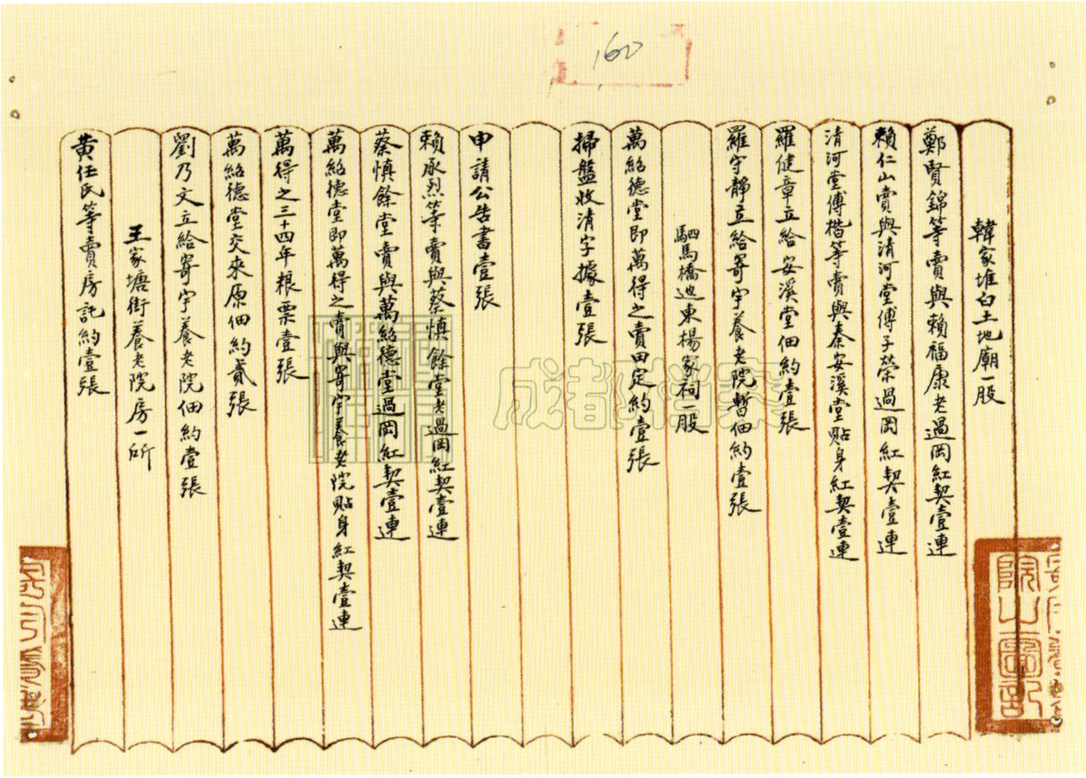

160

韓家堆白土地廟一股
鄭賢錦等賣與賴福康老過岡紅契壹連
賴仁山賣與清河堂傅子榮過岡紅契壹連
清河堂傅楷等賣與泰安溪堂貼身紅契壹連
羅健章立給安溪堂佃約壹張
羅宇靜立給寄宇養老院暫佃約壹張
駟馬橋邊東楊家祠一股
萬紹德堂即萬得之賣田定約壹張
掃盤收清字據壹張

申請公告書壹張
賴承烈等賣與蔡慎餘堂老過岡紅契壹連
蔡慎餘堂賣與萬紹德堂過岡紅契壹連
萬紹德堂即萬得之賣與寄宇養老院貼身紅契壹連
萬得之三十四年糧票壹張
萬紹德堂交來原佃約貳張
劉乃文立給寄宇養老院佃約壹張
王家塘街養老院房一所
黄任氏等賣房訖約壹張

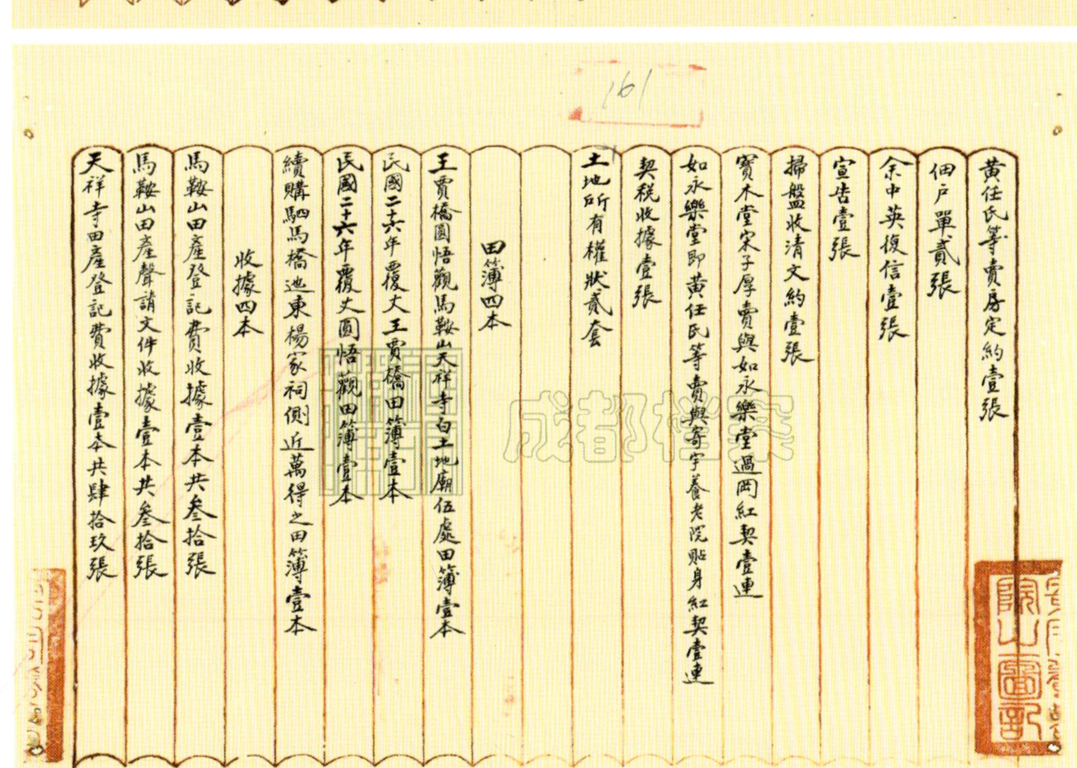

161

黄任氏等賣房定約壹張
佃戶單貳張
余中英復信壹張
宣告壹張
掃盤收清文約壹張
寶木堂宋子厚賣與如永樂堂過岡紅契壹連
如永樂堂即黄任氏等賣與寄宇養老院貼身紅契壹連
契稅收據壹張
土地所有權狀貳套

田簿四本
王賈橋圓悟觀馬鞍山天祥寺白土地廟伍處田簿壹本
民國二十六年覆丈王賈橋田簿壹本
民國二十六年覆丈圓悟觀田簿壹本
續購駟馬橋邊東楊家祠側近萬得之田簿壹本
收據四本
馬鞍山田產登記費收據壹本共叁拾張
馬鞍山田產聲請文件收據壹本共叁拾張
天祥寺田產登記費收據壹本共肆拾玖張

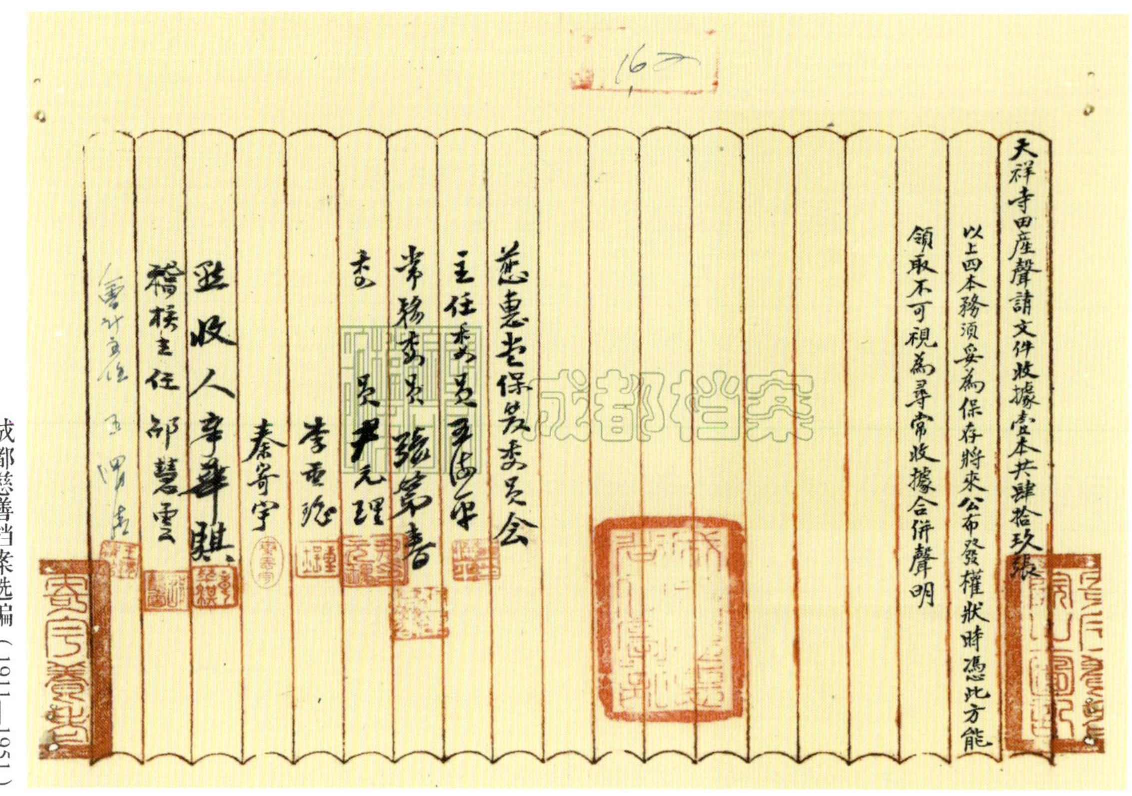

天祥寺田產聲請文件收據壹本共肆拾玖張

以上四本務須妥爲保存將來公布發權狀時憑此方能

領取不可視爲尋常收據合併聲明

慈惠老保院委員会

主任委員 王海平

常務委員 張第書

委員 尹元理

李重琛

秦寄宇

經收人 李華騏

稽核主任 邵慧雲

會計主任 王[illegible]

3. 颁给秦寄宇“仁心义举”匾额题字及内政部表扬证书事致成都慈惠堂的函

为表彰秦寄宇创立养老院的善举，内政部予以表彰，并赠送“仁心义举”匾额以资鼓励。时任四川省主席的张群也亲自向慈惠堂理事长张澜、副理事长徐深甫写信通报。

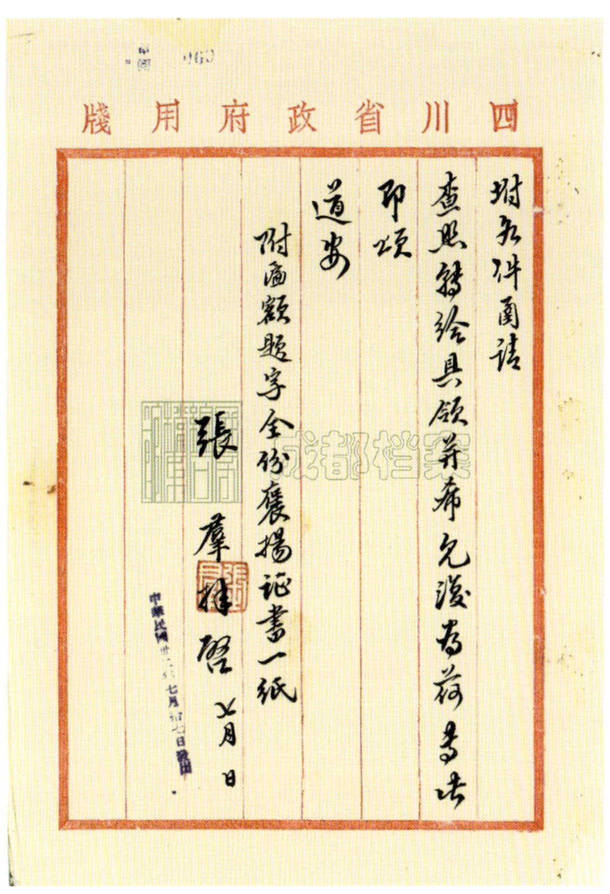

四川省政府用牋

附呈件函請
查照轉給具領并希見復為荷 專此
即頌
道安
附匾額題字全份襃揚証書一紙

張群 啓 七月 日

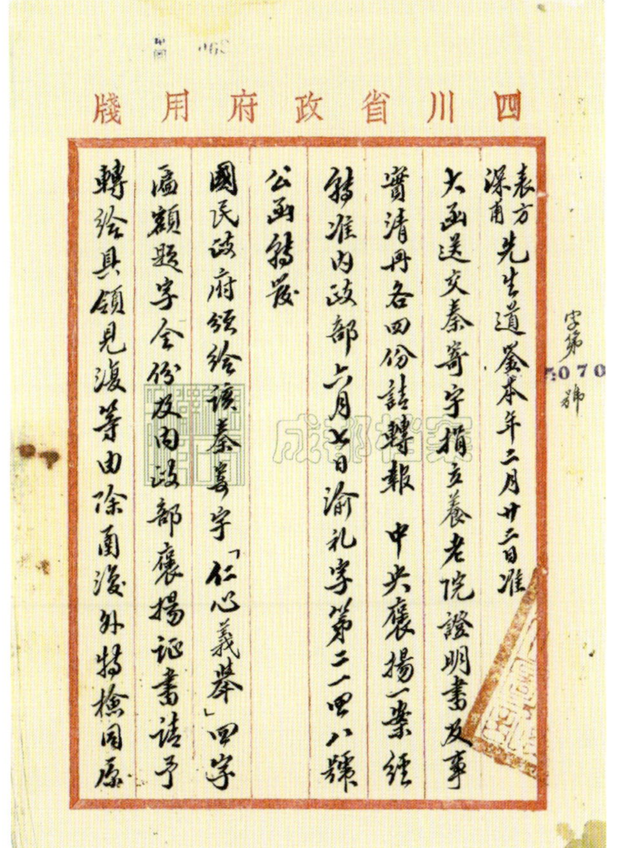

四川省政府用牋

表方
深甫 先生道鑒本年二月廿二日准
大函送交秦寄宇捐立養老院證明書及事
實清冊各四份請轉報 中央襃揚一案經
轉准内政部六月七日渝礼字第二一四八號
公函轉發
國民政府頒給該秦寄宇「仁心義舉」四字
匾額題字全份及内政部襃揚証書請予
轉給具領見復等由除函復外特檢同原

字第5070號

4. 寄宇养老院出院、入院、请假、销假报告单

寄宇养老院管理严谨，入院、出院、请假、销假均需申请，以备查验。

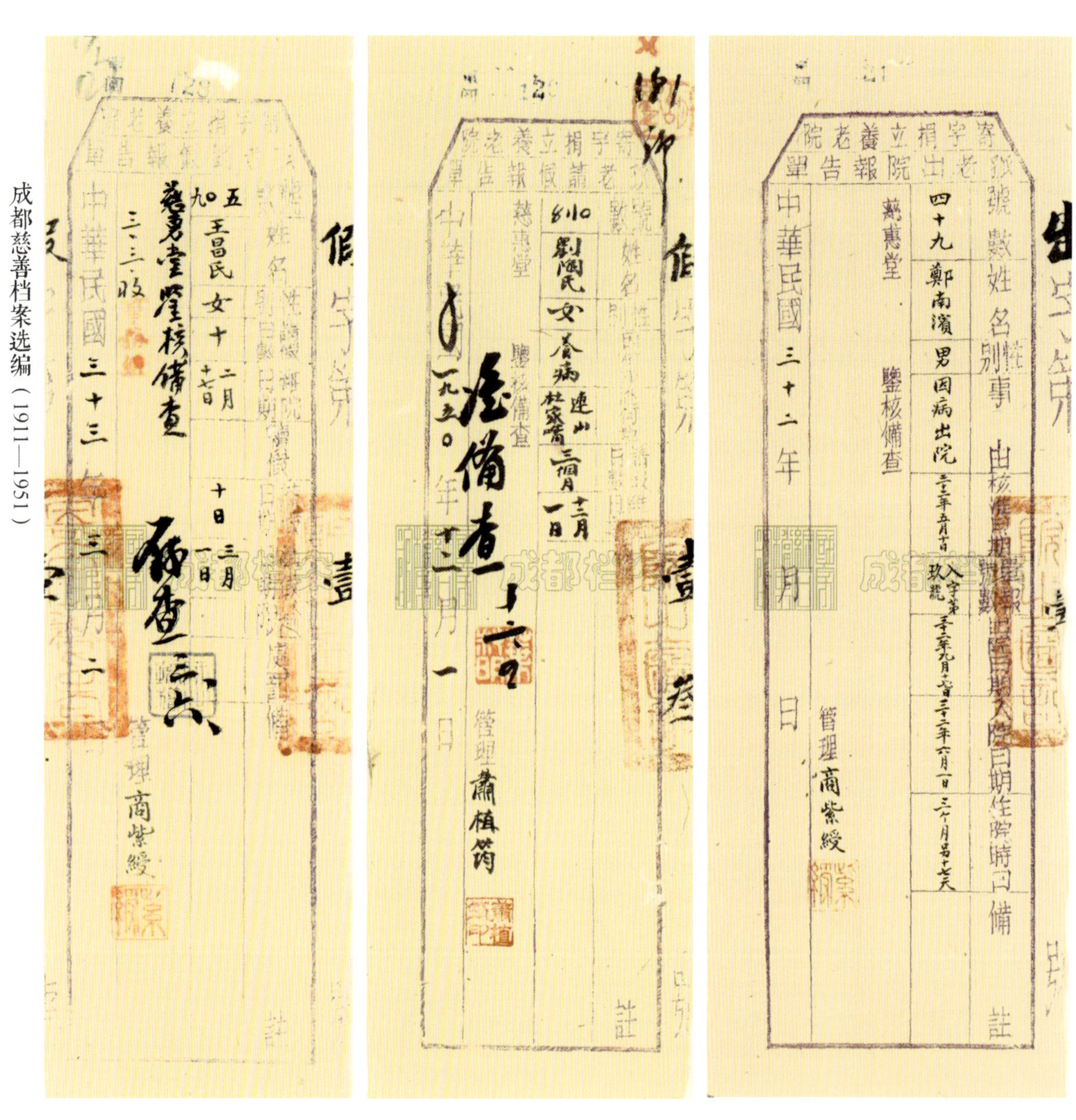

捐立寄宇养老院请假销假报告单

五　九〇　王昌氏　女　十　二月十七日　十日　三月

慈惠堂鉴核备查

中華民國三十三年三月二日

管理　商紫綬

捐立寄宇养老院请假销假报告单

8110　劉閻氏　女　養病　連山杜家嘴　三個月　十二月一日

慈惠堂鑒核備查

中華民國一九五〇年十二月一日

管理　蕭植筠

捐立寄宇养老院出院报告单

四十九　鄭南濱　男　因病出院

慈惠堂鑒核備查

中華民國三十二年　月　日

管理　商紫綬

（六）瞽童教养所

“轻敲檀板追潘郎，慢抚洋琴拷红娘。何方优伶满城窜，取下眼镜是瞽盲。”这是民国时期成都人刘师亮所作的一首竹枝词，描述瞽童教养所洋琴科的瞽童（即盲童）外出进行洋琴演出的情景。当年刘师亮先生住在慈惠堂街 10 号的“谐庐”，目睹住在慈惠堂 16 号的盲童结伴外出演出，想必感触很深。

瞽童教养所并非一个简单的盲童收容机构，它是慈惠堂总理尹昌龄先生“教养合一，教重于养”思想的具体体现，即绝非仅仅让这些孤苦伶仃的瞽童成人，并且想方设法让其成才，有一技之长傍身，这与现代社工中“助人自助”的理念不谋而合，所谓“瞽童之中有习乐者、打草鞋者，均非以为坐食。个人之精力技能虽殊，然各尽所能以从事焉”。而且瞽童教养所洋琴科在无意中打破了传统洋琴的单一的师承关系，模糊了师傅—徒弟的模式，转而进入老师—学生的现代职业教育模式，开启了成都近现代职业教育的先河。

1. 傅崇矩在《成都通览》中所描绘的洋琴

2. 瞽童教养所简章

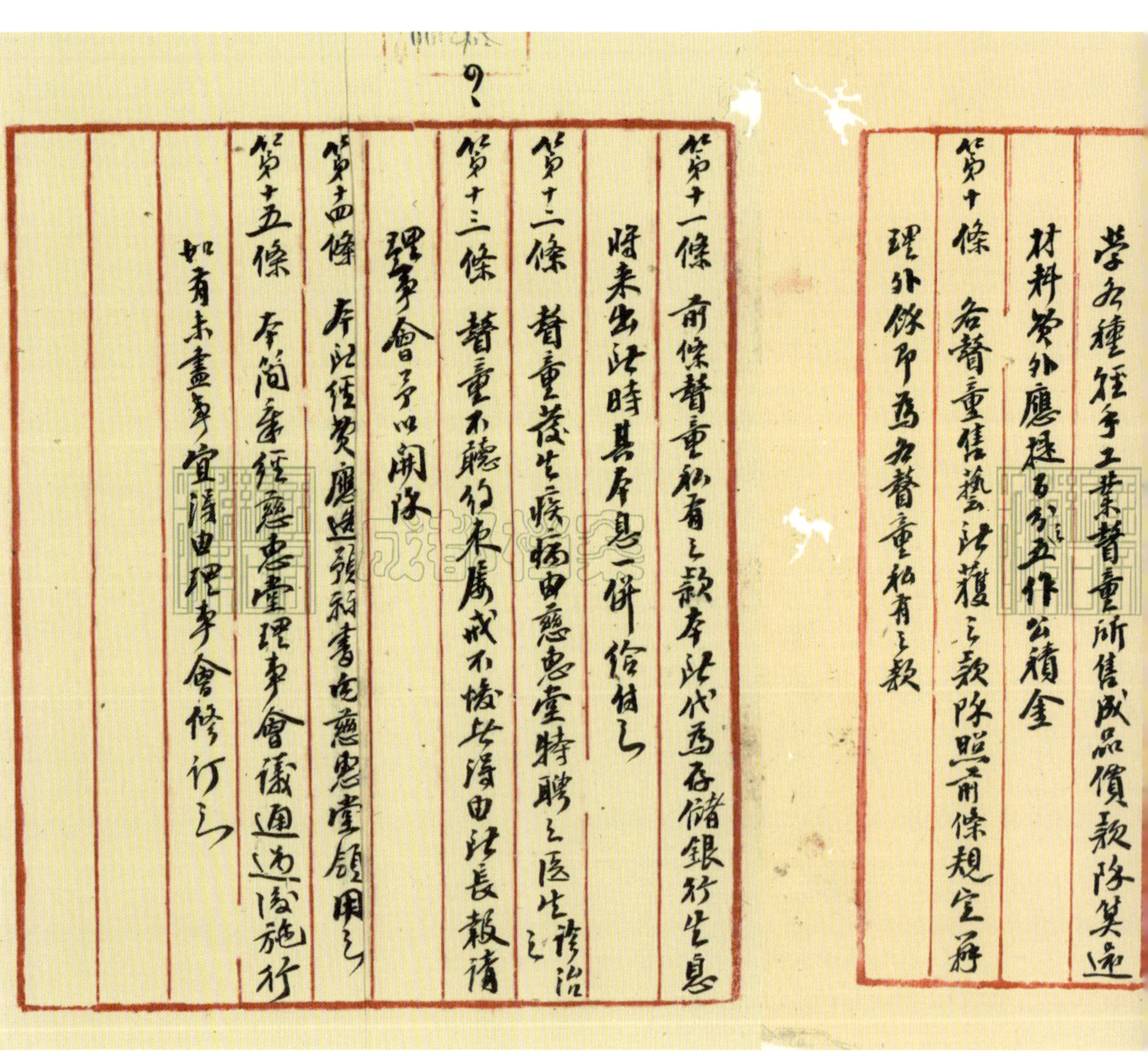
学各種徒手工業瞽童所售成品價款除其還
材料費外應提百分之五作公積金
第十條　各瞽童售藝所獲之款除照前條規定辦
理外餘即為各瞽童私有之款

第十一條　前條瞽童私有之款本所代為存儲銀行生息
將來出所時其本息一併給付之
第十二條　瞽童發生疾病由慈惠堂特聘之醫生診治之
第十三條　瞽童不聽約束屢戒不悛者得由所長報請
理事會予以開除
第十四條　本所經費應造預算書由慈惠堂領用之
第十五條　本簡章經慈惠堂理事會議通過後施行
如有未盡事宜得由理事會修訂之

尹昌龄先生 1923 年接手慈惠堂时的情况是“政乱财窘，救济经费，逐渐挪作他用，堂务日废”。慈惠堂下属瞽童教养所情况则更加糟糕，“生计殊薄，衣不掩胫，接办之时仅有瞽童八九人，聚一黑室中。日随其师沿街卖唱或算命，至多得数百，其师复分其半，或终日无所得。将来结局仍是不能自活……”

尹昌龄本身是一位有水平较高的川剧作家，创作过《离燕哀》等著名剧本。他发现当时成都洋琴十分流行，并认为“矇瞍奏工，古之遗法，音乐之事惟瞽为宜”，于是决定在“瞽童教养所”增设“音乐科”，让盲童学习“洋琴”，并对他们的学习、生活、去向等均做了十分周详的安排。这一决定和举措，不但为这些孩子谋求到生存的一线希望，并且对“洋琴”的继承与发展也起到了重大的作用。

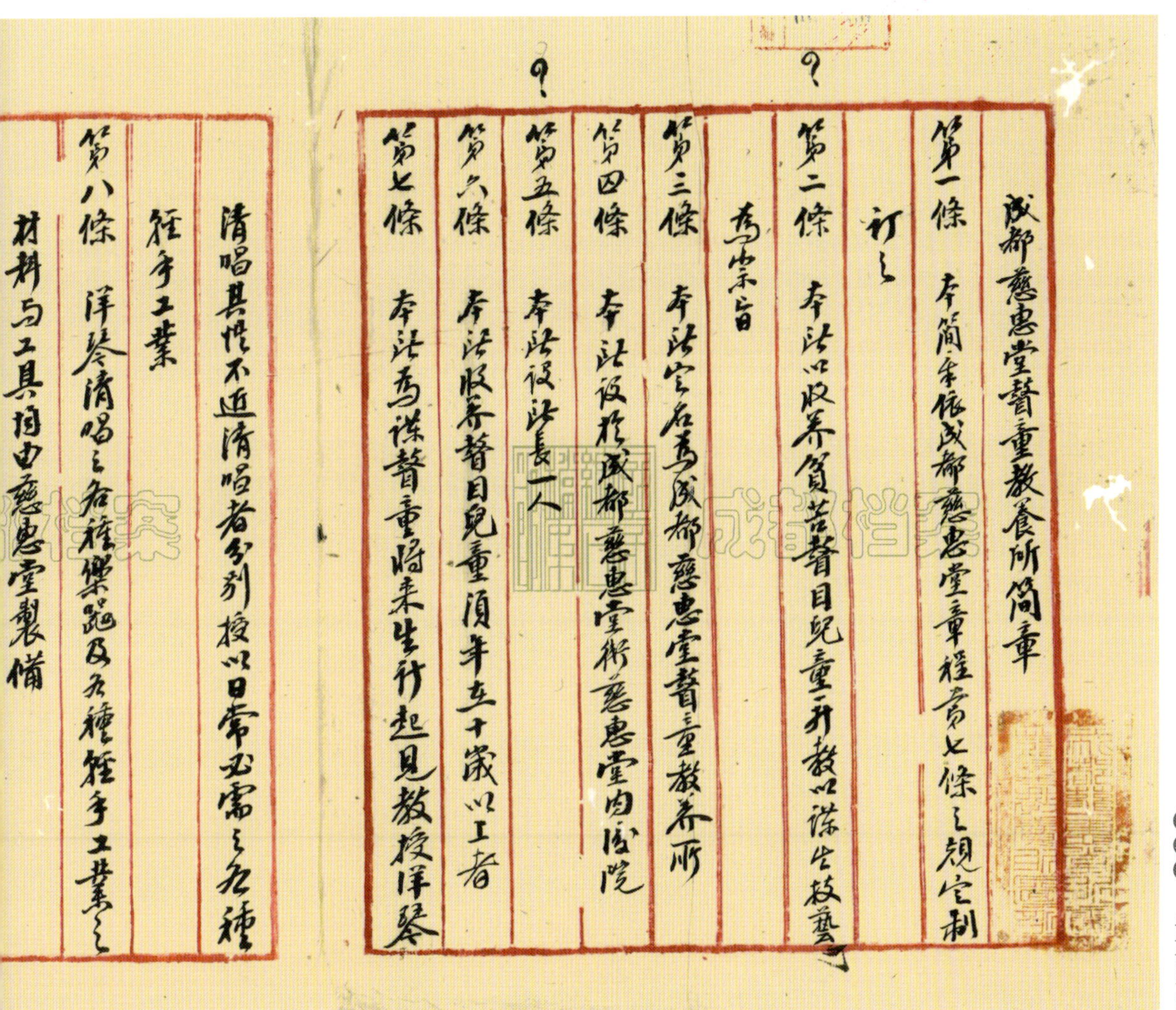
成都慈惠堂瞽童教養所簡章

第一條　本簡章依成都慈惠堂章程第七條之規定制訂之

第二條　本所以收養貧苦瞽目兒童并教以謀生技藝為宗旨

第三條　本所定名為成都慈惠堂瞽童教養所

第四條　本所設於成都慈惠堂街慈惠堂內恤院

第五條　本所設所長一人

第六條　本所收養瞽目兒童須年在十歲以上者

第七條　本所為謀瞽童將來生計起見教授洋琴清唱其性不近清唱者分別授以日常必需之各種輕手工業

第八條　洋琴清唱之各種樂器及各種輕手工業之材料與工具均由慈惠堂製備

3. 工作计划表

瞽童学艺是一个长期且枯燥的过程。教养所特聘两名洋琴老师，每天的授课时间为八个小时，上午教授洋琴唱本，下午教授乐器，到了晚上还要对白天的课程进行温习。老师根据瞽童的性格、声音分班教授，分为生、旦、净、丑，各自专攻一门，由于瞽童目不能视，所以教授唱本比较困难，加之瞽童来源复杂，且大多未受过教育，所以将唱词分为数段教授，“必俟一幕全行纯熟，方才教授他剧”。这还只是第一步，当瞽童把“剧本熟记了澈”，再进行第二步，即乐器的练习。最后才是第三步，将唱词与乐器配合起来唱。如此这般反复练习，达到“臻于精妙”的地步，并“特邀省城高旷之士，平日以洋琴自娱者若干人为本所监察员，每一星期来堂监试温习一遍，有未协者随时指导，时或客演，使各瞽童环坐以听，俾资学步”。这些博取众家之长的瞽童，以后竟然形成了洋琴一个新的流派——“堂派”。

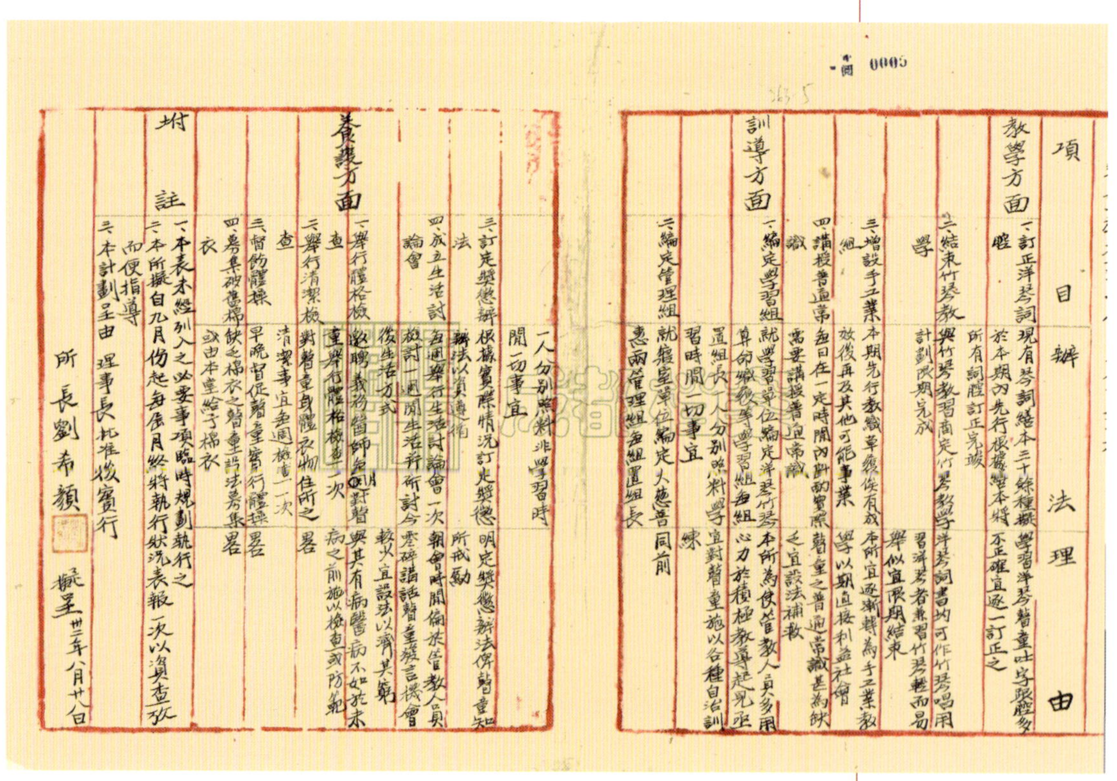

0005

项目	办法	理由
教學方面		
一、訂正洋琴詞腔	現有琴詞繕本三十餘種，擬於本期內先行根據繕本將所有詞腔訂正完竣	學習洋琴瞽童吐字聲腔多不正確，宜逐一訂正之
二、結束竹琴教學	與竹琴教習商定竹琴教學計劃限期完成	洋琴詞書均可作竹琴唱用，習洋琴者兼習竹琴輕而易舉，似宜限期結束
三、增設手工業組	本期先行教織草鞋，俟有成效後再及其他可能事業	本所宜逐漸轉為手工業教學，以期直接利益社會
四、講授普通常識	每日在一定時間內斟酌實際需要講授普通常識	瞽童之普通常識甚為缺乏，宜設法補救
訓導方面		
一、編定學習組	就學習單位編定洋琴竹琴學習組，每組置組長一人，分別照料學習時間一切事宜	本所為使管教人員多用心力於積極教導起見，亟宜對瞽童施以各種自治訓練
二、編定管理組	就寢室單位編定大悲普惠兩管理組，每組置組長	同前
三、訂定獎懲辦法	根據實際情況訂定獎懲辦法以資遵循	明定獎懲辦法，俾瞽童知所戒勉
四、成立生活討論會	每週舉行生活討論會一次，檢討一週間生活並研討今後生活方式	朝會時間偏於管教人員零碎講話，瞽童發言機會較少，宜設法以濟其窮
養護方面		
一、舉行體格檢查	延聘義務醫師每月對瞽童舉行體格檢查一次	與其有病醫病，不如於未病之前施以檢查或防範
二、舉行清潔檢查	對瞽童身體衣物住所之清潔事宜每週檢查一次	畧
三、督飭體操	早晚督促瞽童實行體操	畧
四、募集破舊棉衣	缺乏棉衣之瞽童設法募集或由本堂給予棉衣	畧

附註：
一、本表未經列入之必要事項臨時規劃執行之
二、本所擬自九月份起每屆月終將執行狀況表報一次，以資考查而便指導
三、本計劃呈由理事長批准後實行

所長劉希顏（印）擬呈 卅三年八月廿九日

4. 瞽童教养所瞽童登记表

瞽童教养所收养的多为“贫而无告者”，所谓“无告者”，就是那些游离于国家福利体系之外瞽童。收养对象大多数为本地人，来自成都、华阳以及周边的新都、郫县、双流等地，少数来自四川其他地区。进所的瞽童年龄一般需在十岁以上，受经费、场地的限制，瞽童教养所收养人数以四十人为限。收养的程序一般是向瞽童教养所递交申请，可以本人自愿递交，也可以由相近之人递交，但无论哪种方式，必须有相关证明人作保，在瞽童教养所实地查报核夺之后收养。

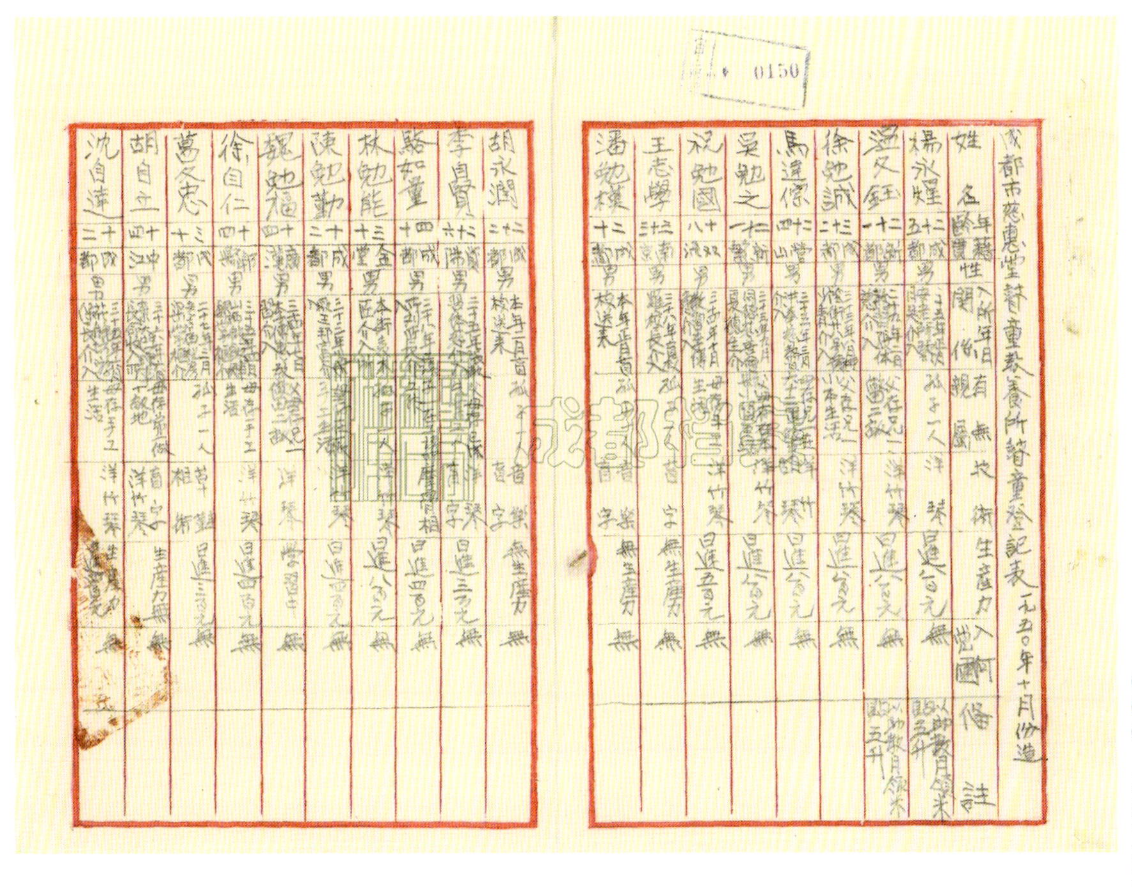

成都市慈惠堂瞽童教養所瞽童登記表 一九五〇年十月份造

姓名	年齡	籍貫	性別	入所年月	有無親屬	技術	生產力	入黨團	備註
楊永煇	十二	成都	男	[illegible]	孤子一人	洋琴	日進六百元	無	以前教育月領米三升
温又鈺	十一	新都	男	[illegible]	父存兄二	洋竹琴	日進六百元	無	以前教育月領米五升
徐勉誠	十三	成都	男	[illegible]	父存兄一	洋竹琴	日進六百元	無	
馬進儒	十四	營山	男	[illegible]	[illegible]	洋竹琴	日進六百元	無	
吳勉之	十一	新繁	男	[illegible]	[illegible]	洋竹琴	日進六百元	無	
祝勉國	十八	双流	男	[illegible]	[illegible]	洋竹琴	日進五百元	無	
王志學	二十三	南京	男	[illegible]	孤	音字	無生產力	無	
潘勉模	十二	成都	男	本年二月首次送來	孤	音樂 盲字	無生產力	無	
胡永潤	二十	成都	男	本年二月首次送來	孤	音樂 盲字	無生產力	無	
李自覺	十六	資陽	男	[illegible]	[illegible]	洋琴 盲字	日進三百元	無	
駱如量	十四	成都	男	[illegible]	[illegible]	洋琴	日進四百元	無	
林勉能	十三	金堂	男	[illegible]	[illegible]	洋竹琴	日進六百元	無	
陳勉勤	二十	成都	男	[illegible]	[illegible]	洋竹琴	日進四百元	無	
魏勉福	十四	漢源	男	[illegible]	[illegible]	洋琴	學習中	無	
徐自仁	十四	新都	男	[illegible]	母存二手工	洋竹琴	日進四百元	無	
萬又忠	十三	成都	男	[illegible]	孤子一人	算術 相術	日進三百元	無	
胡自立	十四	中江	男	[illegible]	[illegible]	盲字 洋竹琴	生產力無	無	
沈自達	十二	成都	男	[illegible]	母存手工	洋竹琴	[illegible]	無	

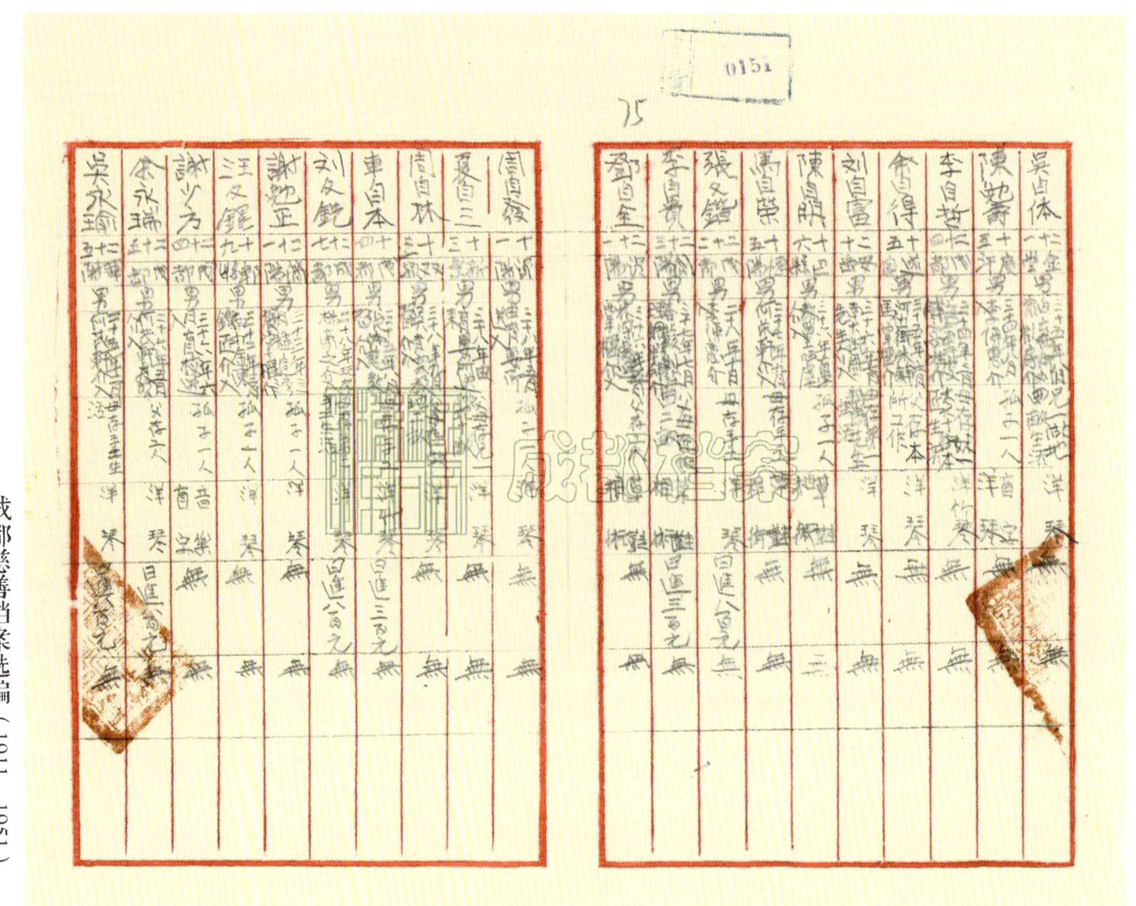

5. 瞽童学会基金开各瞽童储金分别造具报详细清单

瞽童艺成后参加各种演出，除开提取十分之二作为公积金，支付添置衣物、修理器具的开支，剩余部分按照技艺的高下分别支付。每个瞽童都拥有自己的一个银行账户，每次表演结束后将分配所得随时计入账户，由慈惠堂代为保管，存入中国银行或者稳妥银号生息。“三月一取息，息又作本，又并生利”，除非本人有重大事情，一般不提用这笔款项。“截止二十一年终，其弹唱佳者所存之款多或二三百元，少或百余元，下者亦数十元矣。”等到这些瞽童长大成人，能够自立，便将这笔钱全数取出，作为安家立业的本金。技艺已成，又有创业或者安家的本金，在那个风雨飘摇的年代，不能不令人感慨其考量之周详、设计之用心。

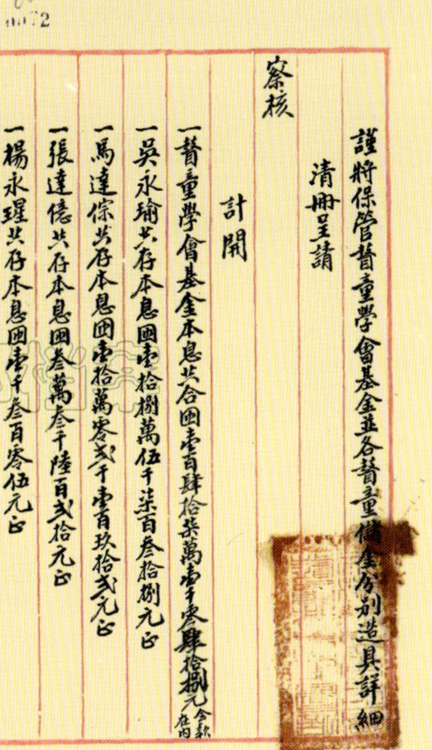

謹將保管瞽童學會基金並各瞽童儲金分别造具詳細

清冊呈請

察核

計開

一瞽童學會基金本息共合國幣壹百肆拾柒萬壹千零肆拾捌元（今款在內）

一吳永瑜共存本息國幣壹拾捌萬伍千柒百叁拾捌元正

一馬達傑共存本息國幣壹拾萬零貳千壹百玖拾貳元正

一張達德共存本息國幣叁萬叁千陸百貳拾元正

一楊永理共存本息國幣壹千叁百零伍元正

一劉久銳共存本息國幣叁萬零陸百陸拾捌元正

一余永瑞共存本息國幣貳萬捌千捌百玖拾元正

一溫久鈺共存本息國幣肆萬伍千肆百壹拾玖元正

一吉久錄共存本息國幣貳萬陸千貳百捌拾柒元正

一周久鑾共存本息壹萬零壹百伍拾叁元正

一陳久銳共存本息國幣貳萬玖千陸百肆拾壹元正

一伍久鑑共存本息國幣貳萬貳千壹百壹拾貳元正

一存清油貳百伍拾觔正 附存摺壹個

以上十三柱共合國幣壹百玖拾捌萬柒千零柒拾叁元正 清油貳百伍拾觔

一楊達倜過支國幣壹萬陸千壹百伍拾元正

一徐勉成過支國幣壹萬叁千捌百伍拾元正

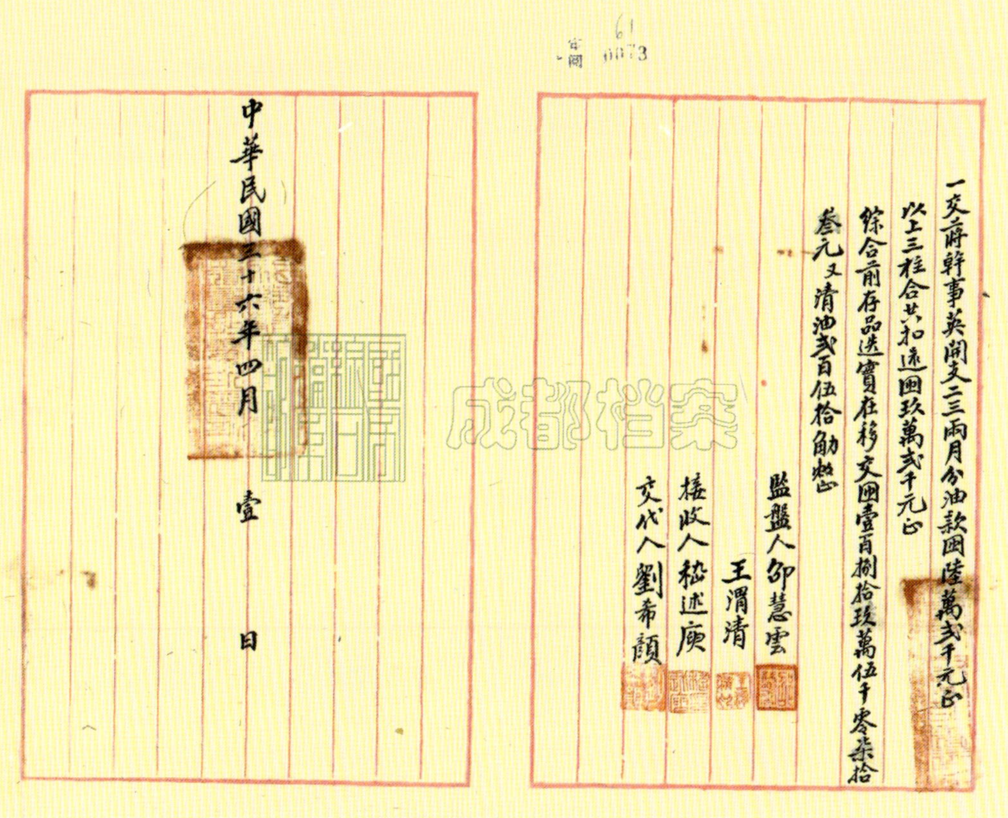

一交蔣幹事英開支二三兩月分油款國幣陸萬貳千元正

以上三柱合共扣透國玖萬貳千元正

綜合前存品迭實在移交國幣壹百捌拾玖萬伍千零柒拾叁元又清油貳百伍拾觔整

監盤人 邵慧雲

王渭清

接收人 嵇述庚

交代人 劉希顏

中華民國三十六年四月 壹 日

6. 瞽童教养所干事蒋英关于报请拨发九名瞽童私人存款等事宜致徐理事长的签呈

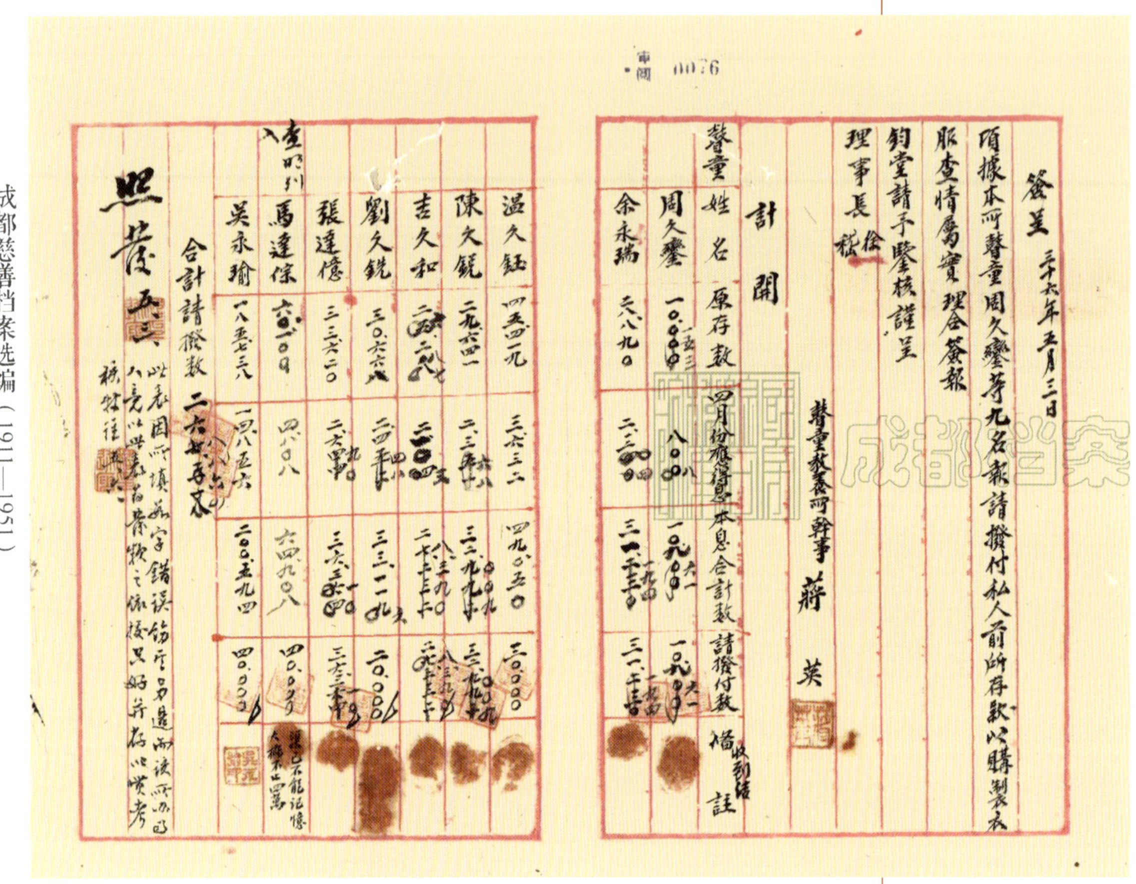

簽呈 三十六年五月三日

頃據本所瞽童周久鑾等九名，報請撥付私人前所存款，以購製衣服。查情屬實，理合簽報

鈞堂，請予鑒核。謹呈

理事長 徐

瞽童教養所幹事 蔣英

計開

瞽童姓名	原存數	四月份應得息	本息合計數	請撥付數	備註
周久鑾	[illegible]	八〇〇	[illegible]	[illegible]	
余永瑞	六八八九〇	[illegible]	[illegible]	[illegible]	
温久鈺	四五四一九	三六三二	四九〇五〇	三〇〇〇〇	
陳久鋭	二九六四一	[illegible]	[illegible]	[illegible]	
吉久和	[illegible]	[illegible]	[illegible]	[illegible]	
劉久銑	三〇六六八	[illegible]	三三一一九	二〇〇〇〇	
張達億	三三六二〇	[illegible]	[illegible]	[illegible]	
馬達傑	六〇一〇〇	四八〇八	六四九〇八	四〇〇〇〇	查明列入
吳永瑜	一八五七三八	一四八五六	二〇〇五九四	四〇〇〇〇	

合計請撥數 [illegible]

照發 五、三

尹昌龄先生亲取“慈惠大成，发达永久，勉志未定，谋天之佑”这一十六字为班次名。从 1925 年到 1950 年，慈惠堂瞽童教养所洋琴科共开办过十班，以“慈”字班为起点，到“志”字班为终点，字班历经 25 年，培养出 200 余名洋琴艺人。档案中即为所涉及的永、达、久三个班次。

7. 刘希颜关于开除瞽童王勉树等事宜致徐理事长等的单报

由于瞽童来源复杂，有些已经在社会游荡已久，染有各种恶习。对于屡教不改者，瞽童教养所为正风气，唯有开除。

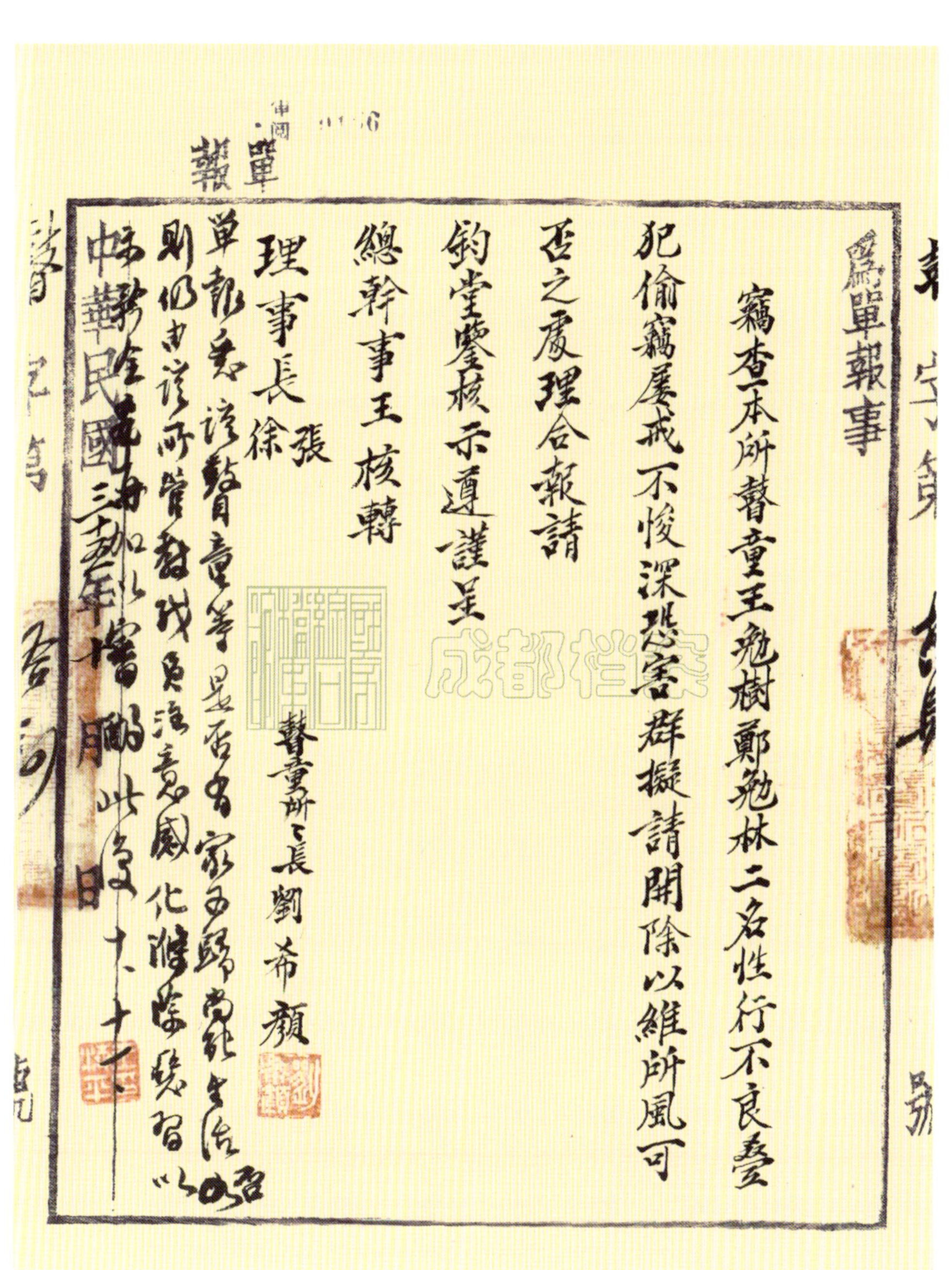
單報

為單報事

竊查本所瞽童王勉樹鄭勉林二名性行不良疊犯偷竊屢戒不悛深恐害群擬請開除以維所風可否之處理合報請

鈞堂鑒核示遵謹呈

總幹事王 核轉

理事長徐 張

瞽童所所長劉希顏

中華民國三十五年 月 日

8. 刘希颜聘书

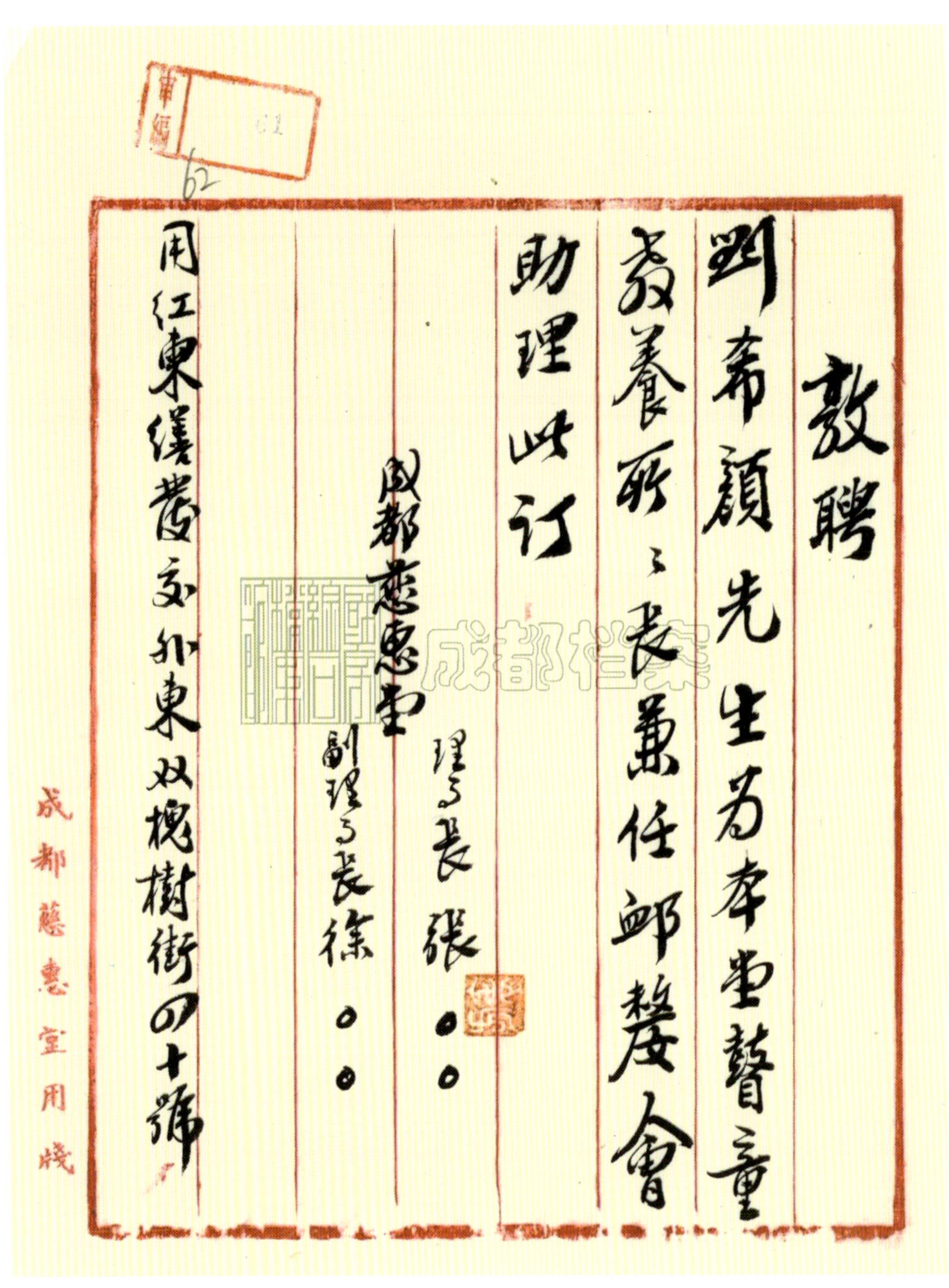

敦聘

劉希顏先生為本堂瞽童

教養所所長兼任卹嫠會

助理此訂

成都慈惠堂

理事長張〇〇

副理事長徐〇〇

周江東繕發交外東双槐樹街四十號

成都慈惠堂用箋

9. 瞽童教养所现有员役奉给表

四十四

瞽童教養所現有員役俸給表 [illegible]年三月二十五日造呈

職務	姓名	薪(工)資	津貼	食米	說明
所長	劉希穎	四〇〇	八〇〇	一斗	
教導主任	鍾兆瓊	三〇〇	五〇〇	一斗	月津加肆元 薪津合共月支壹仟肆百元
管理員	但維藩	二〇〇	五〇〇	一斗	
洋琴科教習	何茂軒				擬自三月一日起支給薪津現正報請核示中
洋琴科助教	楊成達		三〇〇		該助教勤勞異常去年本堂善樂加班時未予增加本年一月又僅增加一百圓此次擬請額外加給以示鼓勵
	周成遂		二〇〇		該助教現正報請開除中其津貼擬自四月一日起停支
胡琴科教習	吳青雲				竹琴科暫時停止教學該教習原有津貼一百圓早已停支
星命科教習	郭子春		二〇〇		星命功課已告段落擬自四月一日起停支津貼俟年節酌量致送車馬費
草鞋科技師	王金盛	八〇〇			
雜役	陳大和	三〇	二〇〇		月津加貳[illegible]元薪津合共月支肆百貳拾元
	呂安福	三〇	二〇〇		
合計		一七六〇	二九〇〇	三斗	

所長 劉希穎

10. 刘希颜关于希颜薪津部分转账等事宜致徐理事长等的单报

关于刘希颜，史料中并无太多的记载，如这般寂寂无名者历史上数不胜数。我们只知道他曾是瞽童教养所所长，档案中存有他的聘书以及瞽童教养所现有员役奉给表。在给张澜理事长信中，他提到自己年过六旬，精力不济，所里日常工作由李正宗代理。他心中异常惭愧，要求把自己所得全部薪津（1200 元外加食米一斗）悉数转让，以求得内心平静。

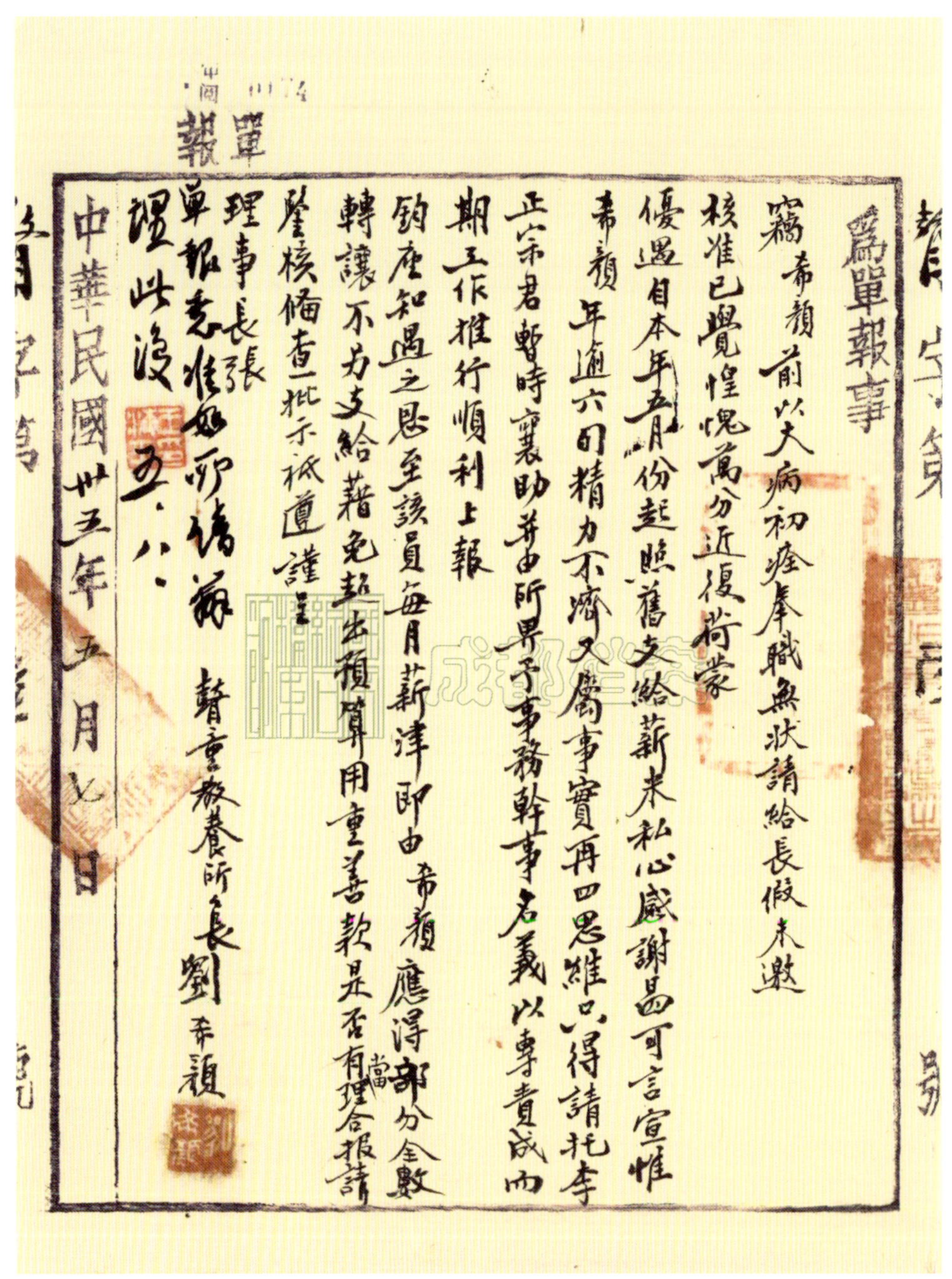
單報

為單報事

竊希顏前以大病初痊奉職無狀請給長假未邀
核准已覺惶愧萬分近復荷蒙
優遇自本年五月份起照舊支給薪米私心感謝豈可言宣惟
希顏年逾六旬精力不濟久虧事實再四思維只得請托李
正宗君暫時襄助并由所畀予事務幹事名義以專責成而
期工作推行順利上報
鈞座知遇之恩至該員每月薪津即由希顏應得部分全數
轉讓不另支給藉免超出預算用重善款是否有當理合報請
鑒核備查一批示祗遵謹呈
理事長張

瞽童教養所所長劉希顏

中華民國卅五年五月七日

單報悉准如所請辦
理此復 五、八、

11. 瞽童教养所洋琴科名单

慈	惠	大	成	发	达	永	久	勉	志
肖忠慈	刘克惠	邓可大	徐成利	陈发仁	张达俊	彭永琨	张久巡	陈勉寿	李志明
魏成慈	李传惠	刘乃大	程成运	陈发生	杨达全	吴永瑜	周久銮	徐勉成	徐志德
周保慈	李德惠	肖必大	周成碎	王发涌	刘达解	林永宣	蒋久朝	谢勉正	白志清
王秉慈	苏仰惠	李为大	付成遥	董发管	马达忠	谢永明	魏久锦	刘勉仁	陈志明
郭铭慈	唐蒙惠	刘司大	杨成达	杨发合	奉达宝	邓永典	刘久显	陈勉志	沈志达
沈念慈	雷培惠	莫亦大	张成道	邓发吉	张达億	周永曲	陈久铸	陈勉琴	刘志富
陈守慈	王鼎惠	唐用大	关成通	张发真	邓达仁	吕永容	汪久琨	周勉合	刘志树
张体慈	王志惠	唐余大	施成律	刘发业	蒋达如	杨永瑆	张久恺	周勉才	杜志仁
魏和慈	刘祖惠	唐友大	刘成游	王发露	焉达合	陈永居	温久玉	徐勉楷	徐志仁
傅戴慈	周义惠	徐日大	徐成远	徐发清	张达熟	冷永露	吴久铠	魏勉福	李志贵
洪凤慈	何约惠	张泽大	代成述	胡发珂	胡达施	杨永旋	卓久梅	林勉能	胡志力
陈结慈	何成惠	向尔大	李成迈	王发泽	熊达传	慈永未	吉久鉌	竹勉国	吴志体
王怀慈	付予惠	陈序大	李成乃	张发冲	方达修	李永廊	江久锜	郑勉琳	陈志天
廖从慈	谭崇惠	王知大	伍成曲	陈发友	杨达候	翁永生	郭久忠	刘勉慈	车志本
苏惦慈	吴则惠	廖正大	程成远		庄达应	龙永忠	彭久怡	王勉树	魏志福
周本慈	唐安惠	陈汝大	冯成卓		陶达依	傅永琪	胡久怡	谢勉志	夏志山
张元慈	兰复惠	袁成大	李成尔		王达块	白永璜	李久说	潘勉园	周志发
毛映慈	刘怀惠	杨奇大	刘成钰		李达信	邓永恒	李久明	栒勉林	李志责
王授慈	周德惠	骆以大	龙成林		蒋达虎	薛永惠	蒋久君	吴勉之	张志奇
吴颂慈	谢明惠	张意大			杨达铁	余永瑞	陈久锐	张勉学	朱志奇
					杨达周		葛久钟	冯勉思	
							崔久镁		
							伍久键		
							郭久炼		

注：本表是根据《四川扬琴史稿》中的名单为蓝本，并与成都市档案馆慈惠堂原始档案查询后校正。但限于资料匮乏，错误之处在所难免，敬请指正。

（七）培根火柴厂

慈善事业在良心，假公济私，绝非人类；

生产艺能求进步，殖材振乏，恃此资源。

此联为尹昌龄先生亲自撰写在成都培根火柴厂厂门两侧的对联，短短三十字表明了尹昌龄的主张。

成都慈惠堂培根火柴厂是由慈惠堂 1924 年 2 月所设，其前身为 1906 年官办的成都惠昌火柴厂，惠昌火柴厂停闭之后川军在此驻营。考虑到慈惠堂只有田产租金为其经济来源，因而为扩宽慈惠堂收入渠道，1924 年尹昌龄与督理四川军务的杨森商量将原惠昌火柴厂的厂房交由慈惠堂管理，杨森当即表示同意并命名驻军迅速迁场。然而恢复火柴厂生产所需经费以慈惠堂本堂的财力无法支持，于是尹昌龄以私人名义募得资金用于恢复火柴厂生产，改名培根火柴厂，正式纳入慈惠堂管辖范围。培根火柴厂在原惠昌火柴厂厂址上设立，位于东门外九眼桥培根路，其营业利润交由慈惠堂用于本堂慈善事业，为慈惠堂主要经济来源之一。1933 年成都市工厂调查，规模较大的火柴厂有 9 家，培根火柴厂名列第三位，资本共达到 130 万，雇佣工人共达 1000 多人。

1. 培根火柴厂简章

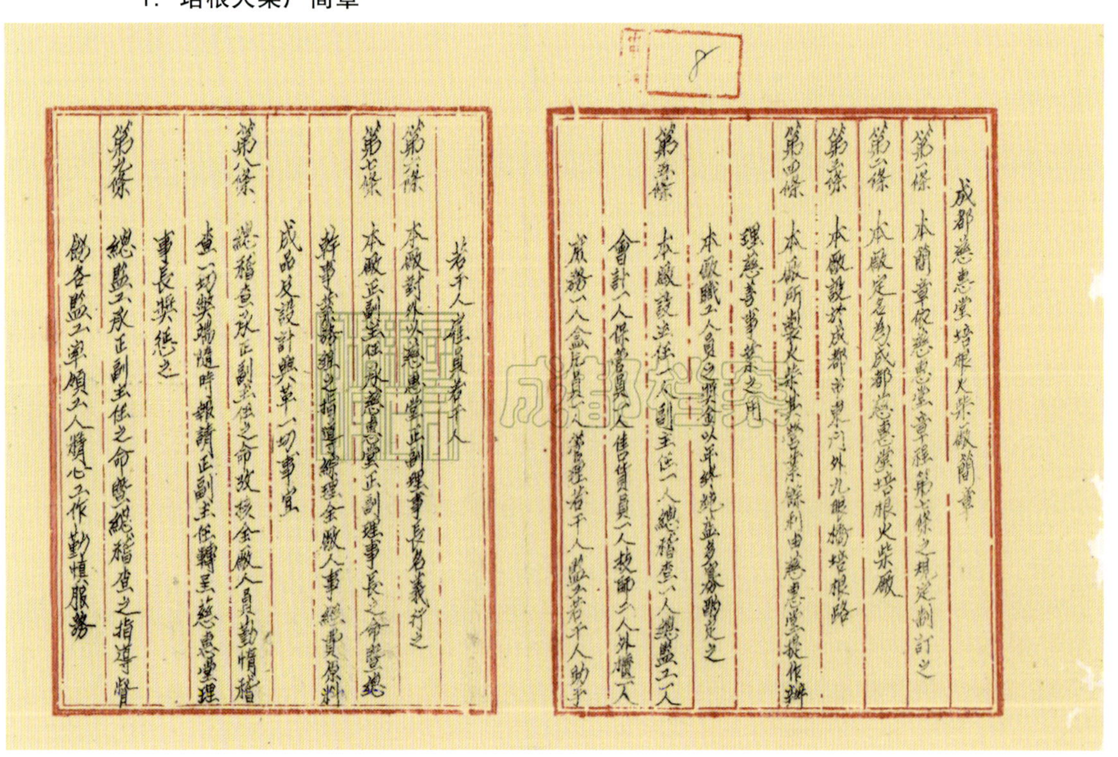
8

成都慈惠堂培根火柴廠簡章

第一條 本簡章依慈惠堂章程第七條之規定制訂之

第二條 本廠定名為成都慈惠堂培根火柴廠

第三條 本廠設於成都市東門外九眼橋培根路

第四條 本廠所製火柴其營業餘利由慈惠堂提作辦理慈善事業之用

本廠職工人員之獎金以年終純益多寡酌定之

第五條 本廠設主任一人副主任一人總稽查一人總監工一人會計一人保管員一人售貨員一人技師二人外櫃一人庶務一人簽名員一人常管理若干人監工若干人助手若干人雇員若干人

第六條 本廠對外以慈惠堂正副理事長名義行之

第七條 本廠正副主任承慈惠堂正副理事長之命暨總辦事處業務組之指導綜理全廠人事總責原料成品及設計與革一切事宜

第八條 總稽查承正副主任之命考核全廠人員勤惰稽查一切弊端隨時報請正副主任轉呈慈惠堂理事長獎懲之

第九條 總監工承正副主任之命暨總稽查之指導督飭各監工率領工人精心工作勤慎服務

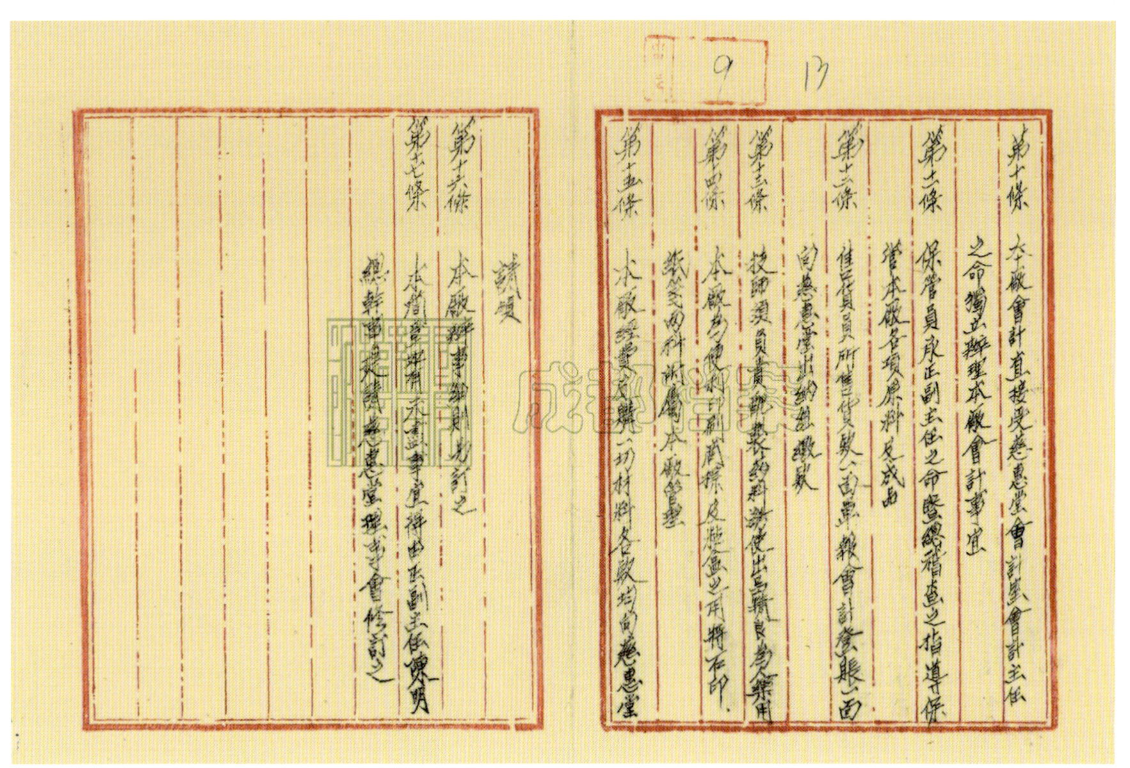

9 13

第十條 本廠會計直接受慈惠堂會計室會計主任之命獨立辦理本廠會計事宜

第十一條 保管員承正副主任之命暨總幹事之指導保管本廠各項原料及成品

第十二條 售貨員所售貨款一面單報會計登賬一面向慈惠堂出納繳款

第十三條 技師須負責就最經濟的原料調使出最精良易燃之藥用

第十四條 本廠如使用[illegible]標及火柴盒上所用[illegible]印紙簽內料概屬本廠[illegible]

第十五條 本廠經費及購一切材料各款均由慈惠堂

第十六條 本廠辦事細則另訂之

第十七條 本簡章如有未盡事宜得由正副主任陳明總幹事提請慈惠堂理事會修訂之

[illegible]

2. 培根火柴厂概况说明书

培根火柴厂作为成都慈惠堂下设产业，生产经营所得全归慈惠堂所管，其盈利直接用于慈惠堂本堂运营。“售货员所售货款，一面单报会计登账，一面向慈惠堂出纳缴款”（《培根火柴厂章程》第十二条）。因此，培根火柴厂生产经营所需的经费也由慈惠堂统一划拨，“本厂经费及购一切材料各款均由慈惠堂请领”。根据厂内业务开展需要，共设有工务、事务、出纳、会计、保管五股，五股之间分工明确，各司其职。在人事任命与管理上，厂主任由慈惠堂正副理事长直接任命，直接向慈惠堂理事长汇报工作，“本厂正副主任承慈惠堂正副理事长之命暨总干事、业务组之指导总理全厂人事、经费、原料、产品、设计兴革一切事宜”。除会计直接由成都慈惠堂会计室会计主任管理之外，其余四股均由火柴厂正副主任管理，而各岗位人员任命则需要由成都慈惠堂理事长进行任命。

培根火柴廠概況說明書

1. 本廠組織主任以下分工務、事務、出納、會計、保管五股，職員計十一人，工人五十名，學生十六名，合計七十七名。

2. 本廠資本額卅二年計領六百萬元，卅四年上季已自行增益為三千萬元，慈惠堂有案可查

3. 每年產量為七百多箱至一千箱，就歷年而言是由多而少，其中原因甚夥，但物料不齊、勞資問題為主要原因（此全係手工業，若改用機器則又當易論）

4. 本廠營業在此三年中均有相當利潤，每年有決算書報堂可查，原物料全部合計則較卅二年有多，非祇法幣數字增加也（保管股有比較表，慈惠堂每月皆有原物料存量表可查）。

5. 自卅二年提辦時職工學徒人數為九十多名，現為七十多名，關于職工福利，本廠盡力推辦，刻有職工福利基金二百多萬生息，用以辦事外，有工人托兒所，係由中國勞動協會所主辦，其方双簽約，均經報堂有案可查

6. 若原物料不虞匱乏，則每年工作可保十個月，每日可能作四箱以上，去歲每箱平均純利可三萬元，本年以現況看，每箱純利當在五萬元以上。

7. 四川火柴廠有三十多家，規模大者已改用機器，本廠

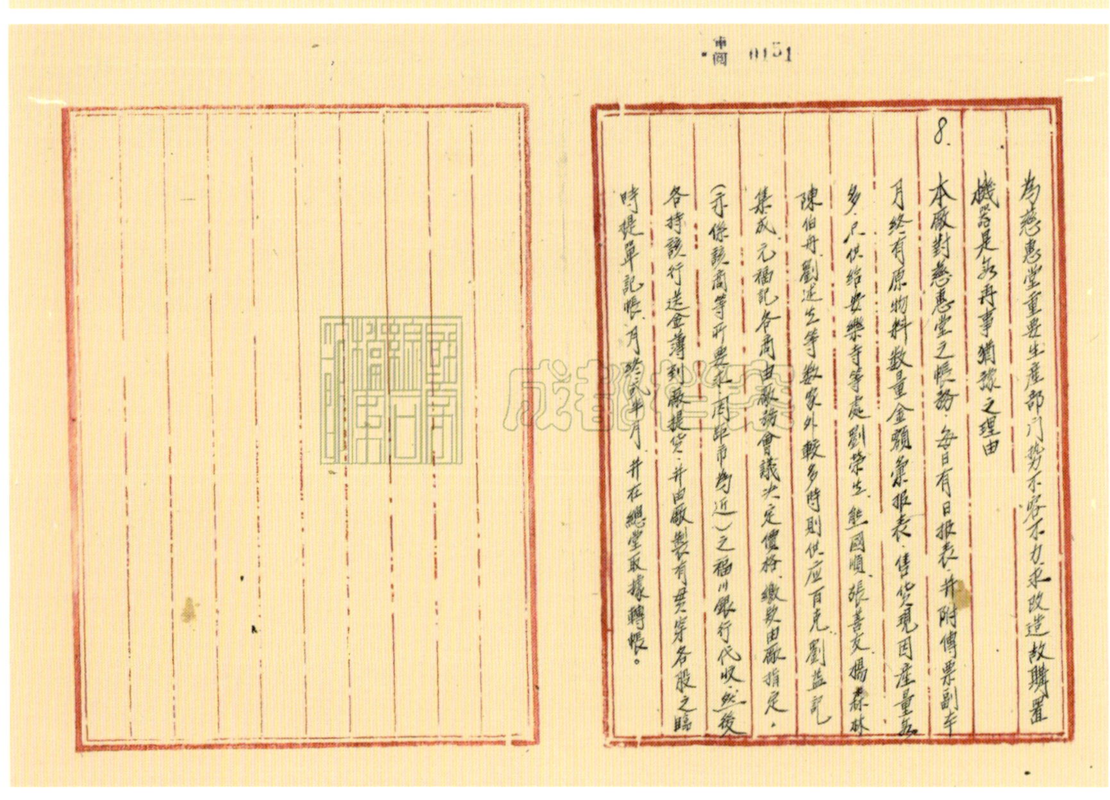

為慈惠堂重要生產部門，勢不容不力求改進，故購置機器是為再事擴張之理由

8. 本廠對慈惠堂之帳務，每日有日報表，并附傳票副本，月終有原物料數量金額彙報表，售貨現因產量不多，只供給安樂寺等處劉榮生、熊國順、張善文、楊森林、陳伯舟、劉述生等數家，外較多時則供應百克、劉益記、集成、元福記各商，由廠務會議決定價格，繳款由廠指定（系係該商等所要求，因距市為近）之福川銀行代收，然後各持該行送金簿到廠提貨，并由廠製有發貨各股之臨時提單記帳，月終或半月并在總堂取據轉帳。

3. 邓锡侯关于培根火柴厂经费困难等事宜致仲老道的签条

00044

仲老道鑒：昨承
枉顧，快聆
教言，至深感幸。火柴廠事頃接
巨旭來函，已向前途洽商，可望維
持，特將原函封上，即祈
察閱後封還為禱。專此，即頌
道安

鄧錫侯拜啟
六廿

川康綏靖主任公署用箋

4. 火柴专卖公司川康分公司关于特准免交培根火柴厂上年专卖利益等事宜致慈惠堂的公函

1941 年因物价高涨，再加上抗战时期实行火柴专卖，火柴厂所生产火柴须由火柴专卖机关进行统一定价采购，并由火柴专卖机关委托销售商进行统一销售，火柴厂每年盈余急剧减少，以至于慈惠堂收入减少，从而导致慈惠堂经费拮据。1942 年，慈惠堂与火柴专卖公司、粮食部、财政部等协商，“查培根一厂为慈善机关所设，其性质自与他厂不同……至援助七成统税……”。虽可获得财政部拨款以保证慈惠堂的正常

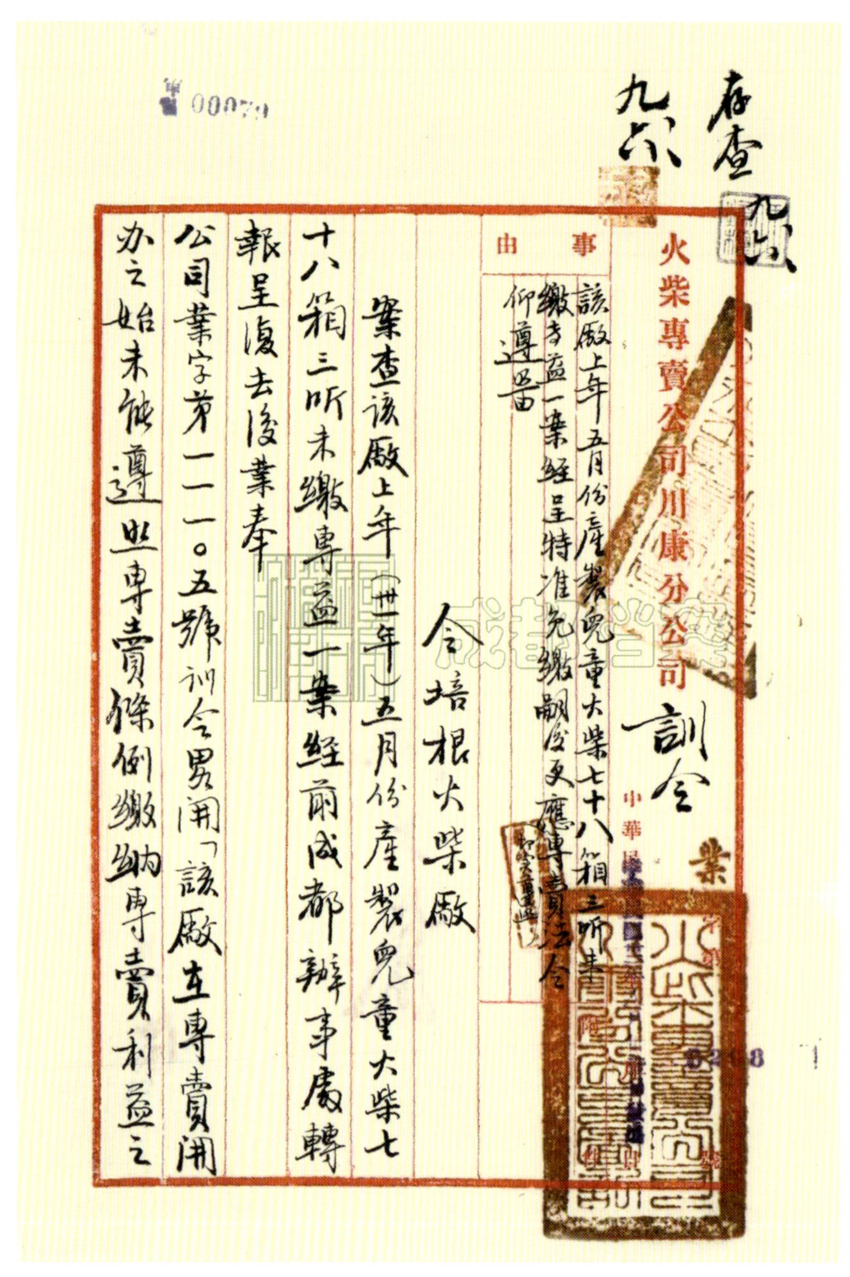

存查
九六

火柴專賣公司川康分公司訓令 業字第　號

事由：該廠上年五月份產製兒童大柴七十八箱三听未繳專益一案經呈特准免繳嗣後應遵專賣法令仰遵照由

令培根火柴廠

案查該廠上年（卅一年）五月份產製兒童大柴七十八箱三听未繳專益一案經前成都辦事處轉報呈復去後業奉

公司業字第一一〇五號訓令略開：「該廠在專賣開辦之始未能遵照專賣條例繳納專賣利益之

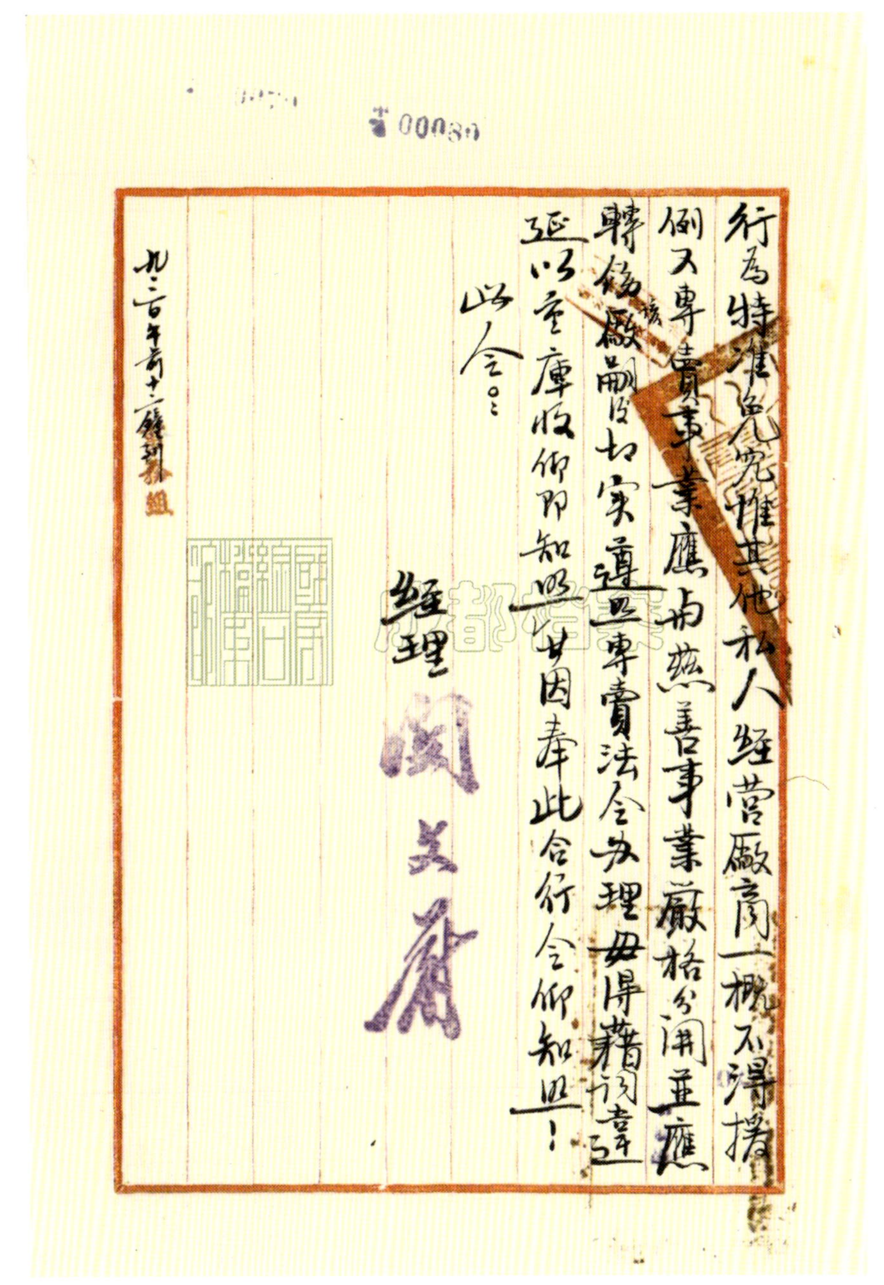
行為特准免究惟其他私人經營廠商一概不得擅
例又專賣事業應與慈善事業嚴格分開並應
轉飭該廠嗣後切實遵照專賣法令辦理毋得藉詞違
延以重庫收仰即知照並因奉此合行令仰知照！
此令。
經理

运行，但是施行火柴专卖之后，更多的火柴厂兴起，市场竞争力增大，而且市场上充斥着大量的私火假儿童牌，如彭灌双流的小儿童牌、牛市口大儿童牌等假冒产品。再加上专卖期间，收购价格过低，甚至低于生产成本，生产原料也受到限制，培根火柴厂效益日益递减。同时，统税已增加五六倍，而补助费仍为六十万元，因此年销售数量仍然下降。在 1946 年的年度工作报告中可以看到当年的销售数量相较于 1945 年减少了 20 %。

5. 关于合办托儿所一事致成都慈惠堂的报告

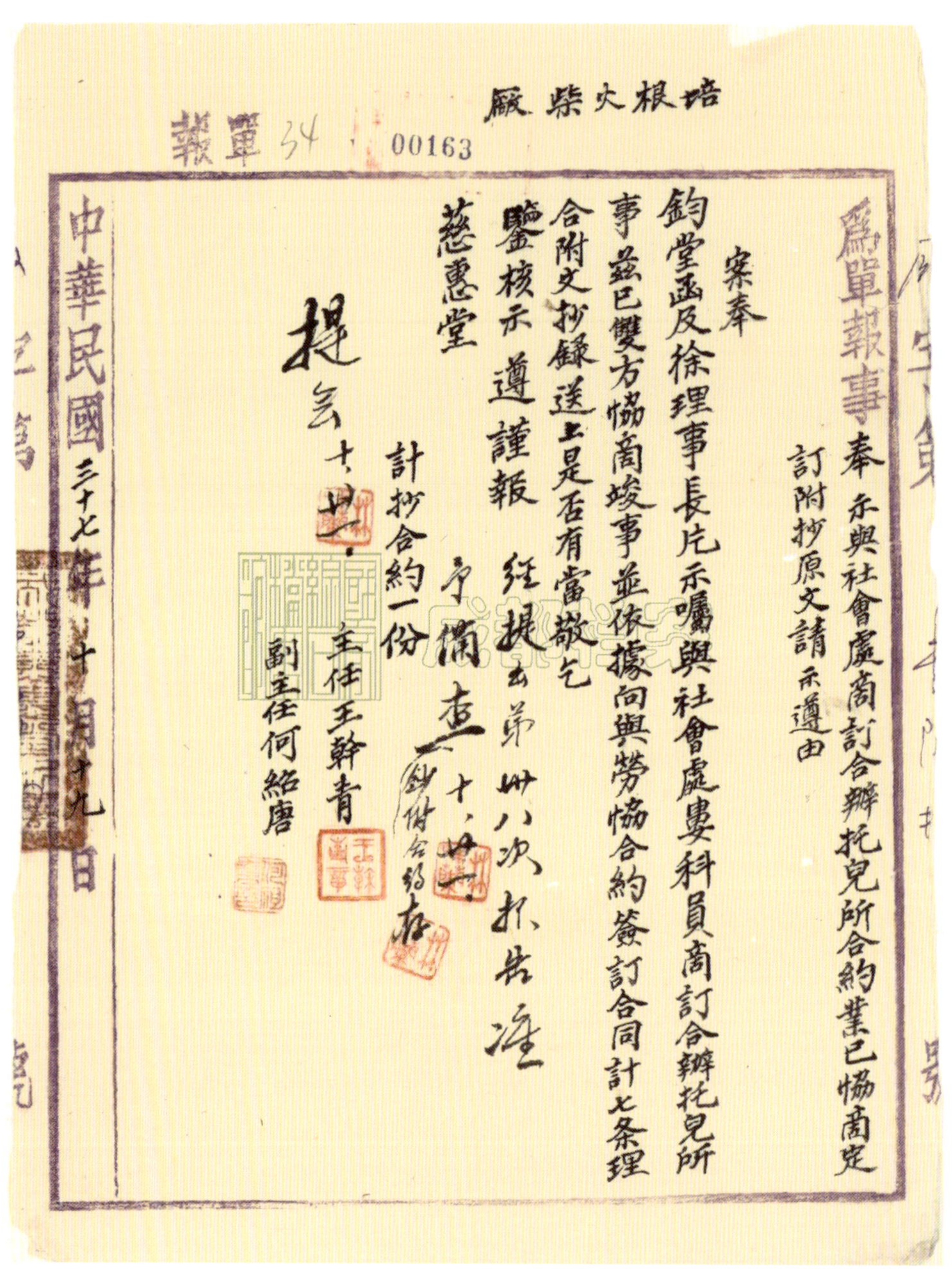
培根火柴廠

單報 54　00163

為單報事

奉 示與社會處商訂合辦托兒所合約業已協商定訂附抄原文請 示遵由

案奉

鈞堂函及徐理事長片示囑與社會處婁科員商訂合辦托兒所事茲已雙方協商竣事並依據向與勞協合約簽訂合同計七条理合附文抄錄送上是否有當敬乞

鑒核示遵謹報

慈惠堂

計抄合約一份

主任王幹青

副主任何紹唐

中華民國三十七年十一月十九日

依据慈惠堂宗旨及培根火柴厂法规，1944 年在厂中设立职工福利委员会，推行医疗卫生、代办平价物品、理发处、托儿所、夜班课、退休保障六项福利。1946 年，增加基金三十万用于扩大职工福利事业，在原有基础上增加了娱乐、书报等项，尤其注意防疫卫生这方面。

6. 培根火柴厂火花

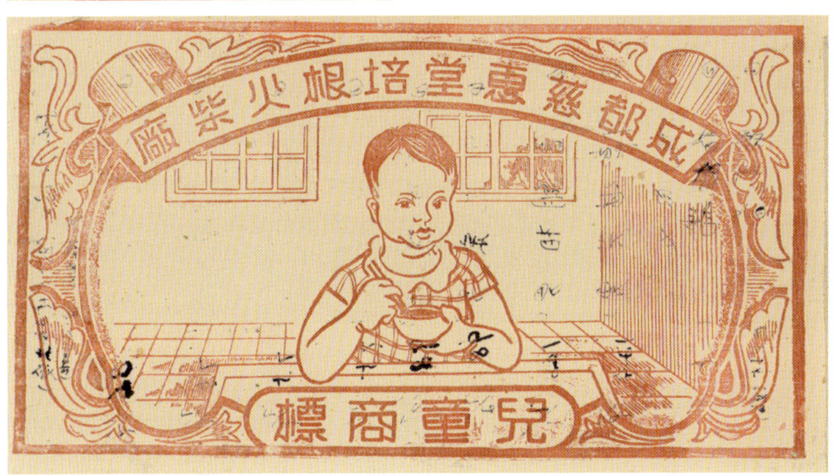

培根火柴厂注册商标有儿童牌、善（扇）牌、麟凤牌等，根据使用对象的不同，采用不同的商标图案，以期得到社会的理解、监督和支持。办厂之初使用的是儿童牌商标，是以儿童手捧饭碗作为商标图案，意为工厂的宗旨是解决儿童吃饭问题，因此称为儿童牌火柴。儿童牌火柴是一种红头火柴（硫化磷火柴），一擦即燃，主要销往农村地区。1926 年夏开始改良生产安全火柴。安全火柴有麟凤牌、善（扇）牌，其中以善（扇）牌火柴为代表，主要在城市地区销售。扇牌火柴是以折扇作为商标图案的扇牌。扇牌图标上有尹昌龄先生拟的六句四言：“厂中余利，专恤孤穷，敢有私心，天地不容，以扇喻善，奉扬仁风。”从火柴商标和图案即可看出尹昌龄先生对于培根火柴厂的厚望以及培根火柴厂的办厂宗旨。

（八）正心堂慈善会

正心堂慈善会原创始于清咸丰年间，位于新津县西北纯阳观内。纯阳观原为一座吕仙祠。光绪二十七年（1901），新津县太平乡总保高寿元及放生会王彩庭、李能宗等人筹备将吕仙祠扩建为纯阳观。正逢陕西巨商庄辅臣在新津进行贸易，听闻后愿意出资修建纯阳观，“拓基经营数载，费两万余金”。为便于募捐修建忠孝堂，“以挽正人心，安靖国家，服务社会”，又于民国11年（1922）将会址搬迁到成都大科甲巷内，“办理十全救济事业”。

1. 正心堂慈善会历史沿革报告书

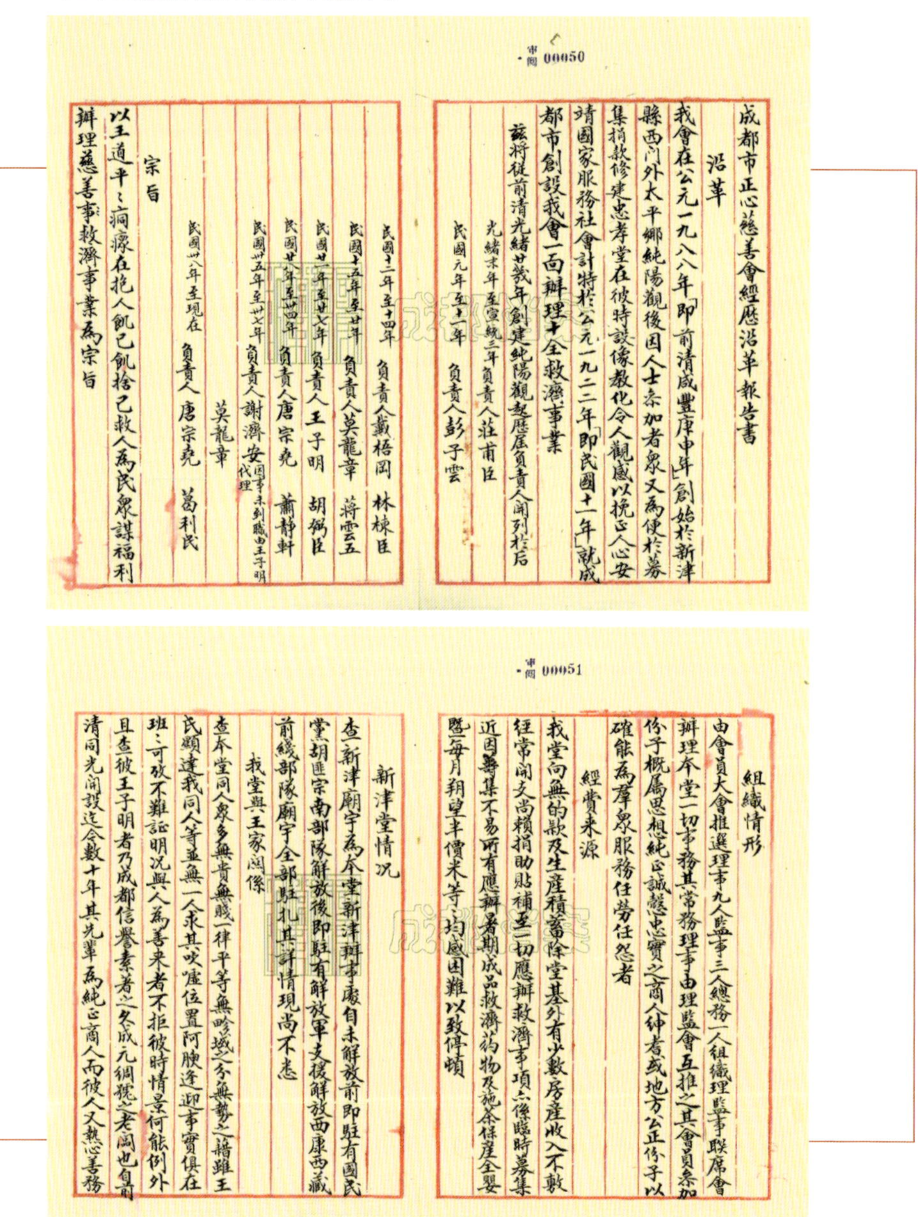
審閲 00050

成都市正心慈善會經歷沿革報告書

沿革

我會在公元一八八八年「即前清咸豐庚申年」創始於新津縣西门外太平鄉純陽觀後因人士参加者衆又爲便於募集捐款修建忠孝堂在彼特設像教化令人觀感以挽正人心安靖國家服務社會計特於公元一九二二年「即民國十一年」就成都市創設我會一面辦理十全救濟事業

茲將從前清光緒廿幾年創建純陽觀起歷屆負責人開列於后

光緒末年至宣統三年 負責人莊甫臣

民國元年至十一年 負責人彭子雲

民國十二年至十四年 負責人戴梧岡 林棟臣

民國十五年至廿年 負責人莫龍章 蔣雲五

民國廿一年至廿七年 負責人王子明 胡炳臣

民國廿八年至卅四年 負責人唐宗堯 蕭靜軒

民國卅五年至卅七年 負責人謝濟安（因事未到職由王子明代理） 莫龍章

民國卅八年至現在 負責人唐宗堯 葛利民

宗旨

以王道平平痌瘝在抱人飢己飢捨己救人爲民衆謀福利辦理慈善事救濟事業爲宗旨

審閲 00051

組織情形

由會員大會推選理事九人監事三人總務一人組織理監事聯席會辦理本堂一切事務其常務理事由理監會互推之其會員參加份子概屬思想純正誠懇忠實之商人紳耆或地方公正份子以確能爲羣衆服務任勞任怨者

經費来源

我堂向無的款及生産積蓄除堂基外有少數房産收入不敷經常開支尚賴捐助貼補至一切應辦救濟事項亦係臨時募集近因籌集不易所有應辦暑期成品救濟药物及施茶保産全嬰暨每月朔望半價米等等均感困難以致停頓

新津堂情況

查新津廟宇爲本堂新津辦事處自未解放前即駐有國民黨胡匪宗南部隊解放後即駐有解放軍支援解放西康西藏前綫部隊廟宇全部駐扎其詳情現尚不悉

我堂與王家關係

查本堂同人衆多無貴無賤一律平等無畛域之分無勢之藉雖王氏願達我同人等並無一人求其吹嘘位置阿腴逢迎事實俱在班班可攷不難証明況與人爲善来者不拒彼時情景何能例外且查彼王子明者乃成都信譽素著之久成元銅號之老闆也自前清同光間設迄今數十年其先輩爲純正商人而彼人又熱心善務

2. 正心堂慈善会章程

成都市正心慈善會章程

第一章 總則

第一條：本章程凡屬本會及办事處職員等均應一律遵守不得違背

第二條：本會以人飢己飢之心捨己救人之懷為社會民衆謀福利與辦理慈善救濟為宗旨

第三條：本會定名為正心慈善會在會內設理監事會綜理本會一切事宜因在新津縣創建忠孝儒林稱為正心堂新津忠孝儒林办事處直屬本會

第二章 會務

第四條：凡入本會為會員者須本會員二人以上介紹担保並經理監會攷核通過認為思想純正確能為群衆服務辦理地方慈善遵守本會宗旨者始得入會

第五條：凡本會會員不分貧富均应以節省所餘之款酌繳基金移作各會員先靈拔薦費以盡慎終追遠之意每月視各人之經濟情形应自度樂捐月捐其數不限以作救濟慈善之用

第六條：本會所有十全善務凡屬會員均有量力扶助維持与樂捐勸募之義務

第七條：凡有臨時救濟事項应臨時召開會員會議臨時集捐量入為出并無限度其會員會議辦法另訂之

第八條：本會會務定於每年四大會期（即農曆二、四、六、九月）開全體會員聯席會各一次（臨時會不在此限）每月於本會開理監事會至少四次（臨時會不在此限）決議應興应革事項

第九條：凡會員等遇有应興应革之事會員得十人以上職員得五人以上之通過得召集會員大會解決之

第三章 組織

第十條：由會員大會推選理事九人監事三人司賬一人組織理監事聯席會办理本會一切事務其常務理監事由理監事互推之

第十一條：設總務處由理事長兼办總務處事務會同各負責人執行一切決議及交办事項其庶務經捐文牘交際屬之

第十二條：本會所办善務計設醫藥施棺義地保産全嬰急濟孤孀平價米年關濟米惜字八組受理監事會指導办理地方慈善事務每組設主任一人幹事若干人其主任一職由理監事分別兼任之幹事由主任聘請之

第十三條：新津忠孝儒林办事處其所設人員由理監會推舉应受理監會之督導計設主要一人主任一人文牘司賬各一人招待二人办理一切事務并分設新津忠孝儒林办事處監理事分會以襄助之

第四章 職權

第十四條：總務處由理事長董督一切事務其庶務經捐文牘交際各設主任一人幹事若干人職責如左

第二篇 主要慈善团体

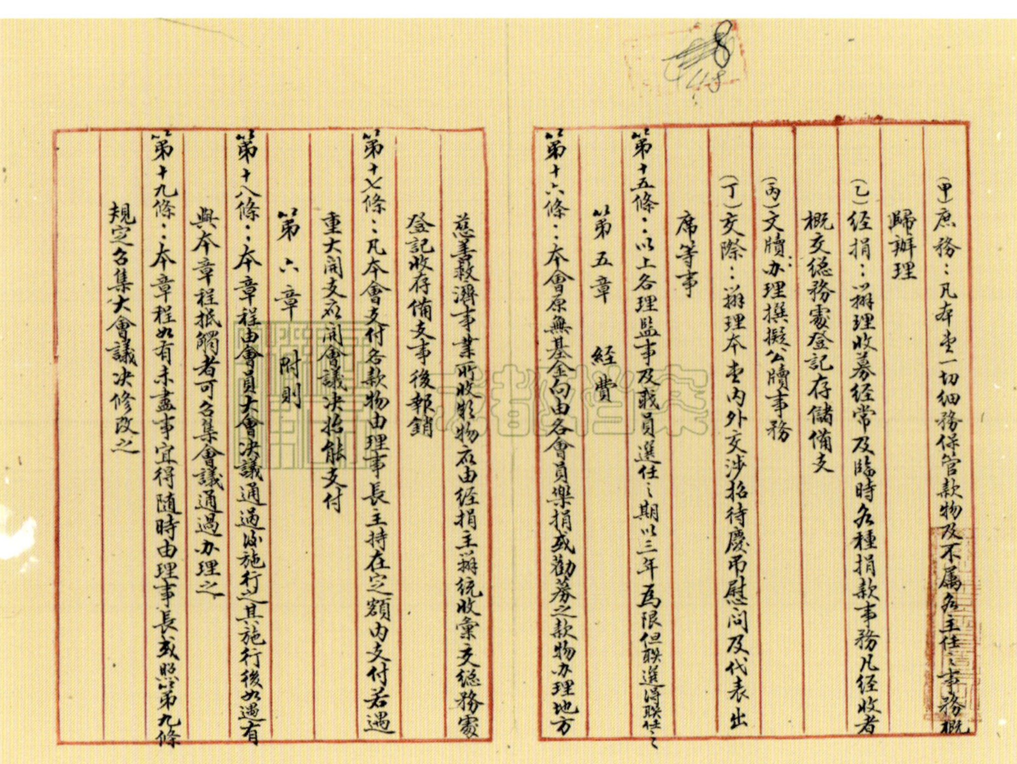

(甲)庶務：凡本堂一切細務保管款物及不屬於主任之事務概歸辦理

(乙)經捐：辦理收募經常及臨時各種捐款事務凡經收者概交總務處登記存儲備支

(丙)文牘：辦理撰擬公牘事務

(丁)交際：辦理本堂內外交涉招待慶弔慰問及代表出席等事

第十五條：以上各理監事及職員選任之期以三年為限但聯選得聯任之

第五章 經費

第十六條：本會原無基金向由各會員樂捐或勸募之款物辦理地方慈善救濟事業所收款物應由經捐主辦統收彙交總務處登記收存備支事後報銷

第十七條：凡本會支付各款物由理事長主持在定額內支付若遇重大開支應開會議決始能支付

第六章 附則

第十八條：本章程由會員大會決議通過後施行之其施行後如遇有與本章程抵觸者可召集會議通過辦理之

第十九條：本章程如有未盡事宜得隨時由理事長或照第九條規定召集大會議決修改之

3. 正心堂慈善会会员名册

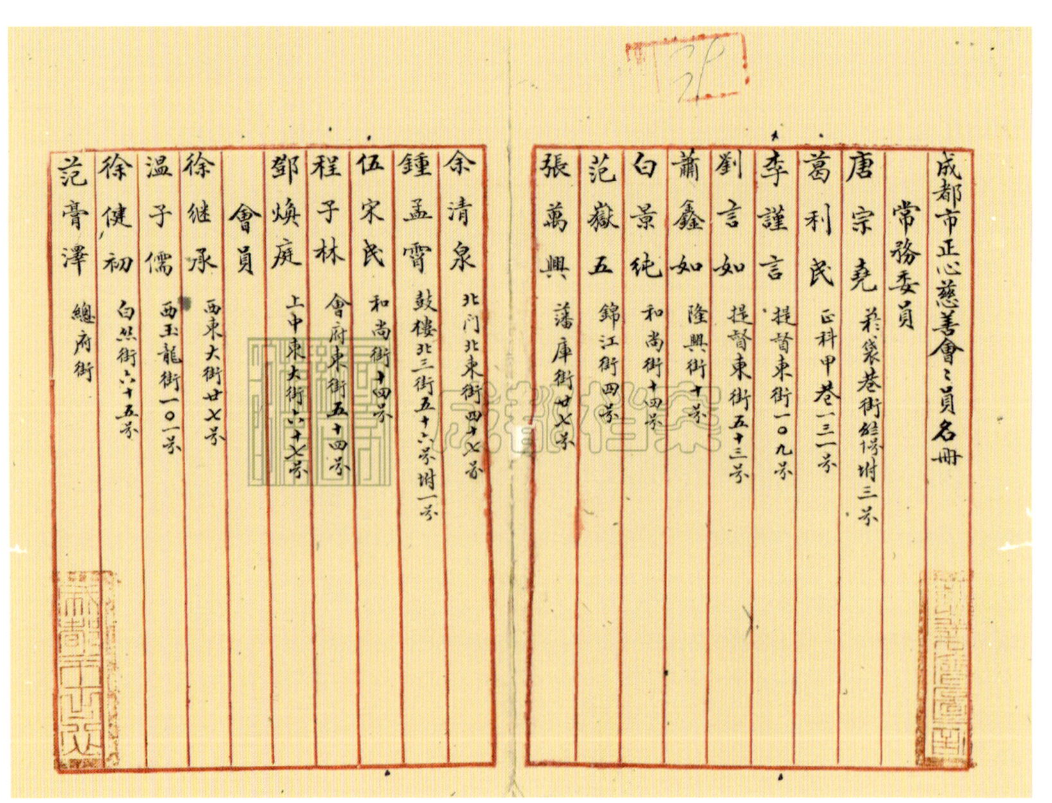

成都市正心慈善會會員名冊

常務委員

唐宗堯 蒜袋巷街經修附三號

葛利民 正科甲巷一三一號

李謹言 提督東街一〇九號

劉言如 提督東街五十三號

蕭鑫如 隆興街十號

白景純 和尚街十四號

范嶽五 錦江街四號

張萬興 藩庫街廿七號

余清泉 北門北東街四十七號

鍾孟霄 鼓樓北三街五十六號附一號

伍宋民 和尚街十四號

程子林 會府東街五十四號

鄧煥庭 上中東大街六十七號

會員

徐継承 西東大街廿七號

溫子儒 西玉龍街一〇一號

徐健初 白絲街六十五號

范膏澤 總府街

40

蔣南波　揚東樹街七号
胡蔭民　揚東樹街七号
吳重光　會府西街七十七号
余俊良　忠烈祠壩街廿六号
陳燮森　會府東街四十九号
葉安瀾　小北街七十六号
馮高德　寧夏街二十六号
陳豐欽　小北街七十四号
羅少芝　狀元街五十六号
羅碧清　仝上

林延年　外南同興下街一三一号
徐秉立　青石橋南街六十二号
楊萬義　青石橋南街十号
徐集海　南門金子街八十一号
裴玉興　中新街十三号
彭文德　外北鄉下
胡玉興　橫九龍巷五十九号
范仕能　提督東街一一五号
任國才　陝西街九号
黃子郊　中東大街三十四号

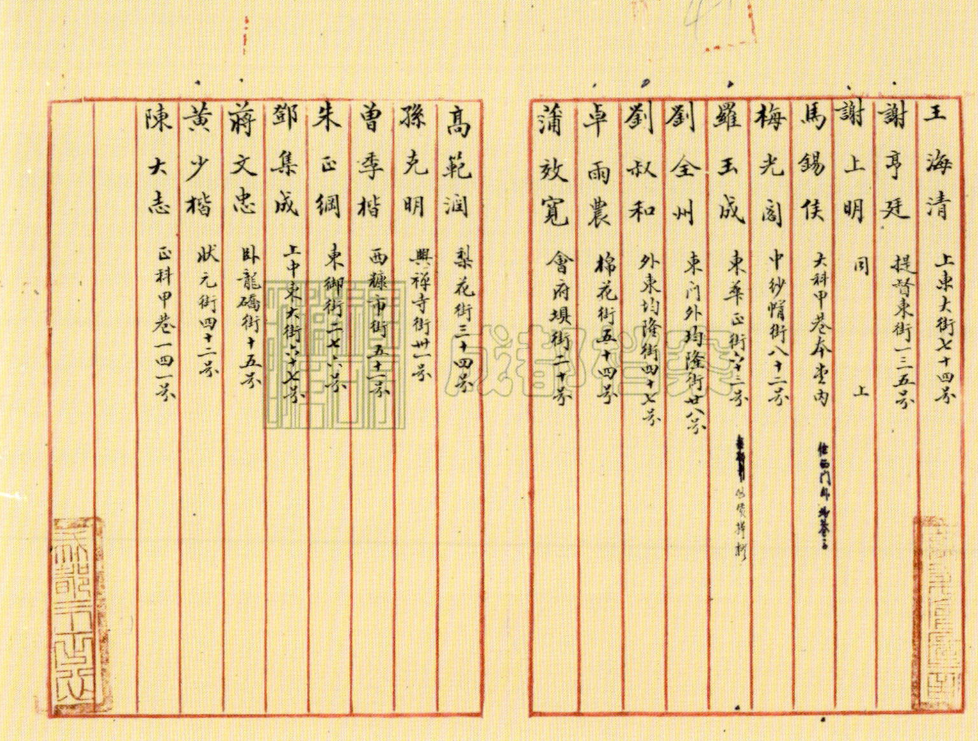
41

王海清　上東大街七十四号
謝亭廷　提督東街一三五号
謝上明　同上
馬錫侯　大科甲巷奎壹內　住西門外[illegible]
梅光閣　中紗帽街八十二号
羅玉成　東華正街六十二号　[illegible]
劉全州　東門外均隆街廿八号
劉叔和　外東均隆街四十七号
卓雨農　棉花街五十四号
蒲效寬　會府壩街二十号

高範潤　梨花街三十四号
孫克明　興祥寺街卅一号
曾季楷　西糠市街五十一号
朱正綱　東御街二十六号
鄧集成　上中東大街六十七号
蔣文忠　臥龍橋街十五号
黃少楷　狀元街四十二号
陳大志　正科甲巷一四一号

創建忠孝堂圖說一　一

說明

新津　純陽觀建自前清光緒辛丑年同人集資創始拓基經營數載費二萬餘金幷未募捐分釐卜地在新津縣西關外太平鄉距縣治僅三里許壬山丙向所有地勢詳細情形已於創建忠孝堂勸捐白話歌內剴切言之矣正殿崇奉孚佑帝君山門對照　靈祖殿右迴廊　三眞殿左迴廊乃東花廳在前清時代享通祀例春秋祭日闔邑官紳集合致祭之所後有　三丰殿右有　五福堂　三官樓　文武殿　集鷹堂　大花園迨至民國三年甲寅復於觀左增修　斗姆殿　雖別開生面而內容則一貫爲如娘娘殿　王母殿　南海殿　啟聖殿均係增修之成績也此次建修忠孝堂募捐營造添購地基而毗連一氣實與觀基涇渭攸分惟是工程浩大需款孔殷務望承領募册　諸君熱心維持勸捐催繳勇力扶助俾早竟厥功全斯善舉同人等竭勝拜禱之至茲將廟堂前後左右山水形勢暨所建之各殿宇或早告竣或已築基或正營造分別情形繪具圖說印刷成帙使因關河之阻雲山之隔閱之可瞭如指掌再堂內供奉忠孝節義諸神祇現已次第陞座然其位次查篇中所載一目了了俾瞻仰者便于觀摩而非徒尙虛文各界諸君尙希諒詧原此舉本爲挽世運正人心敦末封厚風俗而起見幸勿視爲尋常修建而資游覽者比也

忠孝堂大山門之圖

忠孝儒林內設東齋堂爲進香善士住宿之地其大花園內乃供奉同蒔會先靈之處

儒林外舖房四拾餘間參觀休息處

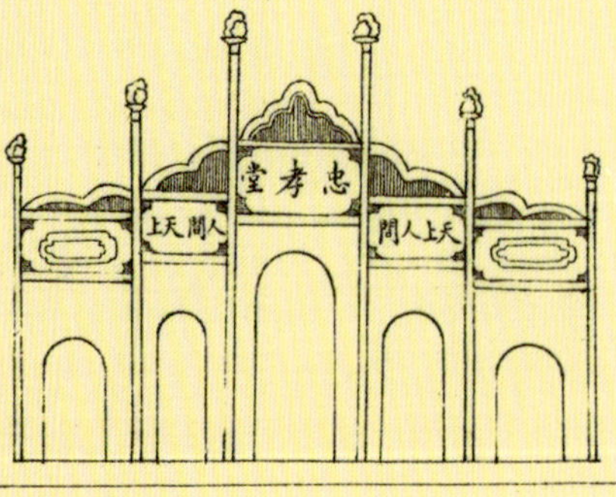

忠孝堂

天上人間

人間天上

純陽觀正殿之圖

純陽觀正殿高二丈八尺八開間六丈八尺內供金闕選仙孚佑帝君殿後供洞玄帝君左厢東花廳右厢供桃椰廖三真人前方大山門供靈祖旁左路山門爲斗姥殿瑤池殿關帝啟聖殿九聖送子殿觀音殿殿旁右路爲五福堂供創修純陽觀首事之光靈

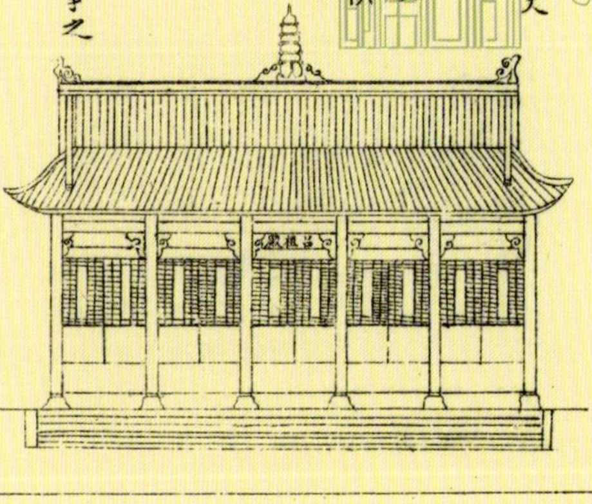

呂祖殿

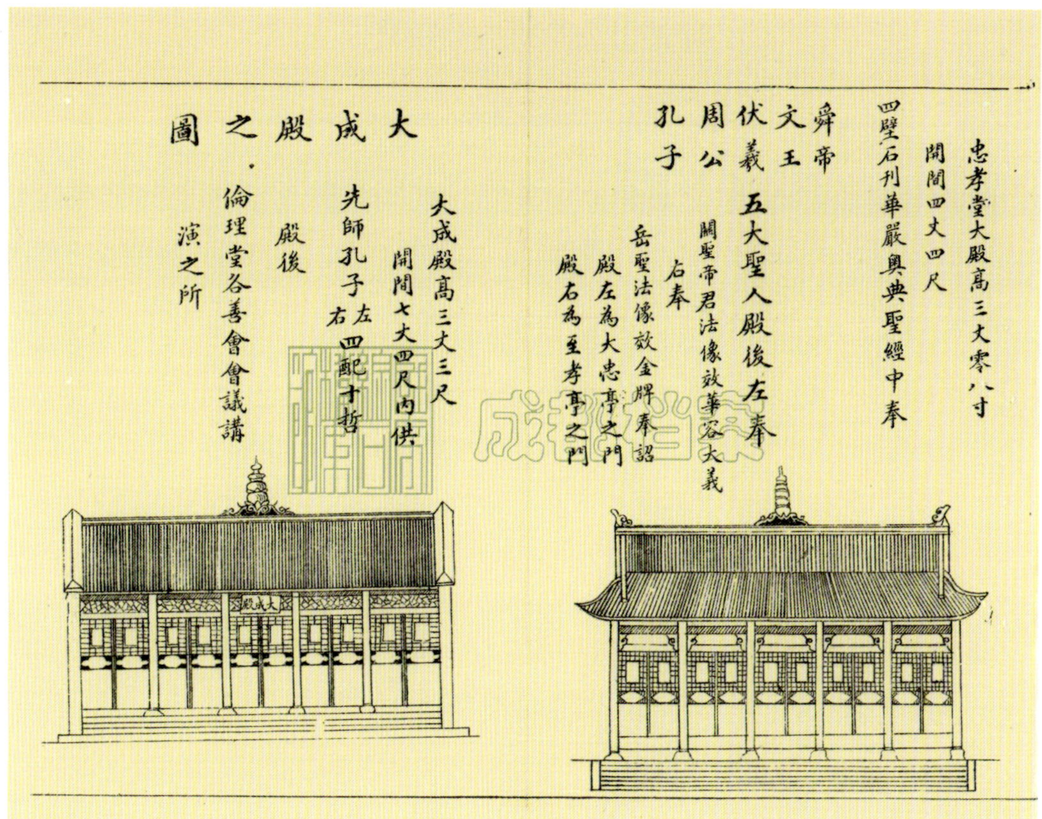
忠孝堂大殿高三丈零八寸
開間四丈四尺
四壁石刊華嚴與典聖經中奉
舜帝
文王
伏羲 五大聖人殿後左奉
周公
孔子
關聖帝君法像效華容大義
右奉
岳聖法像效金牌奉詔
殿左為大忠亭之門
殿右為至孝亭之門
大成殿之圖
大成殿高三丈三尺
開間七丈四尺内供
先師孔子左右四配十哲
殿後
倫理堂各善會會議講演之所
大成殿

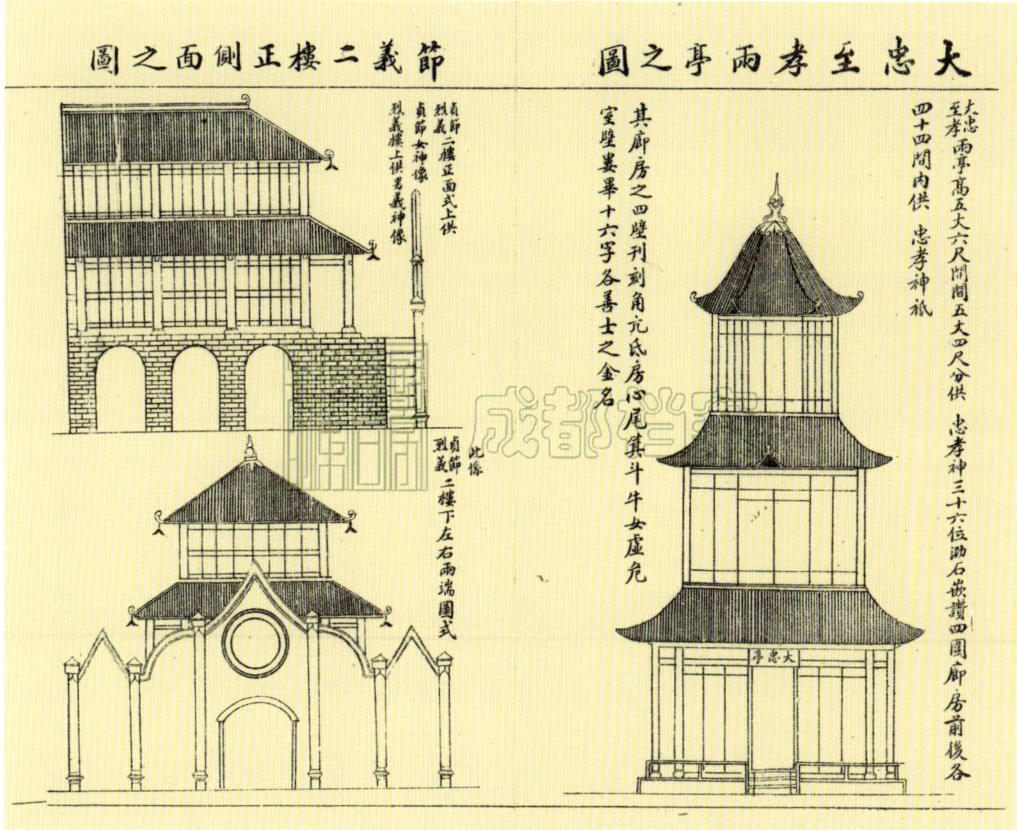
大忠至孝兩亭之圖
節義二樓正側面之圖
大忠至孝兩亭高五丈六尺開間五丈四尺分供 忠孝神三十六位泐石嵌讚四圍廊房前後各
四十四間内供 忠孝神祇
其廊房之四壁刊刻角亢氐房心尾箕斗牛女虛危室壁奎畢十六字各善士之金名
貞節烈義二樓正面式上供
貞節女神像
烈義樓上供烈義神像
貞節烈義二樓下左右兩端圖式
此像
大忠亭

成都正心堂慈善会崇敬仙人吕纯阳为忠孝神仙，计划将原新津纯阳观建成“古今第一忠孝儒林”，以正人心，宣扬忠孝，向省内外军、政、宪、农、工、商、绅募集款项，并征地 120 亩，于民国8年（1919）开始了纯阳观的扩建。扩建工程先是在原纯阳观的基础上增修了山门、灵祖魁星殿、文昌武圣殿、列圣关岳殿、大忠亭、至孝亭、灵祖楼、四周廊坊等建筑。

大忠亭与至孝亭分别建于民国 11 年（1928）与民国 20 年（1931），其建筑格形制为穿斗抬梁结构，三重檐八角攒尖盔顶式。三层顶面系筒瓦铺成，最上面一层宝顶为青花碎瓷嵌成。亭内正中，有四根楠木柱支撑穿斗和抬梁相结合的梁架，梁架无钉无铆，是整个亭宇的主体骨架。亭子四周分别是十二根 50 厘米长的石柱支撑屋面。早在 20 世纪 50 年代，西南建筑学院就把该亭列为建筑典范，著名古建筑学家罗振文也称赞其是集亭、台、楼、阁为一体的典型古建筑，是近代建筑瑰宝。其中，大忠亭内塑造了从夏代关龙逄到清代林则徐的二十四尊历代忠臣像，至孝亭内塑了二十四尊历代孝子的塑像。两亭四周厢房内有忠臣孝子壁画，现均无存。

民国 26 年（1937），因抗日战争爆发，纯阳观停止修建，但已经初具规模，建成十殿两楼、两亭以及附属亭园、水池等。

4. 高仁厚等人与正心堂慈善会的旱地买卖文契

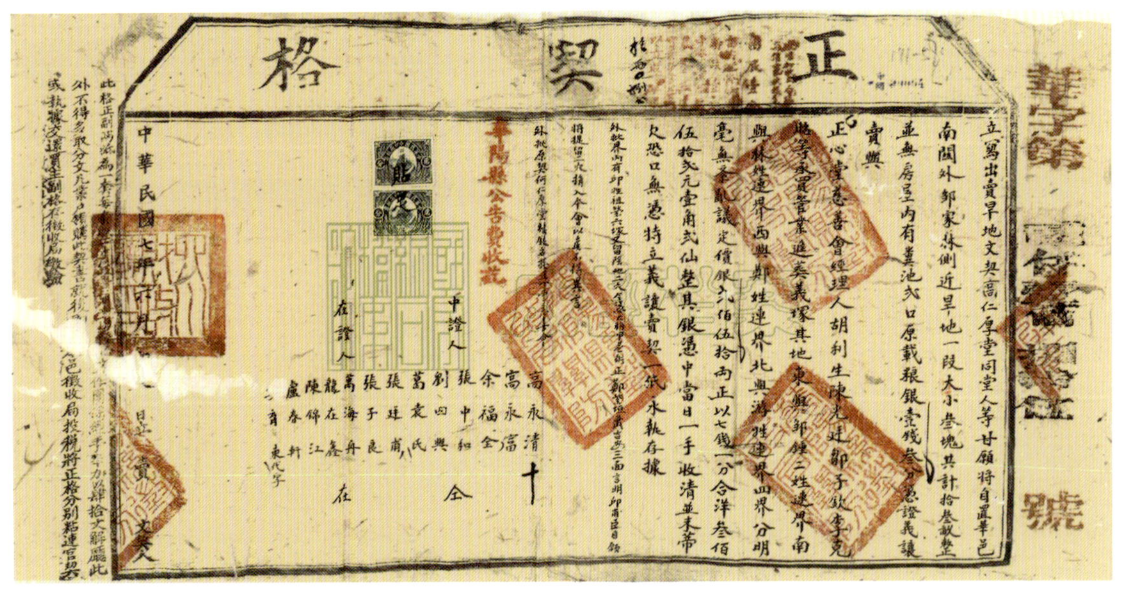

正　契　格

立寫出賣旱地文契高仁厚堂同堂人等甘願將自置華邑
南關外鄧家林側近旱地一段大小叁塊共計拾叁畝整
並無房屋内有糞池弍口原載粮銀壹錢叁分憑證義讓
賣與
正心堂慈善會經理人胡利生陳光廷鄧子欽李子充
[illegible]等承買管業進葬義塚其地東與鄧鍾二姓連界南
與林姓連界西與鄧姓連界北與游姓連界四界分明
毫無紊亂議定價銀弍佰伍拾兩正以七錢二分合洋叁佰
伍拾弍元壹角弍仙整其銀憑中當日一手收清並未蒂
欠恐口無憑特立義讓賣契一紙永執存據

華陽縣公告費收訖

中證人　在證人
高永清　十
高永富
余福全　仝
張中和
劉四興
葛東氏
張廷甫
張子良
葛海舟
龍在鑫　在
陳錦江
盧春軒

中華民國七年六月　日立賣文契人

这是一份土地的出让合同，高家愿意将邬家林侧三块旱地共计 13 亩转卖给正心堂慈善会，用以做义冢。中国人对于死亡十分重视，期盼亡者“入土为安”。但因种种原因，或贫穷，或意外，或战争，有人死后无人关照，有好心人不忍尸骨散落荒野，便出钱买下一块地，以埋葬这些人，这就是义冢。

周询所著《芙蓉话旧录》里也有记载：“（成都）此外岁终散给穷民之米票、钱票，及施棺掩骸等事，则更不乏其人矣。”

5. 成都市正心堂慈善会送成都市政府关于检送捐款及捐册存根请予鉴核等情的呈

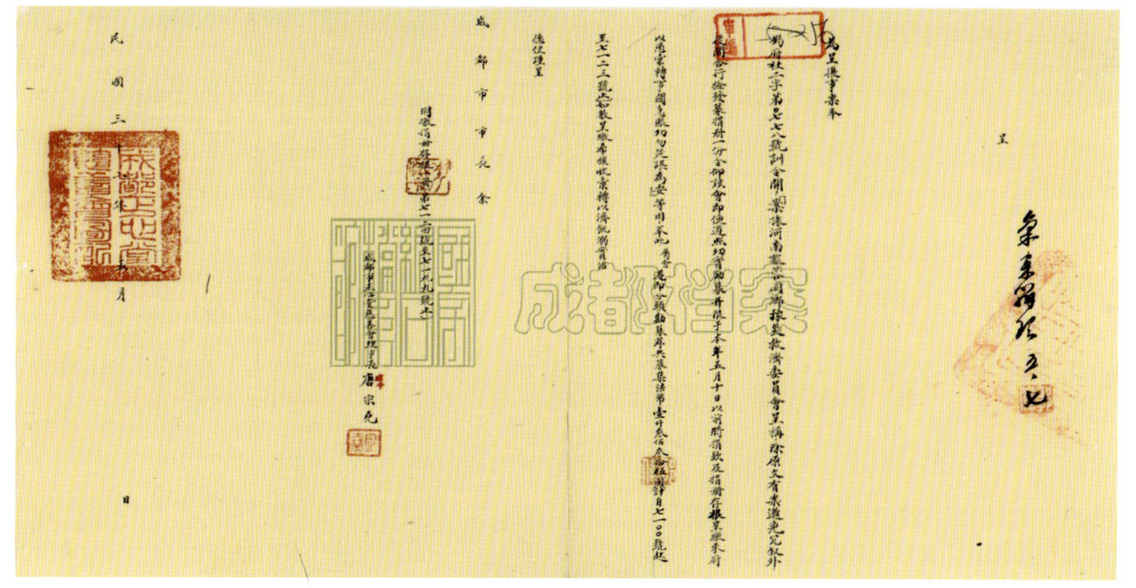

成都市市長余

民國三十　年　月　日

这是正心堂慈善会接河南旅蓉同乡会豫灾救济委员会募捐的请求，正心堂慈善会分头进行劝募，共募捐善款法币一千三百五十元。

6. 成都正心堂春冬医馆募捐册

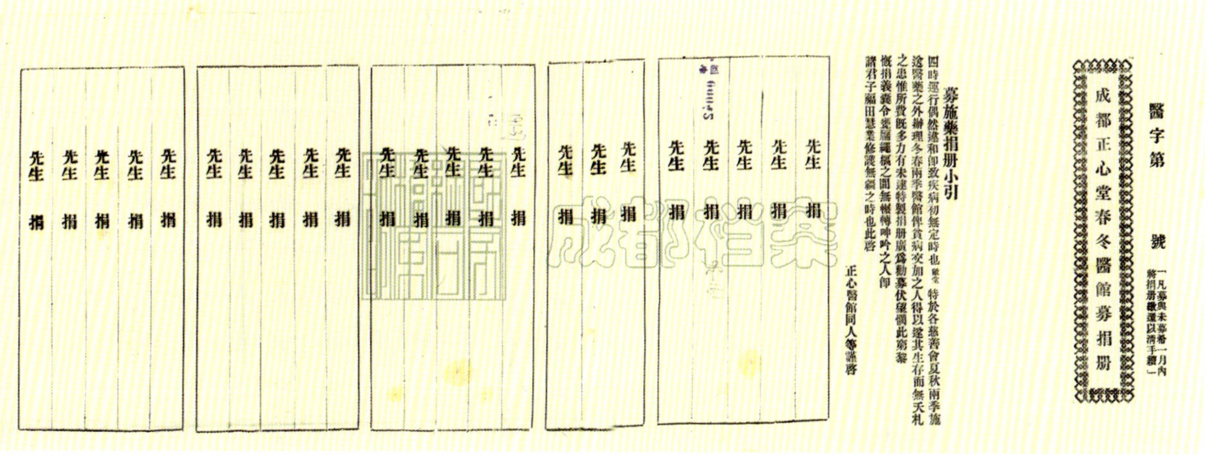

醫字第　號

一凡募與未募者一月內將捐册繳還以清手續一

成都正心堂春冬醫館募捐册

募施藥捐册小引

四時運行偶然違和即致疾病初無定時也敝堂特於各慈善會夏秋兩季施送醫藥之外辦理冬春兩季醫館俾貧病交加之人得以遂其生存而無夭札之患惟所費既多力有未逮特製捐册廣爲勸募伏望憫此窮黎慨捐義囊令甕牖繩樞之圖無輾轉呻吟之人仰諸君子福田慧業修讌無疆之時也此啓

正心醫館同人等謹啓

正心堂慈善会在夏秋两季施送医药，又在春冬两季办理医馆，让贫病交加之人得以生存。但办理医馆涉及的费用较之送药就庞大许多，于是正心堂慈善会制作了“募施药捐册小引”，引导大众进行定向捐赠，以补贴维持医馆开设之费用。

（九）萃杰堂慈善会

焦酉山，原名焦天福，出生在原成都县（今成都市复兴乡苟家巷）一户佃农家里。兄弟四人，他排行居三，人称焦三爸，尊称焦善人。焦公同地方上一批文人学士交往甚密，如崇义桥举人叶厚安、文人魏俊夫、傅子良，天回镇廪生周斐然，以及土桥秀才代心培等。为“移风易俗，挽救人心”，焦酉山提出建立“与人为善”的慈善组织，立即得到他们的响应与支持。于是，1913 年 2 月，焦酉山、傅子良邀集附近之绅耆在崇义桥组织成立萃杰堂慈善会。大家一致推选焦酉山为慈善会主任，傅子良为副主任。

焦酉山提出“吃亏、受苦、忍气、耐劳、谦恭、认过、率真、会想”的为人生宗旨，在他去世后，后人建造了焦公亭以资纪念，这八个词由张大千、于右任等八位书法家分别书写，刻在焦公亭的八根石柱上，矗立于犀浦镇石亭村。

焦酉山（周良斌提供）

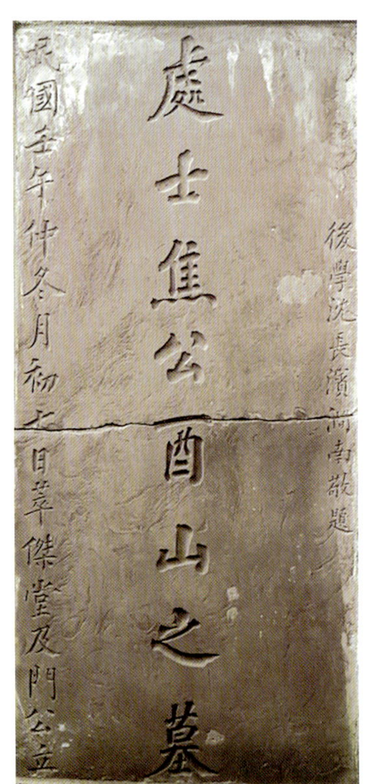

焦酉山墓碑（伍筱摄）

1. 萃杰堂慈善会概况表

省（市）　　縣（市）社會救濟事業概况表（社會救濟事業總檢查應用表格之三）

救濟設施單位數		
	合計	
	中央部會直轄者	
	省（市）政府舉辦者	
	縣（市）政府舉辦者	
	團體或私人舉辦者	萃傑慈善會

辦理業務及收容救濟人數

院內救濟 種類	設施單位數	收容人數	院外救濟 種類	設施單位數	救濟人數
合計			合計		
安老所			施粥		
育嬰所			施粮	殘冬施米六[illegible]	五千人
育幼所			施茶	五六七月	三萬人
殘疾教養所			施衣物		
習藝所			施送	年關錢米[illegible]	四千人
婦女教養所			平糶		
助產所			貸款	[illegible]	五萬人
施一善所			種痘防疫		
			施醫藥	由會製發	二萬人
			掩埋		
			施棺木	全年八百付	八百人
			施地		
			義渡		
			修橋補路	臨時捐助	
			空襲救濟	臨時救護隊	三百二十人

董事及職員數

董事合計 一十五 人					職員合計 一十六 人				
性別	人數	年齡	人數	出身	人數	性別	人數	年齡	人數	出身	人數
男	一五	二十歲以下者		私塾出身者		男	一六	二十歲以下者		私塾出身者	
		二十一歲至三十歲者		小學畢業或肄業或與其學力相當者				二十一歲至三十歲者		小學畢業或肄業或與其學力相當者	
		三十一歲至四十歲者		中等學校畢業或肄業或與其學力相當者				三十一歲至四十歲者		中等學校畢業或肄業或與其學力相當者	
女	無	四十一歲至五十歲者		大學專科學校獨立學院畢業或肄業或與其學力相當者		女	無	四十一歲至五十歲者		大學專科學校獨立學院畢業或肄業或與其學力相當者	
		五十一歲至六十歲者		普通考試或相當於普通考試之特種考試及格者				五十一歲至六十歲者		普通考試或相當於普通考試之特種考試及格者	
		六十一歲以上者		高等考試或相當於高等考試之特種考試及格者				六十一歲以上者		高等考試或相當於高等考試之特種考試及格者	

財產

財產	
總值	無
收益	臨時捐助
捐税	

經費

經費數			
三十三年度收支數	收入總數		八十萬元
	行政費	合計	
		行政費	二十萬元
		事業費	六十萬元
		合計 安老 育嬰 育幼 殘疾教養 習藝 婦女教養 助產 施醫 院外救濟	
	實際支出數	合計	九十萬元
		行政費	二十萬元
		事業費	七十萬元
		合計 安老 育嬰 育幼 殘疾教養 習藝 婦女教養 助產 施醫 院外救濟	
	盈虧		無
三十四年度預算總數			九十萬元
三十四年度上半年支出總數			五十萬元

生產事業

生產事業	
參加人數	
收益 總收入	
收益 淨利	

備註

中華民國三十四年十一月八日　　填表人 書記 駱越卿　蓋章

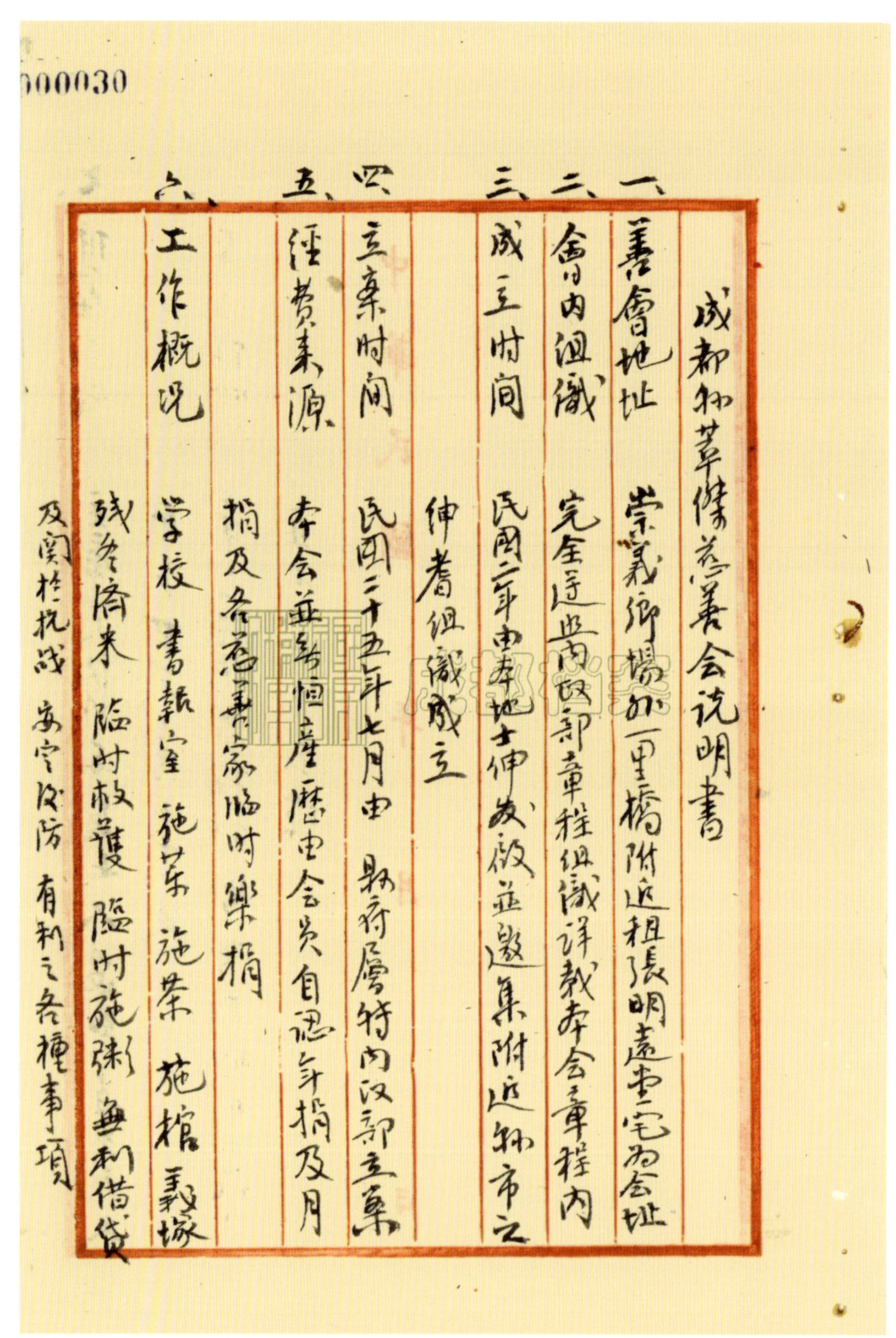

000030

成都外萃傑慈善会说明書

一、善會地址　崇義鄉場外一里橋附近租張明遠宅为会址

二、會内組織　完全遵照内政部章程組織詳載本会章程内

三、成立時間　民國二十年由本地士紳发啟並邀集附近外市之紳耆組織成立

四、立案時間　民國二十五年七月由縣府層轉内政部立案

五、經費來源　本会並無恒產歷由会员自認年捐及月捐及各慈善家临时樂捐

六、工作概况　學校　書報室　施藥　施茶　施棺　義塚　殘冬濟米　臨时救護　臨时施粥　無利借貸　及關於抗戰　安寧後防　有利之各種事項

萃杰堂慈善会的工作包括施粮、施茶、施钱、无利贷款、施医药、施棺材、修路补路、空袭救济等，其中以施粮、施医药为主业。

2. 成都萃杰商会临时粥厂送成都县商会同仁关于 1941 年夏米价腾贵贫民无力资生不自揣绵力薄弱就崇义桥会址设厂施粥凡就食者尽量饱餐部取分文一案的函

1941 年夏荒时节，米价昂贵，民不聊生。当时崇义桥一带，吃大户、抢粮食、划口袋事件多有发生。萃杰慈善会大力动员慈善会会员和各界人士乐捐大米，利用萃杰学校暑假之便开办稀饭厂。起初，每天煮米几石。随后，远近来吃饭的饥民不断增多，便煮米十余石。每天早晨八点钟开门，前来的饥民络绎不绝，直到下午四五点钟为止，“每日就食贫民，不下五千人左右”。为特别照顾孕妇，允许十天一次，领米回家做饭。稀饭厂一直办到黄谷产新为止，历时两月，施粥五百三十六石。

蓋聞樂施好善乃仁者之用心救災卹貧爲人類之義務敝會因今夏米價騰貴貧民無力資生不自揣棉力薄弱就崇義橋會址設廠施粥凡就食者儘量飽餐不取分文計自農曆六月初十日開始就食貧民漸至五千左右[illegible]貧民逐次增加迄今將逾九千餘人每日消費食米約在十石以上繼續發至農曆後六月底截止尚需米三百餘[illegible]石之譜惟茲事體大端賴衆擎好善之心誰不如我素諗

貴會同仁痌瘝在抱胞與爲懷尚冀盡量捐輸鼎力扶助滿座春風噓來及特之沛澤領冀義粟惠彼待救之窮黎則無量功德天必錫以多福有口皆碑人皆感其嘉惠矣

此致

成都縣商會同仁 公鑒

附施飯廠啓事一份如荷代爲勸募所有捐款請源源滙交成都市春熙路北段五洲國貨[illegible]

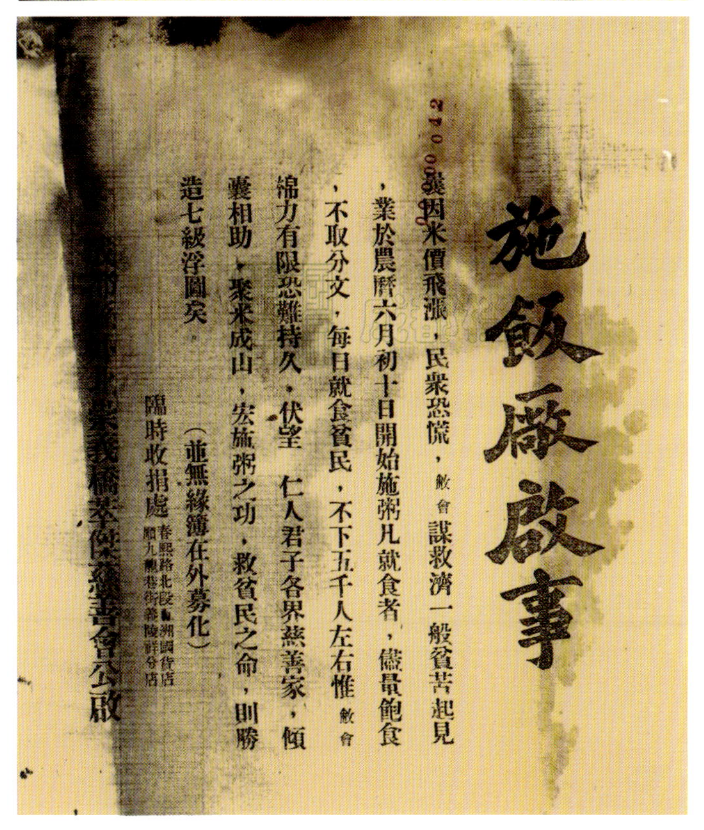

施飯廠啓事

敝會因米價飛漲，民衆恐慌，謀救濟一般貧苦起見，業於農曆六月初十日開始施粥凡就食者，儘量飽食，不取分文，每日就食貧民，不下五千人左右惟敝會綿力有限恐難持久，伏望仁人君子各界慈善家，傾囊相助，聚米成山，宏施粥之功，救貧民之命，則勝造七級浮圖矣。

（並無緣簿在外募化）

隨時收捐處 春熙路北段五洲國貨店 順九龍巷街義陵祥分店

[illegible]崇義橋萃傑慈善會公啓

3. 萃杰慈善会无利借贷局第一分局简章

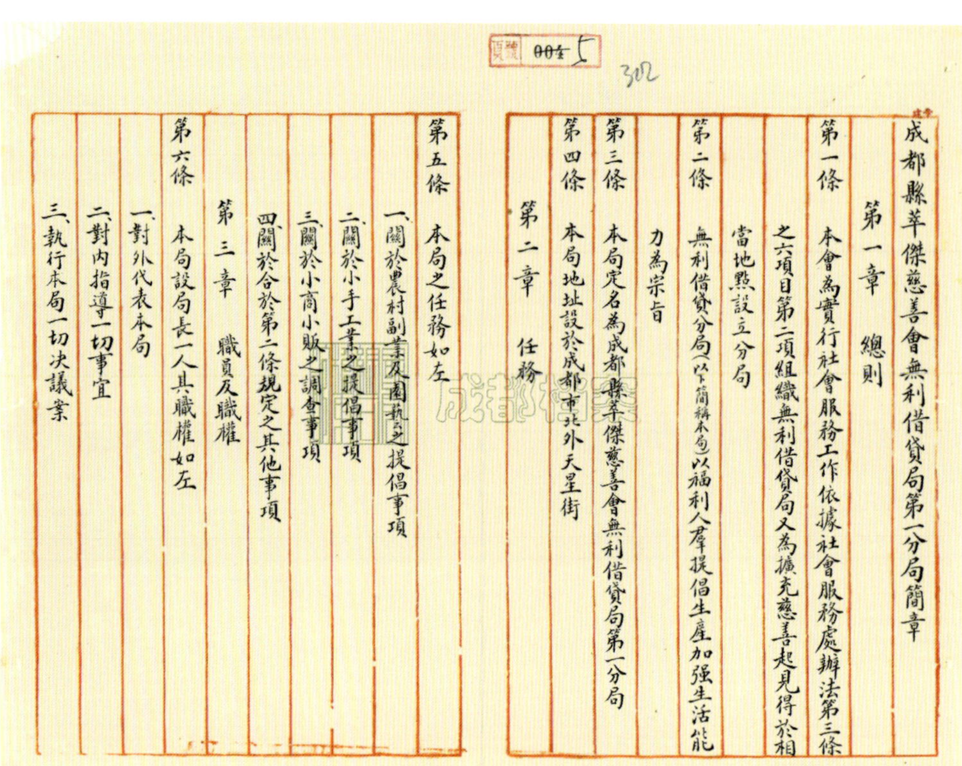

成都縣萃傑慈善會無利借貸局第一分局簡章

第一章 總則

第一條 本會為實行社會服務工作依據社會服務處辦法第三條之六項目第二項組織無利借貸局又為擴充慈善起見得於相當地點設立分局

第二條 無利借貸分局（以下簡稱本局）以福利人羣提倡生產加强生活能力為宗旨

第三條 本局定名為成都縣萃傑慈善會無利借貸局第一分局

第四條 本局地址設於成都市北外天星街

第二章 任務

第五條 本局之任務如左

一、關於農村副業及園藝之提倡事項

二、關於小手工業之提倡事項

三、關於小商小販之調查事項

四、關於合於第二條規定之其他事項

第三章 職員及職權

第六條 本局設局長一人其職權如左

一、對外代表本局

二、對內指導一切事宜

三、執行本局一切決議案

四、審核逐月貸款報告書

第七條 本局設總務股主任一人幹事二人其職權如左

一、總理財政出納

二、核定貸款數字

三、督導局內一切事務之進行

第八條 本局設會計股主任一人幹事二人其職權如左

一、循環登記簿

二、每月報告表

三、年終報告表

四、各種冊據

第九條 本局設交際股主任一人幹事二人其職權如左

一、臨時登記

二、調查貸款人及保證人

三、填發貸款證

四、交涉一切事件

第十條 本局設書記股主任一人幹事二人其職權如左

一、辦理公文函件

二、填申請書

三、填催款通知書

四、繕寫一切文書

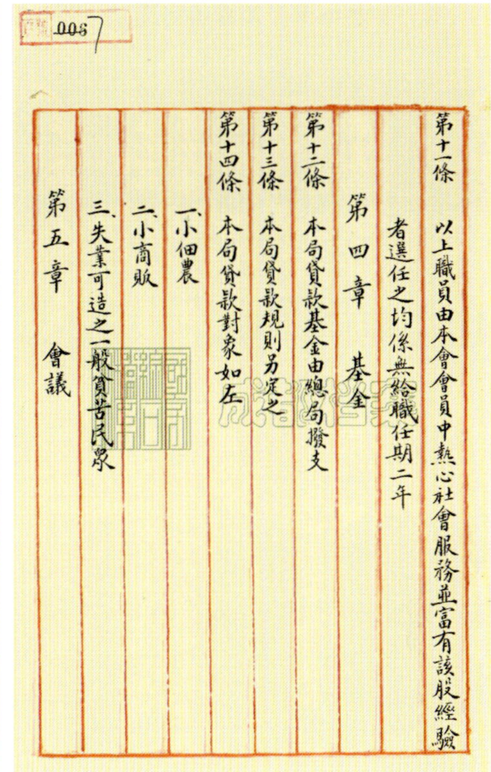

0067

第十一條　以上職員由本會會員中熱心社會服務並富有該股經驗者選任之均係無給職任期二年

第四章　基金

第十二條　本局貸款基金由總局撥支

第十三條　本局貸款規則另定之

第十四條　本局貸款對象如左

一、小佃農

二、小商販

三、失業可造之一般貧苦民衆

第五章　會議

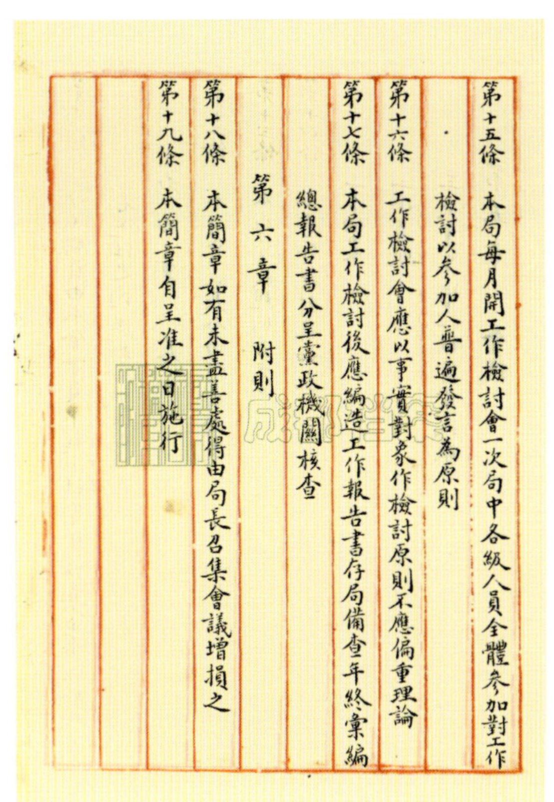

第十五條　本局每月開工作檢討會一次局中各級人員全體參加對工作檢討以參加人普遍發言為原則

第十六條　工作檢討會應以事實對象作檢討原則不應偏重理論

第十七條　本局工作檢討後應編造工作報告書存局備查年終彙編總報告書分呈黨政機關核查

第六章　附則

第十八條　本簡章如有未盡善處得由局長召集會議增損之

第十九條　本簡章自呈准之日施行

萃杰堂慈善会在会员中开展自愿乐捐，总共捐得法币六万余元，举办无息借贷局（处）共七处，以崇义桥为总局，天回镇、龙桥、洞子口、土桥、犀浦、安靖等乡、镇设代办处。凡穷人急需用钱，或无本做小生意，均可找人担保，向无息借贷局、处借款，每百天为一期，分期归还后，还可继续贷款，不收分文利息。这种借贷局有点类似现在闻名于世的格莱珉银行，一种针对穷人的小额信贷模式。

借贷局“以福利人群提倡生产加强生活能力为宗旨”，以“小佃农、小商贩、失业可造之一般贫苦民众”为借贷对象，规定“凡小本经营缺乏资本得向本局申请贷款，本局贷款不取利息及其其他费用，贷款金额每人限借五十元不得多借”，申请人“如有不良嗜好及非正当职业与无殷实铺保者不予借贷”。

4. 私立萃杰小学校董事会姓名册

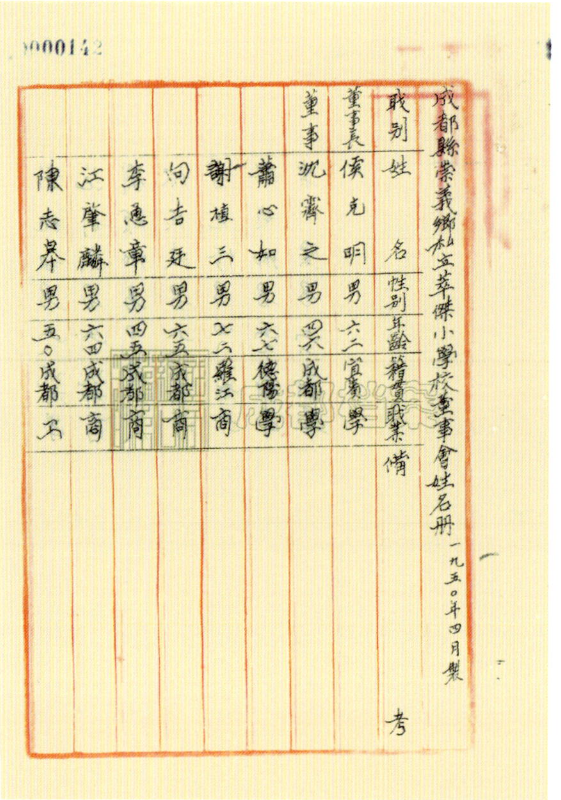

成都縣崇義鄉私立萃傑小學校董事會姓名冊 一九五〇年四月製

職别	姓名	性别	年齡	籍貫	職業	備考
董事長	侯克明	男	六二	宜賓	學	
董事	沈齋之	男	四六	成都	學	
	蕭心如	男	六七	德陽	學	
	謝植三	男	七二	羅江	商	
	向吉廷	男	六五	成都	商	
	李惠章	男	四五	成都	商	
	江肇麟	男	六四	成都	商	
	陳志昇	男	五〇	成都	工	
	彭純祖	男	五八	成都	學	
	范利生	男	五〇	成都	商	
	劉穎卿	男	四九	羅江	農	
	林炎波	男	五八	華陽	學	
	曾克修	男	四八	成都	學	
	駱越卿	男	五九	成都	學	
	葉璧	男	三二	成都	學	

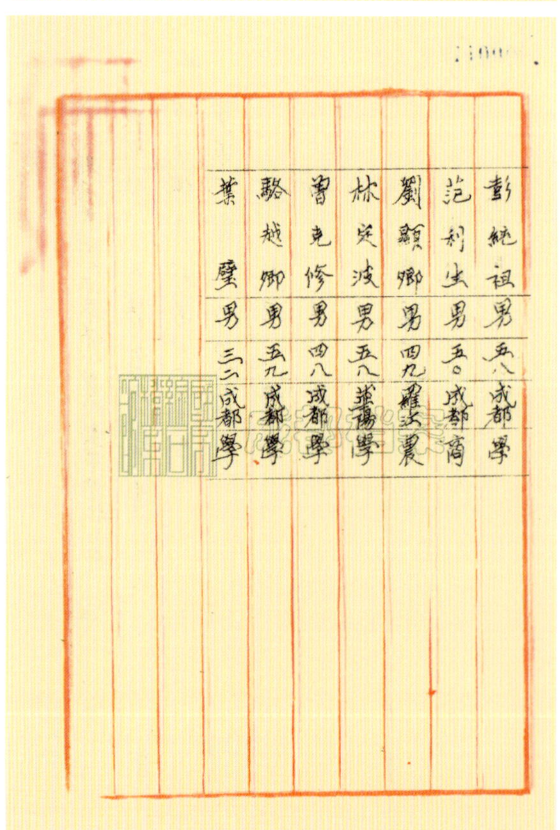

5. 私立萃杰小学教职员一览表

萃杰堂慈善会初办私塾，命名“存古学校”。后来，新学兴起，改办为“萃杰小学”。随后，集资购买土地近十亩，又兴建校舍，办起初高中一体的“萃杰中学”（即现在大丰中学前身）。加上成人班的“时才学校”和附设女生班，合计每期将近一千人。当时，入学者大都为穷人子女，学费全免，有的免交伙食费。不少学生来自邻近各县，抗战开始后，外省学生来学者颇多。学校领导与教师大都属孝廉、举人、拔贡、廪生、秀才和大专院校毕业生，自愿来校任教，不要报酬，学生中考入更高一级院校深造者亦不少。

000061

成都縣崇義鄉私立萃傑小學校教職員一覽表 公元一九五〇年十一月製

姓名	性別	年齡	籍貫	學歷	經歷	担任課程	職別	每週担任分鐘	到校年月	備攷
張澤民	男	二七	河南洛陽	河南大學肄業	曾任綿陽師範教員	國語 歷史	代理校長兼六上級任	640	一九五〇年二月	
劉復元	〃	二五	羅江	綿陽省綿師肄業	曾任本縣慧覺鄉小學教員三年	歷史 常識	教導兼三上級任	480	一九四九年二月	
薛茂平	〃	三四	新繁	川大肄業 高中畢業	曾任高小級任科任	國語 算術	六下級任	900	一九四八年二月	
沙銘理	〃	二八	成都	志城商高畢業	曾任小學教員	國語 算術 珠算	五下級任	1,100	一九五〇年二月	
高正中	〃	二六	眉山	第四區師訓班畢業	〃	政治 地理 國語	五上級任	1,060	〃	
徐在明	〃	三九	成都	賓萌公學修業	曾任小學教務教導級任	國語 常識	四下級任	920	一九四四年二月	
鍾鑑	〃	三一	〃	大同中學修業	曾任玉泉小學級任	算術 常識	三下級任	1,080	一九四四年二月	
楊清源	〃	二二	安縣	羅江縣中畢業	曾任小學教員	國語 算術	二下級任	1,020	一九五〇年二月	
曾載陽	男	二八	成都	大同中學修業	曾任小學教員	國語 算術	二上級任	1,020	一九四五年八月	
阮天祿	〃	三八	〃	新都縣中畢業	現任本職	〃	一上下級任	1,020	一九四一年二月	
曾令棋	〃	二六	〃	四川省立藝專畢業	曾任中小學音樂教員	音樂	科任	780	一九五〇年二月	
郃仲節	〃	二五	山西運城	西安藝專畢業	曾任中小學科任教員	體育 美術	〃	1,320	〃	
傅先金	〃	二一	成都	樹德高中畢業	曾任小學教員	自然 算術	〃	880	〃	
葉韞山	〃	三五	〃	成都縣中修業	〃	作文	〃	180	一九三九年二月	
朱世昌	〃	二二	〃	成都縣高中畢業		自然 算術	〃	940	一九五〇年二月	
葉化淳	〃	三三	〃	賓萌公學修業	曾任小學教員	國語 作文	科任兼文書	800	〃	
謝子強	〃	五一	羅江	私塾	曾任羅江民生公司庶務		事務		一九三九年六月	
沈霖之	〃	四七	成都	成都大學畢業	曾任中小學教職員		校長		一九四四年二月	現續請病假

校長張澤民 代

（十）中西组合慈善会

该会由西方人士所组织的博爱团及中国人士所组织的互助团共同组织而成，以“博爱”“互助”为宗旨，教会人士是其创办主体。

自 1917 年军阀混战后，成都贫民日渐增多，基督教人士杨国屏、杨少荃、冯碧霞与西人谢安道、夏时雨、鹿善贞以及成都社会人士陈省悟、林君墨、李方九、俞凤冈、王鹤岑等人，于 1921 年发起组织中西组合慈善会，1921 年 10 月呈请四川省长公署立案正式成立，会址设于永兴街。1922 年，成都卫戍总司令部准令将包家巷孤儿院合并至该会，并将包家院财政厅拨款转拨至中西组合慈善会。1928 年，中西组合慈善会呈请成都市政府补行立案。1929 年 11 月成都社会局准予立案。

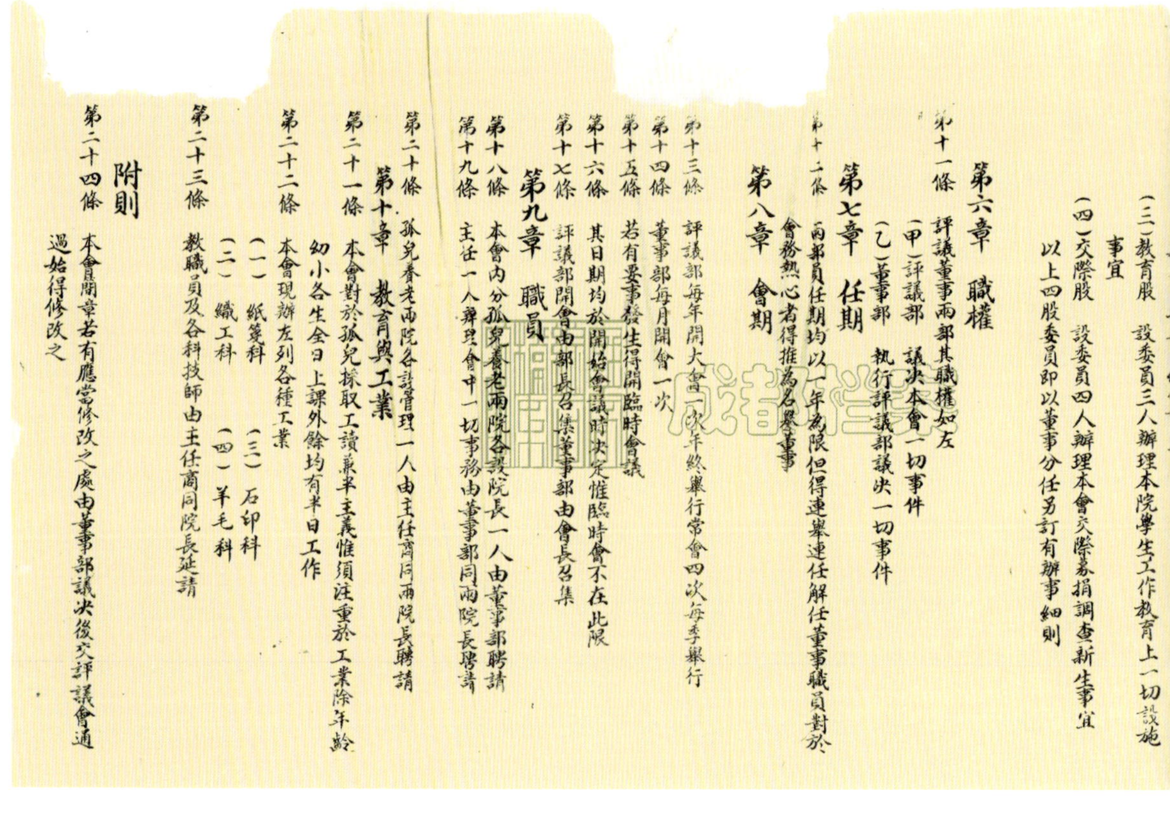
（三）教育股　設委員三人辦理本院學生工作教育上一切設施事宜
（四）交際股　設委員四人辦理本會交際募捐調查新生事宜
以上四股委員即以董事分任另訂有辦事細則

第六章　職權

第十一條　評議董事兩部其職權如左
（甲）評議部　議決本會一切事件
（乙）董事部　執行評議部議決一切事件

第七章　任期

第十二條　兩部員任期均以一年為限但得連舉連任解任董事職員對於會務熱心者得推為名譽董事

第八章　會期

第十三條　評議部每年開大會一次年終舉行常會四次每季舉行
第十四條　董事部每月開會一次
第十五條　若有要事發生得開臨時會議
第十六條　其日期均於開始會議時決定惟臨時會不在此限
第十七條　評議部開會由部長召集董事部由會長召集

第九章　職員

第十八條　本會內分孤兒養老兩院各設院長一人由董事部聘請
第十九條　主任一人辦理會中一切事務由董事部同兩院長聘請
第二十條　孤兒養老兩院各設管理一人由主任商同兩院長聘請

第十章　教育與工業

第二十一條　本會對於孤兒採取工讀兼半主義惟須注重於工業除年齡幼小各生全日上課外餘均有半日工作
第二十二條　本會現辦左列各種工業
（一）紙箋科　（三）石印科
（二）織工科　（四）羊毛科
第二十三條　教職員及各科技師由主任商同院長延請

附則

第二十四條　本會簡章若有應當修改之處由董事部議決後交評議會通過始得修改之

1. 中西组合慈善会简章

简章中明确由西国人士组成博爱团，由中国人士组成互助团，故定名中西组合慈善会，并规定抚孤、养老两项为其主要业务。

中西组合慈善会分评议、董事两部，评议部相当于决策机构，董事部相当于执行机构。评议员由博爱、互助两团分选，选定后成立评议部，推选评议部长一人为主席。而董事部下设四股推行会务：审查股，设委员四人，办理收容孤儿孤老及审查会务一切兴革事宜；财政股，设委员四人，办理银钱收支出预算决算案及筹定各项善堂经费事宜；教育股，设委员三人，办理孤儿院学生工作教育上一切设施事宜；交际股，设委员长四人，办理交际募捐调查新生事宜。四股委员即由董事分任。

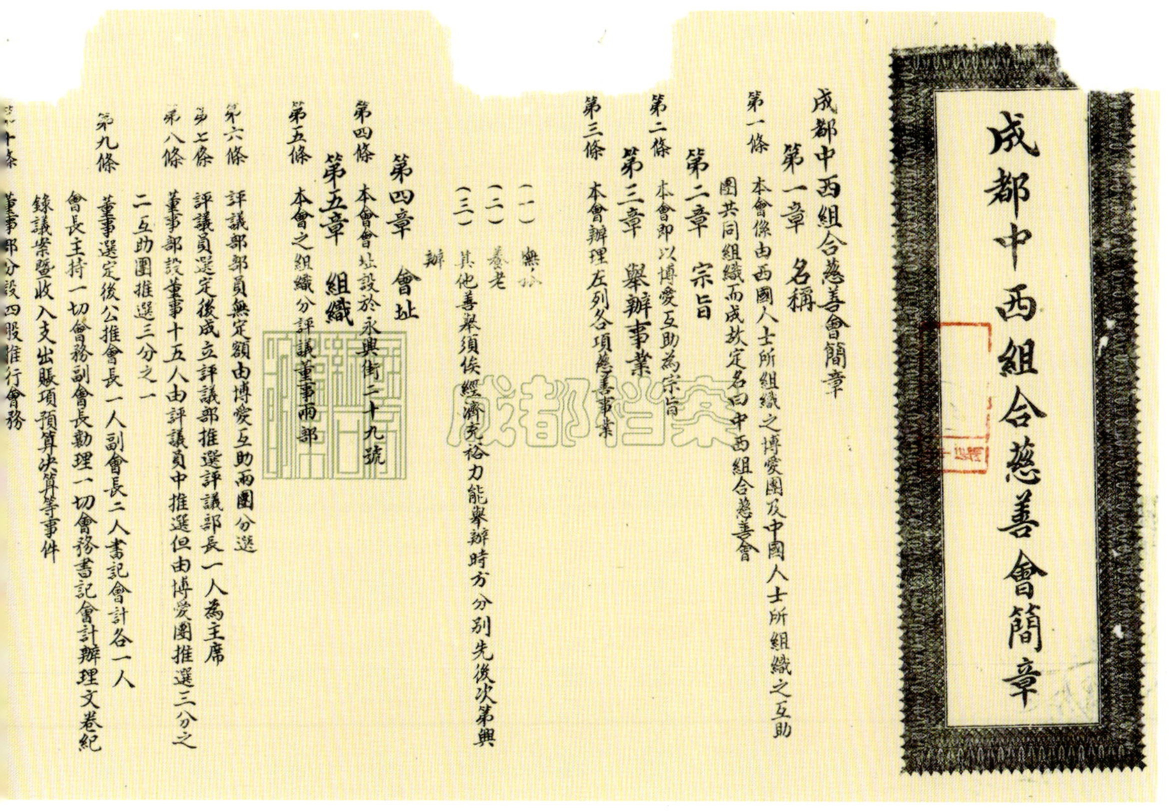
成都中西組合慈善會簡章

成都中西組合慈善會簡章

第一章 名稱

第一條 本會係由西國人士所組織之博愛團及中國人士所組織之互助團共同組織而成玆定名曰中西組合慈善會

第二章 宗旨

第二條 本會即以博愛互助為宗旨

第三章 舉辦事業

第三條 本會辦理左列各項慈善事業
（一）撫孤
（二）養老
（三）其他善舉須俟經濟充裕力能舉辦時方分別先後次第興辦

第四章 會址

第四條 本會會址設於永興街二十九號

第五章 組織

第五條 本會之組織分評議董事兩部

第六條 評議部部員無定額由博愛互助兩團分選

第七條 評議員選定後成立評議部推選評議部長一人為主席

第八條 董事部設董事十五人由評議員中推選但由博愛團推選三分之二互助團推選三分之一

第九條 董事選定後公推會長一人副會長二人書記會計各一人會長主持一切會務副會長勷理一切會務書記會計辦理文卷紀錄議案暨收入支出賬項預算決算等事件

第十條 董事部分設四股推行會務

2. 成都中西组合慈善会民国 28 年（1939）年度报告

成都中西組合慈善會二十八年度報告

本會於此抗建期中，幸又安然度過一年，荷蒙評議董事兩部諸君之熱心維持，得以順利進行，謹特代表兩院老、幼，深致謝忱，并將一年來會務情形，略向諸君報告：

去年有兩件危險之事，一爲時疫，一爲空襲。在夏季虎疫流行，本市死亡至眾，而本會兩院老幼，無一患染。至於敵機常擾，空襲警急之時，本會無力疏散，惟有臨時出城疏散躲避，而全體老幼，均安全無恙，可謂幸事。

去年學生課程，仍照常教授，惟教職員或因空襲關係爲家中催回，或往前方爲抗戰服務，致多半途辭職，人事常有更動，對於秩序少有欠缺，而工科方面，因材料暴漲，購買困難，故未擴充經營，僅將織工科照常開辦，其他各科擬待本年視情形如何，再爲恢復。

本會經濟歷年均在困難當中，去年生活提高，自是愈加困難，而得蒙各方維助，亦得度過難關，深謝政府補助經費，去年能在財廳按月領支貳百五十元，而尤謝財廳李杜兩位科長，及沈開樺股長之維助，更當感謝戴經塵局長，及張凌高校長之維助，代爲請求，本年度亦能照舊案請領。本會得此補助經費，稍可救濟，添補不少。去年捐款承陸德禮會長向西友勸募，得捐四百餘元，夏肇康經理向友人勸募，并自捐爲添製棉衣募捐，共捐一千餘元，金大教授柯先生爲其公子彌月，節省請客費用，捐款一百元，同人等深爲感激，代表兩院老幼致謝，又有前屆學生熊俊良，去年自動到會捐助二百元，本會學生能追本思源，想諸君必

與感覺無限愉快。

去年另有一新事業，亦應提出特別誌謝者，即黃魯蘋先生經營多年之女子自治布廠，因感覺本會事業，與其志趣相同，故將該廠全部資產廠務，交與本會接辦，黃先生之慈善精神，不爲私利，至爲欽佩，茲特別提出誌謝。

本會原於外南三板橋側置有田土五十餘畝，歷年因壓租過重，收租甚少，故本會於去年退去押金六百餘元，以後每年可多收租米十一石。

養老院去年病故一人，由家屬接回二人，現在共有十二人。

孤兒院學生去年由家屬接回，尚未返院者十一名，至他處謀生五名，不堪造就斥退三名，其餘學生有因空襲關係，家庭接回，嗣以空襲減少，又仍送來院，致時多時少，現在住院共有學生三十七名。

今後局勢日益困難，尚希評議董事兩部諸君，仍本以往精神，繼續贊助，并盼中西慈善人士，慷慨維持，俾於此抗建期中，本會亦得爲國家造就一部份人才，則不勝感盼之至。

會長王鶴岑

这是中西组合慈善会民国 28 年（1939）年度报告。当时日本发动全面侵华战争，成都虽是大后方，但并非完全安全。凭借空中优势，日军经常对成都进行轰炸。每当敌机来临，警报大作，成都人民纷纷从市区躲避到郊外，谓之“跑警报”。报告提到的另外一件危险之事就是虎疫，即霍乱。成都当时医疗水平低下，而夏季多雨，城内多低洼，易积水，也助长了霍乱的蔓延。但中西组合慈善会老、幼两院，由于管理得当，在空袭与霍乱威胁下并未有死亡发生。

3. 成都中西组合慈善会民国 31 年（1942）全年收支报告表

成都中西組合慈善會三十一年度全年收支報告表

自三十一年一月一日起至十二月三十一日止

收項目	收項 十萬千百十元角分	支項目	支項 十萬千百十元角分
省府補助費	382500	上年墊款	387875
福利兒童捐	6500000	養老院	742760
各界樂捐	1820000	薪水	200000
夏院長墊款	900000	津貼	275000
佃户租米	2305800	伙食	7956994
房租	163600	衣履	1767300
利息	239697	文件書籍	338910
[illegible]價	123000	器具	130900
雜收	35480	修補	63340
墊借各款	366470	醫藥	78360
		燈油茶水	94980
		交際	204200
		電話押金	42000
		房租地租	248500
		拍照	59010
		電話	50400
		雜役	92900
		雜項	103120
合計	12836547	合計	12836547

會計沈問梅

这是中西组合慈善会民国 31 年（1942）年度收支报告表。从表中我们可以得知其前三项捐赠收入来自“福利儿童捐”“佃户租米”以及“各界乐捐”。其中“佃户租米”为常规不动产收入，而“福利儿童捐”“各界乐捐”等来自社会的捐赠收入所占比达到 65%。这种情形在当时成都慈善机构中相当罕见。

4. 成都慈善团体调查表

成都市慈善團体調查表

名稱	成都中西組合慈善會	地点	成都市永興街十四號
立案機關及年月	於民國十年由四川省公署核准立案，又於民十七年十二月在社会局註册登記	沿革	
組織現況	本会有中西會員一百餘人，分董事、執行、評議三部。評議部為本會最高機関，設評議長一。董事部設會長一，主本會一切責任。執行部由正副會長、會計、書記及主任辦理全会一切事務。		

負責人						
姓名	王放	夏肇康	明德馨	陸德禮	蕭露嘉	張凌高
職别	會長	孤兒院院長	養老院院長	副會長	副會長	評議長
年齡	六一	四二	四八	四一	四五	四四
籍貫	華陽	成都	美國	英國	新都	璧山
學歷	學界	界	教育	教育	醫界	學界
經歷	歷任成都總商會會長，成都市救濟會常務委員	滙通銀號經理	主任教士	華西大学教授	醫師公会委員	華大校長

職員	
人數	八人
工作分配	主任一，管理二，教員三，庶務一，雜務一
薪給	三十元，四十元，二十元，二十元，十六元

經費概況			
每月收入總數	叁千餘元　角　分	資產收益	不動產田土五十餘畝，鋪房四十間收租佃
		公款補助	每年由省政府補助叁千元按月具領
		捐助	每年由中西會員樂捐或勸募特捐
		其他（註明填明）	華西福利兒童委員支会撥助之項
每月支出總數	肆千餘元　角　分	行政費	
盈虧	不敷數百元　角　分	事業費	

資產及保管狀況	不動產租米秋收存会储藏，僅足敷月之用，房租及臨時捐贈餘積之項由董事部會計交中国銀行暫存
舉辦事業類别	現有孤兒院一所，教養孤兒五十名；養老院一所，收容孤老十五口
有無自營生產事業	孤兒院習工科分編織紗布、毛巾、胎棉、石印、紙廠、印刷等，成品贏餘作為本會補助經費
與其他救濟机關團体有無聯繫	現與中華福利兒童委員會華西支会聯繫，已經美國慈善人士捐助，款未落，按月由支会撥濟……值此抗戰期间更兼生活奇昂之際，得此友邦之助不淺
有無工作團体	無
改進意見	現就瀘縣院址側近租賃熟土數畝，選擇年力强壯之生習種蔬菜，每日讀書之餘從事灌溉……擬將会產土地收回若干以之習農業
備攷	本年感受米炭油物暴漲，超出預算數倍，每月收支之數約略填入，職員薪給甚少，因該員等伙食係扣合併申明

負責人會長王　放　　中華民國三十年七月六日填報

5. 成都中西组合慈善会职员表

成都中西組合慈善會職員表

姓名	别號	年齡	籍貫	職務	經歷	住所或通訊處
王放	鶴岑	五三	華陽	會長	學	東打銅街
劉讀齋		三六	遂寧	副會長	商	書院街
夏時雨		六五	美國	副會長	學	三聖街
羅品三		四三	三台	孤兒院院長	醫學士	支磯石街
鹿善貞		六七	美國	養老院院長	學	華西協合大學
劉騰軒		四〇	遂寧	評議部長	學	少城刀子巷
范濟成		四五	浙江	會計	商	春熙路寶成銀樓
蘇德儒		四三	美國	董事	學	華西大學
華琴馨		四四	英國	董事	學	華西大學
司美蘭		四二	美國	董事	學	皮房街
盧懷三		四五	成都	董事	商	金華街
何美貞		四二	英國	董事	醫	四聖祠
胡敬伯		三六	盧山	董事	學	南打金街
吳克齋		四三	遂寧	董事	青年會幹事	孟家巷
吳恆久		五〇	榮縣	董事	商	三橋南街
許漁泉		三五	宜賓	董事	學	東昇街
馮碧霞		四三	巴縣	董事	學	永興街
馮懋卿		五一	華陽	主任	學	永興街
萬維法		四三	簡陽	管理	學	本會
何永先		四六	簡陽	管理	學	本會

6. 成都中西组合慈善会会员姓名表

中西组合慈善会人员构成亦如其名，由美籍、英籍、中国籍等人士组合构成，其人员职业构成为学界、商界、政界。学界人员主要来自华西协合大学，其中不乏博士、教授，具有较大的社会影响力。其中夏时雨是早期来到成都的传教士，1921 — 1930 年历任董事、副会长、执行股股员等职务，私立明声聋哑学校创始人罗蜀芳便是由他资助前往烟台启喑学校学习的。

早期中西组合慈善会成员有比较明显的宗教倾向，后期只要承认“博爱互助”的宗旨，经过会员两人或两人以上介绍即可入会。这也是慈善组织寻求发展、强调社会化运作的必然要求。类似宗教慈善团体如佛教背景的慈济，也持有类似的理念。

7. 张凌高先生履历表

张凌高（1890 —1955），祖籍福建，四川省璧山（今重庆市璧山区）城北石梁桥人，著名教育家。1931 年 5 月，张凌高正式接华西协合大学校务，成为该校历史上第一任华人校长。他提出以博爱牺牲服务之精神，培养高尚品格，教授高深学术，造就专门人才，适应社会需要的办学理念，将华西协合大学建设成为当时中国第一流大学之一。曾为中西组合慈善会评议长。

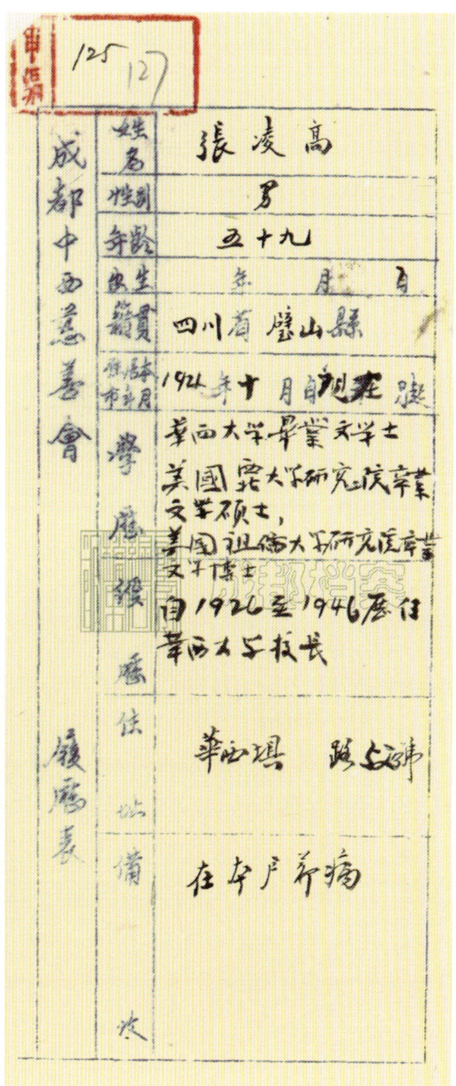

125 127

成都中西慈善會履歷表

姓名	張凌高
性别	男
年齡	五十九
出生	年 月 日
籍貫	四川省璧山縣
[illegible]	1921年十月[illegible]
學歷	華西大学畢業文学士 美國[illegible]大学研究院畢業文学硕士， 美国[illegible]大学研究院畢業文学博士
經歷	自1926至1946歷任華西大学校长
住址	華西壩 [illegible]
備	在本户养病
次	

8. 成都中西组合慈善会捐助人表

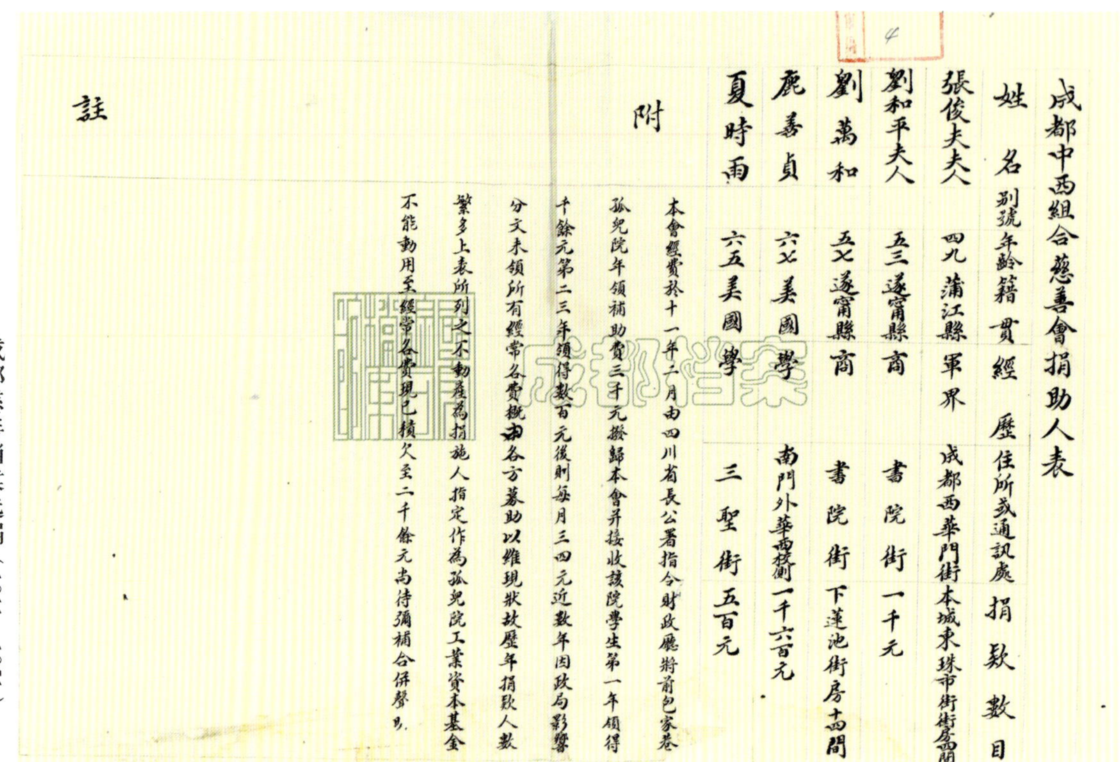

成都中西組合慈善會捐助人表

姓名	別號年齡籍貫	經歷	住所或通訊處	捐款數目
張俊夫夫人	四九 蒲江縣	軍界	成都西華門街	本城東珠市街房四間
劉和平夫人	五三 遂寧縣	商	書院街	一千元
劉萬和	五七 遂寧縣	商	書院街	下蓮池街房十四間
鹿善貞	六七 美國	學	南門外華西壩	一千六百元
夏時雨	六五 美國	學	三聖街	五百元

附註

本會經費於十一年二月由四川省長公署指令財政廳將前包家巷孤兒院年領補助費三千元撥歸本會并接收該院學生第一年領得千餘元第二三年領得數百元後則每月三四元近數年因政局影響分文未領所有經常各費概由各方募助以維現狀故歷年捐款人數繁多上表所列之不動產為捐施人指定作為孤兒院工業資本基金不能動用至經常各費現已積欠至二千餘元尚待彌補合併聲明

9. 成都中西组合慈善会捐赠收据

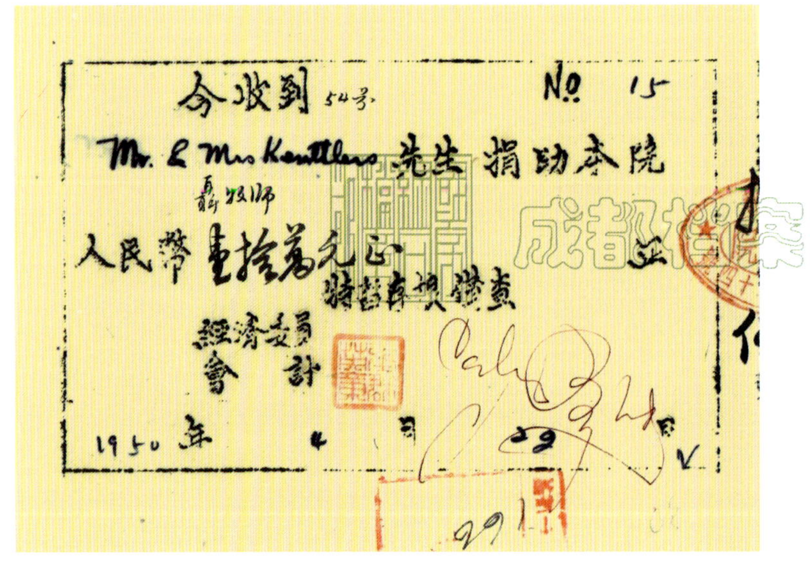

今收到 54号 NO. 15

Mr. & Mrs Kautthers 先生捐助本院

人民幣壹拾萬元正

經濟委員 會計

1950 年 4 月 29 日

中西组合慈善会收入来源主要为募捐。募捐决策多由董事会议决定，劝捐对象为个人（包括商、学、政、宗教等各界人士）和团体（包括商号、娱乐场、宗教团体等）。募捐办法多为该会成员捐赠、借垫或向社会劝捐。据该会章程规定，会员入会需交会金一元，每年交会费一元，会员有出捐及代该会募捐之义务。该会交际股的任务之一便是与各界人士进行接洽劝募。评、董两部人员多为各界有影响的人士，自然有利于劝捐的成功。

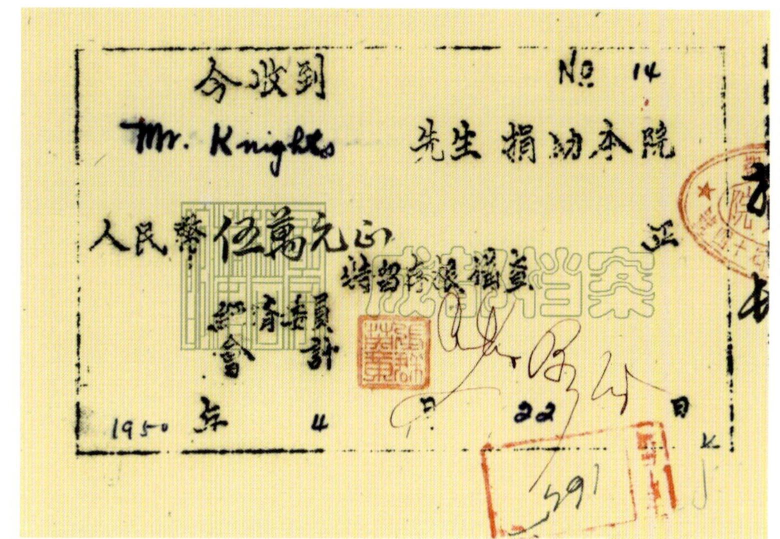

今收到　No. 14

Mr. Knights 先生捐助本院

人民幣伍萬元正　正

特留存根備查

經濟委員
會計

1950年4月22日

今收到　No. 5

Miss Mather 先生捐助本院

人民幣貳拾萬元正　正

特留存根備查

經濟委員
會計

1950年4月22日

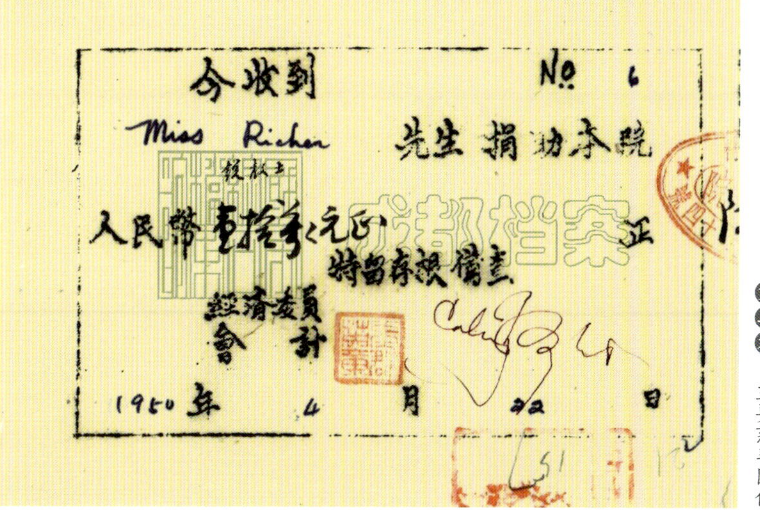

今收到　No. 6

Miss Richer 先生捐助本院

人民幣壹拾萬元正　正

特留存根備查

經濟委員
會計

1950年4月22日

10. 成都中西组合慈善会募捐启

可撥。本會因此只有向各界勸募和挪借，這是本會中途的一大波折。

民國十四年本會困難已經到了極點，管理羅君辭職，王鶴岑君担任會長，乃請馮懋卿君為主任，與馮君霞軒專任院料理。因為社會潮流的趨向，工業成了社會重心，所以努力革興，採取了半工半讀的制度，挪借資本，先設置織毛巾和印刷的小工業，使學生可得相當的職業。而一切費用還是要向各處勸募，政府的補助經費，每月只有在造幣廠的盈餘項下，撥領幾十吊錢，到了十八年的時候，本會已經負了兩三千元的賬，財政廳又通知幾十吊錢也無法撥給了。在那個時候曾商請各慈善大家舉辦了一個遊藝募捐，把欠賬付還。自此以後募捐不易，經濟更形恐慌，再四思維，除發展工業，希求自立，別無他法，所以添製消毒去脂棉花和紗布，這無非要使一般學生能得到一點工業智識。同時對於教育方面，在普通學科外看重於為社會服務，歷年畢業學生，總計有一百多名，天資聰明的能夠發展，在各界事業中的也很不少，銀行郵局和政府機關都有本會的學生；至於資質較次的用着在院所學的工藝，都也可以在工商界謀着衣食。所以　各界歷年捐助本會，賜給孤兒的實惠，他們是實際領着了的。

現在國難當頭，一切力量都集中在救國方面去了，本會經濟困難更增加，去年冬天開辦戲劇募捐，一度付還欠賬，但轉瞬過了一年又已負債二千餘元，院中現有孫老十五口，孫兒四十餘名，每月生活費用，最低需要三百元之譜。本會除了在三教養費有田土五十畝餘，每年能夠收租二十石米，和民國二十八年劉萬和先生及張俊夫師長的太太捐助的房子，每月可以收入租錢二十元外，一切開支尚不夠得很。在此萬難的當中，本會的募捐本不應與救國的大事一起來，但是有歷史的慈善事業怎可以將它一旦拋棄呢？數十孫兒孫老怎忍看着他們流離失所呢？所以在此困難中間，還要希望　各界繼續維持！爰將本會經過情形約略向社會人士報告一下，希望　各界仁人慈善君子，仍本「老吾老以及人之老，幼吾幼以及人之幼」的慈心，體諒本會的苦衷，矜憫孤幼的哀請，慨解仁囊，使此孫兒院能夠繼續，老幼不致流離，將來孫兒等成人以後，為國出力，也可算是救國的事情了。諒想　各界慈善大家必能了解本會的宗旨，既贊成本會的工作，若有博施廣濟，不但孫兒孫老受恩，就是同人等亦感激不盡了。

特此謹啟。

敬希

公鑒

成都中西組合慈善會謹啟

二六・一・一六

64

成都中西組合慈善會募捐啟

敬啟者：本會從民國十年成立，承　政府當局的提携，社會人士的扶助，到現在已經掙扎了十六年之久。在這十六年的當中，同人等從事於慈善事業的工作，得蒙　社會人士的慷解，或助金錢，或助精神，使此善業得保存十六年之久，雖無多大發展，卻也救濟了不少的兒童。本會既承　各界的維持，諒想關懷本會的熱心人士一定不少，現將本會的起源及經過略向　社會報告一下，深望仁人君子、慈善大家能夠慷解，予以補助。

本會發起人楊國屏、陳有安、楊少文、余劉沚子、俞鳳岡、李方九、王鶴本、蕭叔鈞、范濟成、林君墨、謝安道、夏時雨、鹿善貞、馮君寶琛諸位，雖是在民國十年才將本會成立，而諸位的博愛慈悲之心，卻早在民國元年的時候已經發動了。本來在辛亥反正之後，少城多數仰給官糧的旗民一時與於生活的困難，無法可想，竟有拋溺子女的事情。本城基督教同人，因不忍見這種慘狀，便聚集同志，依照基督博愛精神，創設孤兒院來救濟這些兒童。當時承　政府當局的贊成，便將包家巷從前道台的地基地一千餘方撥作修建孤兒院之用。於是又各同志分頭勸募，趕建房屋，修完之後便收了二十多名孤兒，由沈君問梅担任院長，施以教養。此時因無基金恆產，一切開支都由同人自墊，或是向慈善家勸募。民國三年沈君赴川北就職，同人公舉陳君維新擔任。陳君因見院中沒有基金的緣故，很難持久，便想到聯合各界的力量共同進行，所以才徵求會員，徵收會費維持，一面并呈請政府補助。幸得政府的允許，每年撥給經費叁千元，孤兒院的基礎便初步的成立了。而本會的起源也於此時萌芽了。因為民國四年以後，成都人士覺得這種慈善事業不只是基督教一部份的事，凡是成都人民都有責任，而基督教同人亦覺得孤兒院是社會事業，所以也希望社會力量補助，惠及多數孤兒，從來便將歷年墊款作為捐款，由何[illegible]孤兒院就儘由非基督教人士辦理了。

辛亥之戰以後，成都的失[illegible]無家可歸的孤兒，流離失所的老者各方求濟，無處容納，所以基督教同人楊國屏、楊少文、馮君寶琛、舍為人、謝安道、夏時雨、鹿善貞等及劉沚子、陳有安、林君墨、李方九、俞鳳岡、王鶴本[illegible]見此狀況，乃又發起中西慈善會之組織，辦理收容孤老孤兒的善事，呈請政府立案，并請撥給地址。當蒙　前劉督軍準成勳令飭財政廳撥給永興街官產房屋一院，作為會址。而此房過於窄隘，門窗壁[illegible]地板損壞，已不合用，不能住宿，同人才急速向各方挪借勸募，修補完全，於民國十年才成立，本會的基礎便成立了。

本會成立以后，仍是只有募款，並且在修補房屋的時候已負了二千餘元的債。那時收有孤兒二十餘名，孀老五口，除劉子如君捐助開辦費米錢一千五百串外，一切的開支仍是靠着各董事向親友勸募，所以對於那零丁孤苦的兒童，仍覺得心有余而力不足，有[illegible]他們求饒，不能多

11. 成都中西组合慈善会捐赠感谢信

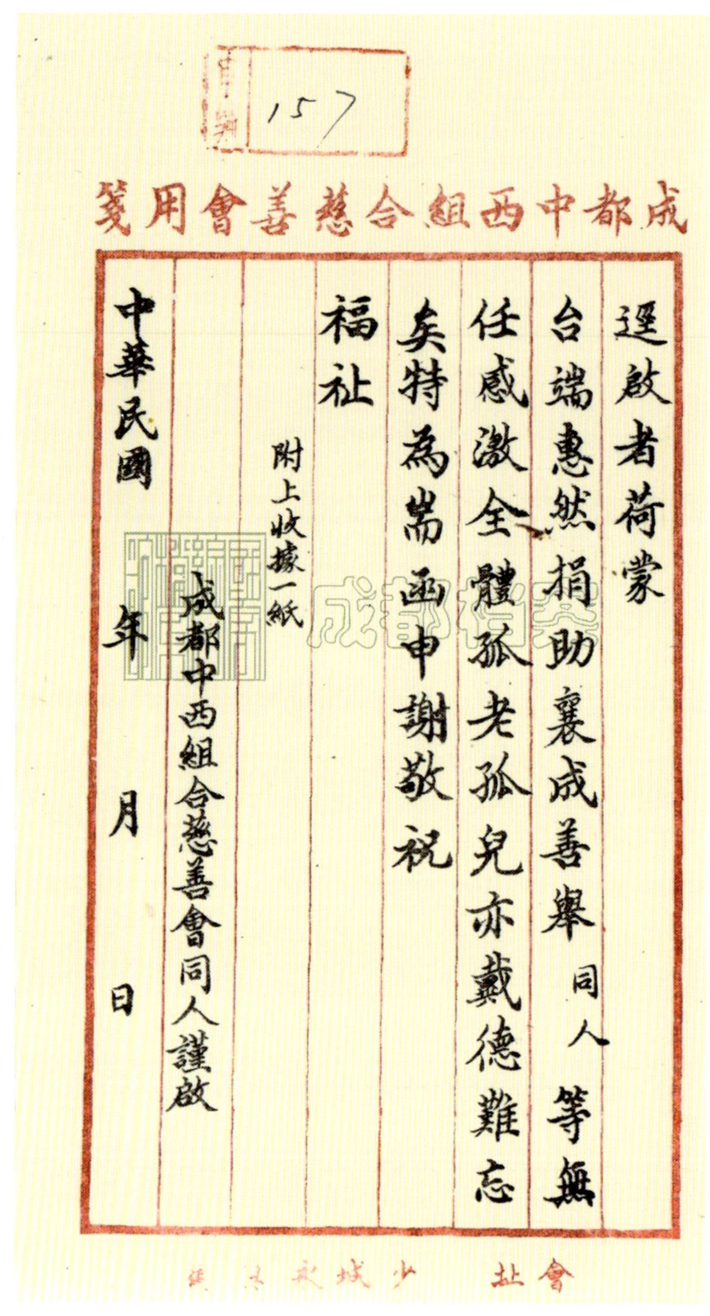

157

成都中西組合慈善會用箋

逕啟者荷蒙
台端惠然捐助襄成善舉 同人 等無
任感激全體孤老孤兒亦戴德難忘
矣特為耑函申謝敬祝
福祉
附上收據一紙
成都中西組合慈善會同人謹啟
中華民國 年 月 日

會址 少城永[illegible][illegible]

中西组合慈善会每年收取会费一元（每人／每年），还规定各会员有出捐及代该会募捐的义务。募捐时由会员向社会各界劝募筹款，以固定乐捐为主，必要时辅以临时募捐。

12. 成都中西组合慈善会会歌

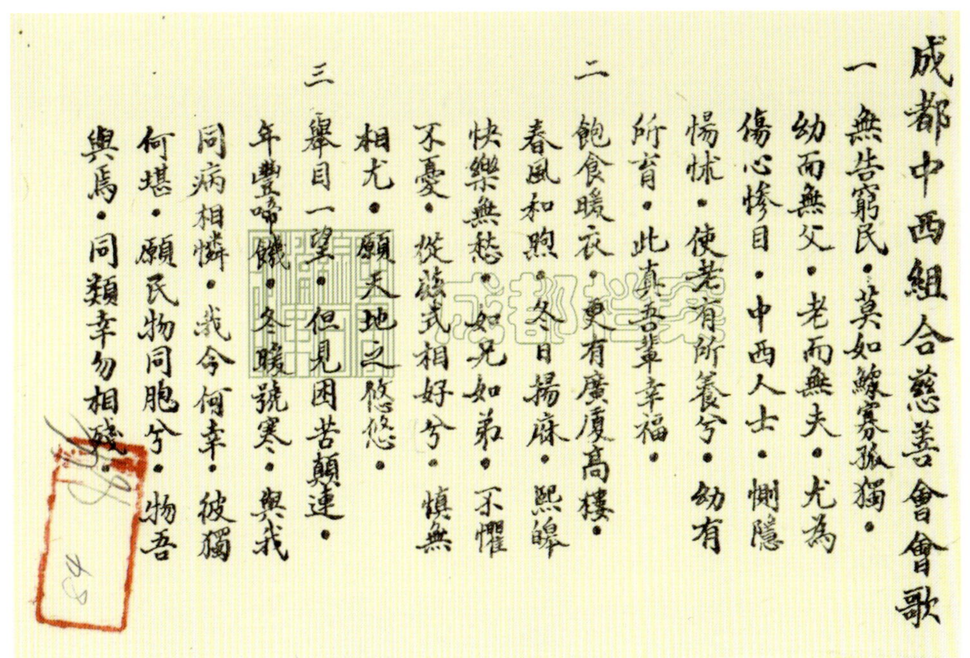

成都中西組合慈善會會歌

一 無告窮民。莫如鰥寡孤獨。幼而無父。老而無夫。尤為傷心慘目。中西人士。惻隱惕怵。使老有所養兮。幼有所育。此真吾輩幸福。

二 飽食暖衣。更有廣廈高樓。春風和煦。冬日揚麻。熙皞快樂無愁。如兄如弟。不懼不憂。從茲式相好兮。慎無相尤。願天地之悠悠。

三 舉目一望。但見困苦顛連。年豐啼饑。冬暖號寒。與我同病相憐。哉今何幸。彼獨何堪。願民物同胞兮。物吾與焉。同類幸勿相殘。

“无告穷民，莫如鳏寡孤独。幼而无父，老而无夫，尤为伤心惨目。中西人士，恻隐惕怵，使老有所兮，幼有所育，此真吾辈幸福。”看到这里，你恐怕很难相信这是有浓厚西方背景的中西组合慈善会会歌，无论是从修辞，还是从内容，都带有中国传统慈善思想的烙印。在这里，中西慈善思想开始融合，为日后慈善走向国际化提供了很好的范例。

13. 成都中西组合慈善会孤儿院第六次院务会议关于学生急需牙刷问题等事宜的会议记录

这是成都中西组合慈善会孤儿院第六次院务会议的记录，其中提到的一点值得注意，就是处理儿童急需牙刷的事宜。会议决议由张群英董事代为劝募，张群英自己也捐献部分善款用以解决此事宜。由于中西组合慈善会成员整体素质相对较高，具备基本的科学常识，且多位会员为华西协合大学医生，所以牙刷这个在当时成都较为罕见的生活物品才会出现在这次院务会议讨论中，这也代表着成都的慈善开始走上科学化、专业化的道路。

成都中西組合慈善會孤兒院第六次院務會議紀錄

時間：一九五〇年三月廿三日午後三鐘

地點：本院圖書室

出席人：唐波澂　岳寶琪　鄭文英　陶海鵬　張群英

列席人：萬淑貞

主席　岳寶琪

紀錄　萬淑貞

一、讀上次紀錄

二、岳院長報告：關於二月份賬項本不應由本人報告，惟因前院長病故，會計又不願負責，故由本人負責報帳。其開支情形詳二月份經濟報告表。前次張安德先生來函詢問情形，已據實回覆。後收美華兒童福利會二月份救濟款六萬餘，係直交賴前院長，後仍由院方取交巴教士。

三、讀董事會教育股建議案

孤兒院教育股向院務會議之建議案

保管好會計使用

(一)用複式教學法

(二)以生產教育為主，學識次之

(三)增加學習新民主主義

(四)課程根據政府規定編明院課程為標準。

1.國文以生活有關之應用文為主體，

2.算術增加珠算

3.常識　音樂

(參考文教廳各級學校暫行課程標準)

(五)院務內部一切管理應民主化，各種組織應有孤兒代表參加

(六)教職員請其二人一員主任一員兼任教務[illegible]不足時可請義務教師幫助

(七)在經濟預算中請將圖書費列入預算內

(八)關於宗教教育依照政府規定辦理，同時應維繫宗教自由信仰之精神。

教育股啟　三月廿日

全部接收

四、本院教科用書僅夠少數，現由教師寫黑板，學生照抄，困難甚多，應如何設法問題

議決：請由陶海鵬董事代為勸募，並當由陶董事慷慨承認墊印辦理

五、學生急需牙刷使用應如何辦理之問題

議決：請由張群英董事代為勸募，並由張董事慷慨贊同，並謂已有一部捐款現由巴教士存放，美可為購牙刷之需

六、學生衣服缺乏應如何設法問題

議決：由本院函請各董事代為捐募，以利兒童穿著

七、院務會議是否由學生選派代表參加

議決：由學生選派代表一人參加

八、教職員待遇問題

討論：岳院長請應照前次議決，教師本服務犧牲之精神，不計待遇，及現任為院方工作，故應照上次院務會議議決：職工待遇辦理。

陶董事建議：關於全體教職員待遇應一律平等，史先生在院時間甚久，成績亦佳，而福添兼先生係大學畢業，資歷較高，今同職同工作，似應同等待遇，應請院方斟酌。

張董事建議：現各校待遇均低，如華美女中教師待遇極少，而工作情緒較往期均高，盛領導者自動工作能吃飯即已足望，故本院教師亦不能太高。

鄭院長謂：教師待遇應以本院經費之收入多少為標準，如經費少，教師完全服務想亦情願，如美華兒童福利會款能到，則教師待遇應以收入之多少而定，現照上次所定待遇為維持費，將來款到後再為決定。

唐會長謂：教師待遇應照上次議決者定之，如將來經費情形好轉時，再酌量予以增加，較為活動，免受聘約之拘束。

議決：暫照上次議決待遇為維持費，待將來經費情形好轉時再酌量增加。

九、可否趁此時未借孤康貸款購煤炭以利兒童食米問題

議決：請由張董事向經濟委員會白牧師詢問，並可否貸款美金壹百伍拾元購食米，以備本院兒童食用

十、岳主任報告本院第一次教職員會議紀錄

十一、臨時動議　無

十二、散會

14. 成都中西组合慈善会孤儿院学生生活程序表

这张课表与现在在校学生课表设置基本相同，在教授知识之余还开设有体育课。唯一与现在不同的是自由活动为洗补衣服及其他活动。

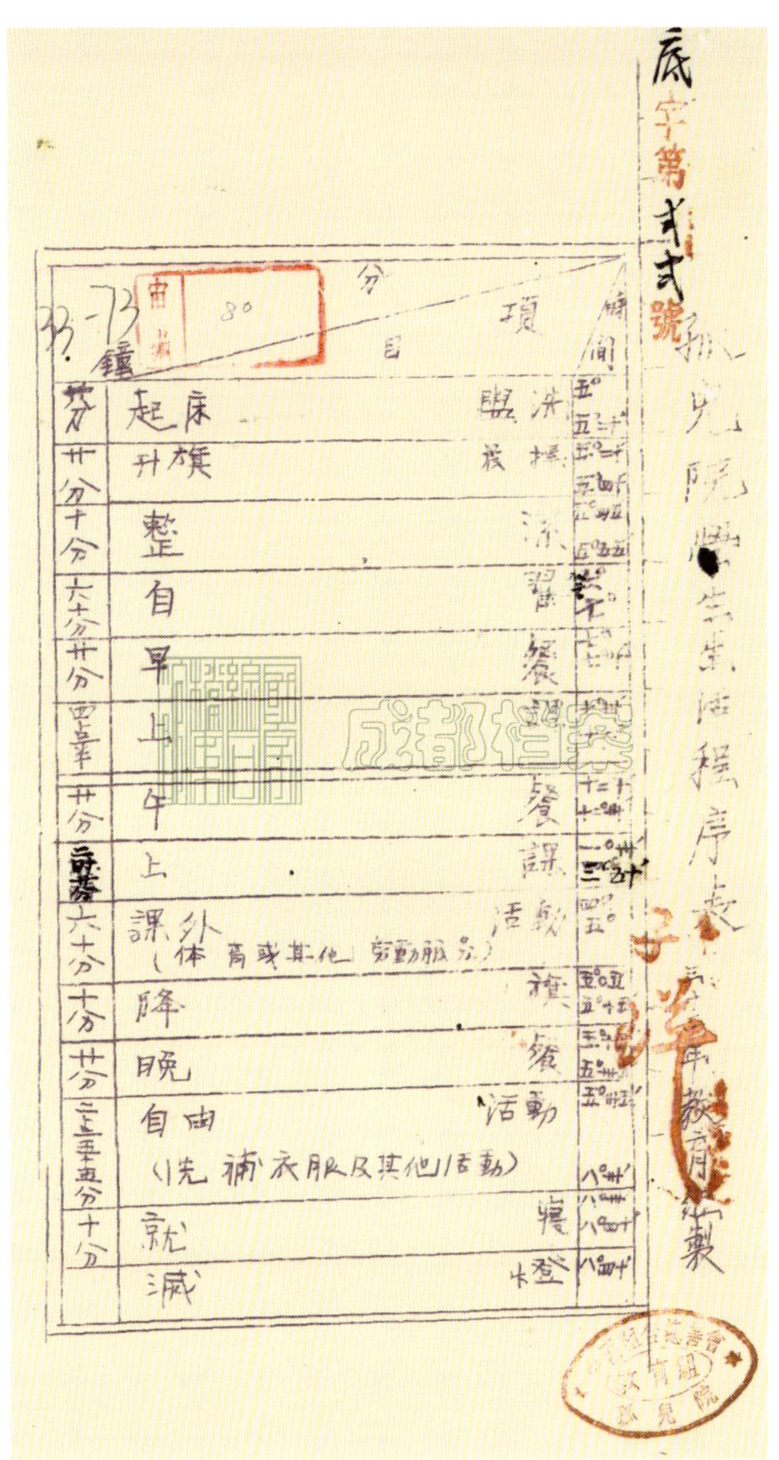

底字第贰式號

孤兒院學生生活程序表

分鐘	項目	時間
[illegible]	起床盥洗	[illegible]
廿分	升旗做操	[illegible]
十分	整潔	[illegible]
六十分	自習	[illegible]
廿分	早餐	[illegible]
[illegible]	上課	[illegible]
廿分	午餐	[illegible]
[illegible]	上課	[illegible]
六十分	課外活動（体育或其他勞動服务）	[illegible]
十分	降旗	[illegible]
廿分	晚餐	[illegible]
[illegible]	自由活動（洗補衣服及其他活動）	八〇卅
十分	就寝	八〇四十
	滅燈	八〇四十

[illegible]年教育組製

15. 成都中西慈善会孤儿院学生生活照片

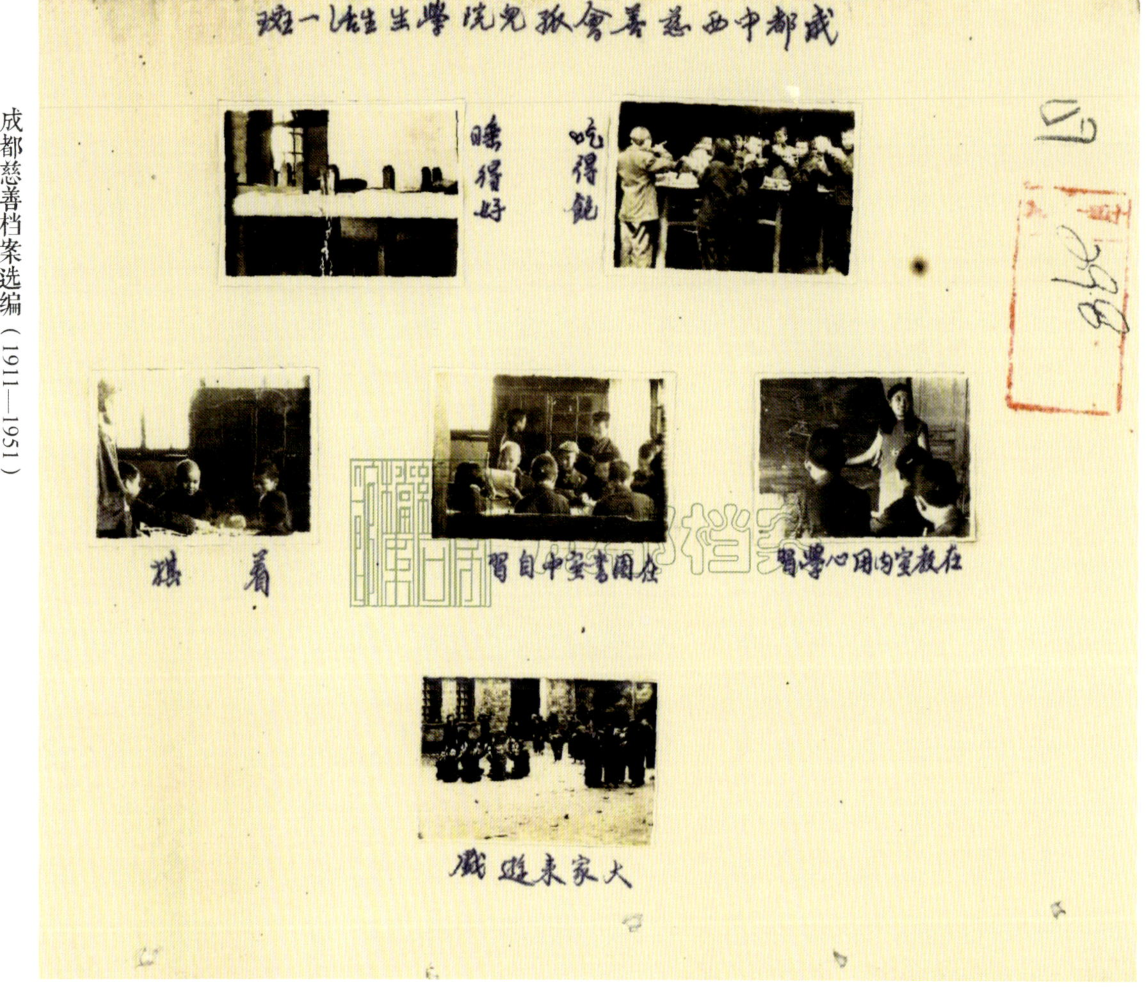

（十一）成都红十字会

红十字会大约是当今最具有国际影响力的慈善机构，由亨利·杜南于 1863 年 2 月 9 日在瑞士日内瓦发起成立，当时名字叫“伤兵救护国际委员会”，以后逐渐发展，演变为现在的国际红十字会，大部分国家都为其会员。

直到 1904 年，日俄战争爆发，日俄均派遣红十字会进行救援、撤离侨民，但唯独我国未有相关机构，难以从事相关救援事务。以沈敦和为首的绅商积极奔走，成功建会。1904 年，中、英、法、德、美五国联合创办上海万国红十字会；1912 年，中国红十字会得到红十字国际委员会的正式承认。中国红十字会提出：“本会尊人道主义，行慈善事业，提倡‘博爱、兵恤（恤兵）’宗旨”，并广泛发展国内各地会员。

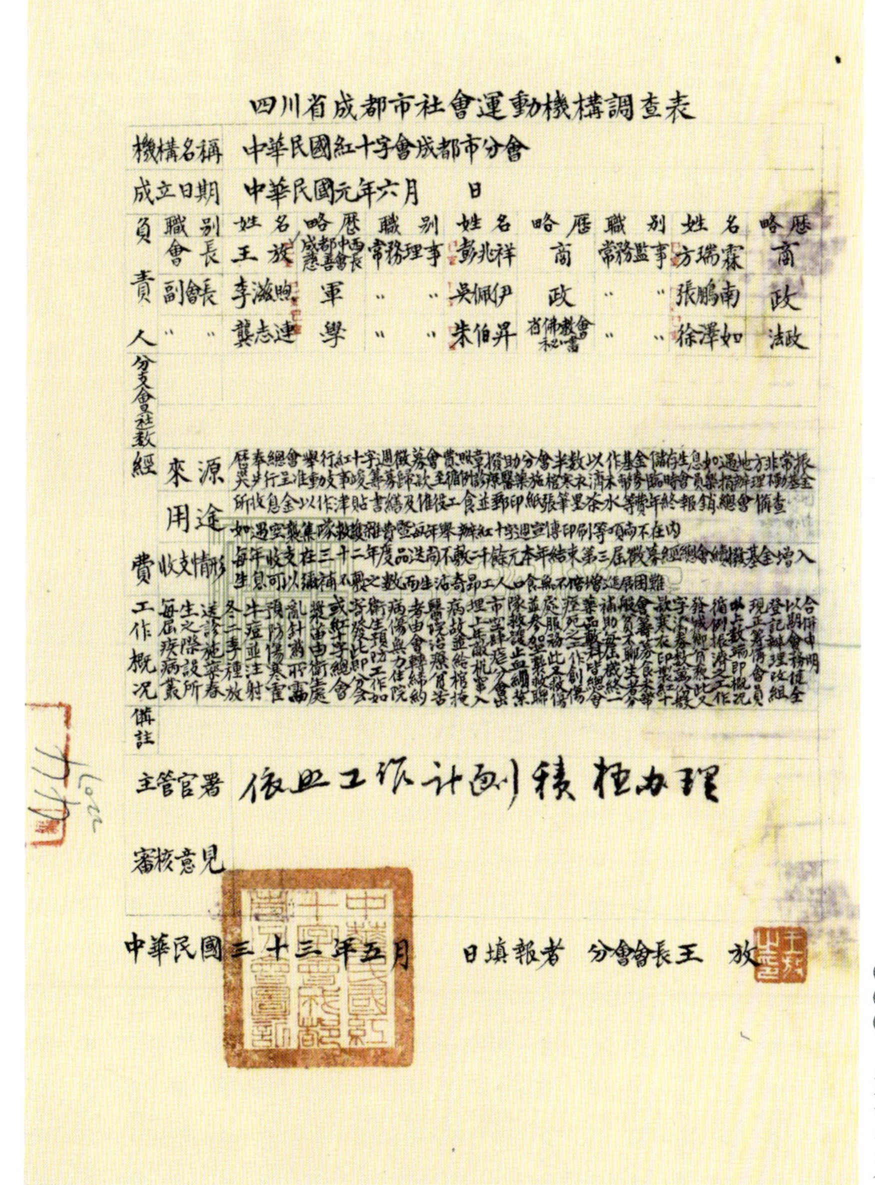

四川省成都市社會運動機構調查表

機構名稱	中華民國紅十字會成都市分會								
成立日期	中華民國元年六月 日								
負責人	職別	姓名	略歷	職別	姓名	略歷	職別	姓名	略歷
	會長	王放	成都中西慈善會長	常務理事	彭兆祥	商	常務監事	方瑞霖	商
	副會長	李滋煦	軍	〃 〃	吳佩伊	政	〃 〃	張鵬南	政
	〃 〃	龔志連	學	〃 〃	朱伯昇	省佛教會秘書	〃 〃	徐澤如	法政
分支會(社)數									
經費 來源 用途	[illegible]								
經費收支情形	每年收支在三十二年度品迭尚不敷二千餘元本年結束第三屆徵募經總會[illegible]基金增入生息可以[illegible]補不敷之數而生活奇昂工人口食無不倍增進展困難								
工作概況	[illegible]								
備註									
主管官署審核意見	依照工作計劃積極辦理								

中華民國三十三年五月　日填報者　分會會長王放

1. 四川省成都市社会运动机构调查表

2. 中华民国红十字会成都市分会救济设施概况及人事调查表

救濟設施概況調查表（社會救濟事業機構適用表格之一）

名稱	中華民國紅十字會成都市分會	設立地點	[illegible]現暫借[illegible]街四三號[illegible]辦事處
立案機關及年月	中國紅十字總會民國元年九月許可	立案證書字號	民國三三年成都市政府[illegible]證書
創辦年月	民國元年九月		

沿革：民初吾國光復蜀川[illegible]西[illegible]軍團新陳遞嬗時有争[illegible]人民殃受池魚之殃情[illegible]人[illegible]仲正義同人鑒前明[illegible]江浙人士在滬創辦紅十字會[illegible]博愛恤兵宗旨先行國際聯盟組隊赴東北三省救濟人民出險成效昭著[illegible]辛亥革命[illegible]在武漢等處戰地工作[illegible]各省同志參加救濟同人及商會各界中西士紳發起呈請設立四川省分會旋得總會承認訂名為四川省分會並報政府備案正式成立又於民國九年[illegible]分會代表赴滬開全國會員會議改定分會名稱成都分會此為本會[illegible]之始

會務：[illegible]

辦理業務：[illegible]

行政組織：分會以會員大會為高級機構大會組織議事選舉理事會以理事[illegible]人設常務三人處理日常事務監事會監事五人設常務三人候補理事三人監事二人任期均三年設會長一人副會長二人由理事會選舉均為[illegible]分會職員由會長聘用額數薪給理監會議定服務[illegible]法會擬報總會核准施行

人事概況：

負責人姓名	正副會長王 放 [illegible]
董事人數	一二人
職員人數	二人
工丁人數	一人
其他	

財產概況：現存儲蓄[illegible]八七四二五五元（此係歷來基金總數）元

經費概況：

收入總數：總會分撥[illegible]會員會費捐款五二四五〇[illegible]補助[illegible]基金二六二二五[illegible]以作會所職工津貼等項

基金孳息三一，四七二，四元

國幣三一，四七二，四元

本年動支基金一三，三二〇，內有四四一〇[illegible]支用[illegible]

三十四年度預算數：三十四年度以來[illegible]支出數

教養情形：[illegible]

備考：總會訂立管理條例 施行細則 總分會章程 規程 未自訂立

[illegible]會址現為其他機關[illegible]自民三十七年起總會[illegible]征求會員[illegible]基金孳息[illegible]辦理困難實情[illegible]停止[illegible]會員登記[illegible]以期健全

[illegible]本年夏季發生虎疫[illegible]

中華民國三十四年拾月二十二日　填表人 王 放

红十字会成都分会成立于民国元年（1911）6 月，中西组合慈善会会长王放兼任红十字会成都分会会长。虽然由募捐生息部分补充了部分经费，但总体入不敷出，故红十字会成都分会开展业务并不十分显著，政府也建议“依工作计划积极办理”。

红十字会成都分会成员大多来自政界、商界、学界等，理事及常务理事以上会员年龄普遍偏大，多数为成都、华阳两县人士，有一定社会关系与声望。

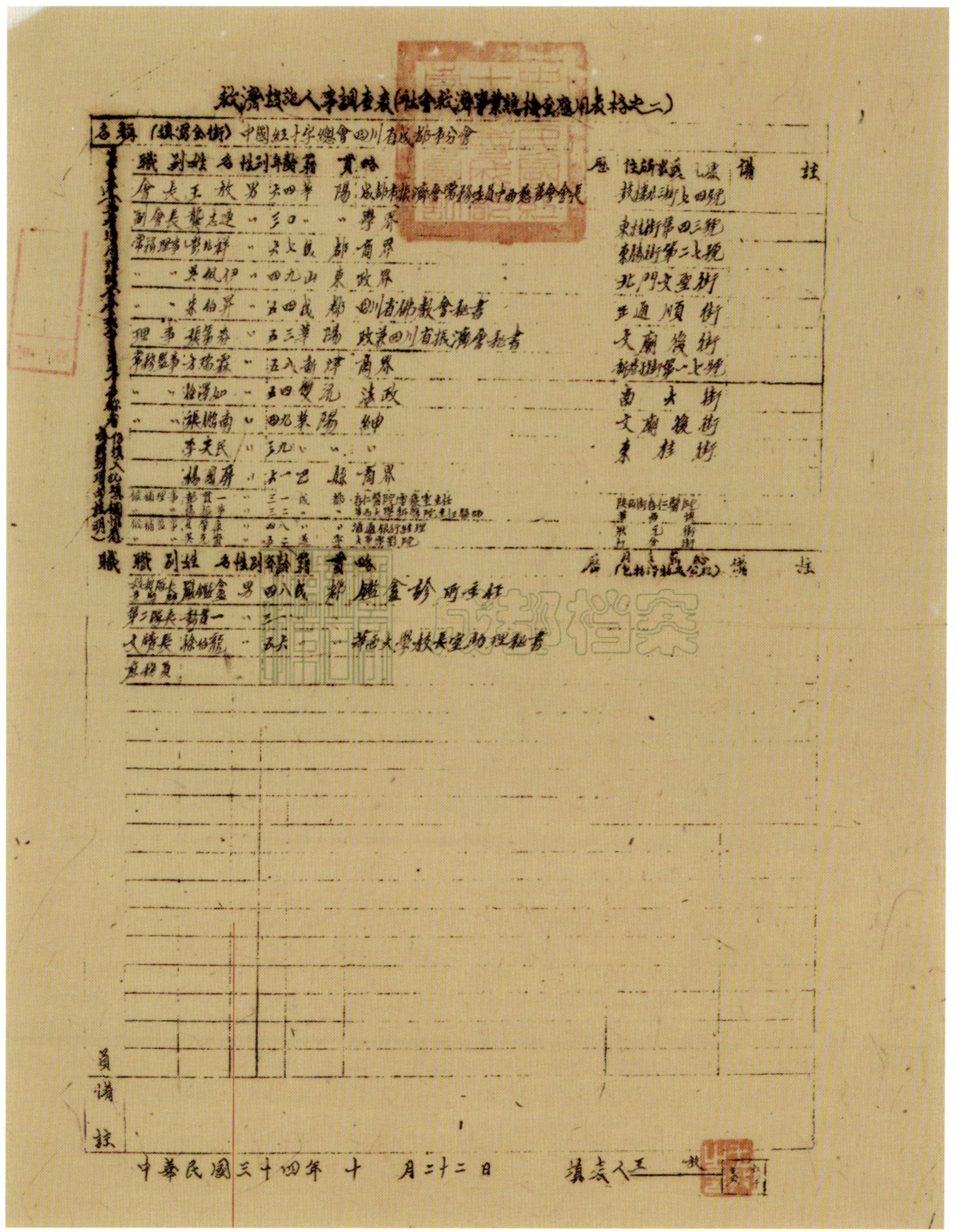

救濟設施人事調查表（社會救濟事業總檢查應用表格之二）

名稱（填寫全銜）中國紅十字總會四川省成都市分會

職別	姓名	性別	年齡	籍貫	略歷	住所或通訊處	備註
會長	王放	男	六四	華陽	成都市振濟會常務委員中西慈善會會長	鼓樓北三街七四號	
副會長	龔志遠	〃	三〇	〃	學界	東桂街第四三號	
常務理事	[illegible]	〃	六七	成都	商界	東勝街第二七號	
〃	吳佩伊	〃	四九	山東	政界	北門文聖街	
〃	朱伯昇	〃	五四	成都	四川省佛教會秘書	[illegible]通順街	
理事	張[illegible]	〃	五三	華陽	政界四川省振濟會秘書	文廟後街	
常務監事	方[illegible]	〃	五八	新津	商界	[illegible]第一七號	
〃	[illegible]	〃	五四	雙流	法政	南大街	
〃	張[illegible]	〃	四九	華陽	紳	文廟後街	
	李[illegible]	〃	三九	〃	〃	東桂街	
	楊[illegible]	〃	六一	巴縣	商界		
候補理事	彭貫一	〃	三一	成都	存仁醫院[illegible]主任	陝西街存仁醫院	
〃	[illegible]	〃	三三	〃	華西大學[illegible]	[illegible]	
候補監事	[illegible]	〃	四八	〃	[illegible]銀行經理	[illegible]	
〃	[illegible]	〃	[illegible]	[illegible]	[illegible]	[illegible]	

職別	姓名	性別	年齡	籍貫	略歷	居所（包括詳細地址）	備註
[illegible]隊長	嚴[illegible]	男	四八	成都	[illegible]診所		
第二隊長	彭貫一	〃	三一				
文牘長	[illegible]	〃	五六	〃	華西大學校長室助理秘書		
庶務員							

備註

中華民國三十四年十月二十二日　填表人 王放

3. 中国红十字会四川临时妇孺救济会办事组织规则

(乙)[illegible]項由主任幹事開條蓋章到經濟部支取惟取款至一百元以上[illegible]或
臨時開支鉅款由主任幹事開具支用事實數目詳單蓋章後送請會長核明由
會長加章始得向經濟部支取
(丙)本部應用各種帳簿須蓋本會圖記設有筆誤只宜添注不得塗補
(丁)未經發用之物品由雇員妥爲保管如有霉爛遺失仍責成該員賠償
(戊)本部日行流水一日一結十日一總每值報銷將開支彙齊與經濟部合帳宣布
仍照規期定間不得逾過五日
(己)本會常額救濟隊丁二十名造具名册設管帶員由總幹事監督其隊丁由本部
幹事管理支派幷隨時會同考查强弱勤惰有開收之權責但須告知總幹事注
記名册彙送會長備閱

第五條　本會職員由本會會員推舉組織而定凡由會員一人以上介紹均得入會爲
臨時救濟會會員入會金五元者爲普通會員三十元以上爲特別會員凡本會會員
均由自認救濟場臨時救護員或交涉調查員幷得特保熱心慈善之人充任此項義
務

第六條　本會職員均純全義務其各部視事之繁簡酌設雇員
(一)經濟部暫設簿記兼繕寫一人
(二)文牘部暫設繕寫兼收發管擋一人或二人
(三)交際部增設調查員以補助之暫不設雇員如必要時臨時添雇司事
(四)庶務部暫設簿記兼管一切雜物一人或二人外雇雜役一人住事務所以供指揮

第七條　本會辦事時間每日午前八鐘起午後四鐘止但有緊急事情不在此限

第八條　本會辦事職員自總幹事及各部幹事均須一人輪次住宿事務所其分住時
間由本會辦事職員公同議定惟各部雇員均必常川住宿如職員在住所期內有必
要離所時得請託本會職員代理其事

第九條　本會辦事職員逢星期六日午後二鐘均到事務所開常會一次藉資接洽遇
大風雨順延一日如發生要事另定特別開會日期幷函知會員及各名譽職員到會
議地點公同解决

第十條　本會職員於發生應救婦孺之時均得爲救濟員一經承認須分區巡視指揮
各處救濟情形給領紅十字手旗即爲本會職員之標幟救濟方法照專則辦理

第十一條　本會編制救濟隊就指定場所廣狹規定每所分派二名至五名預前招募
由承認救護會員保充幷取舖保分段註册臨時招集以足敷救濟處支配爲額一經
編集即發給半月口糧聽受本會職務員指揮無故不得擅離派住處所

第十二條　本會救濟隊以十名爲一隊平時以兩隊住事務所傳送公件添募臨時隊
責成管帶員照章支配通知各場救護員臨時集合實行救濟

第十三條　本會已會商警廳於發生救濟婦孺之時須派就近救濟處所之警隊與本
會救濟員隊會同巡護

第十四條　本細則如有未盡事宜得隨時修改之

中國紅十字會四川臨時婦孺救濟會辦事組織規則

中國紅十字會四川臨時婦孺救濟會辦事組織規則

第一條 本規則基於本會簡章第十一條之規定組織之

第二條 本規則自通告本會全體職員後以公布日爲實行

第三條 本會職員應辦之事務如左

(一)會長總理本會全部事務

(二)總幹事補助會長辦理本會全部事務

(三)各部幹事商承會長及總幹事辦理本部一切事務

第四條 各部依本會簡章第三條規定共分四部其權責如左

(一)經濟部管理本會收發支存一切銀錢事務

(甲)本會無論收入何種整零款項數至五百元以上隨即送存銀行凡存取款項須得會長之同意與經濟部主任幹事雙方蓋章始生效力并將此種取款手續函告銀行

(乙)凡支付款項除庶務部支款訂有一定手續外如有其他臨時支款須有本會會長蓋章之支款事由數目單

(丙)每月報銷收支數目與庶務部彙齊合帳宣布但須照規定期間宣布不得逾五日

(丁)所有本部現款及存摺由主任幹事管理外凡部內一切事宜經濟部正副各幹事均須商同辦理并負連帶責任

(二)文牘部撰擬公函文電及收發往來文件擋册一切事務

(甲)本會應行撰擬公函文電由本部各幹事隨時酌商分辦但成稿後署名蓋章送由會長核行交書記繕就較對發行

(乙)本會來往文件均須分別粘卷歸擋交雇定書記員保管并將隨時文件摘由登簿本部各幹事均得隨時稽查并負管理之責

(三)交際部辦理本會對外一切交際事務

(甲)本會設備之救濟處先將城內分作五區暫成立五十所推廣至百所俾多容納被救濟之婦孺除已規定各城鄉內外之學校公所會館寺院凡有適於設備救濟處者本部即往交涉

(乙)當發生救濟婦孺之時如有臨時發現之團體本部應立與交涉既屬團體必不致不由分說本會以人道公理爲保障總以達到該團體不致擾害本會各救濟處爲目的

(丙)本部事實既繁尤恐忽於必要之交涉及距城較遠應與交涉之團體則附設調查及交涉員隨時接洽各界以助交際之不及（調查員無定額）

(丁)各救[illegible]

4. 中华民国红十字会成都分会送成都市政府关于检送赈济豫灾捐款等情的呈

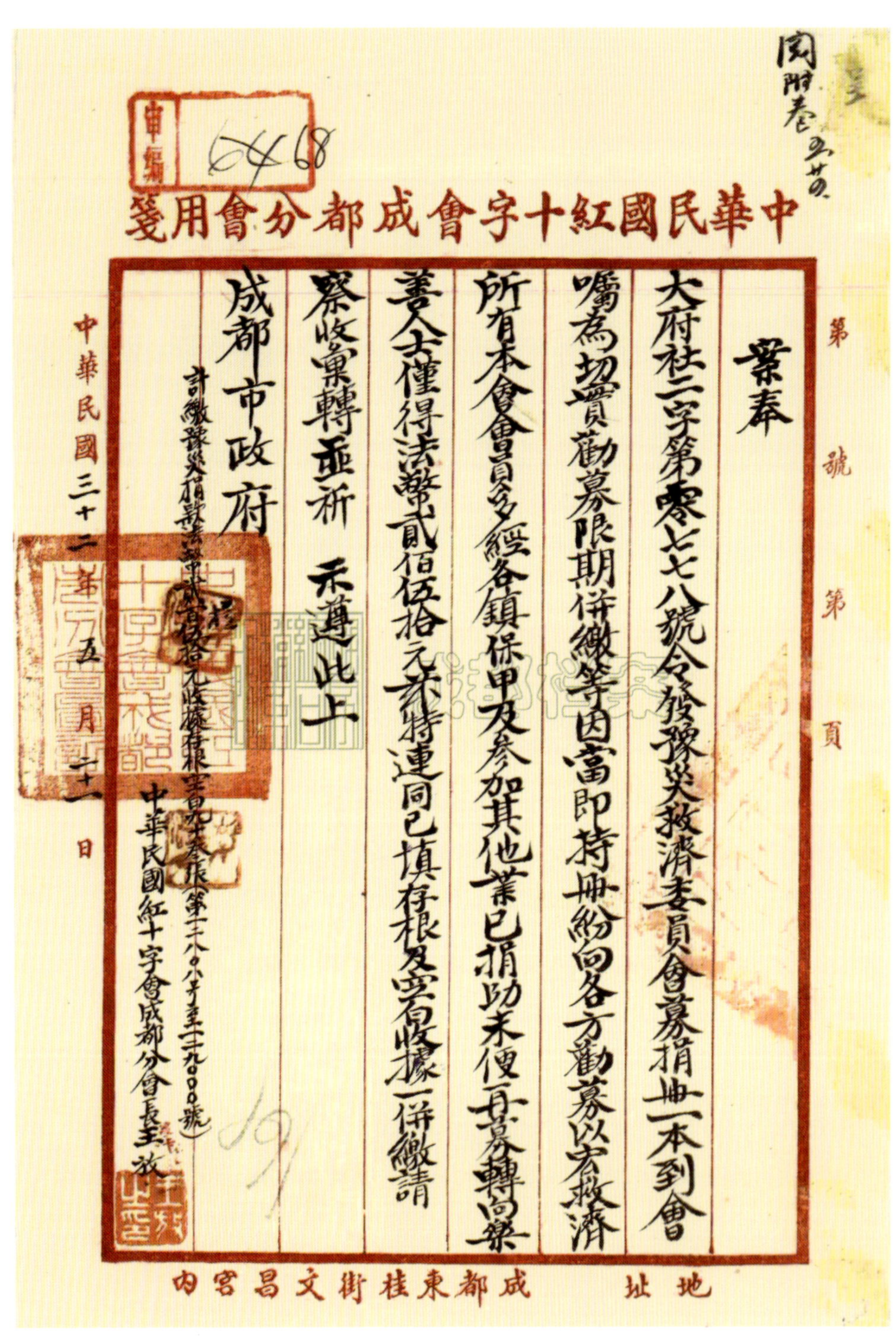

中華民國紅十字會成都分會用箋

第　號　第　頁

案奉

大府社二字第零七七八號令發豫災救濟委員會募捐册一本到會囑爲切實勸募限期併繳等因當即持册紛向各方勸募以宏救濟所有本會會員多經各鎮保甲及參加其他業已捐助未便再募轉向樂善人士僅得法幣貳佰伍拾元茲特連同已填存根及空白收據一併繳請察收彙轉　垂祈　示遵　此上

成都市政府

計繳豫災捐款法幣貳佰伍拾元收據存根空白九十叁張（第一二八〇八號至一二九〇〇號）

中華民國紅十字會成都分會長王[illegible]

中華民國三十二年五月二十一日

地址　成都東桂街文昌宫内

5. 中国红十字会新繁分会临时救济团募捐册

各界樂捐　不拘多少　原册賜還　是為至禱
如蒙慨助　登報誌謝　倘有私心　神天鑒察

中國紅十字會新繁分會臨時救濟團募捐册

惠助捐款請交成都江南館內本團駐省辦事處或交成都中東大街
利記蘇冂之君掣取收條如未得有正式收據者請函知本團清查

救字第壹佰叁壹號

中國紅十字會新繁分會臨時救濟團募捐公啟

啟者昊天不弔蜀禍頻仍歷時數年剿戰百次槍林彈雨瀉潮海以俱來鶴唳風聲撼山岳而欲動同人等目所觸接心為惻然始於新繁設立紅十字分會繼於成都復設臨時救濟團旋因南北爭持滇黔協義同人等組織救護醫隊出發資內等處奔馳瀘納之間掩埋忠骨靈魂俾安九泉引渡難民歡聲幾動大地彼莀莀劌壤固宜聊盡天職而濟濟傷兵益思畧表地義用是同人集議創設治療所於成都藉衆志以成城無一夫而不獲惟因心雄力薄巧婦難為無米之炊所望義助仁施愚公卒奏移山之效夙仰諸公愷惻為懷痌瘝在抱必能倒篋傾囊慈航共渡希即分金與粟義篩同飄有仁心自有仁聞當得名譽之酬結善因定結善果必其子孫獲報務求慷慨無任企禱謹啟

中華民國　年　月　日

6. 刘秉儒中华民国红十字会会员证书

“征募工作，乃红十字会最基本的工作，‘征’是征求会员，‘募’是筹募基金。”征募工作对红十字会来讲其实是一体两面，有了庞大的会员团体，不仅能壮大声势、扩大影响，而且能收取相当的会费维持组织基本运作以及慈善项目的支出，会员、会费对于红十字会，比喻为生命线也不过分。除开会员征募，红十字会也会面向社会大众开展募捐活动。

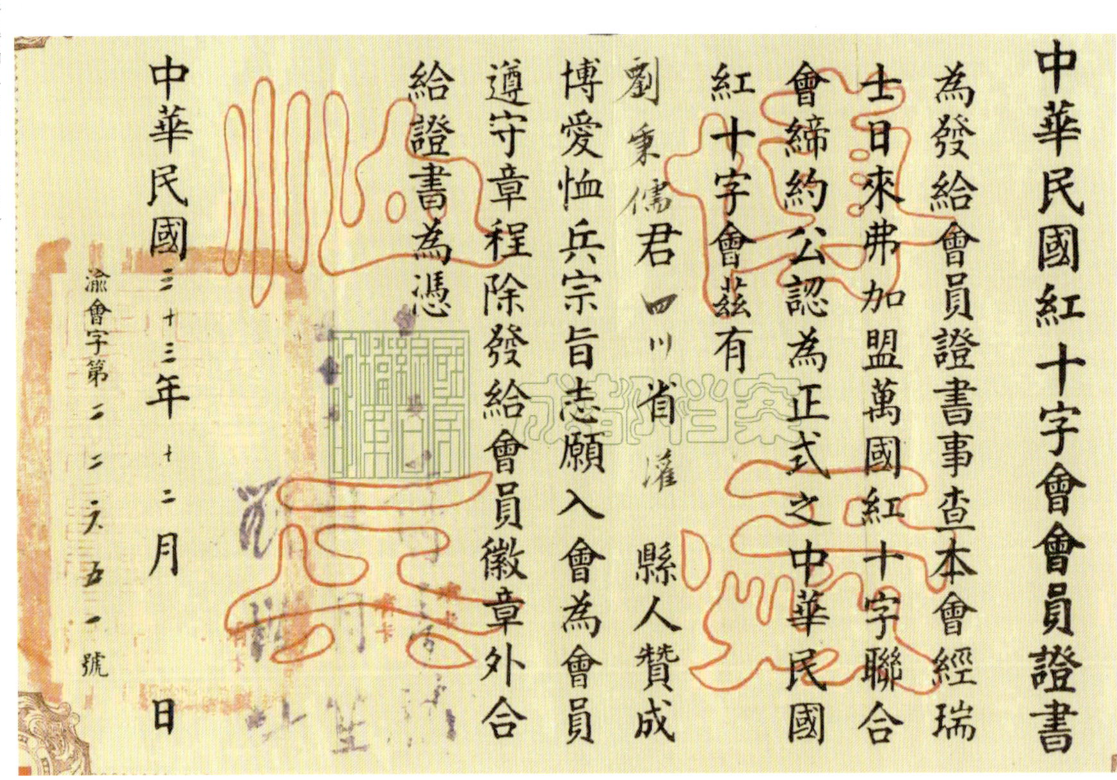

中華民國紅十字會會員證書

為發給會員證書事查本會經瑞士日來弗加盟萬國紅十字聯合會締約公認為正式之中華民國紅十字會茲有

劉秉儒君四川省灌縣人贊成博愛恤兵宗旨志願入會為會員遵守章程除發給會員徽章外合給證書為憑

中華民國三十三年十二月　日

渝會字第二二六五一號

（都江堰市档案馆提供）

7. 中国红十字会灌县分会正式成立来宾及职员摄影

（都江堰市档案馆提供）

8. 中国红十字会灌县分会临时医院成立纪念

（都江堰市档案馆提供）

9. 行状

[illegible]
先嚴本博愛為懷手創中國紅十字分會於劉莊　先嚴任會長焉
先嚴逝世後諸會員以茲鉅責任艱鉅非賢能不足以紹其後遂依法選
舉　先兄得票最多諸會員咸額手相慶僉謂父作子述既可輝光於前
又克纘紹於後矣　先兄因病固辭不獲力疾視事深慮隕越宵乾夕惕
擘畫經營成效卓著以致心力俱瘁舊疾數發且劇延致中西醫士診視
咸云病入膏肓挽回無策愈尤望治情殷不之深信於十月十五日買棹
郫江冀訪名手而袪病魔孰意揚之醫亦均束手莫展一籌於是于淒風
涼月中從棹歸舟甫抵家已氣息奄奄惟餘殘喘而已家人環注　先兄
急止之曰生死數也悲何益焉召愈近執愈手而言曰余不幸中年殂折
不能承　先君未竟之志吾弟有為當能體吾意九泉瞑目無遺憾矣力
竭聲嘶不能再言言訖命家人扶之起整衣端坐而逝歿年三十有八膝
下尚虛命小兒承先嗣之嗚虖痛哉天之報我朱氏固如此耶　先嚴生
先兄與愈二人相依為命今不幸中道折其一顧影煢煢如截去左右
臂能不痛哉能不痛哉倘荷
當代立言君子錫以銘誄輓章藉光泉壤歿存均感臨穎嗚咽淚若綆縻
伏乞
垂察
朱　愈泣白

（都江堰市档案馆提供）

行狀

先兄諱悬字滎北生而穎慧好讀書言笑不苟長愈三歲兒時同讀書於家塾　先兄則刻意咿唔手不停披一若與典籍有宿好者顧愈頑鈍必諄諄勸誡循誘直至折服領悟而後已年十六畢十三經克自奮厲繼承家學工書雖非名家然下筆端嚴不苟如其人會科舉罷廢　先嚴即命先兄棄儒就商服務於本店復盛號持籌握算精審無遺顧性尤質樸家資雖有饒餘　先兄則謹守儉訓粗衣淡飯絕無裘馬紈袴氣閭里稱之已未歲　先慈見背癸亥　先嚴棄養數年之間大故疊攖　先兄體本癯弱遭此劇變號哭擗踊哀毀骨立幾致不支忽于癸亥七月間咯血盈升家人憂恐差幸飲食睡眠如常愈竊以為固有尫羸而壽考者未始以為憂也烏虖孰謂殞　先兄命者即此恙也　先兄在年仰承　先嚴

1917 年 4 月，灌县临时分会成立，选举张开仕为理事长、吴锡彝为副理事长，并设临时中西医院。12 月29 日，由新津分会介绍，并呈报中国红十字总会核准，中华民国红十字会灌县分会正式成立，会址初定于江西会馆内，后于 1919 年迁至岷江书院旧址。民国时期，灌县分会在战事救护、1947 年成都平原水灾后的时疫救济、境内火灾救济及贫民赈济等方面做出了突出贡献。［李娟娟《近代四川红十字会研究（1911 —1949）》］

10. 中国红十字会救护队服制

中国红十字会会对于组织外部形象十分重视，对于不同季节、不同级别、不同岗位着装均有明确要求，以表明组织的严格，且活动时统一着装也容易辨识。

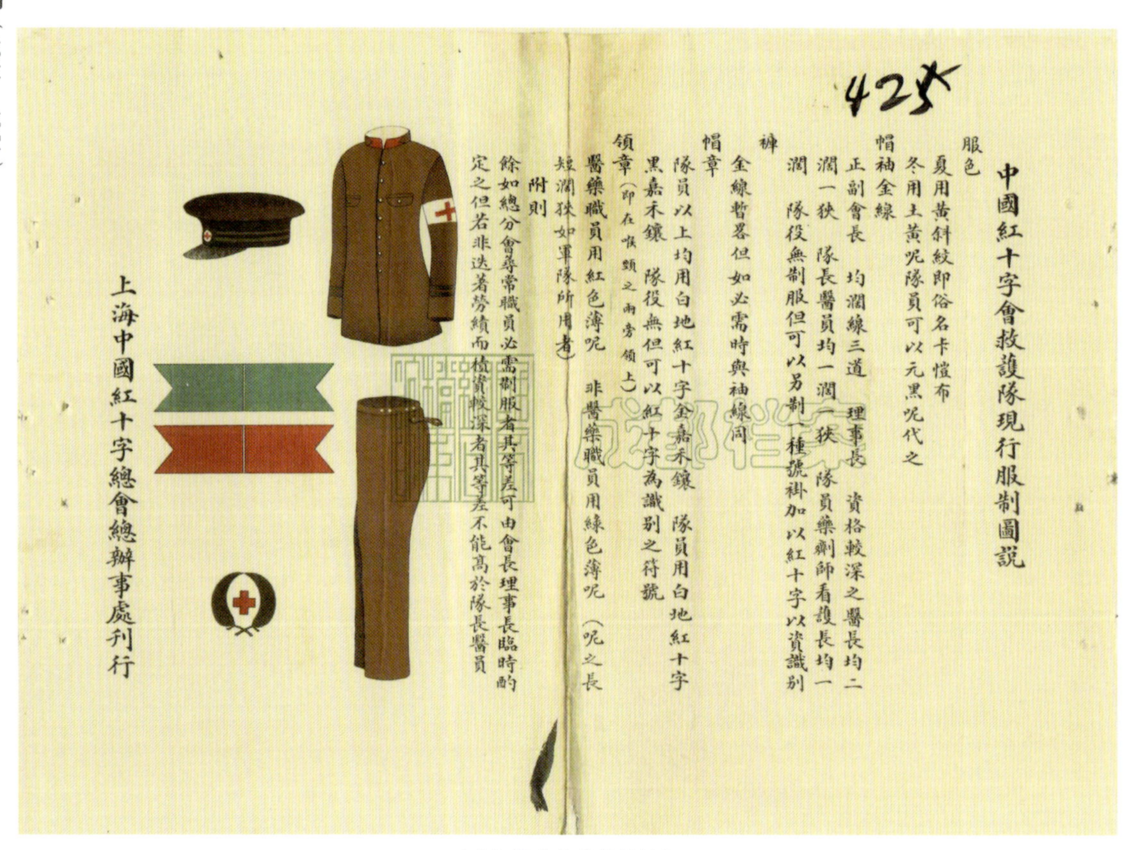

425

中國紅十字會救護隊現行服制圖說

服色

夏用黄斜紋即俗名卡愷布

冬用土黄呢隊員可以元黑呢代之

帽袖金線

正副會長　均濶線三道　理事長　資格較深之醫長均二濶一狭　隊長醫員均一濶一狭　隊員藥劑師看護長均一濶　隊役無制服但可以另制一種號褂加以紅十字以資識别

褲

金線暫畧但如必需時與袖線同

帽章

隊員以上均用白地紅十字金嘉禾鑲　隊員用白地紅十字黑嘉禾鑲　隊役無但可以紅十字為識别之符號

領章（即在喉頸之兩旁領上）

醫藥職員用紅色薄呢　非醫藥職員用綠色薄呢　（呢之長短濶狭如軍隊所用者）

附則

餘如總分會尋常職員必需制服者其等差可由會長理事長臨時酌定之但若非迭著勞績而積資較深者其等差不能高於隊長醫員

上海中國紅十字總會總辦事處刊行

（都江堰市档案馆提供）

（十二）明声聋哑学校

罗蜀芳，1906 年出生于成都城守街一个制作木镜匣的家里，家境不错。罗蜀芳9岁被送进私塾读书，19 岁从华英女校毕业，后报考当时的法学名校朝阳大学。在朝阳大学仅仅上学一年，在同学曾韵琴、王俊贤夫妇的鼓励下，罗蜀芳从朝阳大学退学，到烟台启喑学校学习。烟台启喑学校，大约可以算是中国聋哑教育的“黄埔军校”，也是中国第一所聋校，由美国传教士米尔斯夫妇于 1887 年创立。1895 年，米尔斯先生去世，米尔斯夫人克服种种困难，独自支持学校的运转，为中国培养了一大批特教老师。1933 年，罗蜀芳结束了启喑学校的学习，回到成都，后创立私立明声聋哑学校，为中国人在成都创立的第一所聋哑学校。张澜先生有“人不可以不自爱，不可以不自修，不可以不自尊，不可以不自强，而断不可以自欺”的“四勉一戒”，罗蜀芳将此作为校训。

1. 明声聋哑学校简章

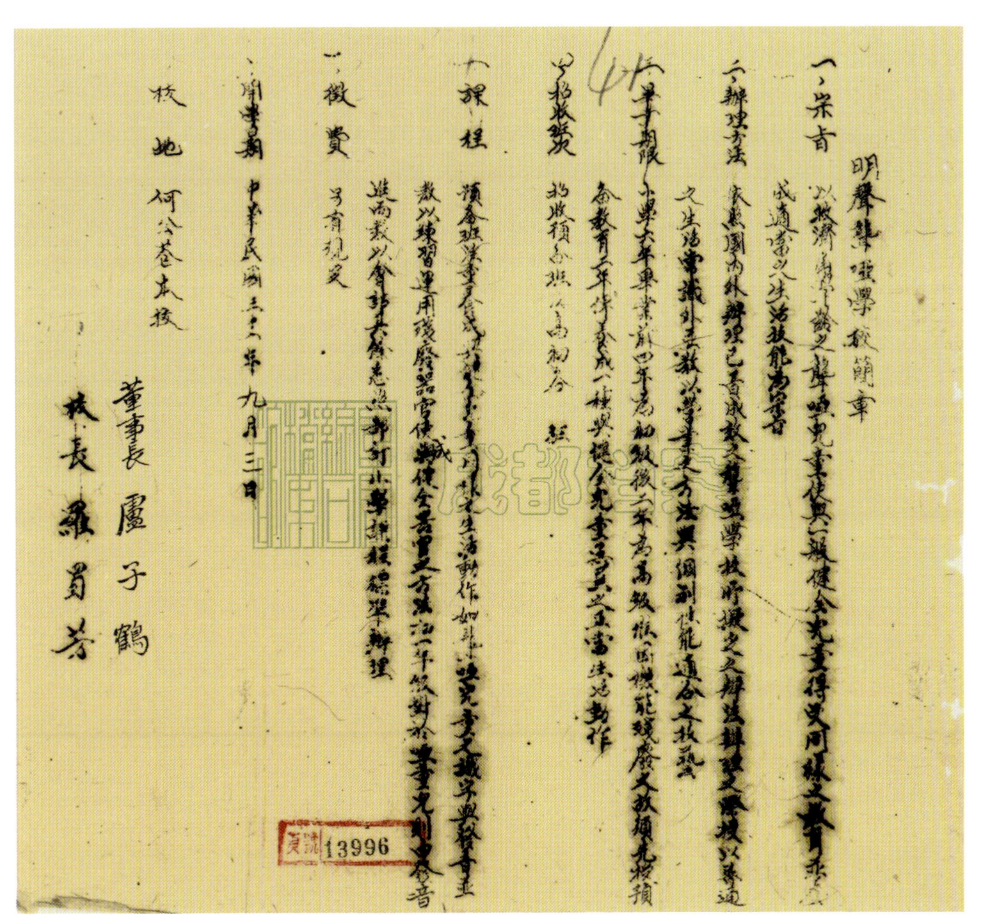
明聲聾啞學校簡章

一、宗旨 以救濟[illegible]之聾啞兒童使與一般健全兒童得受同樣之教育並[illegible]成適當之生活技能為宗旨

二、辦理方法 采照國內外辦理已著成效之聾啞學校所採之方法辦理[illegible]之生活常識外並教以學[illegible]之方法與個別[illegible]能適合之技藝

三、[illegible]業年限 小學六年畢業前四年為初級後二年為高級[illegible]機能殘廢之程度先授預備教育一年俟養成一種[illegible]生活動作

四、招收班次 招收預備[illegible]初[illegible] 班

五、課程 預備班[illegible]生活動作[illegible]並數以練習運用殘廢器官[illegible]一年級對於[illegible]音 進而教以[illegible]小學課程標準辦理

六、徵費 另有規定

七、開學日期 中華民國三十七年九月三日

校址 何公巷本校

董事長 盧子鶴

校長 羅蜀芳

明声聋哑学校于 1938 年 3 月 8 日正式挂牌，校址位于成都马道街 19 号（罗蜀芳朋友常志敬的私人住宅）。一楼 20 平方米，为教室，楼上为师生集体宿舍，前院为操场，后院一小块平地上罗蜀芳自己安置了一个秋千、滑梯和跷跷板。用自己多年积蓄的 300 元，罗蜀芳又打置了 10 张课桌、黑板、发音镜等基本教具，又从 3 个嫂嫂那里要来桌、椅、柜子及其他家具，作为餐桌、教具柜、备课桌等。此外还自制了 300 多张发音部位图和词句图片。

2. 成都市私立明声聋哑学校民国 37 年（1948）年度上学期毕业学生名册

178

成都市私立明聲聾啞學校三十七年度第上學期畢業學生名冊

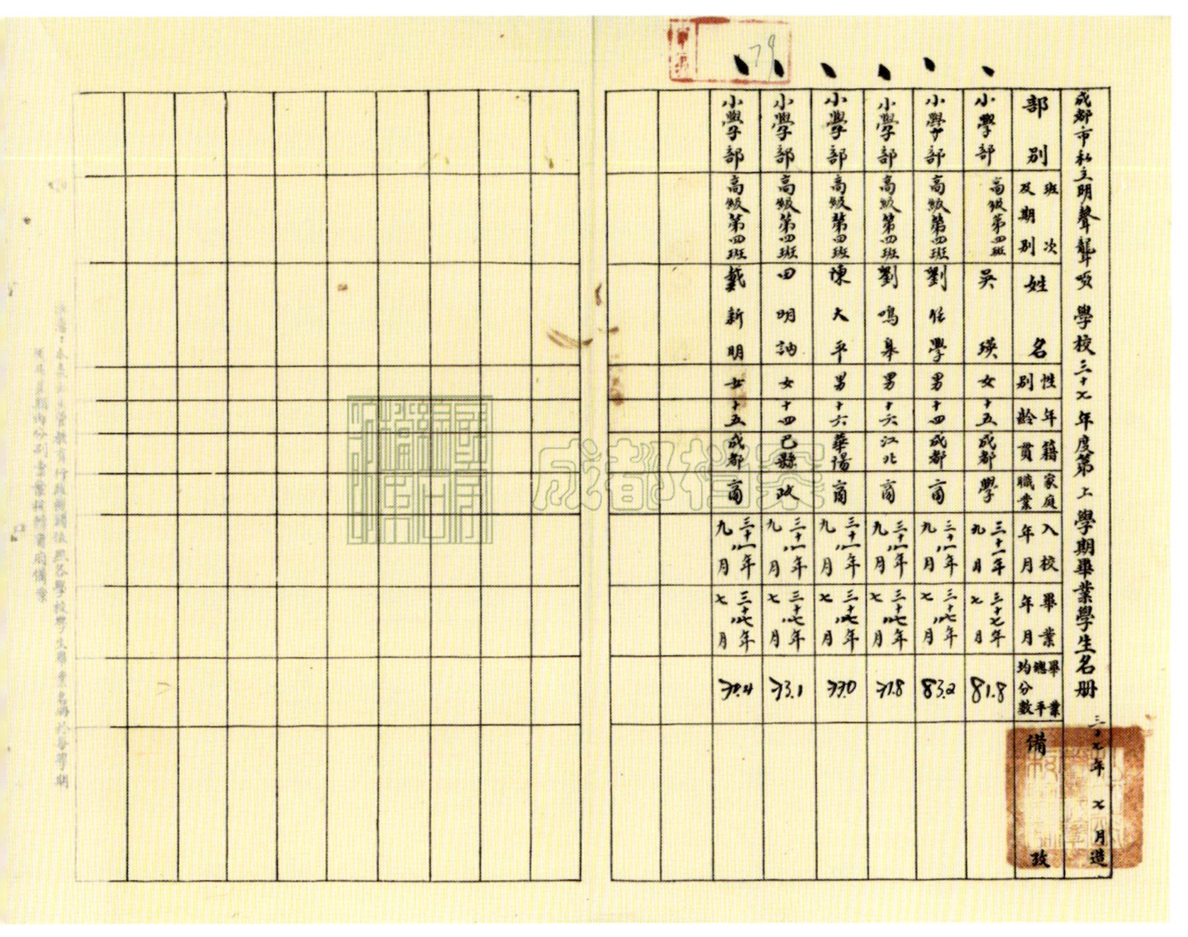

成都市私立明聲聾啞學校三十七年度第上學期畢業學生名冊

部別	班次及期別	姓名	性別	年齡	籍貫	家庭職業	入校年月	畢業年月	畢業總平均分數	備攷
小學部	高級第四班	吳瑛	女	十五	成都	學	三十一年九月	三十七年七月	81.8	
小學部	高級第四班	劉能學	男	十四	成都	商	三十一年九月	三十七年七月	83.2	
小學部	高級第四班	劉鳴皋	男	十六	江北	商	三十一年九月	三十七年七月	71.8	
小學部	高級第四班	陳大平	男	十六	華陽	商	三十一年九月	三十七年七月	73.0	
小學部	高級第四班	田明詢	女	十四	巴縣	政	三十一年九月	三十七年七月	73.1	
小學部	高級第四班	戴新明	女	十五	成都	商	三十一年九月	三十七年七月	72.4	

三十七年七月造

3. 成都市私立明声聋哑学校送成都市政府关于请准免参加暑期讲习的呈及成都市政府指令

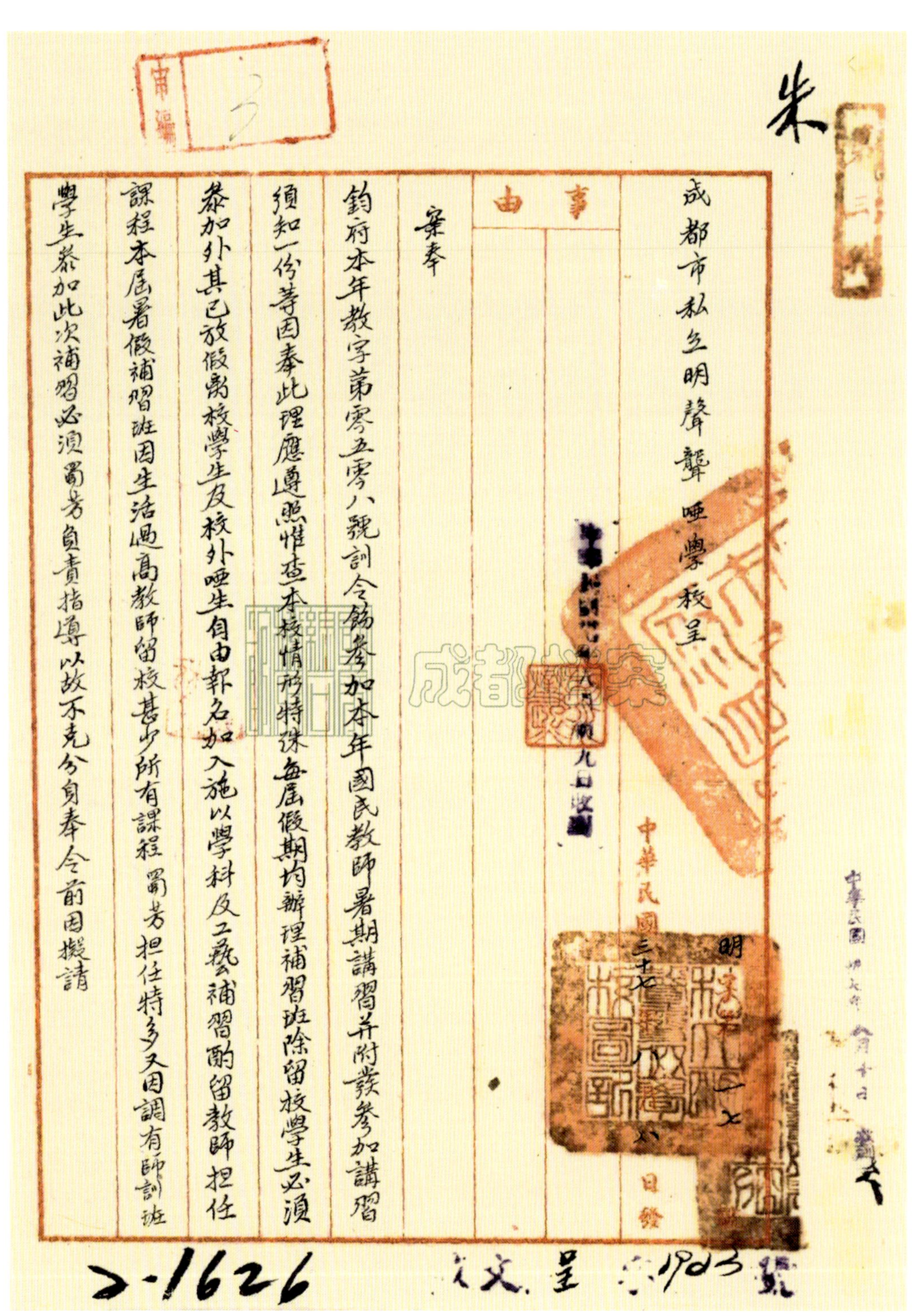
成都市私立明聲聾啞學校呈

事由

案奉

鈞府本年教字第零五零八號訓令飭參加本年國民教師暑期講習并附發參加講習須知一份等因奉此理應遵照惟查本校情形特殊每屆假期均辦理補習班除留校學生必須參加外其已放假離校學生及校外啞生自由報名加入施以學科及工藝補習酌留教師担任課程本屆暑假補習班因生活過高教師留校甚少所有課程蜀芳担任特多又因調有師訓班學生參加此次補習必須蜀芳負責指導以故不克分身奉令前因擬請

中華民國三十七年八月 日發

2-1626

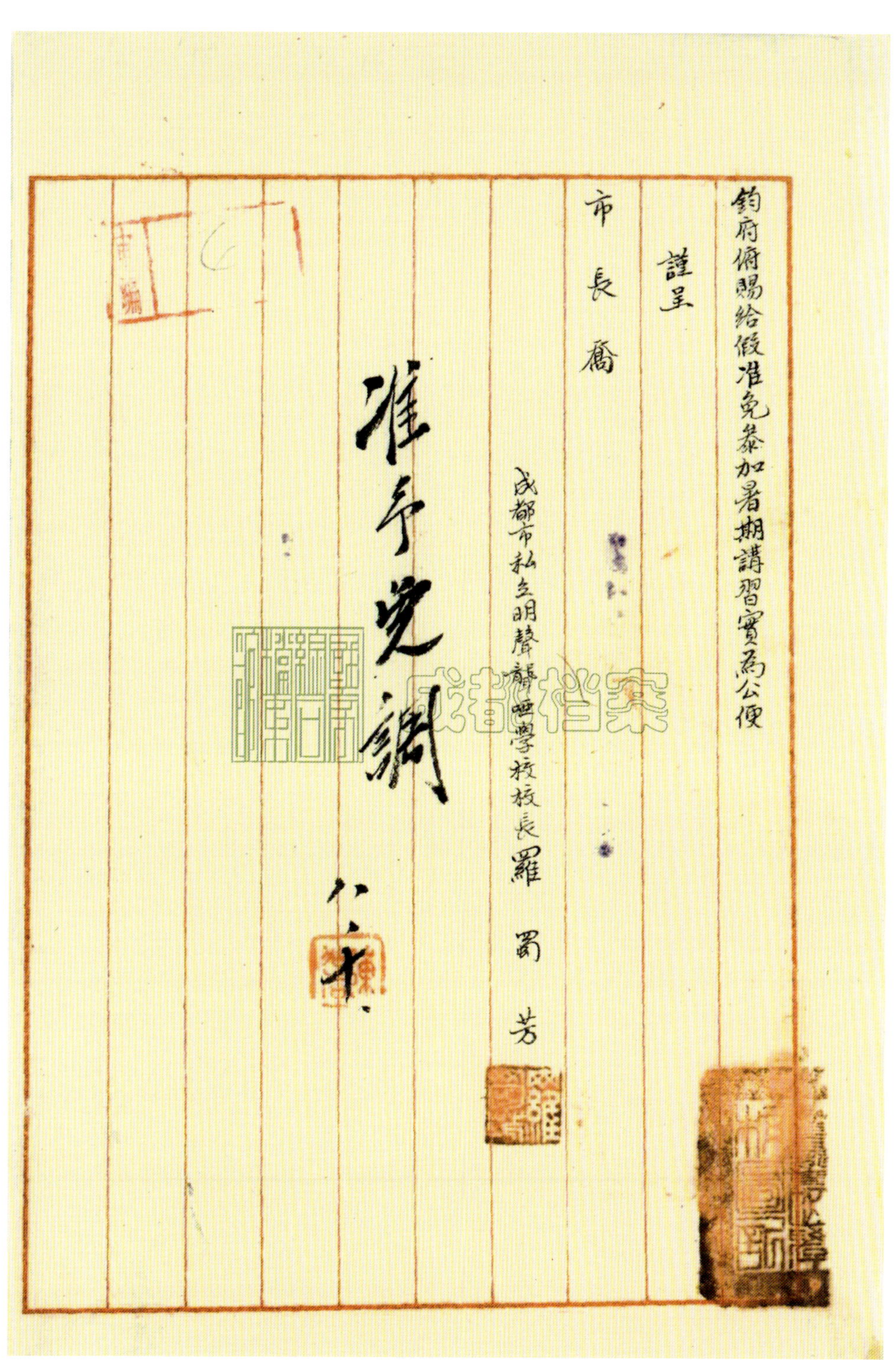

鈞府俯賜給假准免參加暑期講習實爲公便

謹呈

市長喬

成都市私立明聲聾啞學校校長羅蜀芳

准予免調

八、十、

4. 成都市华阳县政府送成都市政府关于请转饬私立明声聋哑学校迁让地址以利华阳县中学复课的公函

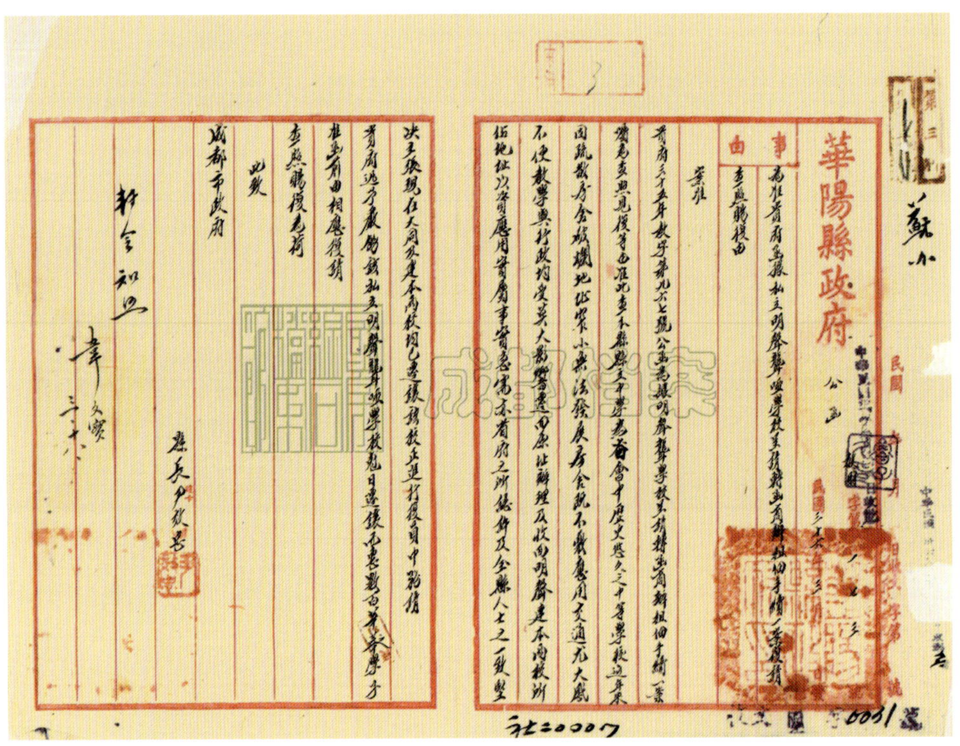

華陽縣政府 公函

事由：為准貴府函據私立明聲聾哑學校[illegible]函請[illegible]查照轉復由

案准

貴府三十五年教字第九六七號公函為據明聲聾啞學校[illegible]

據本縣縣立中學為省會中歷史悠久之中等學校近年來因疏散房舍被燬地址窄小無法發展房舍既不敷應用交通尤大感不便教學與行政均受莫大影響遂回原址辦理及收回明聲所佔本為校址以容量應用實屬事實急需亦為貴府之所鑒許及全縣人士之一致堅決主張現在大同巷建本為校園已遷讓歸校正進行復員中務請

貴府迅予嚴飭該私立明聲聾啞學校克日遷讓以惠數百青年學子

准函前由相應復請

查照轉復為荷

此致

成都市政府

縣長尹[illegible]

5. 成都市私立明声聋哑学校送成都市政府市长陈关于呈请拨还何公巷精神病院院址以维学业的呈

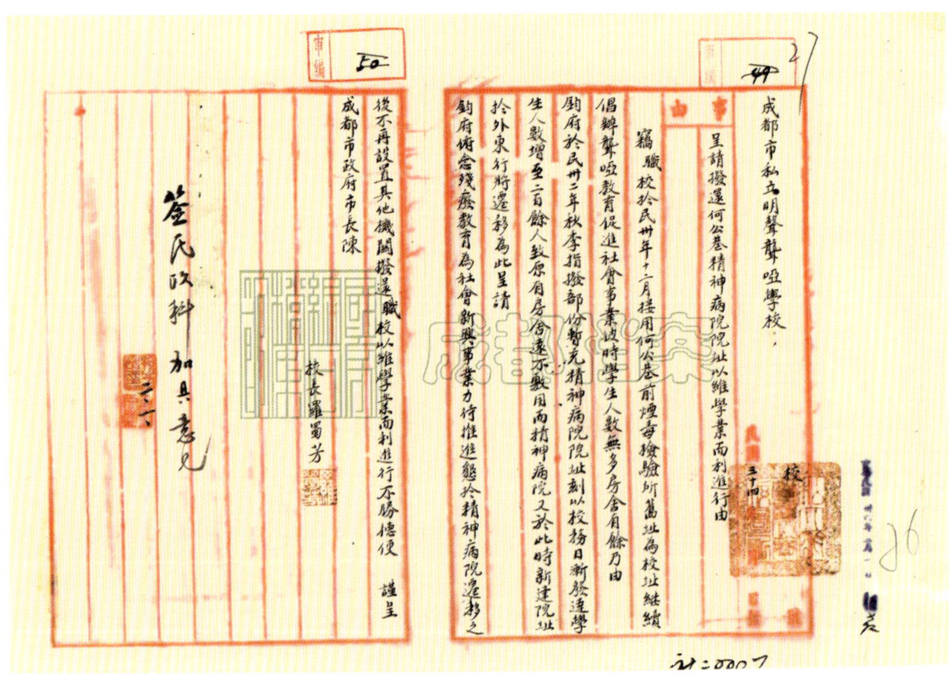

成都市私立明聲聾啞學校

事由：呈請撥還何公巷精神病院院址以維學業而利進行由

竊職校於民卅年十二月撥用何公巷前煙毒檢驗所舊址為校址繼續倡辦聾啞教育促進社會事業彼時學生人數無多房舍有餘乃由

鈞府於民卅二年秋季指撥部份暫充精神病院院址刻以校務日漸發達學生人數增至二百餘人致原有房舍遠不敷用而精神病院又於此時新建院址於外東行將遷移為此呈請

鈞府俯念殘廢教育為社會新興事業力待推進懇於精神病院遷移之後不再設置其他機關撥還職校以維學業而利進行不勝德便

謹呈

成都市政府市長陳

校長羅蜀芳

明声聋哑学校刚开不到 2 个月，就面临迁校。因为学生很快增至 30 人，完全没有空间开展教学。经朋友介绍，罗蜀芳终于在西二巷租到了一处大院，共有 16 间房。1938 年 5 月，师生搬进了新的学校，这时学生已经增加到 50 余人，分为预备班和小学一、二、三年级四个班，并聘用了刘碧成、赵又普等老师，教学也逐步走上了正轨。

就在这一年，日军飞机开始对成都进行轰炸。1939 年初，学校只得迁到郫县的一座南岳庙中。1940 年，校董会鉴于郫县交通不便，并无新生入学，而成都的学生又没有学校可去，决定在西门外花牌坊马河湾购地 2 亩，改造破旧厂房 7 间，在同年秋季开学，于成都郫县两地招生。1941 年春，郫县的师生搬回成都，两校合并。

由于马河湾地势低洼，府河又年久失修，每到雨季此地便成了泽国。师生在泥泞之中，苦不堪言，有学生还因此得病，家长闹着退学。后市政府同意将何公巷 10 多间平房分给学校。1941 年 7 月 27 日，学校师生进行第四次搬迁，途中还遭遇空袭，师生就地寻找掩护。就是在这样的情况下，学校在两天之内完成搬迁。

短短几年，学校经历了五次建校、四次搬迁。每一次搬迁后，一切都要重新开始，相当于重新建立一所学校，其中的艰辛非文字所能尽述。可罗蜀芳并没有退缩，带领着全校师生共同渡过难关，在那个风雨飘摇的年代，为盲聋哑儿童撑起了一片属于他们的天空，也兑现了最初的诺言，将自己的一生都奉献给盲聋哑儿童。下表为明声聋哑学校建立与搬迁情况。

次第	时间	校址	备注
第一次	1938年3月	成都皇城马道街19号常宅	
第二次	1938年5月	成都西二巷	学生增多，原房舍不够迁址建新校
第三次	1939年初春	郫县南岳庙	日机空袭，市政府命令迁校。1940年秋，又于成都花牌坊马河湾新建立分校
第四次	1941春	成都花牌坊马河湾	主校区从郫县迁回
第五次	1941年7月	成都市何公巷（今石室巷）	因马河湾地势低洼，夏雨成泽国，师生无法生存而迁于此地

（摘自谢新农论文《民国时期成都盲聋哑特殊教育》）

6. 成都市私立明声聋哑学校送成都市政府关于呈报举行国民教育研究会请派员莅临指导的呈文

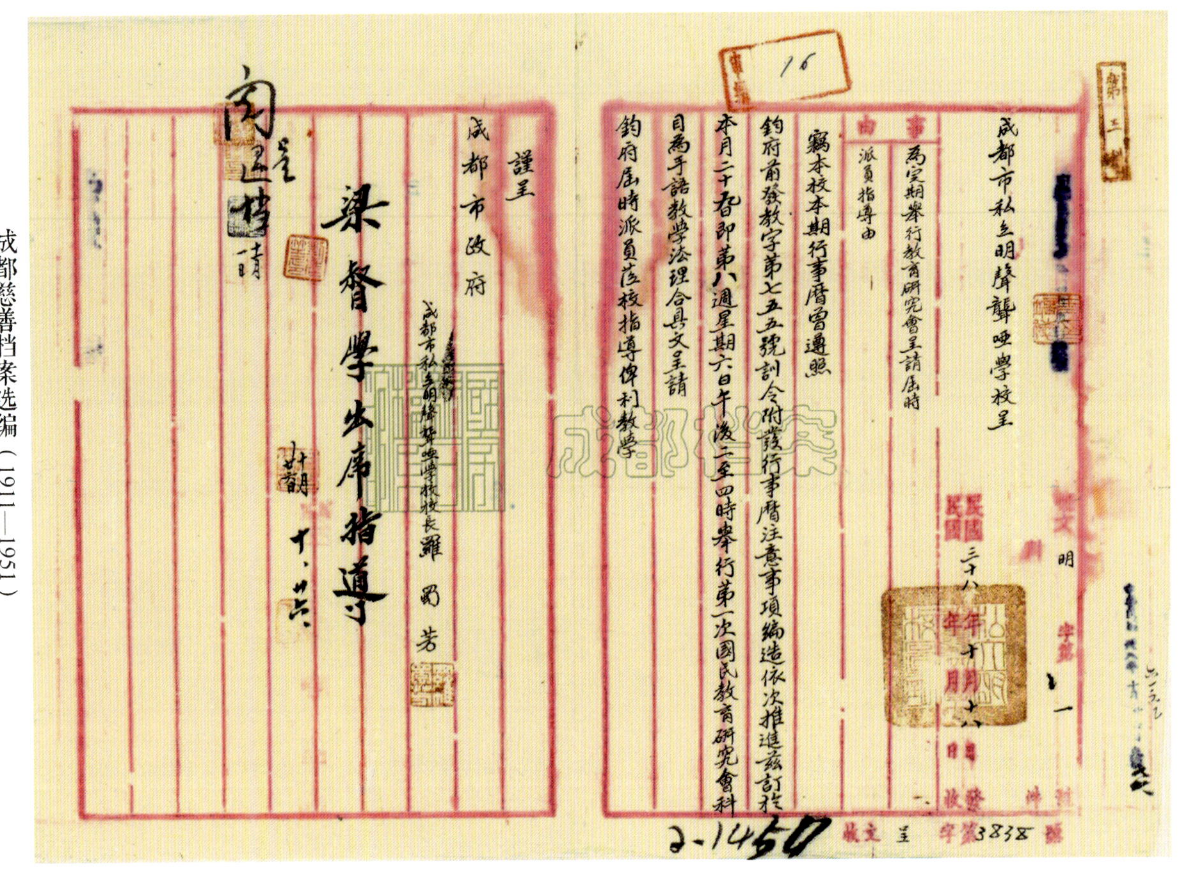

成都市私立明聲聾啞學校呈

事由：為定期舉行教育研究會呈請屆時派員指導由

竊本校本期行事曆曾遵照
鈞府前發教字第七五五號訓令附發行事曆注意事項編造依次推進茲訂於本月二十日即第八週星期六日午後二至四時舉行第一次國民教育研究會科目為手語教學法理合具文呈請
鈞府屆時派員蒞校指導俾利教學

謹呈
成都市政府

成都市私立明聲聾啞學校校長羅蜀芳

1947 年，知名盲聋教育家海伦·凯勒女士作盲聋教育考察，来信说想来成都参观。早年罗蜀芳从凯勒的自传中获得了很多启示，受益良多。可惜凯勒到了日本之后就病倒了，派她的秘书斯塔弗勒来蓉考察。斯塔弗勒参观学校后大为感动，认为以如此之少的经费、如此之短的时间取得如此的成绩非常不易。后来，海伦·凯勒也通过她的基金会向学校多次汇款表示支持。上图是罗蜀芳请国民教育研究会请派员莅临指导的呈文，意在宣扬学校、扩大影响。

7. 成都市私立明声聋哑学校送成都市政府关于因生活高涨校内开支不敷恳将本年度盲哑教育资拨给该校以作补助的呈

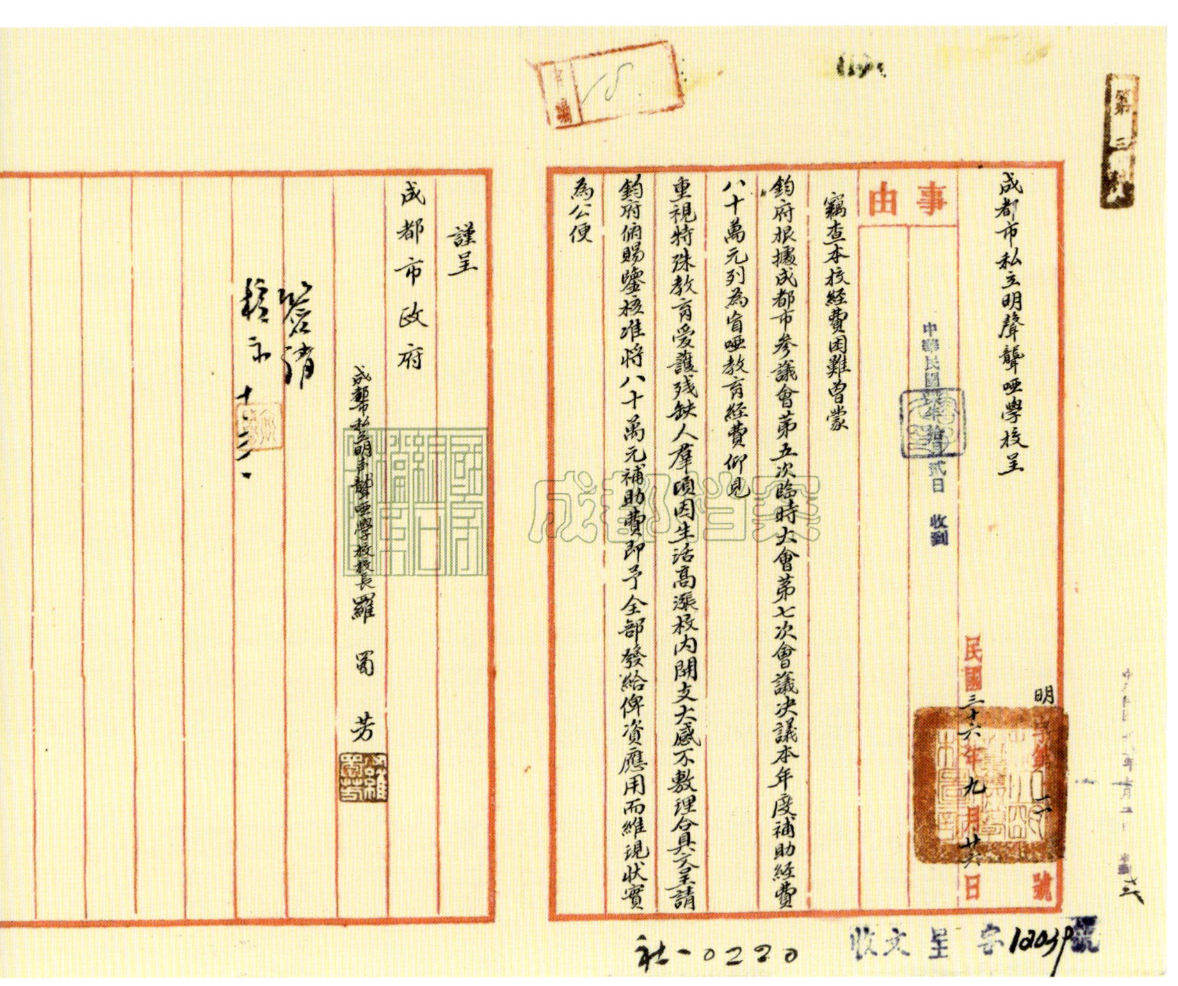

成都市私立明聲聾啞學校呈

明字第一一一號　民國三十六年九月廿六日

事由

竊查本校經費困難曾蒙
鈞府根據成都市參議會第五次臨時大會第七次會議決議本年度補助經費八十萬元列為盲啞教育經費仰見
重視特殊教育愛護殘缺人羣頃因生活高漲校內開支大感不敷理合具文呈請
鈞府俯賜鑒核准將八十萬元補助費即予全部發給俾資應用而維現狀實為公便

謹呈

成都市政府

成都市私立明聲聾啞學校校長羅蜀芳

社-0220　收文呈字1203號

当时成都人口约 60 万，而能收容这些盲哑儿童的学校不过两家（另一家为尹昌龄管理的瞽童教养所），远远不能满足聋哑儿童的需求。加之四川风气闭塞，民智未开，连年混战，经济凋零，防区四起，政府无暇顾及这群特殊的孩子，罗蜀芳所面临之困难可想而知。上图是罗蜀芳因为生活费用高涨、校内开支不敷，恳将本年度盲哑教育资拨给该校以作补助的呈。

8. 罗蜀芳送私立益州女子初级中学关于此次募捐蒙台端鼎力赞助得以顺利完本旨暨前途实深利颖除登报宣扬一案的函

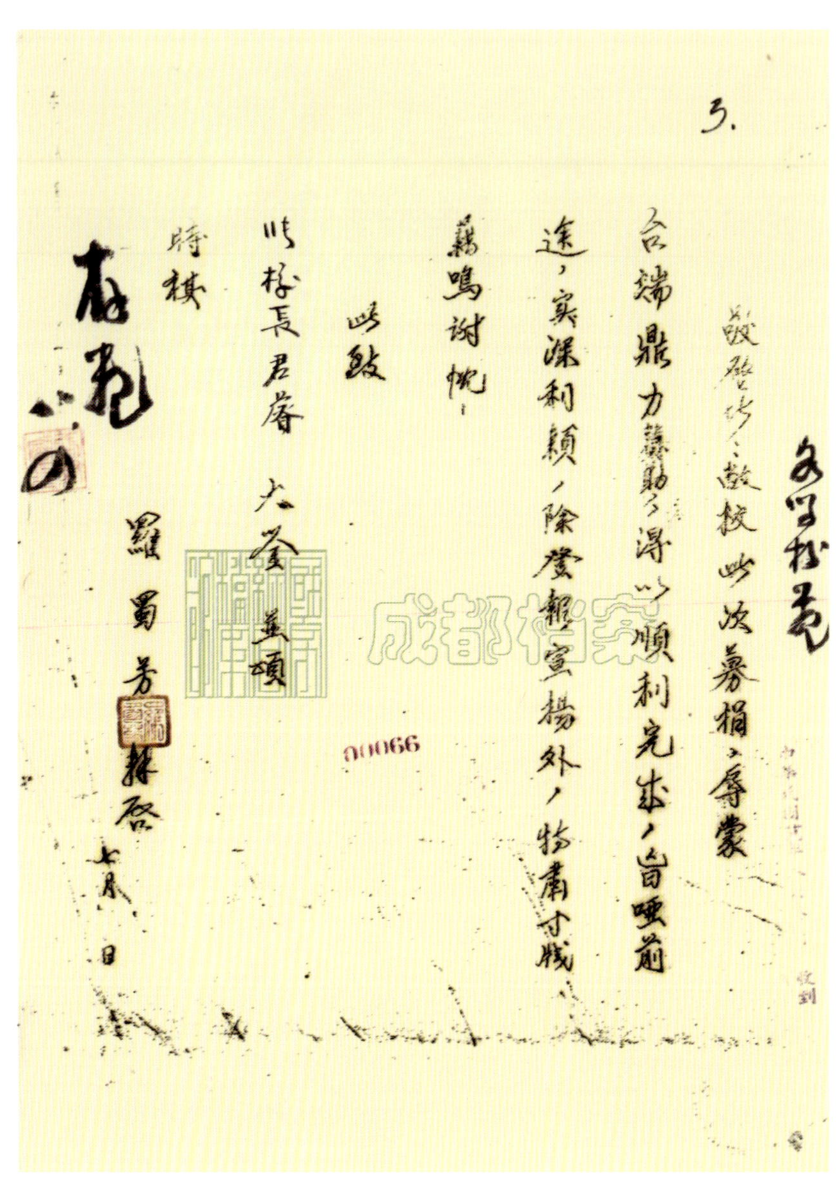

敬啓者：敝校此次募捐，辱蒙
台端鼎力贊助，得以順利完成，本旨暨前
途，實深利賴。除登報宣揚外，特肅寸箋，
藉鳴謝忱。
此致
校長君睿 大鑒 並頌
時祺
羅蜀芳 拜啓
七月 日

00066

（十三）战时儿童保育院

1937 年，日本发动全面侵华战争，东北、华北相继沦陷，在战争中失去父母的儿童处境更为悲惨，或死于战火之下，或倒毙在逃难途中。日本更有计划抢夺中国儿童，施以奴化教育，以达到亡国灭种的目的。中华民族到了最危急的时刻。

为了民族，为了孩子，为了将来，正如保育委员会主任曹孟君在《儿童保育工作之实践》中所谈：“战时儿童保育工作绝不是一般的慈善救济事业，这工作的最高理想是和中国国家前途与目前的民族解放的抗战连为一体的。”各界紧密团结起来，奔走动员，为拯救难童积极行动，得到了社会各界的广泛响应。

1938 年初，战时儿童保育会筹备会在汉口成立，公推李德全（冯玉祥夫人）为主任。为了更顺利地开展工作，后又将保育会置于宋美龄领导的中国妇女慰劳自卫抗战将士总会名下，儿童保育会的正式名称即为“中国妇女慰劳自卫抗战将士总会战时儿童保育会”。在那个风雨飘摇的年代，战时儿童保育院被称为“烽火中的摇篮”。这些难童长大之后，为纪念那段无法磨灭的童年记忆，创办了一份纪念杂志，名字就叫《摇篮》。

1. 战时儿童保育会保育院简章

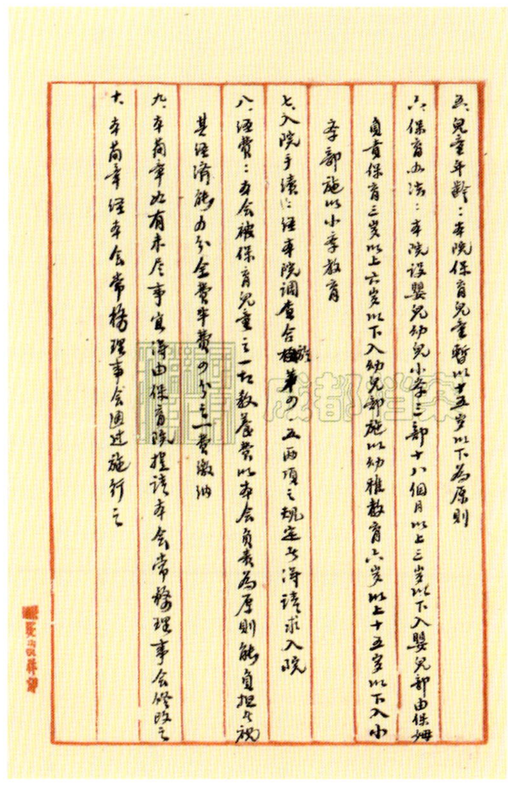

五、兒童年齡：本院保育兒童暫以十五歲以下為原則
六、保育辦法：本院設嬰兒幼兒小學三部，十八個月以上三歲以下入嬰兒部，由保姆負責保育；三歲以上六歲以下入幼兒部，施以幼稚教育；六歲以上十五歲以下入小學部，施以小學教育
七、入院手續：經本院調查合於第四、五兩項之規定者，得請求入院
八、經費：由總會按保育兒童之一切教養費以本會負責為原則，能負擔者視其經濟能力分全費、半費、四分之一費繳納
九、本簡章如有未盡事宜，得由保育院提請本會常務理事會修改之
十、本簡章經本會常務理事會通過施行之

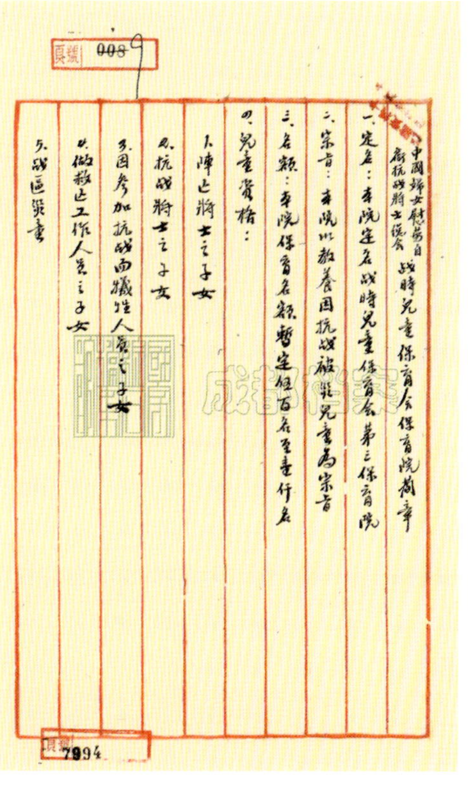

中國婦女慰勞自衛抗戰將士總會戰時兒童保育會保育院簡章
一、定名：本院定名戰時兒童保育會第三保育院
二、宗旨：本院以教養因抗戰被難兒童為宗旨
三、名額：本院保育名額暫定伍百名至壹仟名
四、兒童資格：
1. 陣亡將士之子女
2. 抗戰將士之子女
3. 因參加抗戰而犧牲人員之子女
4. 做救亡工作人員之子女
5. 戰區難童

战时儿童保育会成都分会下设四家保育院，即乐山的一院、郫县的二院、简阳的三院以及新津的四院。位于新津的四院存在时间最长。四院坐落在新津纯阳观内，利用嘉阳殿及大忠亭四周之廊坊 40 余间、殿宇 3 座、楼房 1 幢、作坊 1 通作为保育院校舍。

这里曾收教了 600 多位来自沦陷区的难童和本地的抗日军人子弟，按照年龄、学历分为建国团（一年级）、和平团（二年级）、信义团（三年级）、仁爱团（初小四年级）、忠孝团（高小五年级），后因部分儿童达不到入学年龄，又增设胜利团（幼儿园）。

四院教职员工与刘清扬理事的合影（杨若虚提供）

2. 中国回教救国协会四川省分会送成都西北中学关于据第二难童保育院回教学生沙作仪陶汉鼎请予保送函请成都西北中学援西北贫苦生免去学食各项费用予以收录查照一案的公函

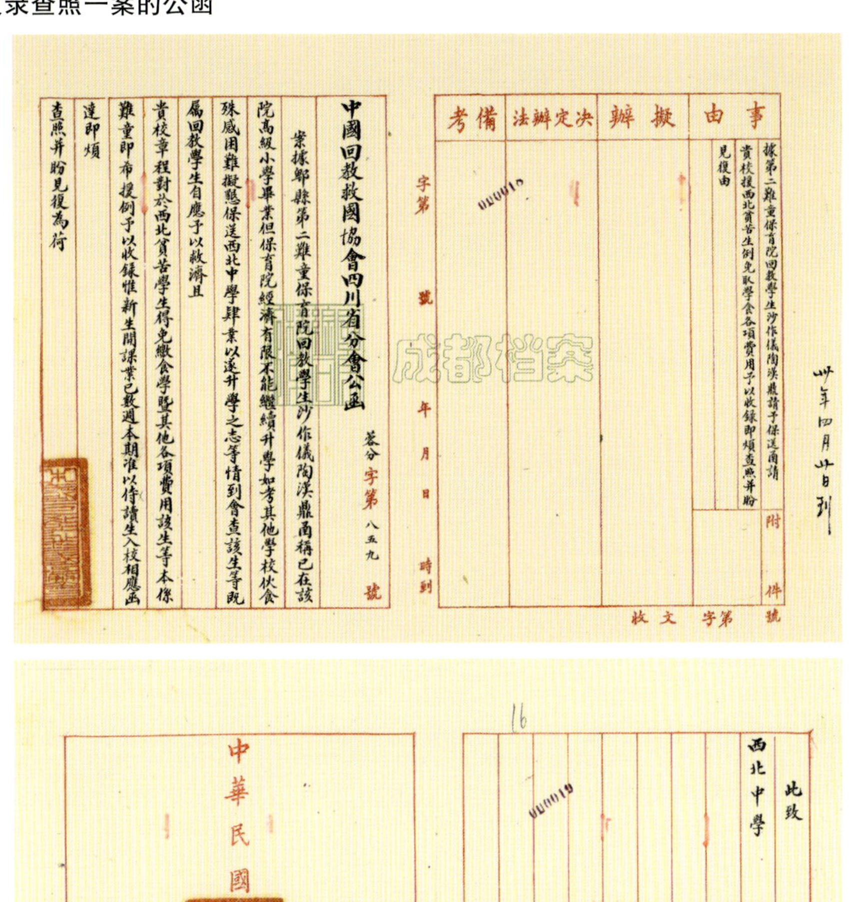

事由：據第二難童保育院回教學生沙作儀陶漢鼎請予保送函請貴校援西北貧苦生例免收學食各項費用予以收錄即煩查照并盼見復由

附件

擬辦

決定辦法

備考

字第 號 年 月 日 時到

收文 字第 號

卅年四月廿日到

中國回教救國協會四川省分會公函

蓉分字第八五九號

案據郫縣第二難童保育院回教學生沙作儀陶漢鼎函稱已在該院高級小學畢業但保育院經濟有限不能繼續升學如考其他學校伙食殊感困難擬懇保送西北中學肄業以遂升學之志等情到會查該生等既屬回教學生自應予以救濟且貴校章程對於西北貧苦學生得免繳食學暨其他各項費用該生等本係難童即希援例予以收錄惟新生開課業已數週本期准以待讀生入校相應函達即煩查照并盼見復為荷

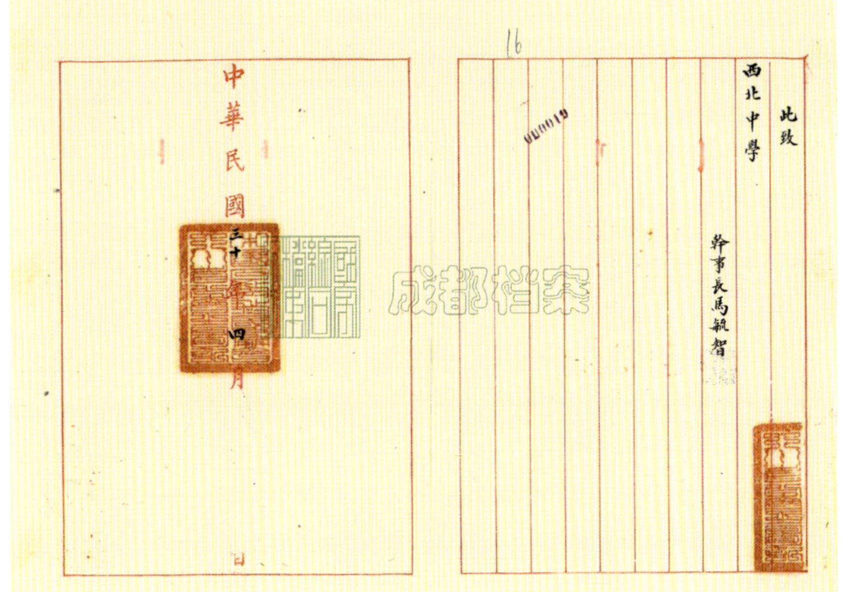

此致

西北中學

幹事長馬毓智

中華民國三十年四月 日

这些烽火中长大的孩子，格外珍惜来之不易的学习机会。据《战时儿童保育会八年总报告》统计，“历年来离院升学者共五千一百六十人，现升入大学者十七人、专科学校者五十四人，其中高中毕业离校者二百零四人。现尚在中学肄业者，尚有三千零八十人”。

3. 保育院成都分会送成都市西药业公会关于推举代表胡季岚先生来第三保育院慰问一案的函

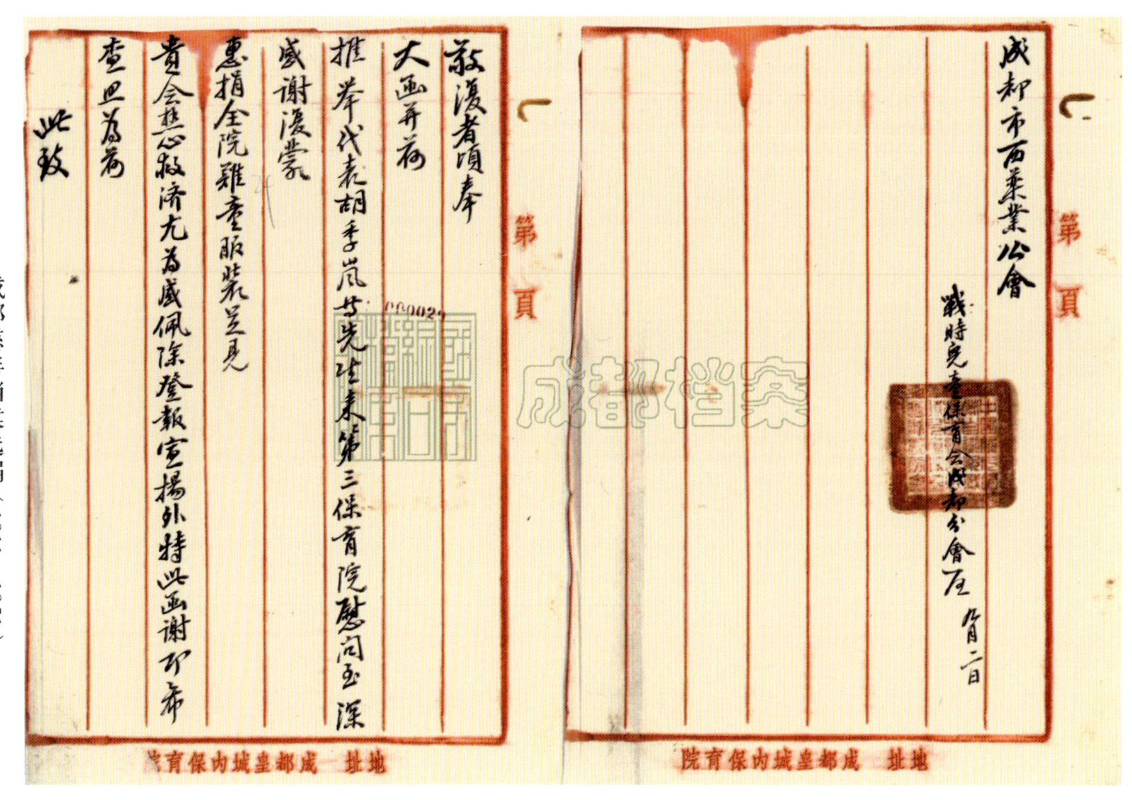
敬復者頃奉
大函并蒙
推舉代表胡季嵐先生來第三保育院慰問至深
感謝復蒙
惠捐全院難童服裝足見
貴會熱心救濟尤為感佩除登報宣揚外特此函謝即希
查照為荷
此致
成都市西藥業公會
戰時兒童保育會成都分會啟 九月二日

第 頁

地址 成都皇城內保育院

4. 成都市慈善会私立明志小学送成都市政府关于呈缴救济被难儿童捐款一案的呈文及收据

在艰苦的年代，社会各界都很关心这些难童，经常组织捐款、慰问活动。虽然有各界关心，但是就如《战时儿童保育院院歌》中唱的一样：“我们离开了爸爸，我们离开了妈妈，我们失掉了土地，我们失掉了老家。我们的大敌人，就是日本帝国主义和它的军阀。我们要打倒它，打倒它，打倒它，才可以回到老家。打倒它，才可以看见爸爸妈妈。”

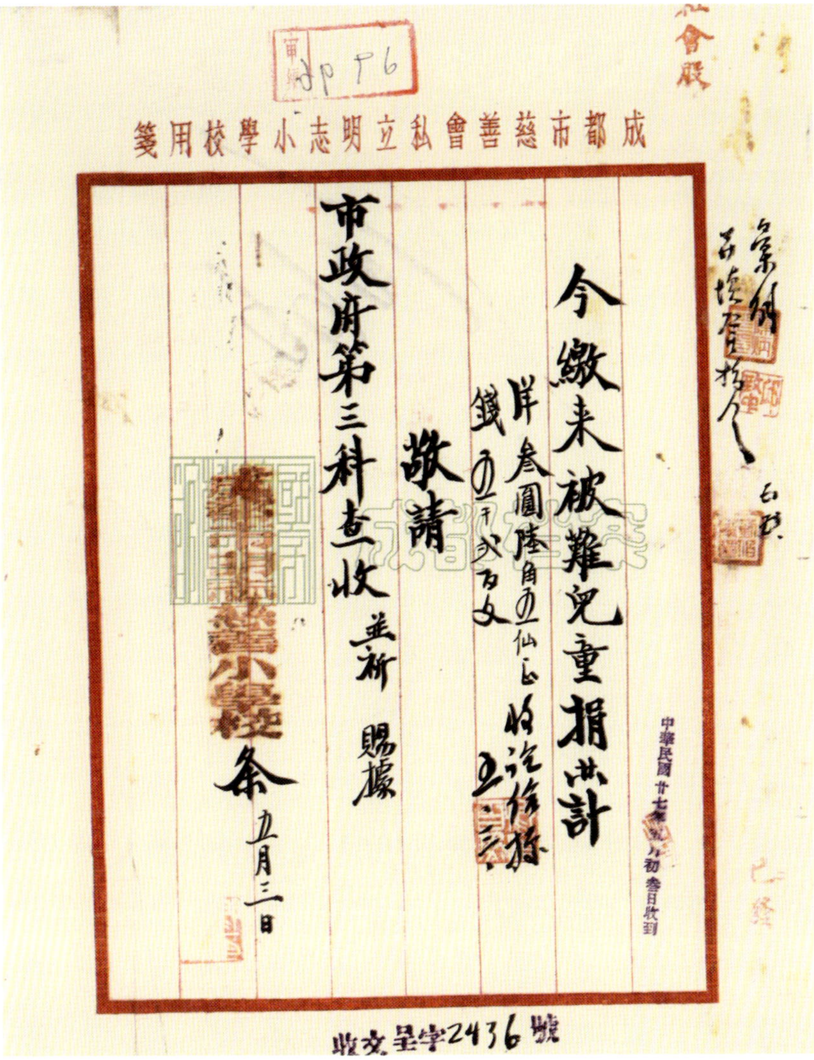

成都市慈善會私立明志小學校用箋

今繳来被難兒童捐洪計
洋叁圓陸角五仙正 作法幣
錢五千弍百文
敬請
市政府第三科查收 並祈 賜據
条
五月三日

中華民國廿七年五月初叁日收到

收文呈字2436號

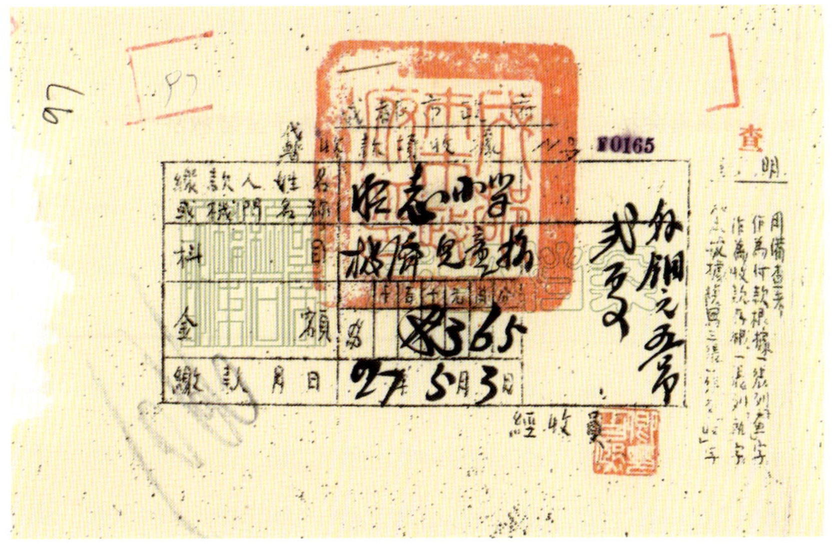

成都市政府收款據 F0165

繳款人姓名或機關名稱	明志小学
科目	被難兒童捐
金額	365
繳款月日	27年5月3日

經收員

5. 保育院儿童毕业证书

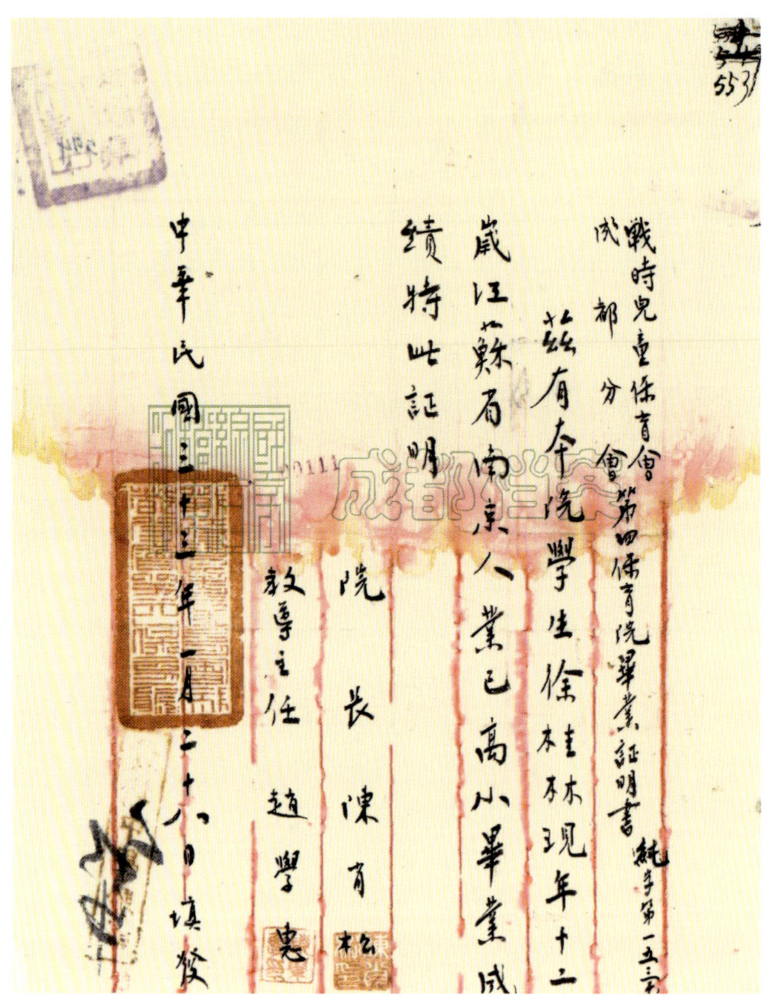
戰時兒童保育會成都分會第四保育院畢業證明書　純字第一五三

茲有本院學生徐桂林現年十二歲江蘇省南京人業已高小畢業成績特此証明

院長　陳肖松

教導主任　趙學[illegible]

中華民國三十三年一月二十八日填發

档案中的院长陈肖松为四院第二任院长，毕业于金陵女子大学，为人严谨，要求严格，抗战胜利后获得抗日战争胜利勋章，也是全国 12 位被授勋的保育院院长之一。保育院院长大多为女性，她们被保育生亲切地称为“妈妈”。

1946 年 9 月 15 日一 21 日，保育总会总会在《新华日报》上连续刊登《战时儿童保育会结束启事》。由此，四院也大抵在 1946 年结束了儿童保育工作。根据复员计划，其院内儿童基本去向包括如下几个方面：

（1）将有家而在院内的保育生和习艺生遣送回家。

（2）无家者分别移交国民政府社会局，由当地育幼院继续教养。

四院自 1938 年成立至 1945 年抗战胜利期间，共救助收容难童及军人子弟 500 ~ 600人。

（十四）成都义仓委员会

义仓，又有社仓之说，由于仓库设在“闾巷”，由“社司”管理，所以也叫“社仓”。隋开皇五年（585），长孙平首创义仓。据《隋书·长孙平传》记载：“开皇三年，平见天下州县多罹水旱，百姓不给，奏令民间每秋家出粟麦一石已下，贫富差等，储之闾巷，以备凶年，名曰义仓。”

南宋时期，朱熹感于当时义仓运作中粮食储存的时间限制，于孝宗乾道四年（1168）于福建崇安创“社仓法”，允许贫困居民在正常年景借贷义仓粮食，秋季加息归还，如果遇到灾荒，则进行减免，史称“朱熹社仓法”。“朱熹社仓法”的创立，使得义仓具备了公益行金融借贷的功能，因此朱熹成为中国古代的“仓祖”。（常竹青《义仓的历史概述》）

1. 成都义仓委员会简章

义仓的日常事务主要是粮仓维护管理、春秋二季的借贷和收粮、对当地贫困民众的救助、对社区公共事务如义学及教育的资助等。遇到丰年需要平粜或换粮的时候，则需要由地方政府出面，邀请地方绅士组成监督委员会，共同协商制定价格，并公开接受社会监督。而遇到灾年，需要开仓赈灾或者设立粥厂，也需要地方政府出具公文，邀请地方绅士公开主持。遇到特别大的饥馑之年，中央政府也会出具相关的政策指导义仓赈灾。（常竹青《义仓的运作机制及社会价值》）

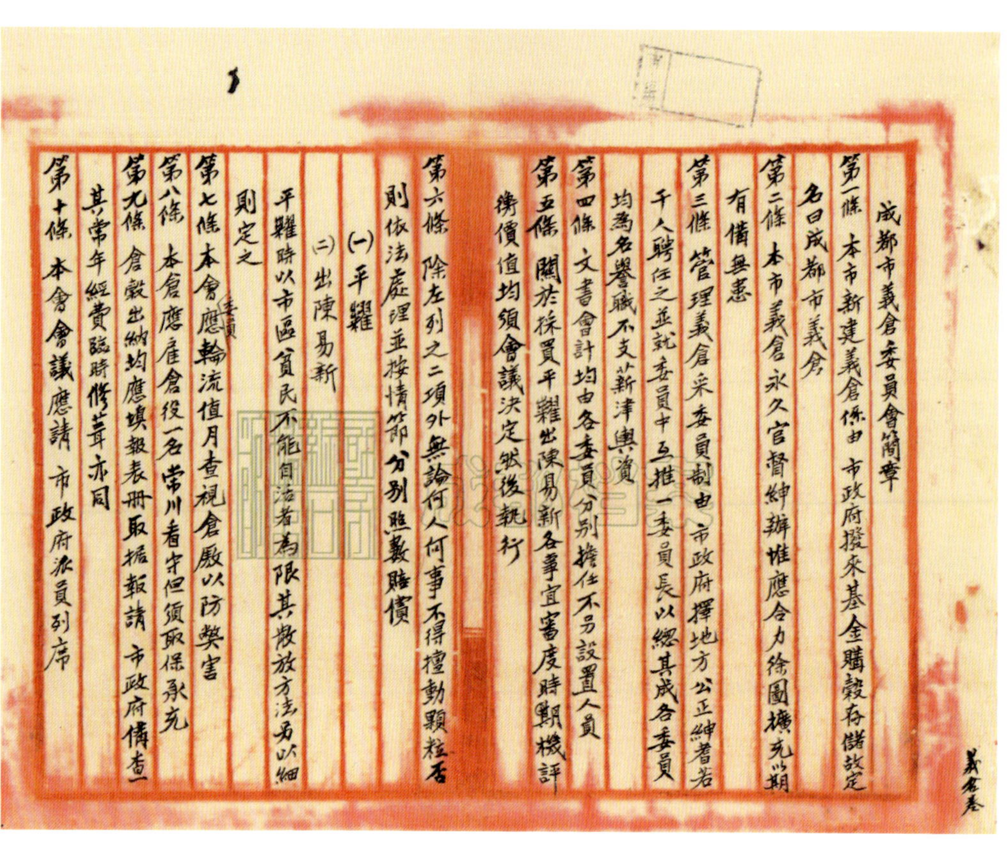
成都市義倉委員會簡章
第一條 本市新建義倉係由 市政府撥來基金購穀存儲故定名曰成都市義倉
第二條 本市義倉永久官督紳辦惟應合力保護擴充期有備無患
第三條 管理義倉采委員制由 市政府擇地方公正紳耆若干人聘任之並就委員中互推一委員長以總其成各委員均為名譽職不支薪津與資
第四條 文書會計均由各委員分別擔任不另設置人員
第五條 關於採買平糶出陳易新各事宜審度時期機詳衡價值均須會議決定然後執行
第六條 除左列之二項外無論何人何事不得擅動顆粒否則依法處理並按情節分別照數賠償
(一)平糶
(二)出陳易新
平糶時以市區貧民不能自活者為限其散放方法另以細則定之
第七條 本會應（委員）輪流值月查視倉廒以防弊害
第八條 本倉應雇倉役一名常川看守但須取保承充
第九條 倉穀出納均應填報表冊取据報請 市政府備查其常年經費臨時修葺亦同
第十條 本會會議應請 市政府派員列席

義倉卷

第十一條 本會委員以 年為任期期滿函請 市政府改聘其續聘者得連任充之
第十二條 本會事務交替時應取總結報請 市政府備查
第十三條 本會對於 市政府往來公文用函由委員長署名但遇連帶關係事件應由經手委員或連帶關係人副署
第十四條 本簡章經議決後即日實行其有未盡事宜得隨時提議開會修改

2. 成都义仓委员会委员名单

成都义仓委员会采取“官督绅办”的方式，委员会委员名单中能看到尹仲锡、洪幼三、刘咸荥等知名士绅的名字。

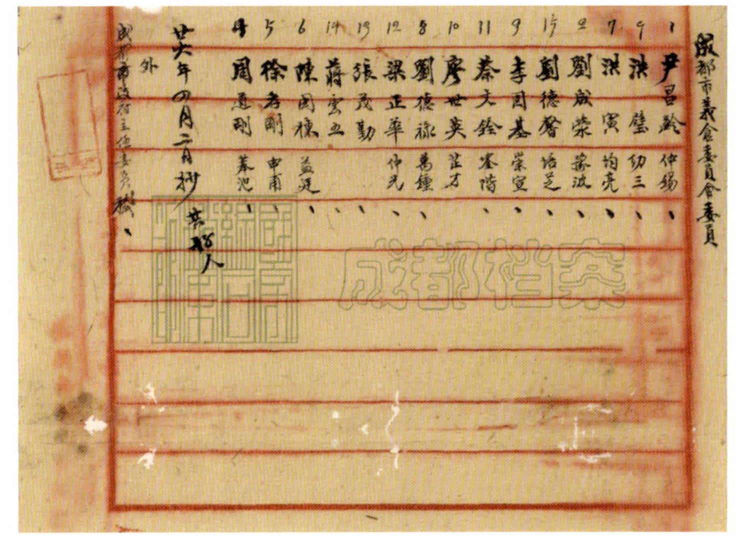

成都市義倉委員會委員

1 尹昌齡 仲錫、
9 洪鎣 幼三、
7 洪寅 約亮、
2 劉咸榮 豫波、
15 劉德馨 怡芝、
9 李同基 崇寶、
11 蔡文銓 峯階、
10 廖世英 芷方、
8 劉德祿 禹鍾、
12 梁正華 仲光、
13 張茂勛、
14 蔣雲山、
6 陳國棟 益廷、
5 徐孝剛 中甫、
4 周道剛 慕池、

外 成都市政府主任委員 一、

廿六年四月二日抄 共18人

3. 各地方义仓管理规则

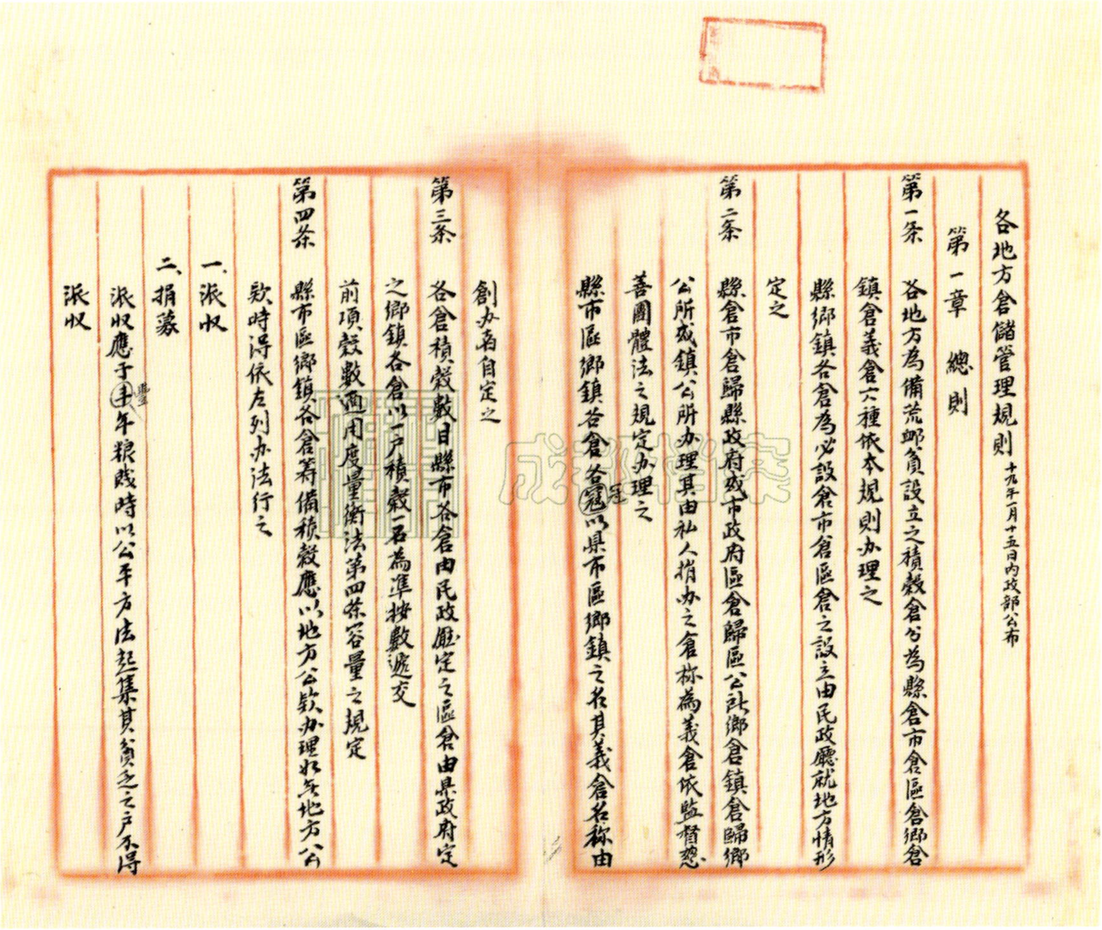

各地方倉儲管理規則 十九年一月十五日内政部公布

第一章 總則

第一条 各地方為備荒卹貧設立之積穀倉分為縣倉市倉區倉鄉倉鎮倉義倉六種依本規則办理之

縣鄉鎮各倉為必設倉市倉區倉之設立由民政廳就地方情形定之

第二条 縣倉市倉歸縣政府或市政府區倉歸區公所鄉倉鎮倉歸鄉公所或鎮公所办理其由私人捐办之倉称為義倉依監督慈善團體法之規定办理之

縣市區鄉鎮各倉各冠以県市區鄉鎮之名其義倉名称由創办者自定之

第三条 各倉積穀數目縣市各倉由民政廳定之區倉由県政府定之鄉鎮各倉以一戶積穀一石為準按數遞交

前項穀數適用度量衡法第四条容量之規定

第四条 縣市區鄉鎮各倉籌備積穀應以地方公款办理如無地方公款時得依左列办法行之

一、派收

二、捐募

派收

派收應于豐年粮賤時以公平方法起集其貧乏之户不得

第二篇 主要慈善团体

捐募應向殷實民户或熱心公益之人勸募之
派收及捐募倉穀應以本色照收
派收或捐募完竣後應造具出穀人姓名及穀數清單榜示
第五条　縣市區鄉鎮各倉積穀不得挪作別用或變價存儲其依法
使用之倉穀須於一年內填還
第六条　縣市區鄉鎮倉穀應由縣長市長區長鄉長鎮長各自
負責管理并由地方各推舉公正士紳三人至五人協助之
前項管理遇縣長市長區長鄉長鎮長交替時均應依交代
程序辦理
第七条　縣市政府應于每年一月三十日以前彙開縣市各倉及縣政府
以下之區鄉鎮各倉上年積穀總數報由民政廳彙開全省各
縣市積穀總數請冊送由省政府備案并轉内政部備案

第二章　縣市倉

第八条　縣倉市倉應於縣政府或市政府所在地設立之
第九条　縣市各倉應用舊有倉廒或以官倉改建新倉
前項倉廒之建築及修葺費由地方公款開支之
第十条　縣市政府對於左列事項須呈經民政廳核准備案
一、倉廒之建築及修葺事項
二、倉穀之派收或募捐事項
三、倉穀之出入及以陳易新事項
四、倉穀之管理事項
第十一条　縣市倉穀之使用依左列辦法行之
一、平糶
二、散放
第十二条　縣市各倉收放倉穀時須由縣政府或市政府約集地方法團
代表監視之

第三章　區鄉鎮倉

第十三条　區鄉鎮各倉應於區公所鄉公所鎮公所所在地設立之
第十四条　區鄉鎮各倉得以公共寺廟或房舍充之
倉廒之建築及修葺費由區鄉鎮公款開支之
第十五条　區鄉鎮各公所對于左列事項區公所應呈經縣政府鄉公所鎮
公所應呈經區公所核准備案
一、倉廒之建築及修葺事項
二、倉穀之派收或捐募事項
三、倉穀之出入及以陳易新事項
四、倉款之管理事項
區公所對於鄉鎮公所辦理前項第二款及第三款事項應轉
請縣政府核准其第一款及第四款事項應彙報縣政府備案
第十六条　區鄉鎮倉穀之使用依左列辦法行之
一、貸與

二、平糶
三、散放
前項貸與總数以所存倉穀三分之一為限于每年青黃不接時准各貧户告貸俟新穀登場按分加息将本利併归倉

第十七条 區鄉鎮各倉收放倉穀時區倉由區公所呈請縣政府派員驗視鄉鎮各倉由鄉公所或鎮公所呈請區長驗視之

第十八条 區鄉鎮各倉儲穀數量每年終時區倉由區公所報縣政府鄉鎮各倉由鄉公所或鎮公所報經區公所轉報縣政府備案

第四章 義倉

第十九条 各地方義倉除依監督慈善團体法及監督慈善团体法施行規則办理外其設于區鄉鎮者并應分報當地區公所鄉公所鎮公所查考

第二十条 義倉儲穀之使用由管理人依左列办法酌定行之
一、貸與
二、平糶
三、散放
前項第一款貸分收取息时須比照第十六条不得超過一分第二款平糶供給須經主管官署之核准

第二十一条 義倉儲穀數量每年終時應報主管官署查考

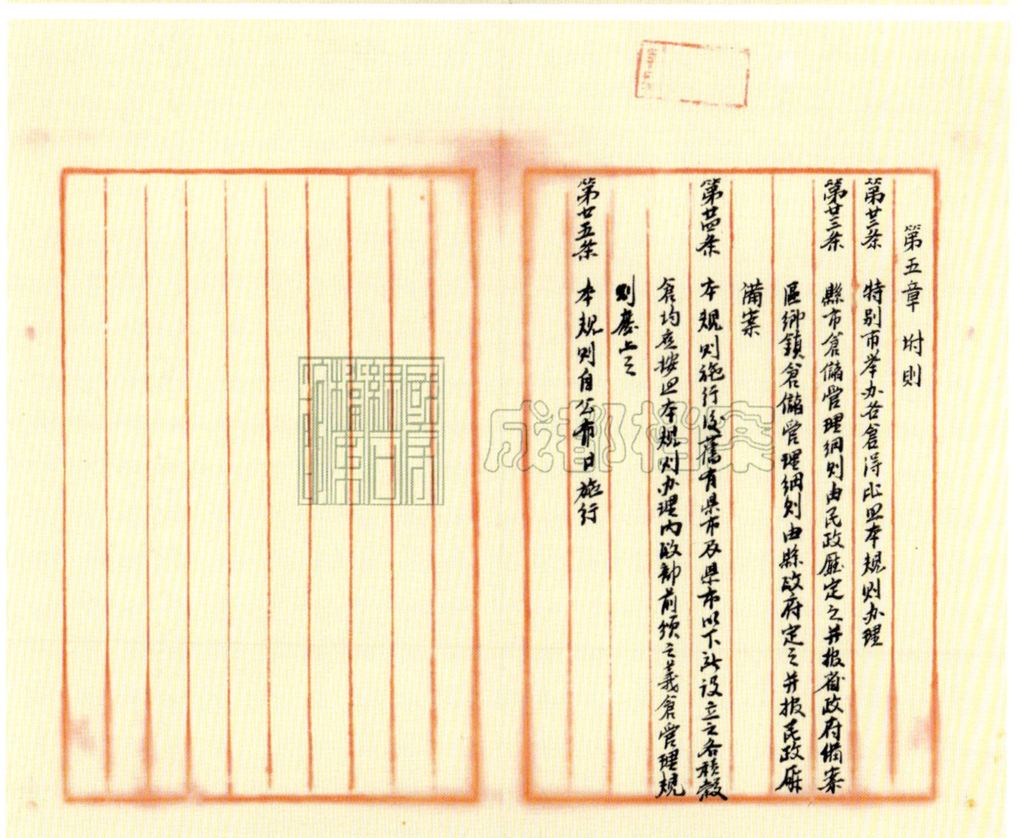

第五章 附則

第廿二条 特別市普办各倉得比照本規則办理

第廿三条 縣市倉儲管理细則由民政廳定之并報省政府備案區鄉鎮倉儲管理细則由縣政府定之并報民政廳備案

第廿四条 本規則施行後舊有縣市及縣市以下所設立之各積穀倉均應按照本規則办理內政部前頒之義倉管理規則廢止之

第廿五条 本規則自公布日施行

义仓的具体运作有一套规范和组织流程。一般义仓在设立时会有一个章程，并成立义仓组织机构，早期的义仓管理一般由里、社长代为管理，清代至民国，义仓的管理制度也逐渐成熟和完善化。

宋代至清代，义仓的组织往往和保甲制度结合在一起，南宋以后均遵循朱熹所创立的“社仓法”进行运作，即十户为一甲，甲推举一人为首，五十甲推举一公平晓事者为社首。社首作为代表参与地方义仓的具体事务。

民国时，义仓有一个绅董会，由地方绅士推举产生，有一定的任期，绅董会选出仓正、仓副，并设立会计和庶务，管理日常事务。以陕西大荔丰图义仓为例，本地组织同义义会会同地方机关、十四局绅士推举出仓绅 6 人，相当于理事会成员。同义文会虽然拥有义仓的所有权，但是并不能直接管理义仓，只具有监督功能。仓绅 6 人选出仓正 1 人、仓副 1 人共同管理丰图义仓，并聘请会计 1 人和庶务 1 人负责日常事务，其中会计和庶务有固定的薪水，而仓正仓副及其他仓绅则为义务，并不领薪水。（常竹青《义仓的运作机制及社会价值》）

其他慈善团体与慈善活动

（一）成都市各个慈善会名称、地址等简要情况表

成都市慈善團體（續）

團體名稱	地址	負責人姓名	會員人數	成立年月 年	成立年月 月
孝德慈善會	通惠門街	王伏陽	133	21	1
從心慈善會	九龍巷七十四號	顧廷璋	186	21	1
玉叅慈善會	石馬巷	洪幼三	328	20	1
善濟慈善會	正府街火神廟	朱　瑛	57	22	7
志心慈善會	純化街關岳廟	雷雨滋	69	21	1
東益慈善會	北糠市街	康紹鴻	76	22	7
覺迷慈善會	新街後巷子十五號	楊幼仁	34	25	9
真心慈善會	染靛街四十八號	賴先福	43	22	7
明性慈善會	東大街火神廟	王元亨	56	21	5
仁德慈善會	上羅鍋巷	陳晨三	65	22	12
忠孝慈善會	北門玉泉街	龔伯勳	332	21	1
明德慈善會	東御河北街一百三十二號	王萬珍	82	21	5
立人慈善會	燈籠街一百零六號	相　文	41	22	3
覺靈慈善會	新開寺一百零五號	張霞村	51	25	9
真誠慈善會	外南大慈寺	唐春圃	185	21	1
固本慈善會	千祥寺	周海泉	22	20	5
大中慈善會	東御河北街四十六號	張玉藻	25	25	11
通儒慈善會	書院南街	李瑞生	28	25	5
真如軒慈善會	正通順街二十八號	姚在聰	71	25	9
四川省慈善救濟會	鹽市口街	陳益廷	56	20	4
[illegible]崇德慈善會	攬扒街	龐建中	68	25	9
崇善慈善會	新[illegible]街八十三號	彭嶽源	48	25	9
全川慈善事務所	慈惠堂街	孫德操	46	19	6

材料來源：根據本府社會科調查材料編製

成都市慈善團體

三十六年十二月

團體名稱	地址	負責人姓名	會員人數	成立年月	
				年	月
四川善团联合會	純化街關岳廟	洪劭三		18	3
明善慈善會	三槐樹街	譚思勛	39	24	10
崇善慈善會	觀音寺	朱鑰屏	33	21	1
積仁慈善會	外東川主廟	王劍鳴	127	21	5
兩儀慈善會	金玉街	謝德堪	151	21	5
普利慈善會	南門太平街	陳紹卿	33	21	8
中利慈善會	馬家巷四十九號	張宇明	117	20	1
宏筏慈善會	紅廟子街	楊德昌	75	21	1
中西組合慈善會	永興街十四號	王　政	46	11	6
至誠慈善會	釋伽庵	吳椎誠	96	15	3
樂善公所	純化街延慶寺	顏如愚	27	26	4
明道慈善會	外南金沙寺	黃崇廷	671	11	11
樂濟慈善會	外西月城街關帝廟	梁渝之	24	21	1
忠義慈善會	南府街川主廟	羅仲麒	47	21	1
三益慈善會	北門馬道街彌勒庵	徐吉隆	60	18	2
崇倫慈善會	前衛街	龔錫純	160	18	7
正心堂慈善會	大科甲巷	王道基	247	19	4
敦孝慈善會	西南順街五十五號	文顯達	221	10	6
輔善慈善會	華嚴巷二十二號	辜顯臣	79	13	8
孝仁慈善會	磨子街青蓮巷	夏玉書	43	26	4
品德慈善會	染房街	王　詢	31	21	5
躬仁慈善會	惜字宮街	蔣恩傅	41	25	7
與人同慈善會	東御街二百一十七號	戴相卿	80	21	5
與人同慈善會	外東三元街	夏玉書	20	21	5
康化慈善會	北門外城隍廟側	胡運熙	176	25	9

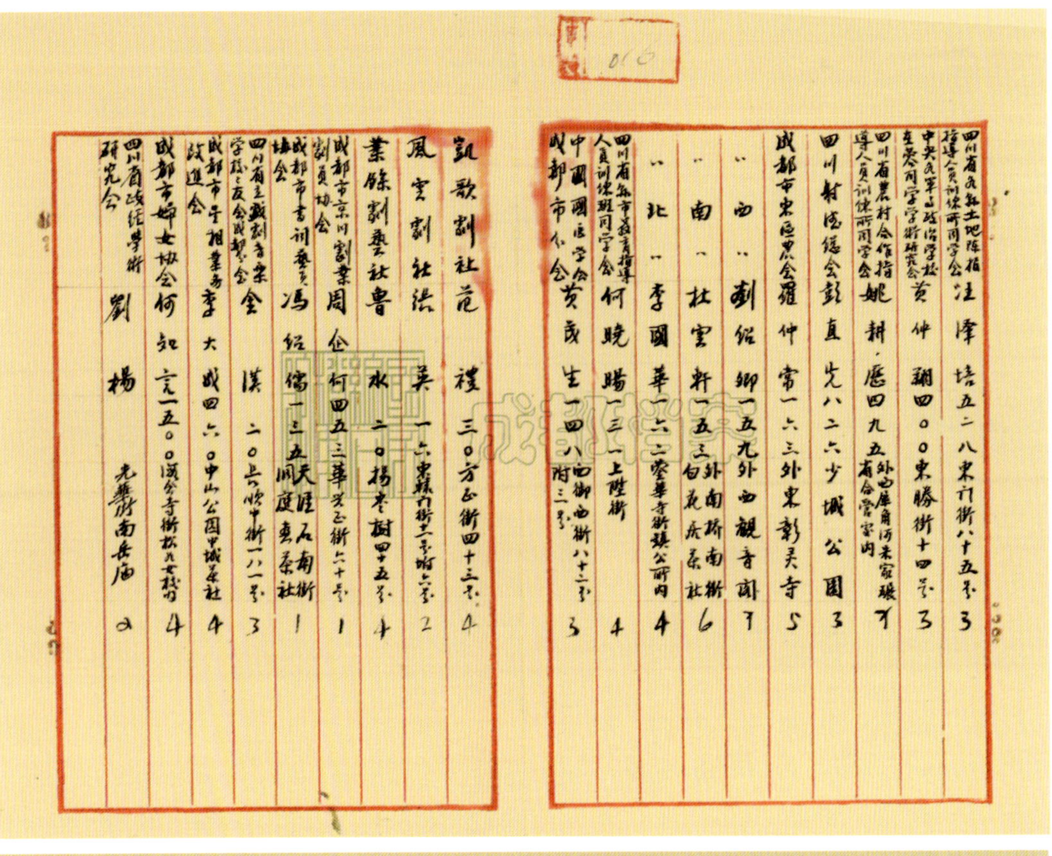
四川省民众土地陈报指导人员训练所同学会 汪泽培 五二八 东门街八十五号 3
中央民军政治学校在蓉同学学术研究会 黄仲翔 四〇〇 东胜街十四号 3
四川省农村合作指导人员训练所同学会 姚耕·应 四九五 外西厂角河禾宫堤 7
四川射德会 彭直先 八二六 少城公园 3
成都市东区东会 罗仲常 一六三 外东彭天寺 5
〃西〃 刘绍乡 一五九 外西观音阁 7
〃南〃 杜云轩 一五三 外南桥南街 6
〃北〃 李国华 一六二 紫华寺街镇公所内 4
四川省各市县指导人员训练班同学会 何晓暘 一三一 上陛街 4
中国国医学会成都市分会 黄成生 一四八 西御西街八十二号附三号 3

凯歌剧社 范禮 三〇 方正街四十三号 4
风云剧社 洪英 一六 东糠市街七十号附六号 2
业余剧艺社 曹水 二〇 杨柳树四十五号 4
成都市京川剧业剧员协会 周企何 四五三 华兴正街六十号 1
成都市书词艺员协会 冯绍儒 一三五 天涯石南街 1
四川省立戏剧音乐学校校友会戏剧艺术促进会 金汉 二〇 上西顺城中街一八一号 3
成都市平剧业务改进会 李大成 四六〇 中山公园中城茶社 4
成都市妇女协会 何知言 一五〇〇 湖公寺街廿九号 4
四川省政治学术研究会 刘杨 光华街南岳庙 2

志心慈善会 冯直甫 一四一 纯化街关岳庙内 2
中和〃 易月九 九八 马家巷街七十六号 1
真元轩〃 姚生聪 三七 正通顺街三十一号 4
大成〃 朱钧章 三七 内姜街二十六号 4
仁德〃 陈畏三 六一 上锣锅巷三十六号 4
明德〃 舒正恩 九〇 东御河沿街七十四号 4
体仁〃 李文斌 三五 广云南街惜字宫庙内 1
中西组合〃 王放 一一八 永兴街十四号 3
崇善 向颐天恩 五八 君平街一六五号 5
宝慈佛学社 刘邦俊 一七 九状元街 2

忠义慈善会 罗仲麒 四八 南府街川主庙内 2
玉泰慈善会 洪幼 三一七 石马巷 4
丹缘〃 李仲存 八 一贯巷子 3
文圣忠恕〃 李仲策 九〇 桂王桥东街四十九号 1
崇德〃 刘嗣卿 九七 提督街 1
四川省儒教通儒慈善会 马瑞笙 六六 书院南街八号 1
三益慈善会 侯翊森 二八四 马道街保勒巷口 1
益寿〃 姜健安 下西顺城街 2
视民〃 熊三文 五五 惜字宫南街一号 1
五圣关济庵〃 周嘉和 八六 西御河沿街四十八号 3

学术团体

名称	常务理事姓名	会员人数	会址	备
蜀华中学校外同学会	向道骥	二七四	蜀华街蜀华中学内	3
蜀华中学蜀友学术研究会	李维钧	七四	外西草市桥蜀华中学内	3
南薰中学同学会	曾君华	一五二二	外西南薰路南薰中学校	3
成都市国医公会附设训练班同学会	刘南董	一六一	成会寺三十五号中医公会内	4
成都市知行学会	文劢诗	七二	东城根街辟坊巷四号文化服务社	3
石室学会	吕立南	三〇〇	青马街二十三号	2
中华基督教青年会	黄岛皓	三八七二	春熙路北段	1
中华文学研究会	洪曼若	四〇	小红土地庙街文坊巷三号	4
中国西法比瑞同学会成都分会	吴家铸	一三五	督院街西安里一号	2
中国复兴学会成都分会	刘政曹	一〇〇	庆云南街一号	1
武昌中华大学校友会四川省分会	邓振邦	一〇五	三义祥北街时代村二十二号	1
成都市壮丁干部训练班同学会	唐恩孝	二三五	北东街四十三号附三号	4
中国佛学会成都分会	韩清源	二五〇	青年路福祖庙	2
四川彭氏联宗自治会	彭光汉	四〇七	文庙后街六十三号	2
成都市草药改进会	甘宝	二六九	梨花街天华茶楼内	2
中华民国红十字会成都分会	王放	八三〇	东桂街四十三号	2
成都市医师公会	黄岛皓	五二	吴林北二街育民第九医院	1
成都市中医公会	谢铨镕	九七五	成会寺街三十五号	4
成都市宣讲业务改进会	商庆宸	六一	大墙东街永康茶社	4

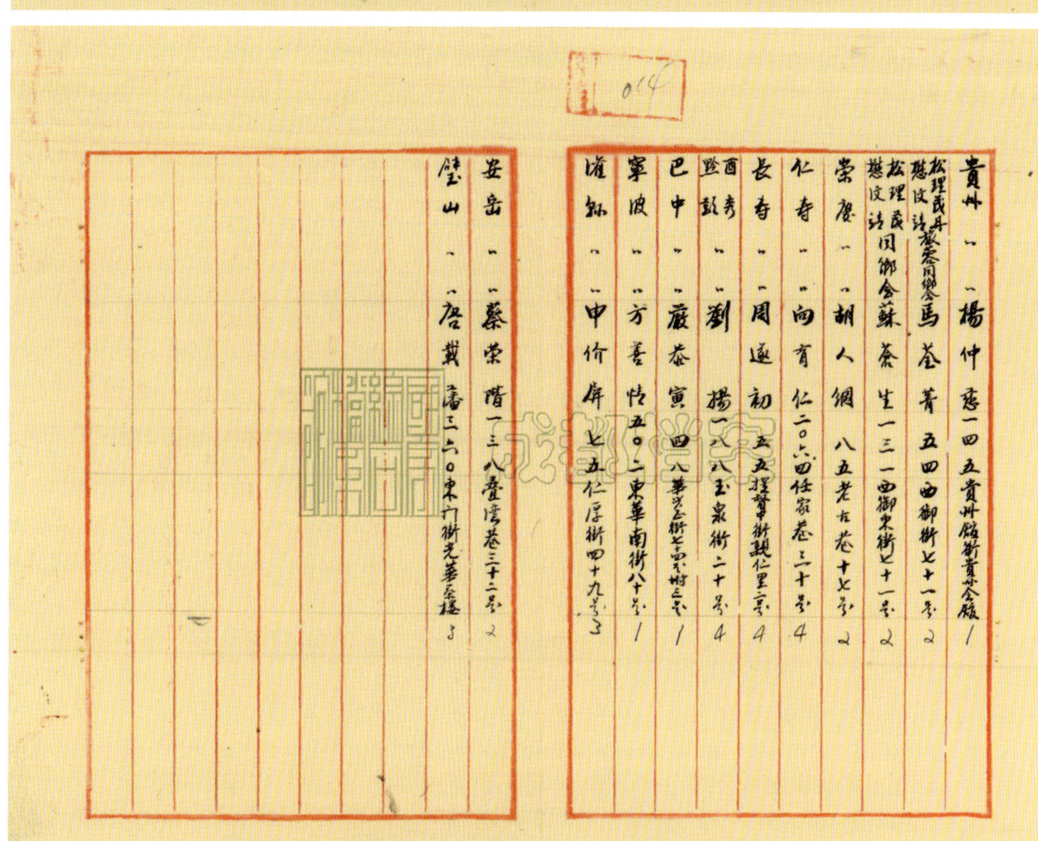

名称	常务理事姓名	会员人数	会址	备
贵州 〃 〃	杨仲恭	一四五	贵州馆街贵州会馆	1
松理茂丹懋汶靖旅蓉同乡会	马荃菁	五四四	西御街七十一号	2
松理茂懋汶靖同乡会	苏荼生	一三一	西御东街七十一号	2
崇庆 〃 〃	胡人纲	八五	老古巷十七号	2
仁寿 〃 〃	向育仁	二〇六四	任家巷三十号	4
长寿 〃 〃	周逐初	五五	提督街观仁里三号	4
酉秀黔彭 〃 〃	刘扬	一八八	玉泉街二十号	4
巴中 〃 〃	严蔡寅	四八	华兴正街七十四号附三号	1
宁波 〃 〃	方善恬	五〇二	东华南街八十号	1
潼绵 〃 〃	中价屏	七五	仁厚街四十九号	3
安岳 〃 〃	蔡荣阶	一三八	叠云巷三十二号	2
璧山 〃 〃	唐戴藩	三六〇	东门街光华茶楼	3

2.同乡会

名	负责办理人姓名	会员人数	会址	備攷
郫县旅蓉同乡会	吴志凌	六三	青莲巷十二号	2
资阳县〃〃	张文鼎	二一八三	九思巷犹增一号	3
珙县〃〃	彭寿	九一三六	中山公园中城茶社	4
名山县〃〃	高合傑	九〇	东门街一五七号	3
江苏〃〃	杜澐		内姜街七十号	4
山东〃〃	刘书铭	五四二	华西坝齐鲁大学	6
剑阁〃〃	罗崑蕃		锦江街八十号	1
蓬溪〃〃	黄笃生	五八	提督东街五十九号	4
安县〃〃	吴献	一〇九	内姜街六十三号	4
温江〃〃	李涪芳	二五五	将军街三十七号	3
四川省外县同乡联谊会	唐宗尧	三〇〇	内姜街六十三号	4
什邡同乡会	马仲眉	三五六	三道街五十一号	3
安岳〃〃	杜澐	二八六	祠堂街北新书局	3
南川〃〃	任洪漪	四一	盐市口街四十二号	2
射洪〃〃	蒲谷邨	二九〇	窄巷子	3
简阳〃〃	刘肇乾	七八五	正府街八十五号	4
綦江〃〃	庄星泽	一七〇	鼓楼北二街五十三号	4
荣昌〃〃	卿克用	一八二	忠烈祠南街五十七号	4
蓬溪〃〃	冯真武	四〇九	玉龙街一八五号	4
明性〃〃〃	王焯波	五四	下南大街南家里内	2
康化〃〃〃	郑次琴	一八四	外北城隍巷	8
四仪一元〃〃〃	张镜蓉	一七七	金玉街浙江会馆内	1
明德惜字〃〃〃	蔡沆江	四〇	新半边街七十二号	2
三义〃〃〃	李时品	五六	提督东街	4
同本〃〃〃	曹乾安	一一〇	千祥街	3
兴八同〃〃〃	周云章	三〇	外东三元街九号	5
普利〃〃〃	杨理门	一四七	君平街一八五号	2
积仁〃〃〃	王剑鸣	一六	外东川主庙街川主庙内	5
乐善公所	刘拯波	一〇八	南门二巷子五十八号	2
忠孝慈善会	刘佛灯	三一五	北门玉泉街	4
成都市抚赵佛学社	释得深	二三八	北糠市街三十一号	1
孝感慈善会	王伏阳	一九一	通惠门街	3
乐益〃〃〃	黄觉予	四〇	北糠市街三十号	1
体仁〃〃〃	王蜀瑶	三六	糠子街青莲巷	2
乐济〃〃〃	傅柏青	三九	外西月城街关帝庙内	7
觉灵〃〃〃	涂桂臣	八〇	[illegible]桐寺街一〇五号	4
从心〃〃〃	顾品珊	一四五	顺九龙巷	2
立人〃〃〃	相文	五八	灯笼街一〇八号	3
成都市妙云佛学社	王意光	九五	贵州会馆观音阁	1

（6395）

八、慈善团体

名称	常务理事姓名	会员人数	会址	备考
成都市正心堂慈善会	唐宗尧	一五〇	大科甲巷七十九号	1
明志慈善会	谭成之	二九	三铁路公司三圣庙内	1
全昕〃〃	孙泌操	三一	外南小天竺	6
直心〃〃	卢华廷	一〇八	外南柳荫街王爷庙内	6
崇伦〃〃	龚明修	一一四	前卫街礼善巷	1
宝筏〃〃	杨桂臣	一〇三	红庙子街四十号	4
两仪〃〃	王允鑫	一四八	拢扒街二十三号	1
觉迷〃〃	裴习礼	四九	楞伽庵街（新街后巷子）	
至诚〃〃	徐焕	一〇四	楞伽庵街六十五号	4
敦孝〃〃	文成章	八四	正通顺街六十四号	4
三福〃〃	戴相卿	八二	东御街	2
四川省会慈善救济会	陈益廷	一二	学道街一〇二号	2
乐善慈善会	彭显堃	六八	新半边街五十九号	2
品泌慈善会	罗治平	六七	染房街二一七号	2
慈善公所	张第春	四八	三圣街七十八号	1
崇泌慈善会	李廷卿	三六	书院南街八号 广生宫东岳殿	1
直诚〃〃	邹博臣		桓侯巷大慈寺	6
大中〃〃	洪玉藻	九三	东御河北街四十六号	4
善济〃〃	朱汉清	六五	正府街八十三号	4

弦

成都市慈善机关一览表［民国31年（1942）6月］

名称	负责人姓名	所在地	经费	施舍情形
明志慈善会	谭德勋	三道拐街	基金1500元，生息，事业费17 000余元	义学4班、借贷、冬赈钱米、施药送诊、施棺、恤寡、惜字、拟办贫民工厂，增加义学
众善慈善会	朱翰屏	梵音寺		施棺、恤寡、施药
积仁慈善会	王剑鸣	外东川主寺		施棺、施米、施药
两仪慈善会	王允盒	铣扒街	月收2876元，月支2876元	十全（停办两级小学，无力贷），积办工厂
普利慈善会	杨理门	南门太平卫三十九号		施棺、施米、施药、义地、保产、施钱
宝筏慈善会	杨德昌	红庙子		施棺、义学、保产、施米、恤寡、施衣
至诚慈善会	徐瑛	楞伽庵	基金16 200元生息	十全
乐善公所	颜如愚	纯化街延庆寺		十全
乐济慈善会	傅柏青	外西月城街关帝庙		施药、恤寡、保产、借贷、施米、施棺
忠义慈善会	罗钟麟	南府街川主庙		办孤生习艺所、施棺、施药、恤寡、义地、施米、借贷、急赈
三益慈善会	候利森	北门西马道弥勒庵		保产、义地、恤寡、施茶、施药、施米
崇伦慈善会	龙阳纯	礼善巷		施棺、义地、保产、施米、恤寡、施衣
正心堂慈善会	唐宗尧	大科甲巷		施棺、义地、施药、施米、保产、恤寡、急赈
敦孝慈善会	文显建	正通顺街五十五号	房租每月50元，会员乐捐每月220元	施药、施米、施棺、义学、借贷、保产、济贫衣、恤寡、急赈
辅善慈善会	辜显臣	外南临江巷	基金10 000元	同上
归仁慈善会	王蜀尧（瑶）	磨子街青莲巷		十全善务

续表

名称	负责人姓名	所在地	经费	施舍情形
品德慈善会	罗治平	染房街217号	月收200元	义地、施棺、恤寡、施药、借贷、施米
体仁慈善会	李旻彬	惜字宫	月收1400元，月支6000元	义学、恤寡育孤、保产、施药、借贷、施棺、放生、惜字
三福慈善会	戴相卿	东御街213号		送诊、施药、施棺、义地、惠济、保产、养老、借贷、施茶、急赈
与人同慈善会	周云奉	外东三元街关帝庙	年收房租1440元	十全
廉化慈善会	郑次琴	外北城隍庙侧		义学、借贷、恤寡、施药、施棺、义地、施米、急赈
孝德慈善会	王伏阳	通惠门街		同上
从心慈善会	顾延璋	九龙巷74号	会员乐捐	施棺、借贷、恤寡、育孤、义地、冬赈、急赈
玉麦（参）慈善会	洪幼三	石马巷		借贷、施药、送诊、义地、施棺、保产、恤寡、施米、急赈（甲种恤寡200名，月给3元，乙种170名，月给2元），施衣1000件
志心慈善会	雷雨滋	纯化街关岳庙		施棺、义地、借贷、施药、施米、恤寡、保产
东益慈善会	黄觉子	北糠市街	房屋租金960元	十全善务
觉迷慈善会	裴习礼	新街后巷		施棺、义学、保产、施米、恤寡、施衣
直心慈善会	卢华廷	外南王爷庙		施药、恤寡、施棺、施米、义学、急赈、借贷
明性慈善会	王允亨	南大街火神庙		恤寡、施药、施米、施棺、保产、冬赈

续表

名称	负责人姓名	所在地	经费	施舍情形
仁德慈善会	陈畏三	上锣锅巷		义地、施米、施药、恤寡、借贷
忠孝慈善会	刘佛澄	北门玉泉街	月捐500元	
明德慈善会	舒正思	东御河北街74号	月收14 980元，月支15907元	
立人慈善会	相文	灯笼街106号	不负金钱责任	施药、施棺、冬赈、恤寡
觉灵慈善会	张霞村	新开寺105号		义学、施药、借贷、急赈、恤寡、惜字、放生、施棺、义地
真诚慈善会	邹傅臣	外南极侯巷大悲寺	收2600元，义学基金千元，董事捐200元	义地、施米、施药、恤寡、借贷、义学、宣讲、冬赈、保产
固本慈善会	曹乾安	千禅寺		义地、施棺、济米、恤寡
大中慈善会	张玉藻	东御河北街46号		同上
震旦崇德慈善会	刘嗣衡	镋扒街		义学、施药、施棺、义地、施茶、济贫、恤寡、助产
真如轩慈善会	姚在聪	正通顺街28号		同上
乐善慈善会	彭狱源	新半边街59号	置有义地	急赈、冬赈、施棺、恤寡、借贷、施药
四川善团联合会	洪幼三	纯化街关岳庙		急赈、督促各善会之工作，承办政府之指示
四川省慈善救济会	陈益廷	盐市口		施棺、施米、借贷
全浙慈善事务所	孙德操	小天竺街		义学、育幼、施药、施瞽、义地、施棺、施米、恤寡、养老

续表

名称	负责人姓名	所在地	经费	施舍情形
亲民慈善会	熊之文	惜字宫南街		义学、施棺、义地、恤寡、冬赈、借贷、施药、保产
益寿慈善会	姜健安		月收1100元	施药、借贷、施棺、施米、恤寡、冬赈、惜字
至圣阁济群慈善会	周嘉禾	西御沿河街48号	基金5000元，月收270元，月支270元	义学、恤寡、施棺、施药、惜字
再缘慈善会	李仲孚	宽巷子		义学、施棺、施药、恤寡、冬赈、施米、施茶
两仪一元慈善会	张镜蓉	金玉街		已建白骨塔6座，拟复义学
崇善局	颜如愚	君平街165号		扶节、育孤、养老、恤寡、施药、惜字、放生、施衣、义地
通儒慈善会	马瑶生（笙）	书院南街	月收300元，月支1000余元	义学、施棺、施药、义地、施茶、济贫、恤寡
共计	50所			

1912—1951年间创设的慈善机关补充简表

团体名称	所在地址	团体名称	所在地址
一德慈善会	外东化城寺	乐捐慈善会	月城街关帝庙
崇德慈善会	书院西街	养性儒德慈善会	守经街真武宫内
益寿慈善会	西顺城街安乐寺内	崇圣慈善会	元通桥文昌宫内
忠儒慈善会	成都市陕西街观音巷	中一儒林慈善会	正通顺街
见信楼救劫慈善会	东较场附近五昭路街	再缘慈善会	宽巷子
普利慈善会	君平街	无垢慈善会	暑袜北街84号
济群慈善会	西御河街	乐善慈善会	新半边街59号
大成正一慈善会	内姜街	文圣忠恕慈善会	桂王桥
合计	16所		

（根据档案等资料整理）

（二）华洋义赈会拟在成都设立华洋义赈分会商议的邀请函

华洋义赈会的全称是中国华洋义赈救灾总会（China International Famine Relief Commission，缩写为 CIFRC），1906 年原为一个由中外慈善人士设立的临时性公益机构，灾情结束组织即解散。但后来中国灾害频繁，各方都认识到为了防患于未然，应当成立一个常设的救灾组织，全国性的国际救济团体华洋义赈会遂在上海成立。起初名誉会长为王正廷，会长为梁如浩，并设执行委员会，组成人员由各省分会推荐的代表，美、英、法、日、加等国的传教士，青年会干事及教授、商人组成。本档案为华洋义赈会拟在四川设立分会，邀请各方赴英国总领署商议的邀请函。

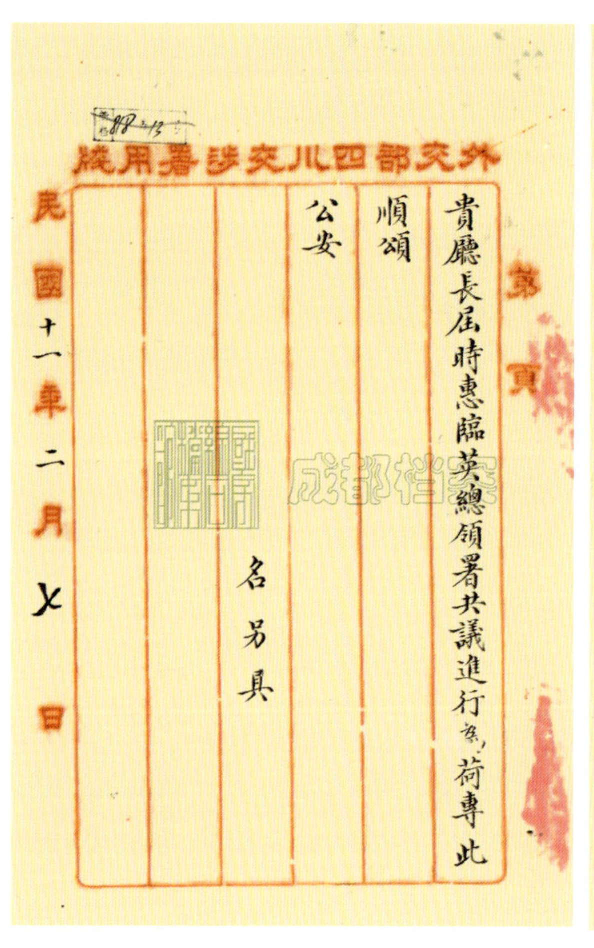

外交部四川交涉署用牋

第　頁

貴廳長屆時惠臨英總領署共議進行為荷專此

順頌

公安

名另具

民國十一年二月七日

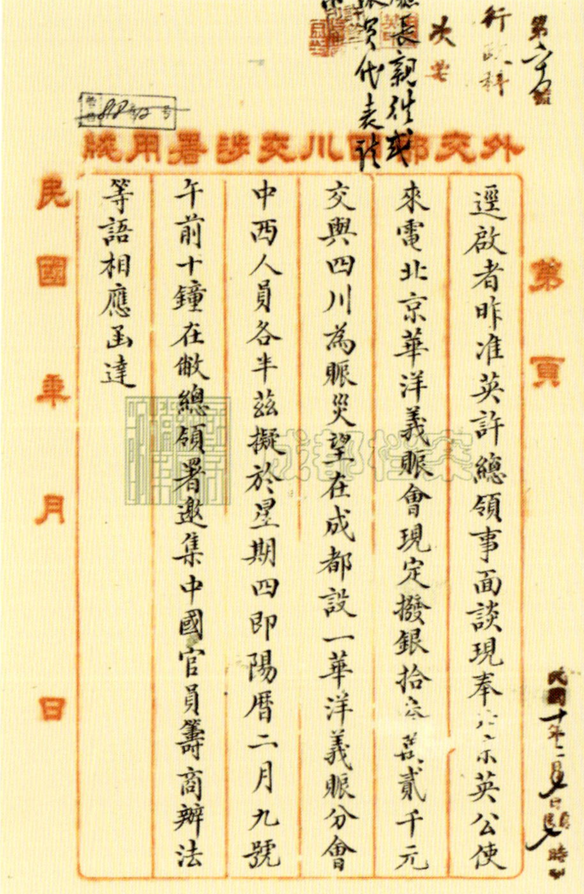

外交部四川交涉署用牋

廳長親往或派員代表

第　頁

逕啟者昨准英許總領事面談現奉[illegible]英公使

來電北京華洋義賑會現定撥銀拾[illegible]貳千元

交與四川為賑災望在成都設一華洋義賑分會

中西人員各半茲擬於星期四即陽曆二月九號

午前十鐘在敝總領署邀集中國官員籌商辦法

等語相應函達

民國　年　月　日

（三）世界红卍字会成都分会成立慈幼院的申请

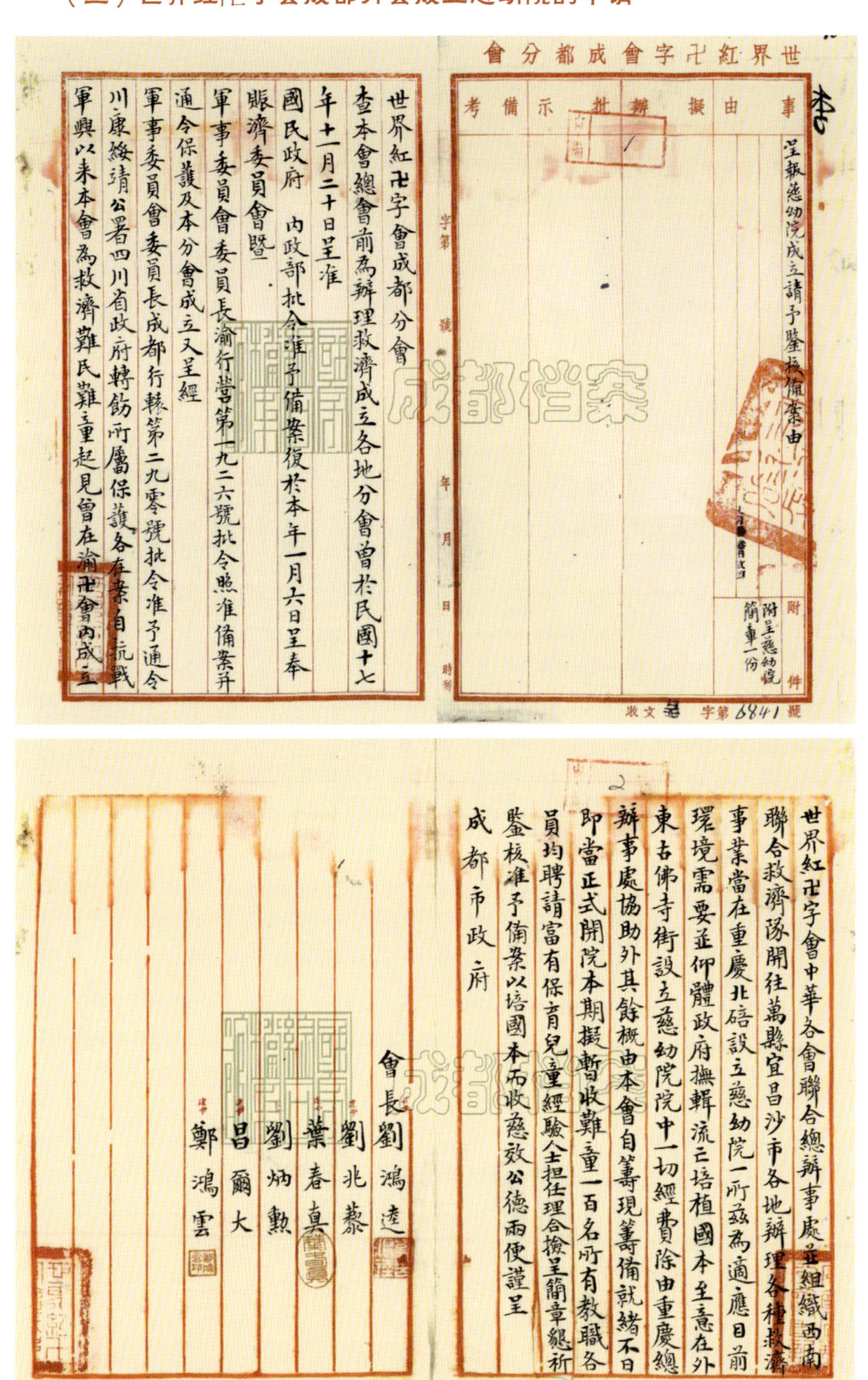
世界紅卍字會成都分會

事由	呈報慈幼院成立請予鑒核備案由
擬	
辦	
批	
示	
備考	
附件	附呈慈幼院簡章一份

擬　字第6841號　文收

世界紅卍字會成都分會
查本會總會前為辦理救濟成立各地分會曾於民國十七
年十一月二十日呈准
國民政府　內政部批令准予備案復於本年一月六日呈奉
賑濟委員會暨
軍事委員會委員長渝行營第一九二六號批令照准備案并
通令保護及本分會成立又呈經
軍事委員會委員長成都行轅第二九零號批令准予通令
川康綏靖公署四川省政府轉飭所屬保護各在案自抗戰
軍興以来本會為救濟難民難童起見曾在渝卍會內成立
世界紅卍字會中華各會聯合總辦事處並組織西南
聯合救濟隊開往萬縣宜昌沙市各地辦理各種救濟
事業當在重慶北碚設立慈幼院一所茲為適應目前
環境需要並仰體政府撫輯流亡培植國本至意在外
東古佛寺街設立慈幼院院中一切經費除由重慶總
辦事處協助外其餘概由本會自籌現籌備就緒不日
即當正式開院本期擬暫收難童一百名所有教職各
員均聘請富有保育兒童經驗人士担任理合檢呈簡章懇祈
鑒核准予備案以培國本而收慈效公德兩便謹呈
成都市政府

會長劉鴻逵
劉兆藜
葉春真
劉炳勳
呂爾大
鄭鴻雲

（四）世界红卍字会成都慈幼院简章

1922 年 9 月，世界红卍字会在山东济南成立。该慈善机构与道院关系密切，其总则中有相关描述：“道院以静坐为内功，善行为外功”，道院为体，世界红卍字会为用，所谓“道是慈之体，院是会之源”。后在全国各地设立分会，达到三百家之多。其主要慈善业务分为“永久慈业”“临时慈业”两项，包括救灾、冬赈、难民救济、医疗救护等。慈幼院为其永久慈业，以收养难童为主要职责。世界红卍字会也是民国时期具有全国性影响力的慈善机构之一。许多人将世界红卍字会与红十字会混为一谈。需要着重指出：世界红卍字会为本土兴起慈善组织，红十字会是外来慈善机构，两者在起源、理念、构成等方面有诸多不同。

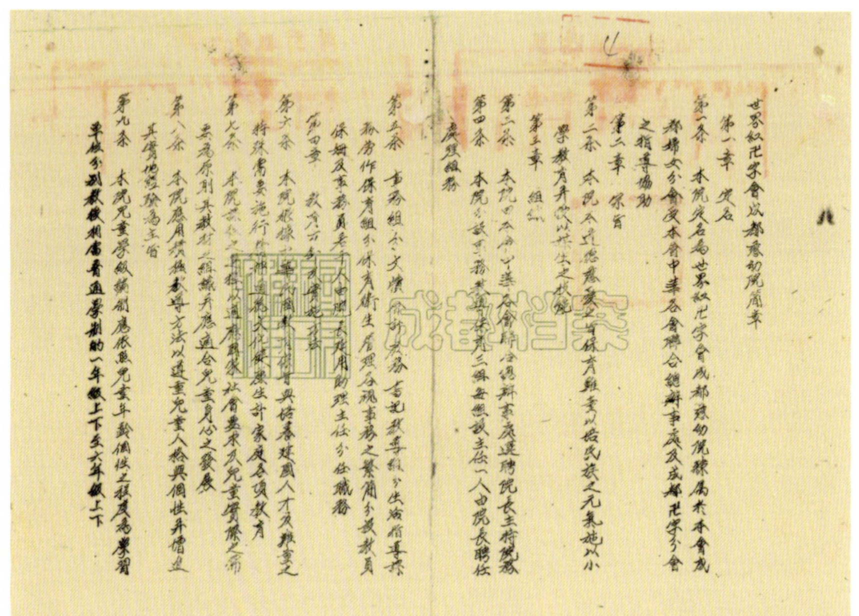

世界红卍字会成都慈幼院简章

第一章 定名

第一条 本院定名为世界红卍字会成都慈幼院隶属于本会成都妇女分会受本会中华各会联合总办事处及成都卍字分会之指导协助

第二章 宗旨

第二条 本院以遵照慈爱之旨保育难童以培民族之元气施以小学教育并授以谋生之技能

第三章 组织

第三条 本院由本会中华各会联合总办事处遴聘院长主持院务

第四条 本院分设事务保育教育三股每股设主任一人由院长聘任处理股务

第五条 事务组分文牍[illegible]庶务[illegible]等股分任指导采[illegible]劳作保育组分保育卫生管理各项事务之繁简分设教员保姆及事务员若干人由院长聘任分任职务

第四章 教育方[illegible]

第六条 本院根据[illegible]与培养建国人才及难童之特殊需要施行[illegible]生计家庭各项教育

第七条 本院[illegible]社会要求及儿童实际之需要为原则其教材之组织并应适合儿童身心之发展

第八条 本院应用启发诱导方法以适应儿童人格与个性并增进其实地经验为主旨

第九条 本院儿童学级编制应依照儿童年龄个性之程度为学习单位分别教授相当普通学制的一年级上下至六年级上下

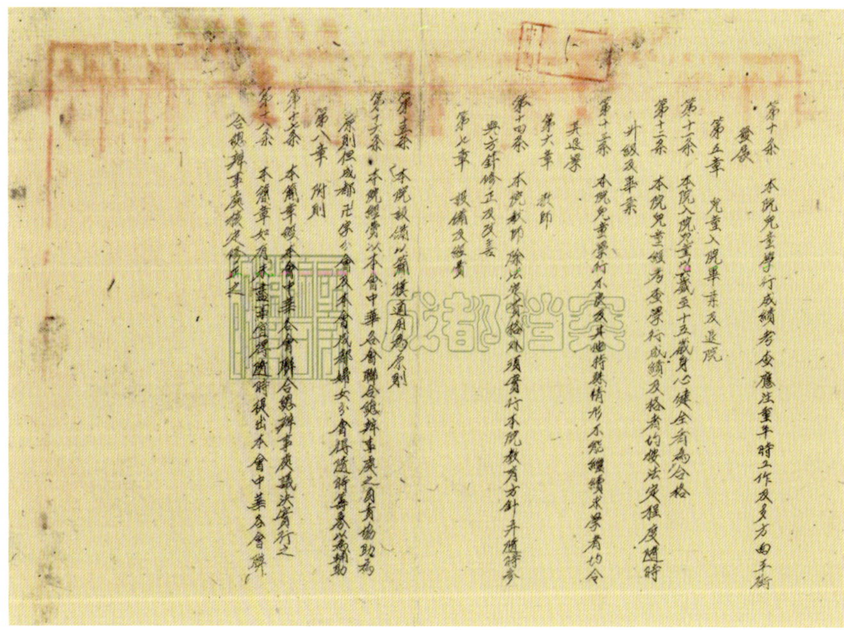

第十条 本院儿童学行成绩考查应注重平时工作及多方面[illegible]发展

第五章 儿童入院毕业及退院

第十一条 本院入院儿童以六岁至十五岁身心健全者为合格

第十二条 本院儿童修业考查学行成绩及格者均依法定程度随时升级及毕业

第十三条 本院儿童学行不良及其他特殊情形不能继续求学者均令其退学

第六章 教师

第十四条 本院教师除法定资格外须贯彻本院教育方针并随时参与方针修正及改善

第七章 设备及经费

第十五条 本院设备以简朴适用为原则

第十六条 本院经费以本会中华各会联合总办事处之负责协助为原则但成都卍字分会及本会成都妇女分会得随时筹募以为补助

第八章 附则

第十七条 本简章经本会中华各会联合总办事处议决实行之

第十八条 本简章如有未尽事宜得随时提出本会中华各会联合总办事处核定修正之

（五）成都市善团联合会章程

成都市善团联合会类似于现在慈善组织之枢纽型机构，为中小慈善团体提供服务，对“加入之各慈善会负有引导督促调查稽核纠正设计之责”，其主要收入来源为会员缴纳之会费，不足部分由各个会员酌情进行补贴，由全体会员大会选出理事 9 人，并选出监事 3 人，并由理事、监事进行记名投票互推出正、副理事长各 1 人、常务理事 3 人，执行日常事务。

51

成都市善團聯合會章程

第一章 總則

第一條 本章程依據四川省政府咨請内政部核准之四川善團聯合會章程制定之

第二條 本會定名為成都市善團聯合會

第三條 本會以聯合本市各慈善團體依照監督慈善團體法第一條之規定辦理各項慈善事業為宗旨

第四條 本會會址設立南門純化街關岳廟内

第二章 任務

第五條 本會對本市加入之各慈善會員有引導督促調查稽核糾正設計之責

第三章 會員

第六條 凡本市各慈善會均得參加本會為團體會員其加入之手續如左

1、填繳參加陳請書

2、繳驗黨政機關核准立案之證明文件

3、繕具呈奉核准之會章暨登記清册財產目録會員名册印鑑單各二份以備存轉

4、向四川善團聯合會轉請頒發會員徽章及証書等件

第七條 會員入會權利如左

1、有向本會轉四川善團聯合會及轉請市政府予以保護之權

2、因辦慈善事業而遭屈辱者向本會轉四川善團聯合會及市政府請

求依法伸雪之權

3、因辦慈善事業發生爭執時有向本會請求調解之權

4、辦理慈善事業力量不足有向本會轉四川善團聯合會請求各方予以補助之權

5、對本會會務有發言建議及表決之權

6、對本會職員有選舉及被選舉之權

第八條　會員入會義務如左

1、遵守本會章程接受本會及四川善團聯合會之引導

2、履行本會及四川善團聯合會決議案件

3、切實推行各項慈善事業

4、不得有違反四川善團聯合會暨本會宗旨之行為

第四章　組織及職權

第九條　由全體會員大會中選出理事九人並選出監事三人分配執行及監察事宜並各選出候補理事七人候補監事二人以備遞缺依法遞補

第十條　各候補理監事得出席於各會議但只有發言權無表決權

第十一條　本會理監事之選舉概用双記名投票其當選人應各互推正副理事長各一人常務理事三人執行日常會務其監事中互推常務監事一人主持監察事宜

第十二條　選舉及任期

1、本會會員大會之票選以每會出席人代表之限定一票

2、各理監事任期以二年為限但得連選連任

第十三條　會員大會之職責如下

1、本市各慈善會交互之建議案之審查及決議事項

2、本會及本市各慈善會章程之修改或解釋事項

3、一般慈善事業之計劃事項

4、振濟本市區及鄰縣或省外災患之設計事項

第十四條　理事會之職責如下

1、指導各慈善會之事務進行及註冊等事宜

2、辦理會內文書庶務統計等事宜

3、編製本會預算決算統計等事宜

4、辦理會員大會之召集籌備等事宜

第十五條　監事會之職責如下

1、促進理事會執行全體會員大會之決議事件

2、考查會內人員之勤惰

3、稽核會內之收支賬目

4、督促加入各慈善會推行各項慈善事業

5、審查本會各慈善會建議或陳請事項

第十六條　本會暂設左列三組辦理各項事務

1、總務組掌管文牘庶務交際統計宣傳調查設計及一切不屬財善兩組之事務

54

2、財務組掌管收支稽核及保管財產事宜

3、善務組掌管各慈善會所辦教育實業賑災救濟各項慈善事業之指導糾正等事宜

4、本會於三組之外特設文書室統核文件及擬辦重要函電

第五章　會議

第十七條　本會每年舉行本市慈善團體大會一次但若因理事之決議或加入各慈善會三分之一以上之請求亦得召集臨時會員大會凡舉行大會時應請成都市政府派員指導

第十八條　全體會員大會日期及議事程序須一月或半月前通知各慈善會

第十九條　理事會每星期開常會一次遇有臨時事件得召集臨時會議

第六章　經費及會計

第二十條　本會經費由加入之各慈善會負担每會每月暫行担負法幣叁拾圓按月繳納但會務發達於所收經費不足經監事會審核理事會所訂預算認為不敷開支時得由各團體會員酌量補助之

第二十一條　本會職員除雇員得月支最低生活費外其餘概係無給職

第二十二條　本會遇有特別事故必須舉行特別募捐時應由全體會員大會之通過報經市政府之許可始得舉行其收據捐册應編列成號送由市政府蓋印並須先期報請省聯會備案

第二十三條　本會經常各費應由理事會造具預算書交監事會審定後方得開支

第二十四條　本會全年收支款項由理事會結算明確交監事會復核後再由理事

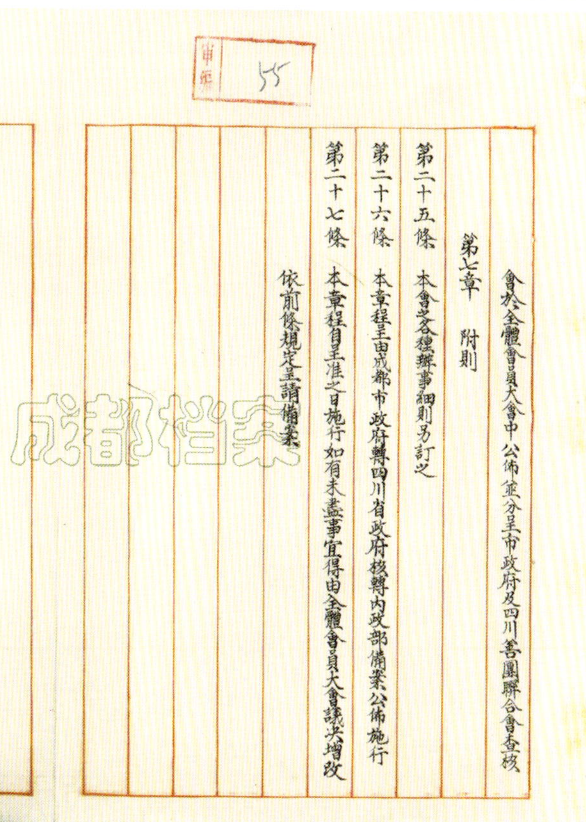

55

會於全體會員大會中公佈並分呈市政府及四川善團聯合會查核

第七章　附則

第二十五條　本會之各種辦事細則另訂之

第二十六條　本章程呈由成都市政府轉四川省政府核轉内政部備案公佈施行

第二十七條　本章程自呈准之日施行如有未盡事宜得由全體會員大會議决增改依前條規定呈請備案

（六）成都市善团联合会职员简明履历表

成都市善团联合会设有文书室、总务组、财务组、善务组，每个组（室）均配有主任与干事，成员多为前政府官员、商人与老师。

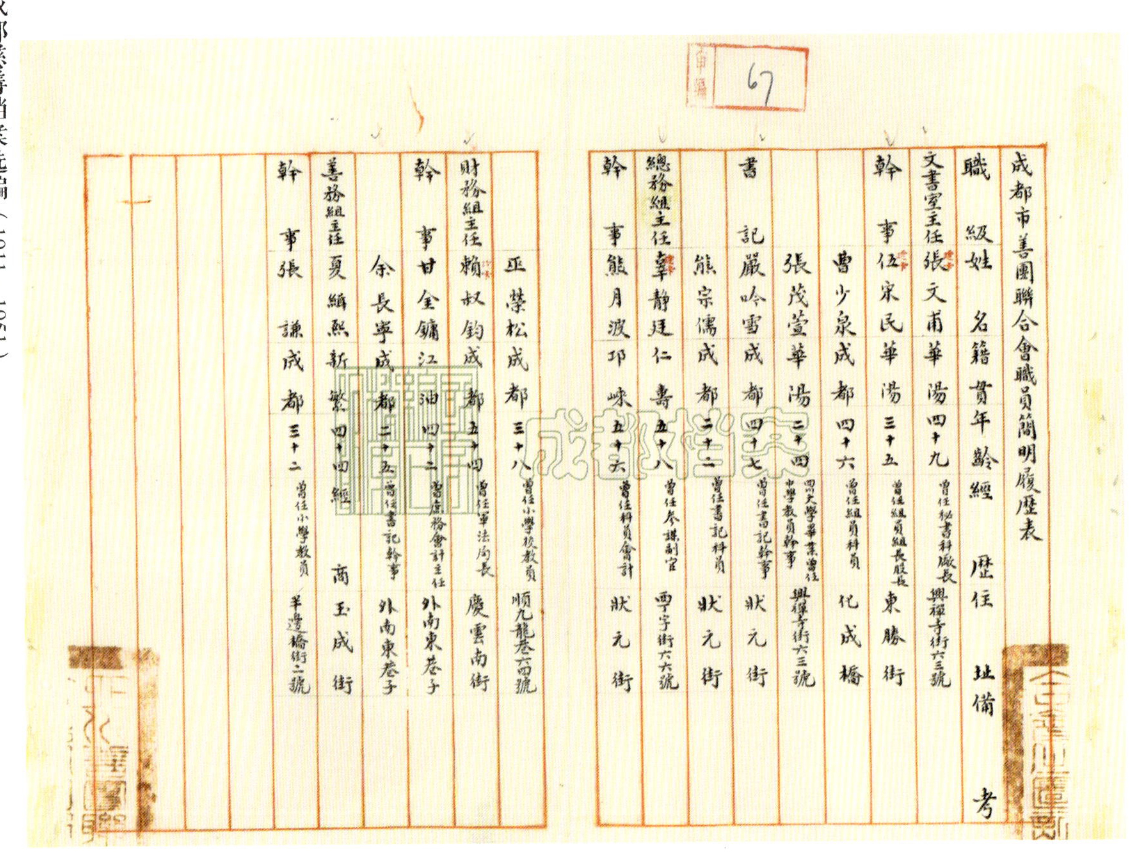

成都市善團聯合會職員簡明履歷表

職級	姓名	籍貫	年齡	經歷	住址	備考
文書室主任	張文甫	華陽	四十九	曾任秘書科廠長	興禪寺街六三號	
幹事	伍宋民	華陽	三十五	曾任組員組長股長	東勝街	
	曹少泉	成都	四十六	曾任組員科員	化成橋	
	張茂萱	華陽	二十四	四川大學畢業曾任中學教員幹事	興禪寺街六三號	
書記	嚴吟雪	成都	四十七	曾任書記幹事	狀元街	
	熊宗儒	成都	二十二	曾任書記科員	狀元街	
總務組主任	韋靜廷	仁壽	五十八	曾任參謀副官	雩字街六六號	
幹事	熊月波	邛崍	五十六	曾任科員會計	狀元街	
	巫榮松	成都	三十八	曾任小學校教員	順九龍巷六四號	
財務組主任	賴叔鈞	成都	五十四	曾任軍法局長	慶雲南街	
幹事	甘全鏞	江油	四十二	曾任庶務會計主任	外南東巷子	
	余長寧	成都	二十五	曾任書記幹事	外南東巷子	
善務組主任	夏緝熙	新繁	四十四	經商	玉成街	
幹事	張謙	成都	三十二	曾任小學教員	半邊橋街二號	

（七）成都市善团联合会会员名册

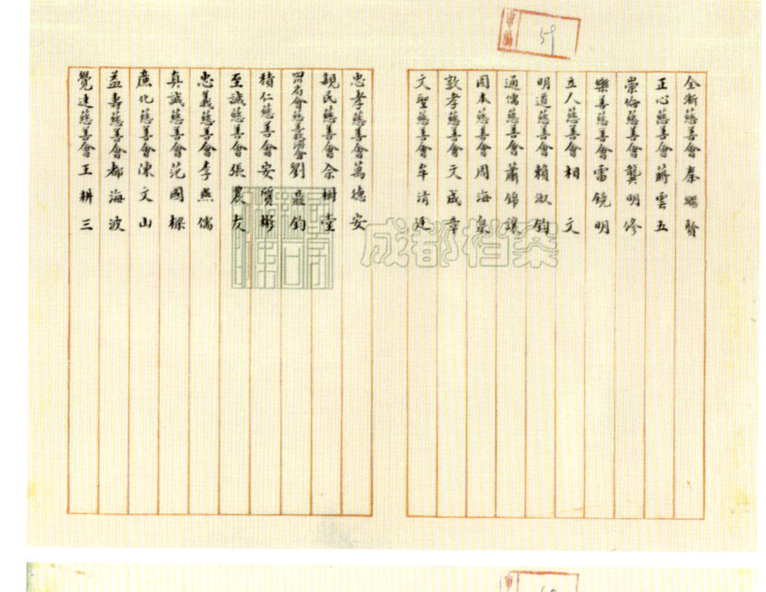

全浙慈善會 秦繼賢
正心慈善會 蔣雲五
崇倫慈善會 龔明修
樂善慈善會 雷鏡明
立人慈善會 相 文
明道慈善會 賴淑鈞
通儒慈善會 蕭錦謙
同本慈善會 周海泉
敦孝慈善會 文咸章
文聖慈善會 牟清廷

忠孝慈善會 萬德安
覲民慈善會 余樹堂
四名會慈善會 劉嘉鈞
積仁慈善會 安質彬
至誠慈善會 張震友
忠義慈善會 李燕儒
真誠慈善會 范國樑
應化慈善會 陳文山
益善慈善會 郝海波
覺達慈善會 王耕三

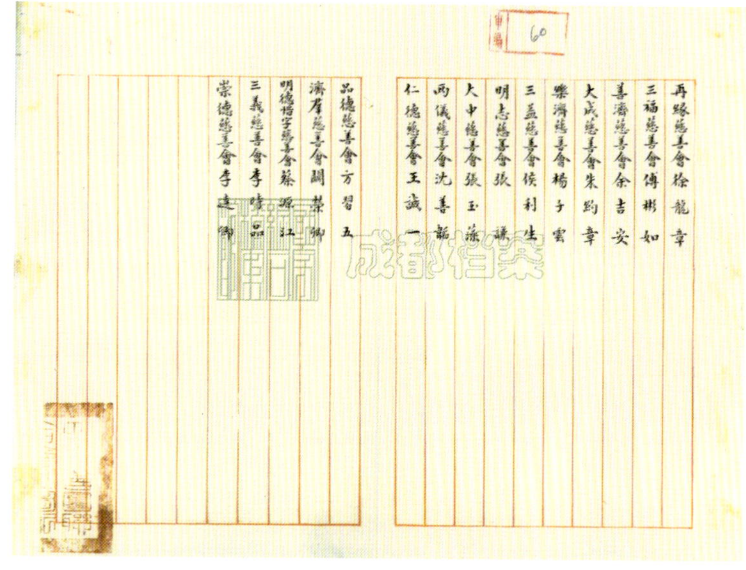

再緣慈善會 徐龍章
三福慈善會 傅彬如
善濟慈善會 余吉安
大成慈善會 朱昀章
樂濟慈善會 楊子雲
三益慈善會 侯利生
明志慈善會 張 謙
大中慈善會 張玉蓀
兩儀慈善會 沈善韶
仁德慈善會 王誠一

品德慈善會 方習五
濟群慈善會 闕榮卿
明德惜字慈善會 蔡源江
三義慈善會 李曉品
崇德慈善會 李達卿

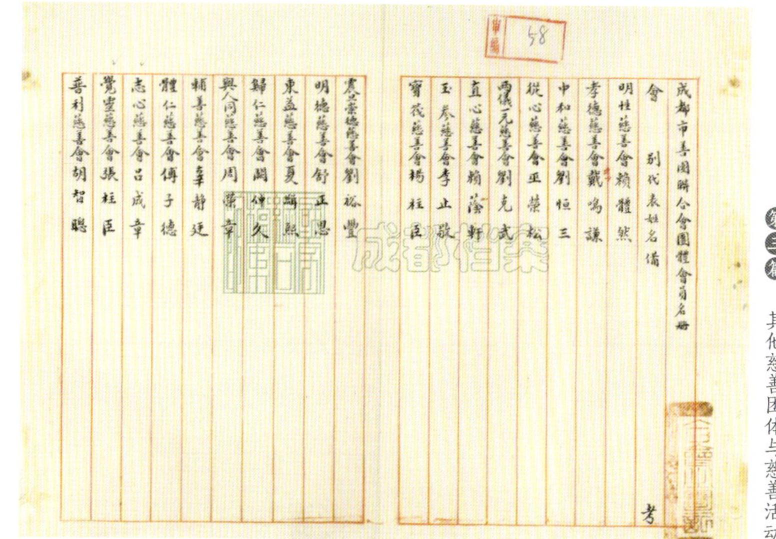

成都市善團聯合會團體會員名冊

會 別 代表姓名 備 考
明性慈善會 賴體熙
孝德慈善會 戴鳴謙
中和慈善會 劉恒三
從心慈善會 巫榮松
兩儀一元慈善會 劉克武
直心慈善會 賴藻軒
玉參慈善會 李止敬
寶花慈善會 楊柱臣

震旦崇德慈善會 劉裕豐
明德慈善會 舒正思
東益慈善會 夏鳴熙
歸仁慈善會 闕伸久
與人同慈善會 周榮章
輔善慈善會 韋靜廷
體仁慈善會 傅子德
志心慈善會 呂成章
覺靈慈善會 張柱臣
普利慈善會 胡智聰

值得注意的是，成都市善团联合会成员中均为中小慈善会，并没有比较大型的慈善会加入。

（八）崇伦堂十全慈善会职员合影

（九）成都市崇伦慈善会各职员就职纪念照片

这是崇伦堂十全慈善会职员合影、成都市冲伦慈善会各职员就职纪念照片，为我们留下了难得的影像资料，让我们能够一窥当时慈善从业者的状况。

（十）私立慈善第一小学校学生邓天旭的毕业证书

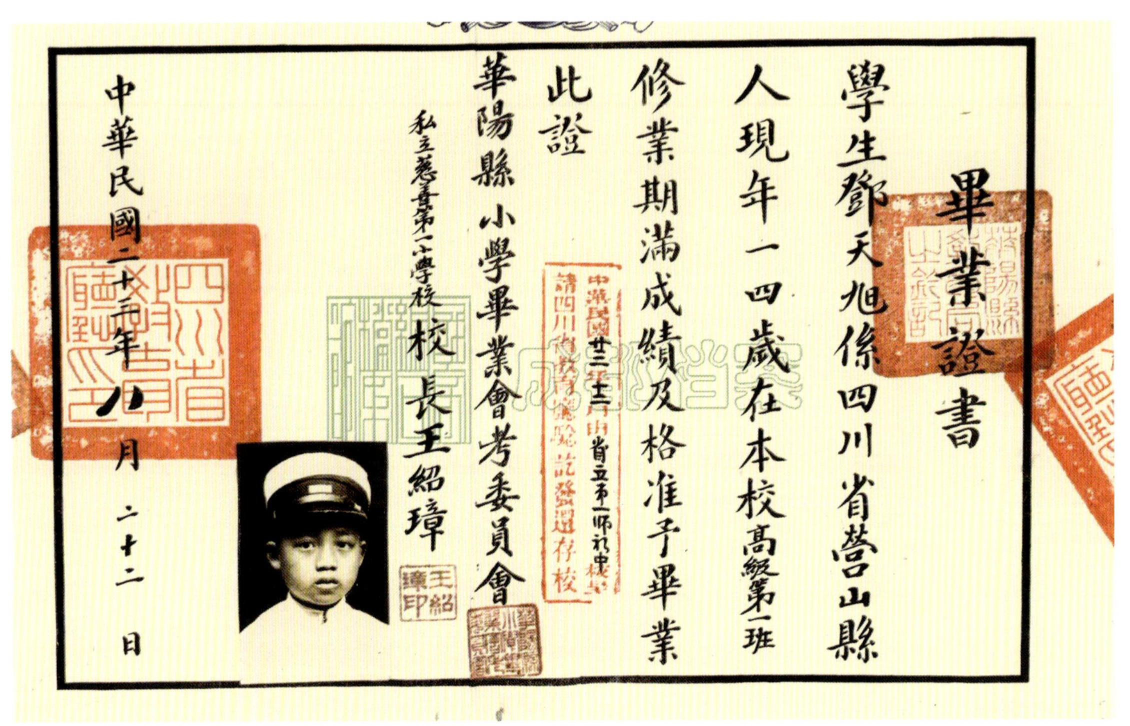
畢業證書

學生鄧天旭係四川省營山縣人現年一四歲在本校高級第一班修業期滿成績及格准予畢業

此證

華陽縣小學畢業會考委員會

私立慈善第一小學校 校長王紹璋

中華民國二十三年八月二十二日

中華民國廿三年十二月由省立第一師範中校呈請四川省教育廳驗訖發還存校

（十一）四川省会慈善救济会第一小学校学生张全懋的毕业证书

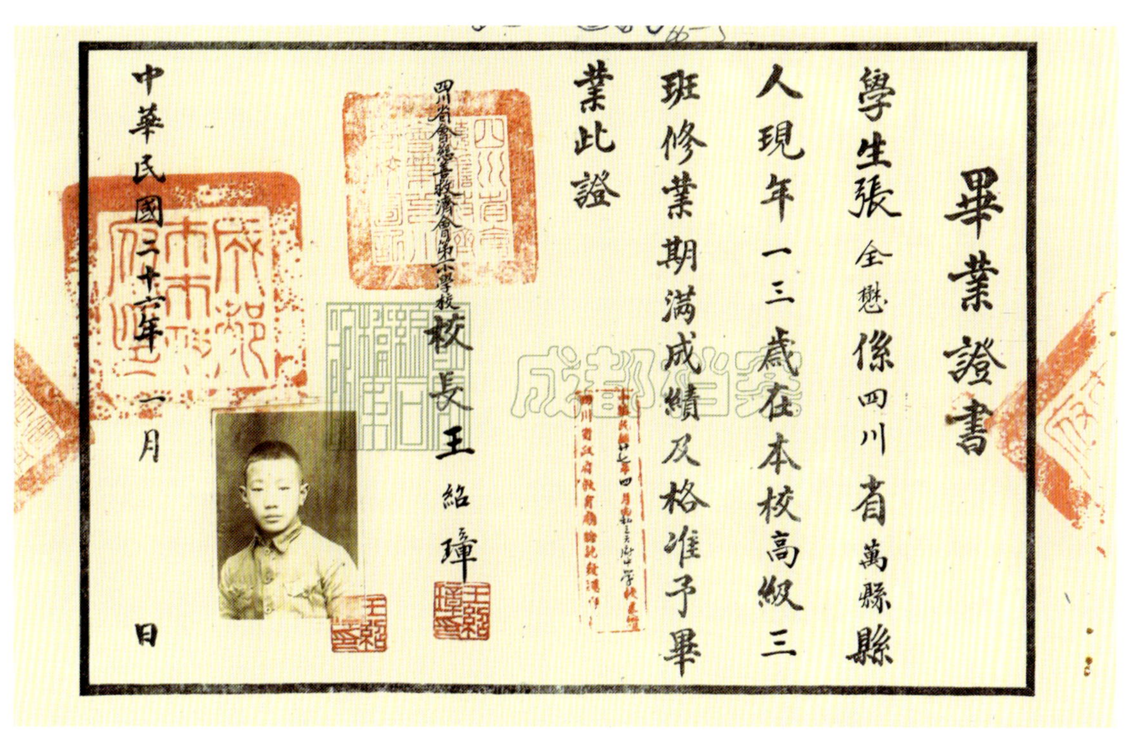

畢業證書

學生張全懋係四川省萬縣縣人現年一三歲在本校高級三班修業期滿成績及格准予畢業此證

四川省會慈善救濟會第一小學校 校長王紹瑋

中華民國二十六年一月 日

办学是传统慈善中的一项主要业务，早期多称“义学”，是专为民间孤寒子弟所设立的学校。义学多为官员、乡绅、商人出资开办，也有以祠堂地租或私人捐款而设。清末期推行新学，义学改为慈善学校，让贫寒学子通过上学有机会改变自己乃至于家庭的命运，体现“授人以鱼不如授人以渔”的慈善理念。

（十二）成都县知事游

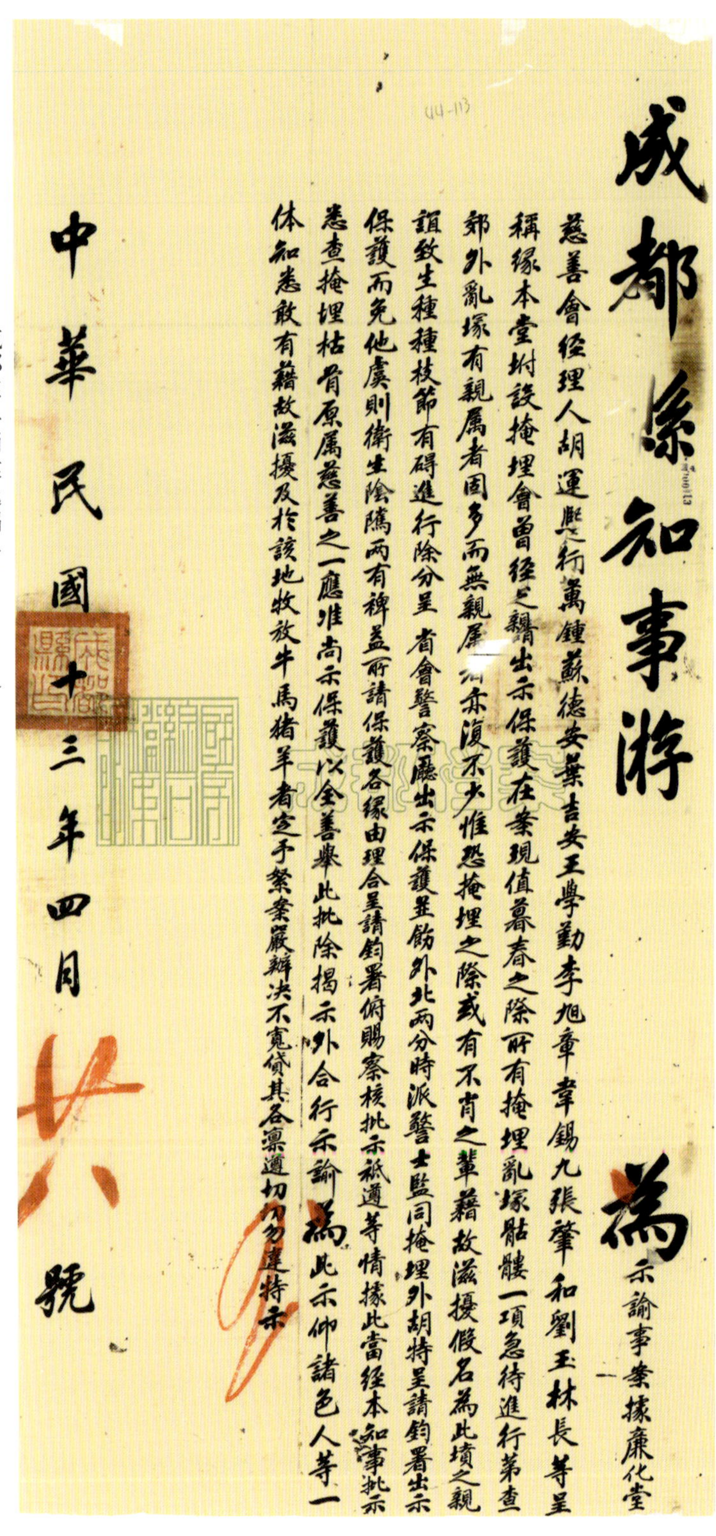

成都縣知事游 為

示諭事案據廉化堂慈善會經理人胡運熙、衍萬、鍾蘇德安、葉吉安、王學勤、李旭章、韋錫九、張肇和、劉玉林、長等呈稱緣本堂捐設掩埋會曾經之翳出示保護在案現值暮春之際所有掩埋亂塚骷髏一項急待進行第查郭外亂塚有親屬者固多而無親屬者亦復不少惟恐掩埋之際或有不肖之輩藉故滋擾假名爲此墳之親誼致生種種枝節有礙進行除分呈 省會警察廳出示保護並飭外北兩分時派警士監同掩埋外胡特呈請鈞署出示保護而免他虞則衛生陰隲兩有裨益所請保護各緣由理合呈請鈞署俯賜察核批示祇遵等情據此當經本知事批示悉查掩埋枯骨原屬慈善之一應准尚示保護以全善舉此批除揭示外合行示諭 為此示仰諸色人等一體知悉敢有藉故滋擾及於該地牧放牛馬豬羊者定予繫案嚴辦決不寬貸其各凜遵切切勿違特示

中華民國十三年四月廿六號

该档案记录有人在某慈善会义冢进行滋扰，成都县发出通告，警示众人，表明“掩埋枯骨原属慈善之一，应准尚示，保护以全善举”，如有“借故滋扰”“放牧牛马猪羊者”，政府“严办绝不宽贷”。

（十三）宝筏慈善会公益慈善团体执照

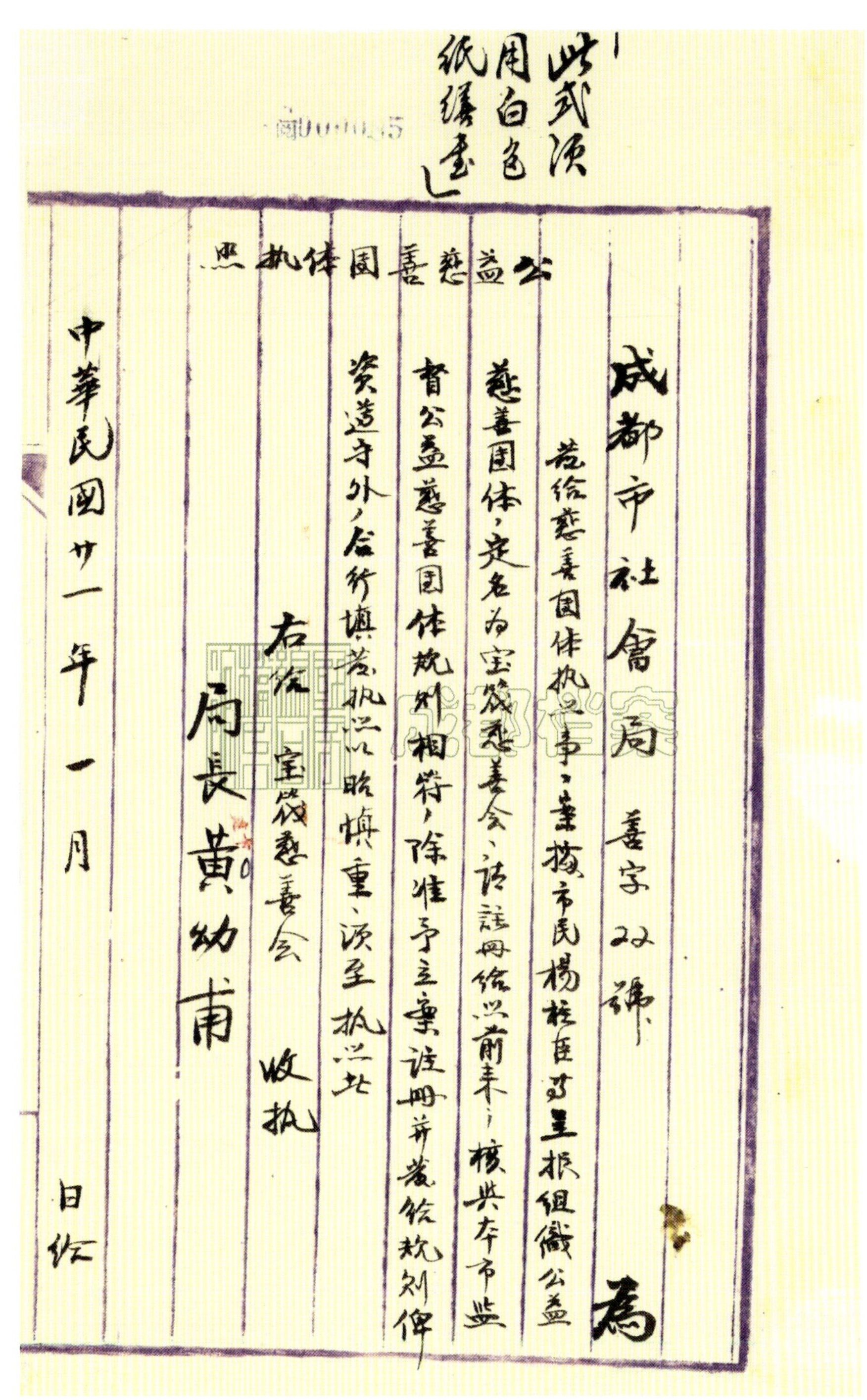

此式須用白色紙繕送

公益慈善团体执照

成都市社會局 善字22號

為發給慈善团体执照事，兹據市民楊柱臣等呈报組織公益慈善团体，定名為宝筏慈善会，請註册給照前來，核與本市監督公益慈善团体规則相符，除准予立案註册并發給執照俾資遵守外，合行填發執照，以昭慎重，須至執照者

右給 宝筏慈善会 收執

局長 黃幼甫

中華民國廿一年 一月 日給

这是成都市社会局根据杨柱臣等人的申请，颁发给宝筏慈善会的公益慈善团体执照，类似于现在的慈善组织法人登记证书。

（十四）胡长兴请求慈善救助申请

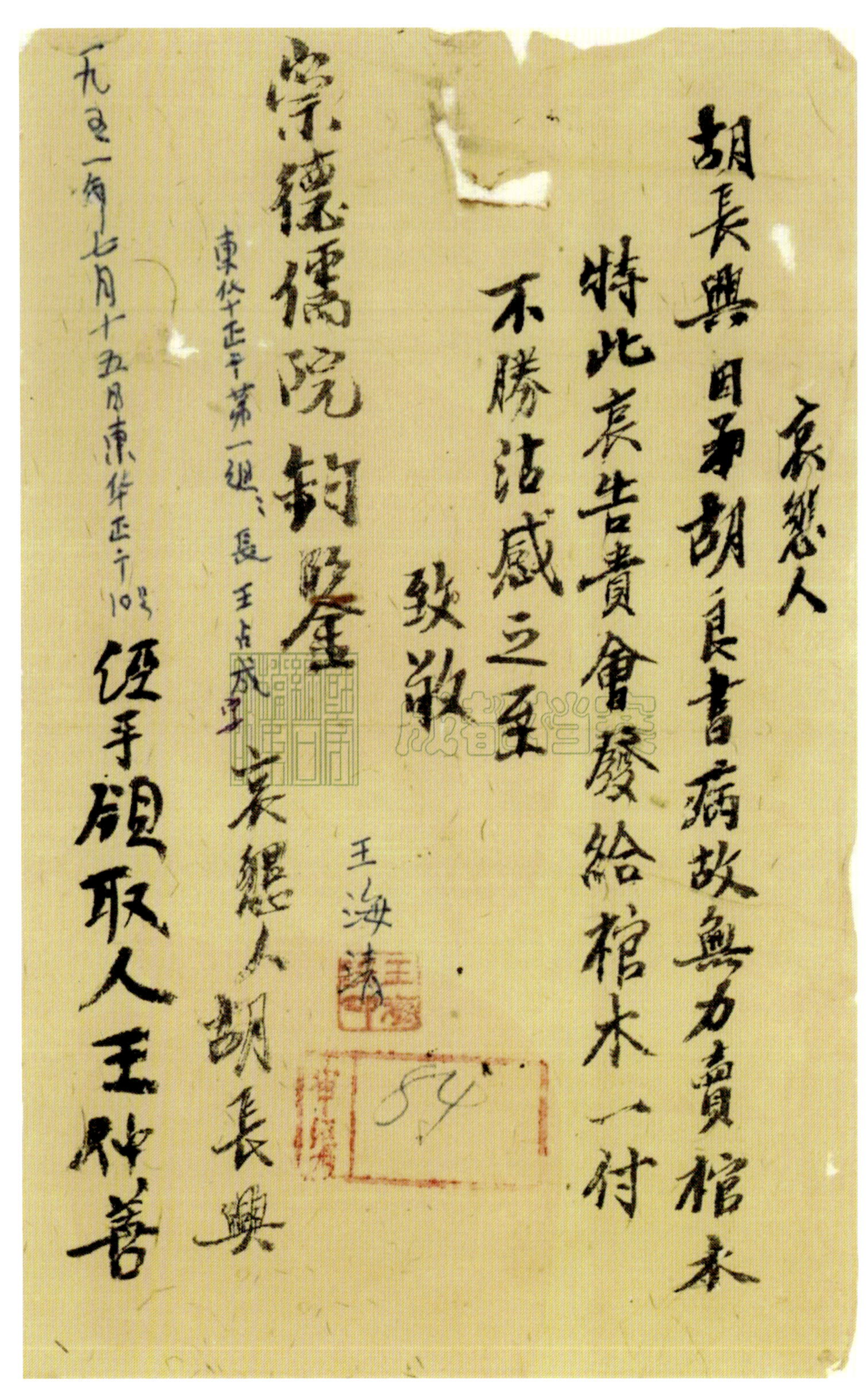

哀懇人
胡長興因弟胡良書病故無力買棺木
特此哀告貴會發給棺木一付
不勝沾感之至
致敬
崇德儒院鈞鑒
東华十正甲第一組組長王占成
哀懇人胡長興
王海清
54
一九五一年七月十五日東华正十10号
經手領取人王仲善

（十五）第二游民教养所暂行每周日课表

第二遊民教養所暫行每週日課表

時間 \ 課程 \ 星期		星期一	星期二	星期三	星期四	星期五	星期六	星期日
午前	七時至八時	國語	國語	國語	國語	國語	國語	國語
	九時至十時	紀念週	算術	算術乙 珠算甲	算術	算術乙 珠算甲	算術	國語乙 珠算甲
	十時至十一時	勞作	勞作	勞作	勞作	勞作	勞作	勞作
	十一至十二	勞作	勞作	勞作	勞作	勞作	勞作	勞作
午後	一至二	唱遊	自習	唱遊	自習	唱遊	自習	唱遊乙 自習甲
	三至四	常識乙 社會甲	常識乙 自然甲	常識乙 社會甲	精神講話	常識乙 自然甲	常識乙 社會甲	常識乙 自然甲
	四至五	勞作	勞作	勞作	勞作	勞作	勞作	勞作
	五至六	勞作	勞作	勞作	勞作	勞作	勞作	勞作

備考

一、本所採行單級制複式教學，本表係甲乙兩組共用，所列科目除同時同科者外，同時異科者，分別註明甲乙以資區別。

二、本所與星期例假，每日照常作業。

三、晨操、精神講話、紀念週及自習時間，係在課外增加，不在規定每週課程時數內。

四、成年遊民每週應受軍事訓練，在每日一至二之一節時間內舉行，該節課目，一律免受。

（十六）成都市政府第一游民教养所所长简历

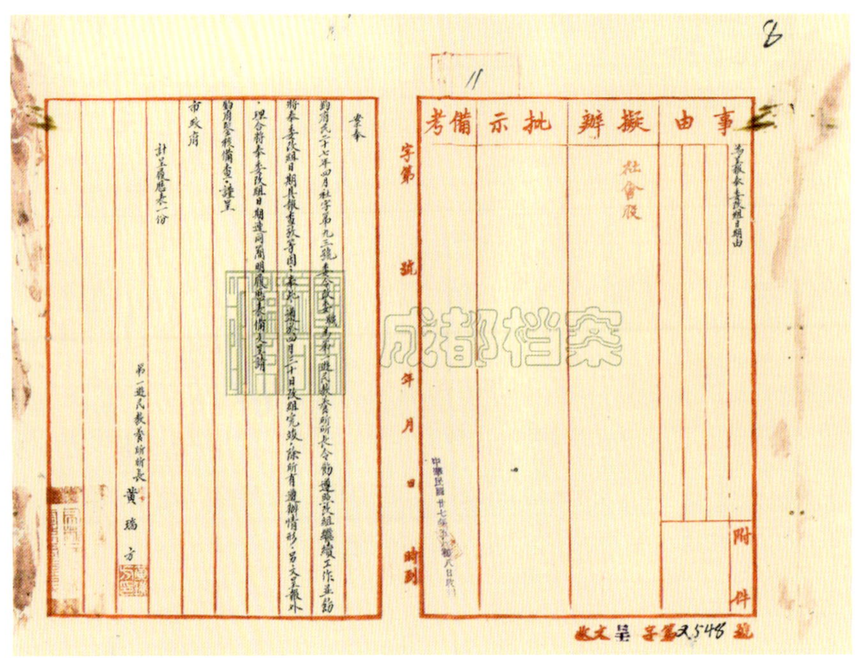

事由 為報告奉委改組日期由
擬辦 社會股
批示
備考
附件
字第 號 年 月 日 時到

案奉
鈞府民三十七年四月社字第九三號委令，改委□為第一遊民教養所所長，令飭遵照改組，繼續工作，並飭將奉委改組日期具報查考等因。奉此，遵於四月二十日改組完竣。除所有遵辦情形，另文呈報外，理合將奉委改組日期連同簡明履歷表備文呈請
鈞府鑒核備查。謹呈
市政府
計呈履歷表一份
第一遊民教養所所長 黃瑞方

收文 字第 548 號

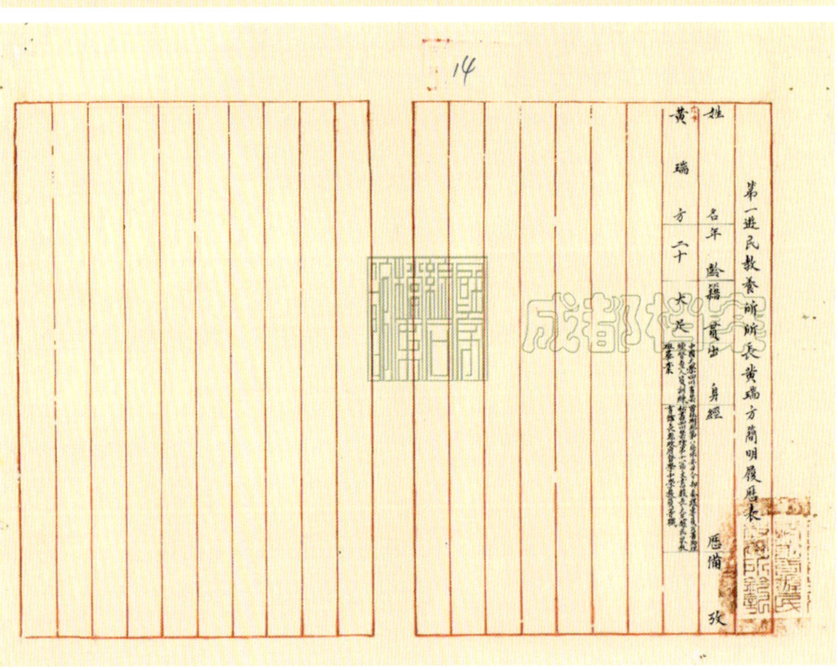

第一遊民教養所所長黃瑞方簡明履歷表

姓名	年齡	籍貫	出身	經歷	備考
黃瑞方	二十	大足			

“流民”是一个复杂的概念，并不能简单等同于“乞丐”。其实流民早已有之，《明史·食货志》称那些“年饥或避兵他徙者曰流民”。通常意义上，“流民”泛指遭受灾变而流离转徙他处之人口。民国时期，天灾人祸频发，民不聊生，许多人不得不背井离乡，流落在外。这些流落在城市的游民是不稳定因素之一，地方当局建立了游民教养所对其加以管教。如成都市第二游民教养所课表所示，游民在劳作之外，还会教授国文、算数、自然常识等知识，以求其今后能够自立。

（十七）成都市冬令救济委员会募捐启

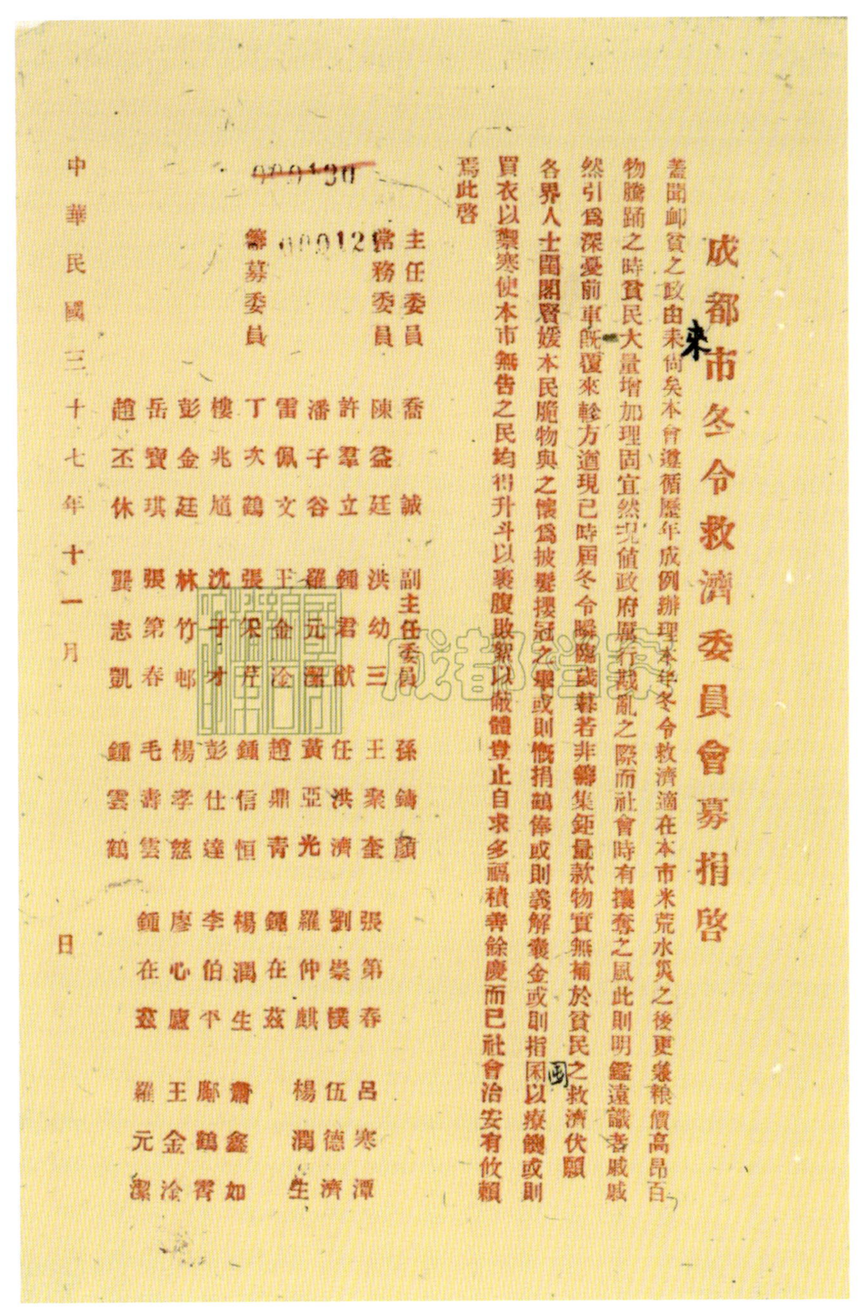

成都市冬令救濟委員會募捐啓

蓋聞卹貧之政由來尚矣本會遵循歷年成例辦理本年冬令救濟適在本市米荒水災之後更兼粮價高昂百物騰踊之時貧民大量增加理固宜然况值政府厲行戡亂之際而社會時有攘奪之風此則明鑑遠識者戚戚然引爲深憂前車既覆來軫方遒現已時屆冬令瞬臨歲暮若非籌集鉅量款物實無補於貧民之救濟伏願各界人士閨閣賢媛本民胞物與之懷爲披髮攖冠之舉或則慨捐鶴俸或則義解囊金或則指囷以療饑或則買衣以禦寒使本市無告之民均得升斗以裹腹敗絮以蔽體豈止自求多福積善餘慶而已社會治安有攸賴焉此啓

主任委員 喬誠

常務委員 陳益廷 許羣立 潘子谷 雷佩文 丁次鶴 樓兆馗 彭金廷 岳寶琪 趙丕休

副主任委員 洪幼三 鍾君猷 羅元澤 王金詮 張采芹 沈子才 林竹郵 張第春 龔志凱

孫鑄顧 王聚奎 任洪濟 黃亞光 趙鼎青 鍾信恒 彭仕達 楊孝慈 毛壽雲 鍾雲鶴

張第春 劉崇樸 羅仲麒 鍾在茲 楊潤生 李伯平 廖心廬 鍾在袞

籌募委員 呂寒潭 伍德濟 楊潤生 蕭鑫如 鄺鶴霄 王金淦 羅元潔

中華民國三十七年十一月 日

所谓冬令即冬季，对于那些衣不蔽体的穷人，这是一个较为难熬的季节，天气寒冷、食物短缺、衣物缺乏等容易引发社会的不稳定因素。冬令救济会便是一个应运而生的临时性、季节性慈善机构，多开展施粥、赠衣、送药等慈善活动，旨在帮助弱势群体平稳度过冬天。

（十八）洪裕成捐款办善事证明书

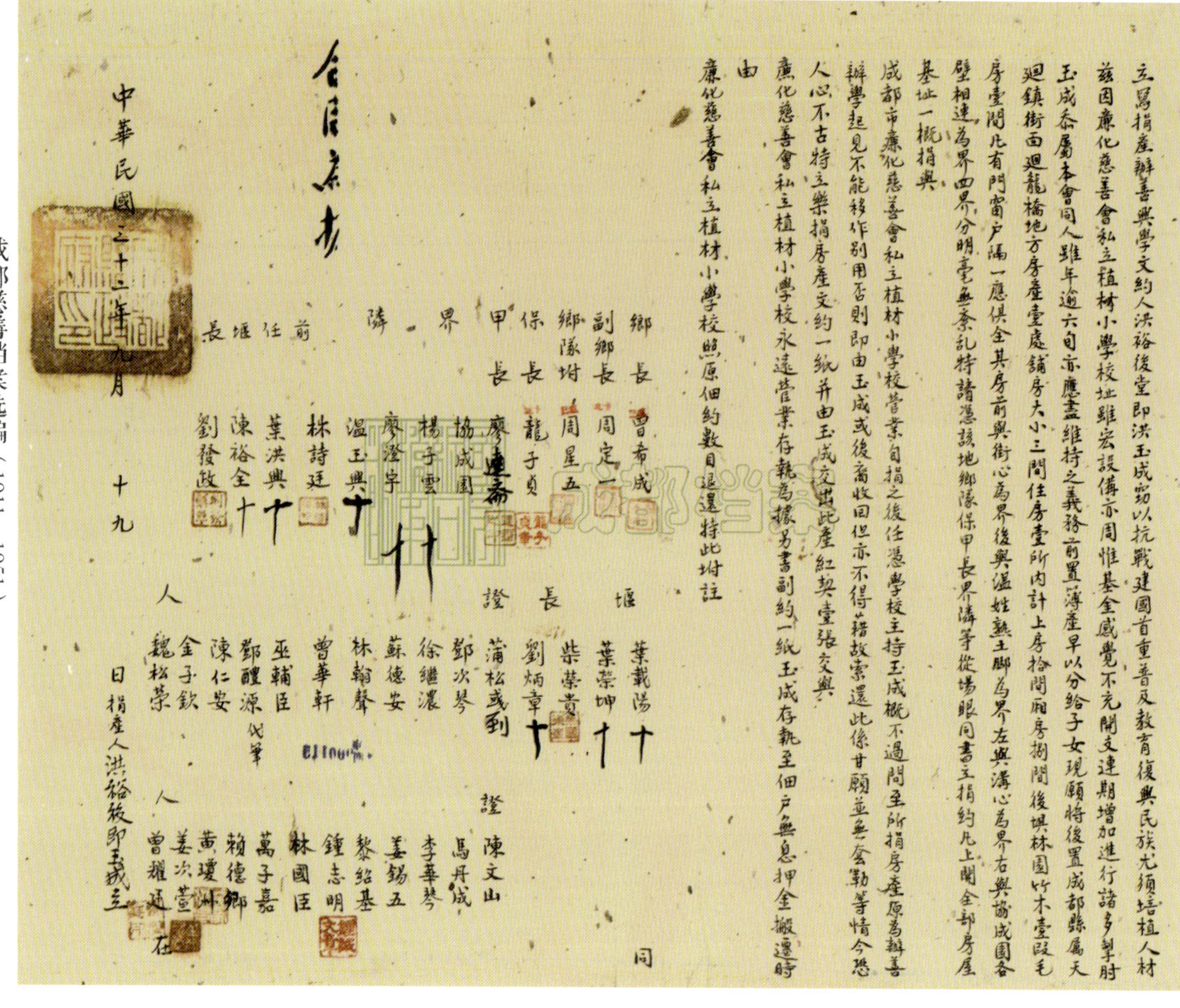
立寫捐產辦善興學文約人洪裕後堂即洪玉成茲以抗戰建國首重普及教育復興民族尤須培植人材茲因廉化慈善會私立植材小學校址雖宏設備亦周惟基金感覺不充開支逐期增加進行諸多掣肘玉成忝屬本會同人雖年逾六旬亦應盡維持之義務前置薄產早以分給子女現願將後置成都縣屬天廻鎮街西廻龍橋地方房產壹處鋪房大小三間住房壹所內計上房拾間廂房捌間後坝林園竹木壹段毛房壹間兒有門窗戶隔一應俱全其房前與街心為界後與溫姓熟土腳為界左與溝心為界右與協成園各壁相連為界四界分明毫無紊亂特請憑該地鄉隊保甲長界鄰等從場眼同書立捐約凡上開全部房屋基址一概捐與

成都市廉化慈善會私立植材小學校管業自捐之後任憑學校主持玉成概不過問至所捐房產原為辦善辦學起見不能移作別用否則即由玉成或後裔收回但亦不得藉故索還此係甘願並無套勒等情今恐人心不古特立樂捐房產文約一紙并由玉成交出此產紅契壹張交與

廉化慈善會私立植材小學校永遠管業存執為據另書副約一紙玉成存執至佃戶無息押金搬遷時由

廉化慈善會私立植材小學校照原佃約數目退還特此坿註

鄉長 曾希成
副鄉長 周定一
鄉隊坿 周星五
保長 龍子貞
甲長 廖連希 協成園 楊子雲
界鄰 廖登宇 溫玉興 十 林詩廷
前任堰長 葉洪興 十 陳裕全 十 劉發政

堰長 葉載陽 十 葉榮坤 十 柴榮貴 劉炳章 十

證人 蒲松盛到 鄧次琴 徐繼濃 蘇德安 林翰馨 曾華軒 巫輔臣 鄧醴源代筆 陳仁安 金子欽 魏松榮

同證人 陳文山 馬丹成 李華琴 姜錫五 黎紹基 鍾志明 林國臣 萬子嘉 賴德鄉 黃瓔琳 姜次萱 曾耀廷 在

中華民國三十三年九月 十九 日 捐產人洪裕後即玉成 立

这是一份捐赠合同，由洪玉成将自己在天回镇回龙桥地方房产1处、铺房大小3间、住房1所（内计上房 10 间、厢房8间等）捐赠给廉化慈善会私立植材小学，为“普及教育、复兴民族”之用。这份捐赠合同也请乡长、副乡长、保长、甲长、界邻、堰长等作为证人，存执为据。我们看到有些名字下面画的“十”字，那是该证明人不会写字，请人代签后画“十”字为凭。

（十九）成都市两仪慈善会女会员名册

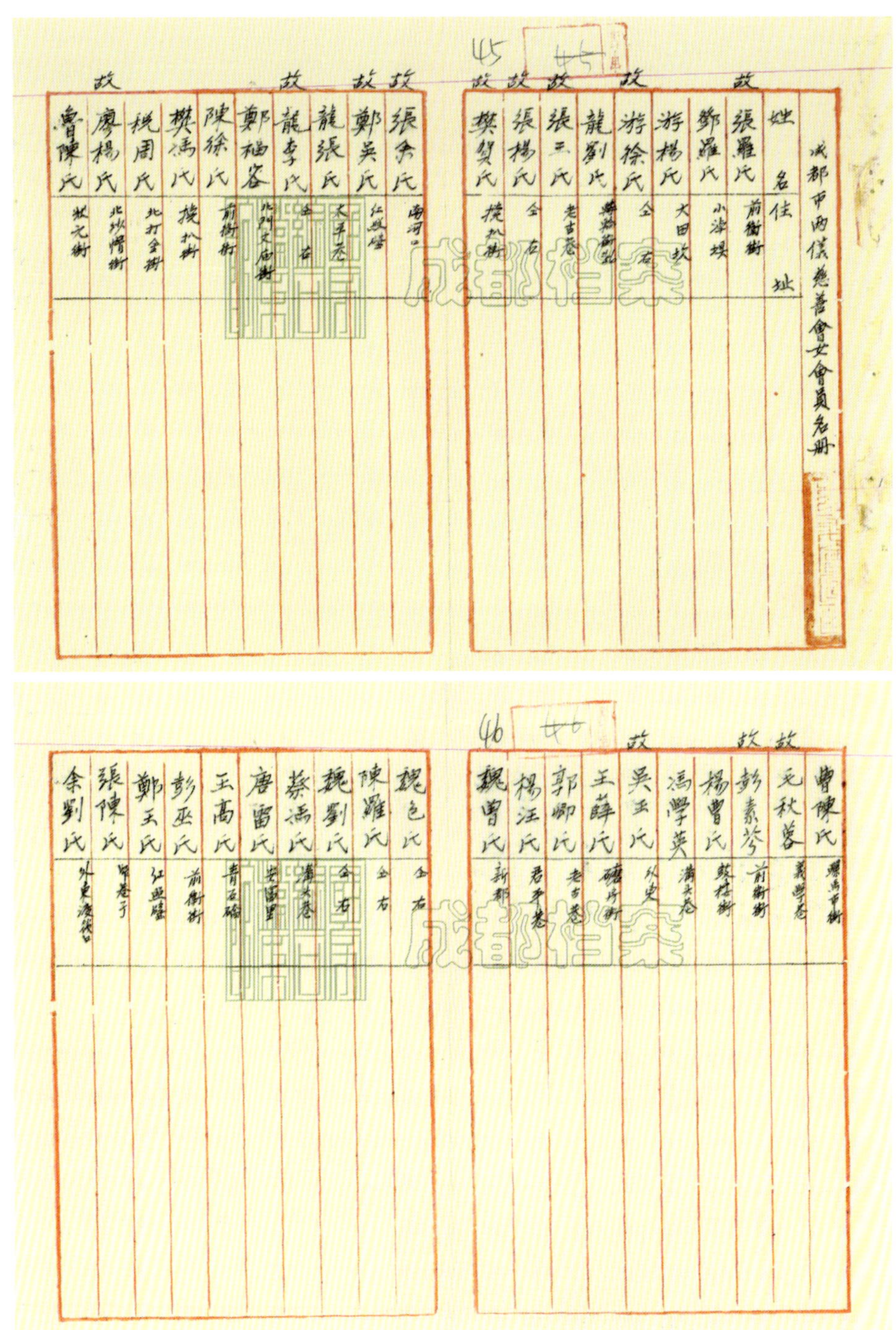

成都市兩儀慈善會女會員名册

45

姓名	住址	眉批
張羅氏	前衛街	故
鄧羅氏	小淖壩	
游楊氏	大田坎	
游徐氏	仝右	故
龍劉氏	[illegible]	
張三氏	老古巷	故
張楊氏	仝右	故
樊賀氏	攬扒街	故
張余氏	南河口	故
鄭吳氏	紅照壁	故
龍張氏	太平巷	
龍李氏	仝右	故
鄭福容	北門文廟街	
陳徐氏	前衛街	
樊馮氏	攬扒街	
稅周氏	北打金街	
廖楊氏	北紗帽街	故
曾陳氏	狀元街	

46

姓名	住址	眉批
曾陳氏	騾馬市街	故
毛秋蓉	義學巷	故
彭素芬	前衛街	
楊曹氏	暑襪街	
馮學英	滿天巷	
吳玉氏	外史	故
王薛氏	磚片街	
郭卿氏	老古巷	
楊汪氏	君平巷	
魏曾氏	新都	
魏色氏	仝右	
陳羅氏	仝右	
魏劉氏	仝右	
蔡馮氏	滿天巷	
唐雷氏	安雷里	
王高氏	青石橋	
彭巫氏	前衛街	
鄭王氏	紅照壁	
張陳氏	牢巷子	
余劉氏	外東渡口	

四川地处内陆，风气未开，对于女性参与公共事务限制颇多。然而两仪慈善会中不仅有女会员，而且数量还不少。这是一个有趣的现象，即女性如何通过参与慈善事务，在社会公共领域发挥自己的作用，这是一件值得继续研究下去的事情。

（二十）成都市两仪慈善会历年所办十全善务简明表

两仪慈善会的慈善业务包括无利借贷、养老米、临时赈济、冬赈、助产、扶节、送药、送棺、送地、送茶等十项，当时很多慈善会追求慈善业务上的“十全”，一来显示所运营慈善业务的庞大，二来也有讨彩的意味。

送地—此項與送棺手續同，本會曾置有義地一段。

送茶—本會每年夏季，置有茶缸數口，分置於東城門口，及新南門、江瀆(?)宋大街、新會館口，並隨時添加開水茶葉，其一切所需各項由各會員自動捐助之。

送藥酒末—本會備有經各名醫研究配成，便利急症的藥酒藥末，救苦酒丹种，使於携帶，使於急病者服用，極為易易。除在本市分送外，並於附城十里內外之鄉村，分配普遍分送，不取分文。所需款項由會員自願捐助之。

附註：（一）本會所辦善務共分十組，各四十人，每組由各會員自己之興趣所在，自由參加，并互推選主任人，各負各責。每組善務所需之經費，統由各會員，按實際該組善務之多少，再照所湊的經費數額，衡量善務推動之範圍，以不多籌、不欠賬為原則。各會員捐助之款，亦適以自覺自願為唯一原則，自由湊集，毫不勉強。事後即將收支詳賬，逐一列單公告，并當衆報銷。每年或每季，應辦善務之推動，均由理事會斟酌時間性（以及時救濟為第一要義）召開各組善務及會員會議，何者該急辦，何者該緩辦，以及所辦範圍之大小，統由各會員決定通過後，再由各組，遵照大會決議，分別舉辦，并由理事會及監事人，以鄭重的態度，詳審的審核之，監督之，務期做到各符其實，實事求是，以利救濟，不負本會宗旨為最高原則。

（二）表列各項，都是事實，可供調查。

成都市校場街兩儀慈善會歷年所辦十全善務簡明表

無利借貸——由本會少數會員自動湊集本金，專門照顧本市小工商業。其辦法是由借款人簡單具一書面來會，由會派人調查確實，酌情借予若干，見借取款，還款时分五个月無利還完，如再需用，還清又可再借。因受偽政府濫發紙幣、金元券，多次貶值影響，該數次所籌之本金，均已折盡。

養老米——由本會派人調查，本市極貧苦之孤寡老人，經登記約一百個名額，每人發給摺子一個，每月憑摺來會取大米四市升，不取分文。此米由少數會員每年按應發數額湊集之。

臨時賑濟——本市遇有水災、火災，由災民具一名冊來會，經調查後，即派人親到災區，會同該地保甲人員，按名發給賑款若干，其所需款項，由會員自覺自願臨時照數額捐助之。

賑——每年臘月由本會代製米票、錢票、棉衣票若干，凡有本會會員或非會員自願送賑者，即將錢或米或棉衣送交本會，照數換取各項賑票，自行散發，本會只負製票及代發責任，並不取任何費用。

助產——凡有本市貧苦姙婦產生小孩，短時間不能工作、無法生活者，經我會調查確實，即發給大米一斗、現金若干，此款仍由會員每月按發給數額湊集之。

扶節——即寡婦守節，本會辦有一百二十名，按月發錢一次，因前法幣、金元券遭遇貶值，每月發錢數額，未使固定，只有臨時酌給，其款之來源，

送藥——每年夏秋之四、五、六、七、八月，貧苦病人來會診斷後，即發給藥單一張，送向東大街生記藥號、皮中街倉三樂號檢藥，不取分文，並不限藥之貴賤、價之多寡，一律憑單發藥，每半月由會員將憑單如數照付負責，到期向藥號結賬付價，並不向他人募集分文。

（二十一）临时施粥流水簿

这是某家慈善组织在成都外东川主庙临时施粥的收支流水账，记录了从冬月初一到冬月十九的支出与捐赠的情况，主要支出是买米、炉、碗、柴、桶等物资，也有多人捐赠黑炭，以资助力。

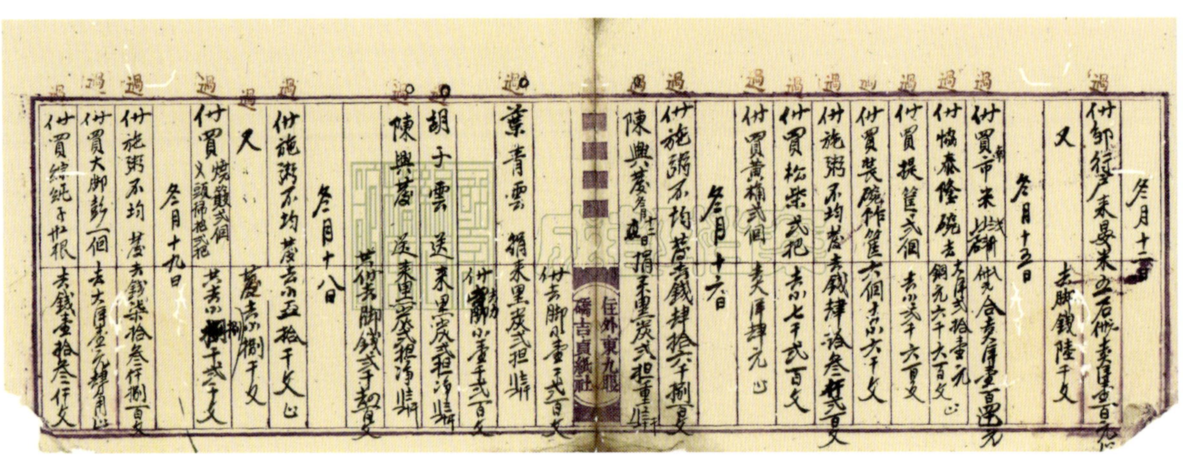

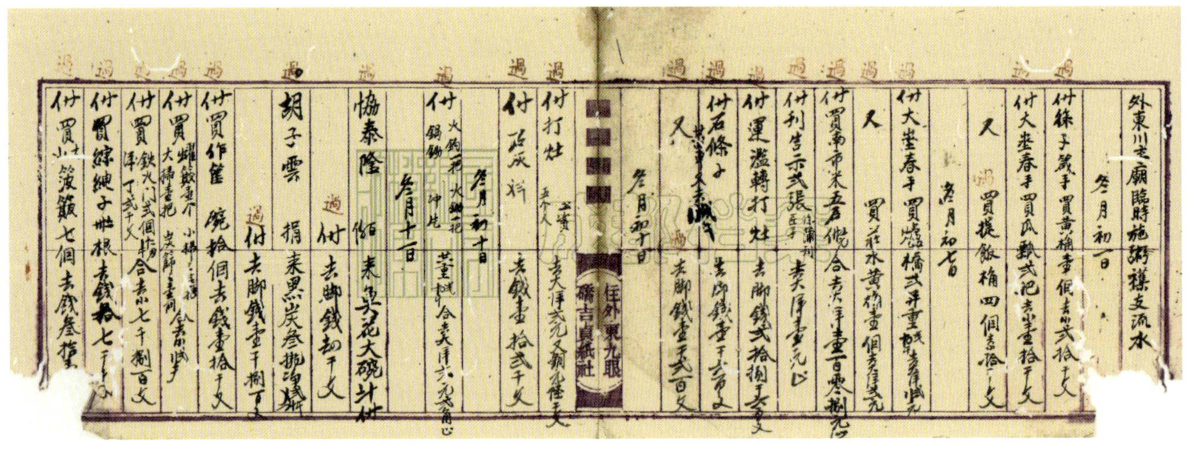

（二十二）成都市孝德慈善会组织章程

本档案是成都市孝德慈善会组织章程，从宗旨、名义、事务、组织、会期、经费、附则七个章节对组织情况进行了概述。通过这份组织章程，我们可以了解民国时期慈善组织的基本情况，可与现在慈善机构比较其异同。比如经费这一块，当时慈善机构主要收入来源为田地房租之收益，其次是会员固定捐赠（月捐）以及临时捐赠（乐捐），与现在慈善组织主要收入为政府购买、社会捐赠有很大不同。

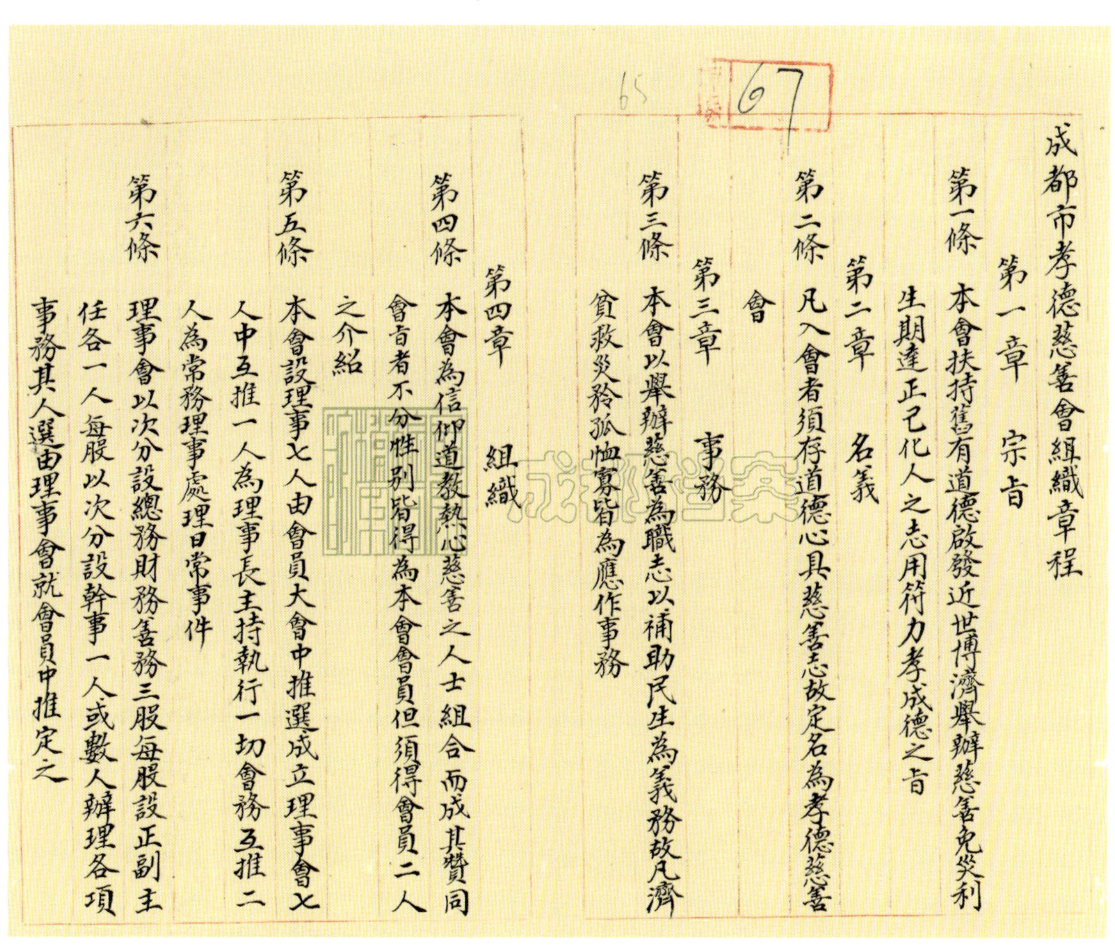

成都市孝德慈善會組織章程

第一章 宗旨

第一條 本會扶持舊有道德啟發近世博濟舉辦慈善免災利生期達正己化人之志用符力孝成德之旨

第二章 名義

第二條 凡入會者須存道德心具慈善志故定名為孝德慈善會

第三章 事務

第三條 本會以舉辦慈善為職志以補助民生為義務故凡濟貧救災矜孤恤寡皆為應作事務

第四章 組織

第四條 本會為信仰道教熱心慈善之人士組合而成其贊同會旨者不分性別皆得為本會會員但須得會員二人之介紹

第五條 本會設理事七人由會員大會中推選成立理事會七人中互推一人為理事長主持執行一切會務互推二人為常務理事處理日常事件

第六條 理事會以次分設總務財務善務三股每股設正副主任各一人每股以次分設幹事一人或數人辦理各項事務其人選由理事會就會員中推定之

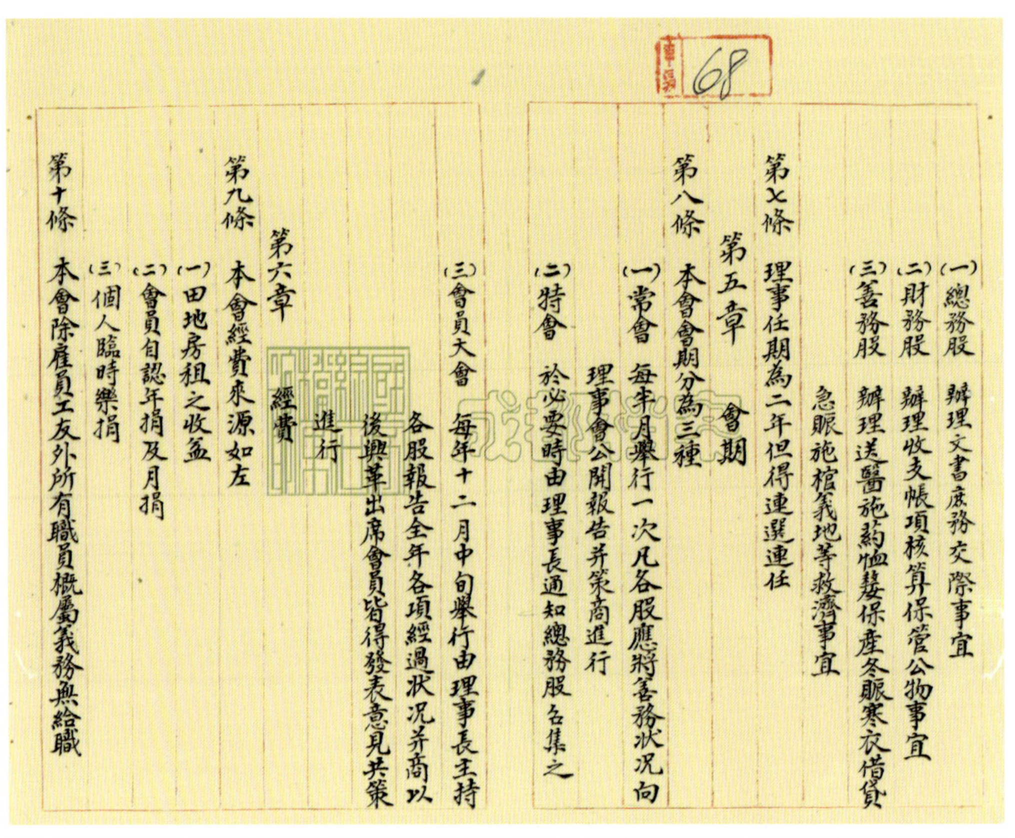

(一)總務股　辦理文書庶務交際事宜

(二)財務股　辦理收支帳項核算保管公物事宜

(三)善務股　辦理送醫施葯恤嫠保産冬賑寒衣借貸急賑施棺義地等救濟事宜

第七條　理事任期為二年但得連選連任

第五章　會期

第八條　本會會期分為三種

(一)常會　每半月舉行一次凡各股應將善務狀況向理事會公開報告并策商進行

(二)特會　於必要時由理事長通知總務股召集之

(三)會員大會　每年十二月中旬舉行由理事長主持各股報告全年各項經過狀況并商以後興革出席會員皆得發表意見共策進行

第六章　經費

第九條　本會經費來源如左

(一)田地房租之收益

(二)會員自認年捐及月捐

(三)個人臨時樂捐

第十條　本會除雇員工友外所有職員概屬義務無給職

第七章　附則

第十一條　本章程如有未盡事宜得由理事會提出經會員大會通過呈請主管政府修改之

第十二條　本章程俟呈請主管政府核准後施行

（二十三）孝德慈善会财产目录

这是孝德慈善会的财产目录，主要为会所地产、会所房产、上皇观山场、祇园寺水田等不动产，另外有地皮、临街房屋等。

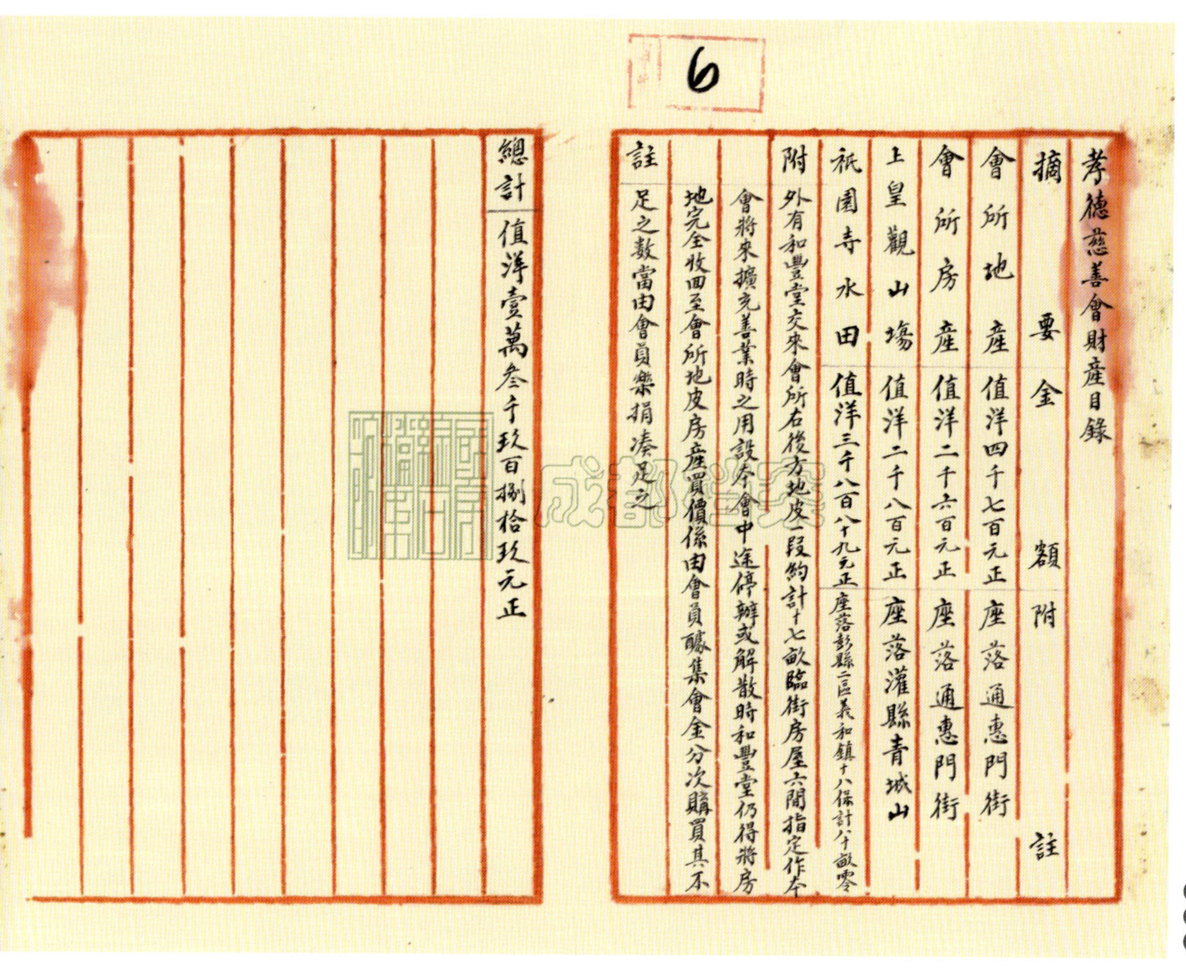

6

孝德慈善會財產目錄

摘要	金額	附註
會所地產	值洋四千七百元正	座落通惠門街
會所房產	值洋二千六百元正	座落通惠門街
上皇觀山場	值洋二千八百元正	座落灌縣青城山
祇園寺水田	值洋三千八百八十九元正	座落彭縣二區義和鎮十八保計八十畝零

附 外有和豐堂交來會所右後方地皮一段約計十七畝臨街房屋六間指定作本會將來擴充善業時之用設本會中途停辦或解散時和豐堂仍得將房地完全收回至會所地皮房產買價係由會員醵集會金分次購買其不

註 足之數當由會員樂捐湊足之

總計 值洋壹萬叁千玖百捌拾玖元正

（二十四）成都市玉参慈善会章程

成都市玉参慈善會章程

第一條 本章程依照慈善團體組織法之規定訂定之

第二條 本會正名為玉参慈善會

第三條 本會會址設成都市石馬巷

第四條 本會經善團聯合會轉發木質圖記一顆文曰成都市玉参慈善會之圖記以昭信守并摹具印模呈報備案

第五條 本會以辦理該會公益事業為宗旨并隨時興辦救濟事項以協助政府進行一切

第六條 本會會員不分性别以品行純正熱心慈善者為合格但須經會員二人以上之介紹乃能入會

第七條 本會會員有不遵守本會章程及在外假借本會名義有其他不正行為經理事會之決議立即取銷其會員資格

第八條 本會設理事七人至九人由全体會員大會於會員中推選之并於理事中推選一人為理事長主持會務之進行并推監事二人至三人以一人為常務監事

第九條 理事會之職權凡全体會員大會之決議案件并籌劃善務一切事宜備製預算決算暨幹事以下人員之任免暨審定監事會之職權審核預決算并監查會內一切事項

第十條 本會設總務善務財務三股每股主任一人副主任一人主持該股事務其人選于理事中推選兼任之

第十一條 總務股之職掌除關於撰擬文書及記錄統計收發外凡交際暨庶務各項與夫物料採買皆屬之

第十二條 善務股之職掌為義學醫藥施棺義地恤嫠冬賑暨興急備貸各項并於必要時遇有非常事故得立籌急賑協同政府辦理之

第十三條 財務股之職掌凡關於現金收納與夫各組之報銷核算暨所有資產之報銷事項并資產証卷票據公物之保管皆屬之

第十四條 本會全体會員會議每年六月至十二月各舉行一次理事會議每月舉行一次遇有特別事故得由理事長召集臨時會議議決之

第十五條 本會經費除各部門原有基金外概由會員分別捐募每月列冊並張榜報銷以昭徵信

第十六條 本會理事任期為二年連選得連任之

第十七條 本會除理事及各股主任外所有各職員其任期為一年其推選暨罷免均由理事會主持辦理

（二十五）与人同慈善会调查表

成都市慈善團體調查表

名稱	與人同慈善會	地點	成都外東三元街
立案機關及年月	二十五年呈請市政府轉內政部備案	沿革	本會由前清光緒二十六年由地方人士創辦
組織現況	由會員四十餘人組織公推委員七人互推主席委員一人下分設總務慈善務各股設主任一人及十全各組幹事一人		

負責人	
姓名	周雲章
職別	主席委員
年齡	四十七歲
籍貫	宜賓
學歷	本縣舊制中學畢業
經歷	曾任處長局長等職

職員	
人數	十五人
工作分配	分別總務慈善務及十全各組負責人分担工作
薪給	無給制純為義務性質

經費概況			
每月收入總數	一百四十餘元	資產收益	每月收入六十餘元
		公款補助	無
		捐助	會員每月捐助八十餘元
		其他	
每月支出總數	一百二十餘元	行政費	一百二十餘元
		事業費	無[illegible]
盈虧	收支平衡		

資產及保管狀況	房產卅餘間義地十餘畝由本會總務股保管
舉辦事業類別	1.義學 2.醫藥 3.施棺 4.施地 5.恤嫠 6.保嬰 7.振濟 8.惜字 9.宣講道德
與其他救濟團体有無聯繫	與各慈善團体均有聯繫
有無自營生產事業	無
有無工作團体	無
改進	
備攷	本會事業費全由各會員捐助實物（藥棺施棺及年終米振）約值法幣壹萬弍千元（以現在物價計算）

周雲章　　中華民國卅年七月　日填報

这是成都市慈善团体调查表，填表单位为与人同慈善会。从该调查表中可以了解该慈善组织的基本情况。值得注意的是，与人同慈善会虽然职员有 15 人，但是均为“无给制纯为义务性质”。这种模式虽然节约了人力成本，但也造成整个组织在职业化、专业化能力的不足，降低了组织管理效率，从长期来看不利于组织进一步发展。

（二十六）成都市玉参慈善会成都市政府关于填发证明书以便豁免赋税的呈文及批示

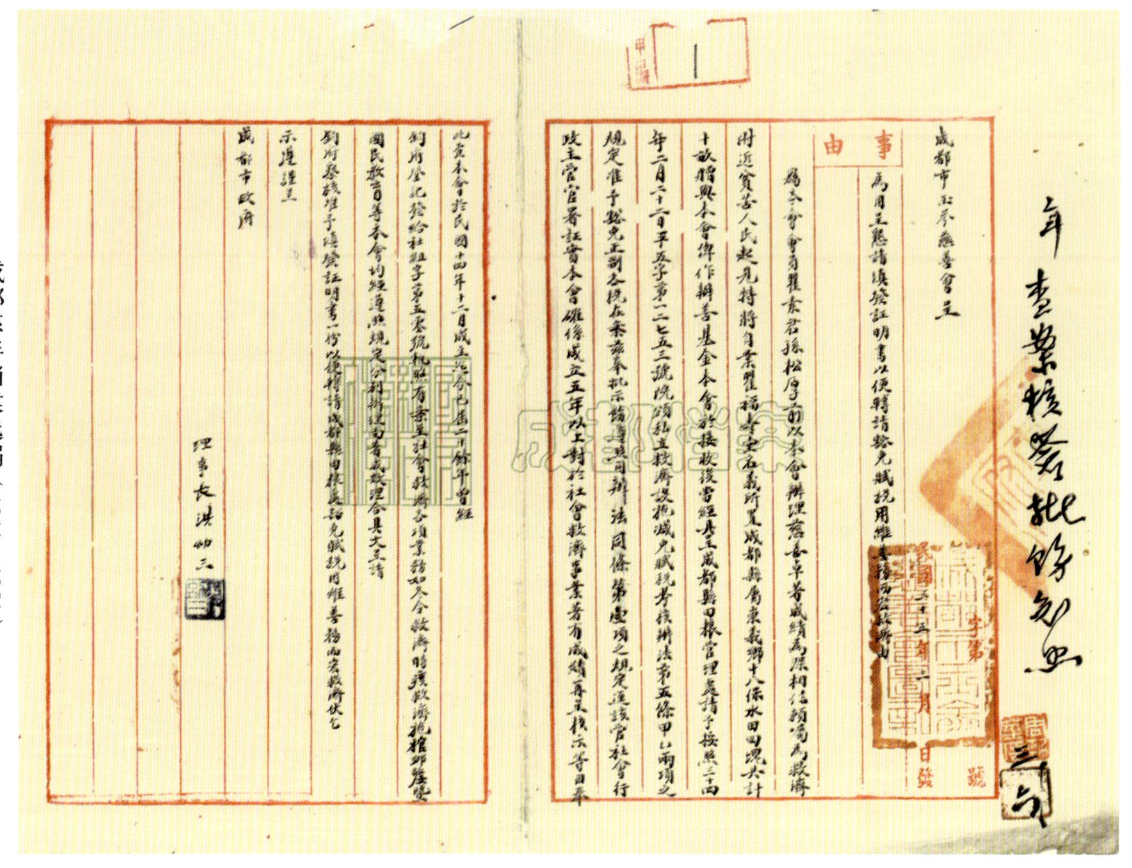

成都市玉參慈善會呈

事由：為用呈懇請填發證明書以便轉請豁免賦稅用維善務而宏救濟由

竊本會會員龔紊君孫松厚前以本會辦理慈善卓著成績為[illegible]救濟附近貧苦人民起見特將自業崇義福安宅名義所置成都縣屬崇義鄉十八保水田四塊共計十畝捐與本會作辦善基金本會於接收後當經呈[illegible]成都縣田糧管理處請予按照三十四年二月二十二日平五字第一二七五三號院頒私立救濟設施減免賦稅考核辦法第五條甲乙兩項之規定准予豁免正副各稅在案旋奉批示需呈明同辦法同條第壹項之規定送該管社會行政主管官署證實本會確係成立五年以上對於社會救濟事業著有成績再呈核示等因奉此查本會於民國十四年十二月成立迄今已屆二十餘年曾經鈞府登記發給社組字第五零號執照有案並於社會救濟各項業務如冬令救濟時疫救濟施棺[illegible]國民教育等本會均經遵照規定分別舉辦著有成效理合具文呈請鈞府鑒核准予填發證明書一份以便轉請成都縣田糧處豁免賦稅用維善務而宏救濟伏乞

示遵謹呈

成都市政府

理事長洪幼三

民國三十五年二月 日發 字第 號

這是成都市玉参慈善会理事长洪幼三呈送成都市政府，希望其提供相关文件，以便证明其在成都县属崇义乡十八保水田四块共计十亩的田地为捐赠田产，按照《私立救济设施减免赋税考核办法》第五条甲乙两项豁免正副各税的规定，成都县田粮处应当豁免其田地赋税。

（二十七）成都市政府送成都基督教女青年会关于该会向政府呈请捐赠电影票一事的批示

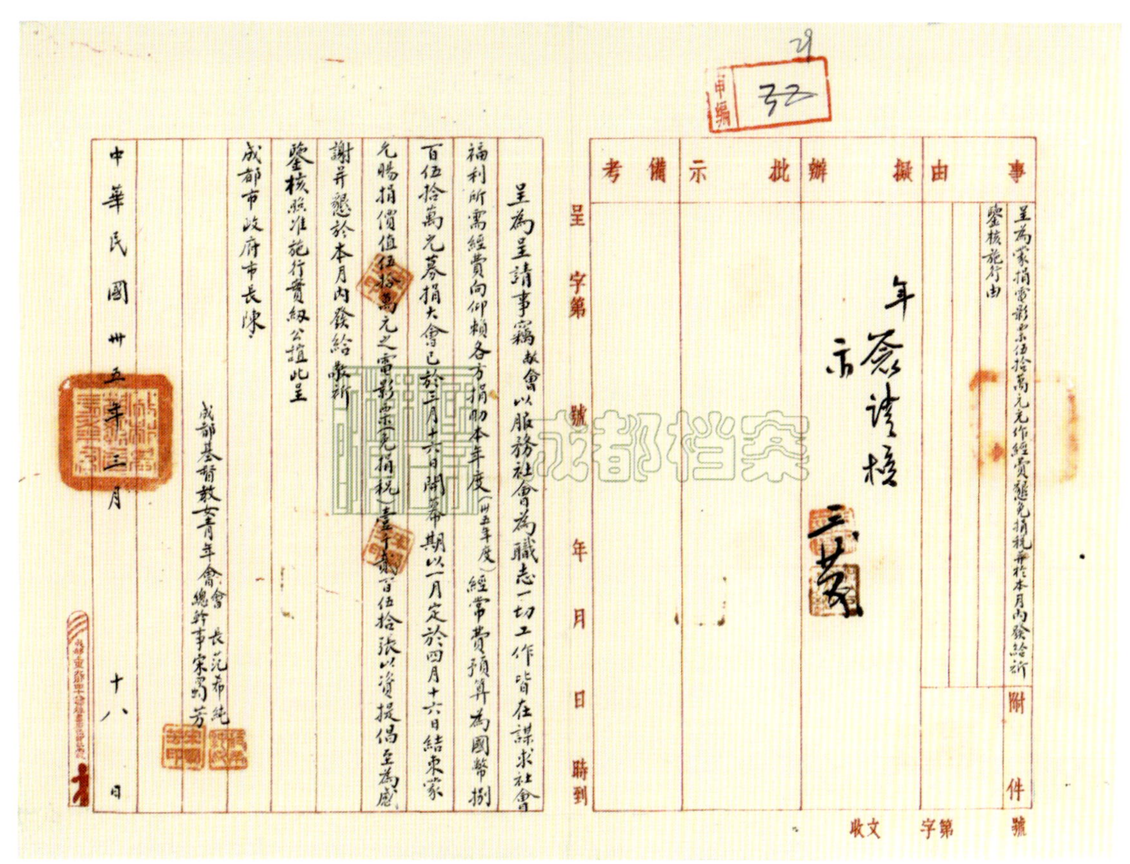

中编 32

事由	拟办	批示	备考
呈為蒙捐電影票伍拾萬元充作經費懇免捐稅并於本月內發給祈鑒核施行由	年 簽請核示 三蒙		

附件

呈　字第　號　年　月　日　時到

收文　字第　號

呈為呈請事竊敝會以服務社會為職志一切工作皆在謀求社會福利所需經費向仰賴各方捐助本年度（卅五年度）經常費預算為國幣捌百伍拾萬元募捐大會已於三月十六日開幕期以一月定於四月十六日結束蒙允賜捐價值伍拾萬元之電影票（免捐稅）壹千貳百伍拾張以資提倡至為感謝并懇於本月內發給敬祈鑒核照准施行實級公誼此呈

成都市政府市長陳

成都基督教女青年會會長范希純 總幹事宋蜀芳

中華民國卅五年三月十八日

这是成都市基督教女青年会会长范希纯、总干事宋蜀芳呈请当时成都市市长陈离，表示本年度预算基督教青年女会的预算为 850 万元，主要来源是为期一个月的募捐大会。成都基督教青年女会愿意捐赠 50 万元（共 1250 张）电影票，以求得政府对于募捐大会的相关支持。

成都市基督教青年会（YMCA）成立于 1910 年，秉承“非以役人，乃役于人”的精神和“服务社会，造福人群”的宗旨。同期成立的还有成都市基督教女青年会（YWCA）。青年会致力以“德、智、体、群”四育为主要发展手段，在成都发展体育、音乐、电影等事业。成都的第一家电影院即新明电影院就是由成都基督教青年会在春熙路创办。

（二十八）四川省会疏散区西区儿童寄托所送成都市政府关于请求补发美国捐赠蓝布的呈

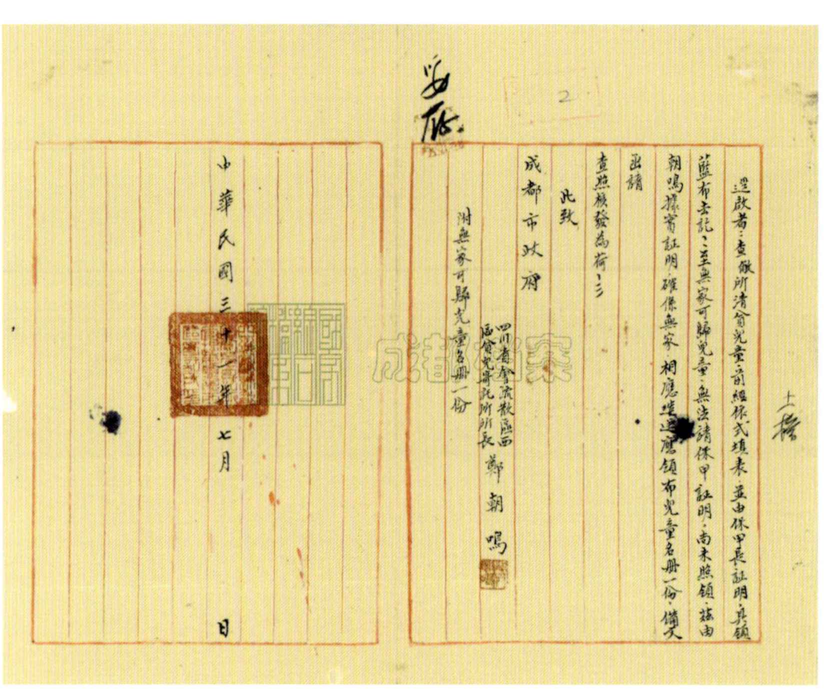

逕啟者：查敝所清貧兒童，前經依式填表，並由保甲長證明，具領藍布去訖。茲查無家可歸兒童，無法請保甲證明，尚未照領。茲由朝鳴據實證明，確係無家，相應造具應領布兒童名冊一份，備文函請查照核發為荷！

此致

成都市政府

附無家可歸兒童名冊一份

四川省會疏散區西區貧兒寄托所所長 鄭朝鳴

中華民國三十一年七月 日

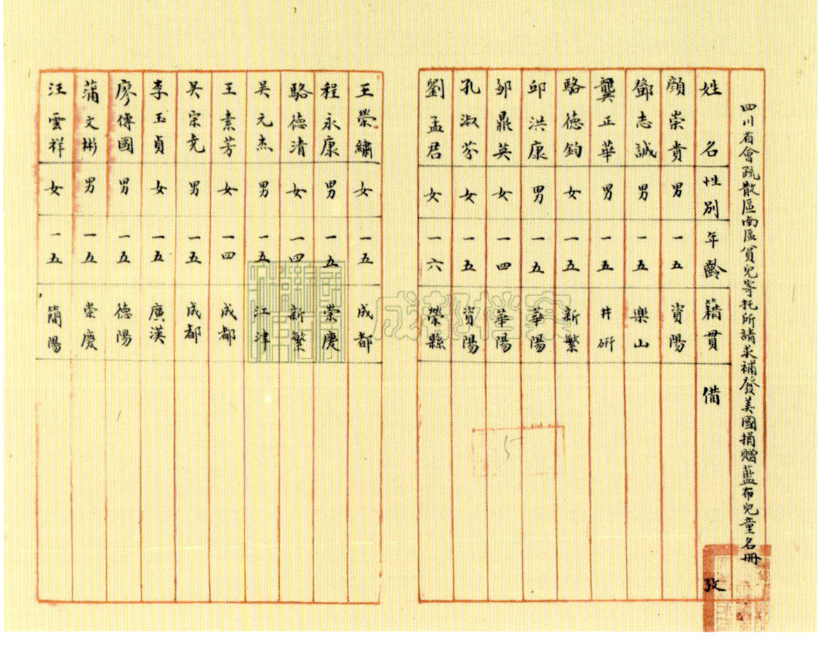

四川省會疏散區南區貧兒寄托所請求補發美國捐贈藍布兒童名冊

姓名	性別	年齡	籍貫	備
顏崇貴	男	一五	資陽	
鄧志誠	男	一五	樂山	
龔正華	男	一五	井研	
駱德鈞	女	一五	新繁	
邱洪康	男	一五	華陽	
鄒鼎英	女	一四	華陽	
孔淑芬	女	一五	資陽	
劉孟君	女	一六	滎縣	
王崇緒	女	一五	成都	
程永康	男	一五	崇慶	
駱德清	女	一四	新繁	
吳元杰	男	一五	江津	
王素芳	女	一四	成都	
吳宗光	男	一五	成都	
李玉貞	女	一五	廣漢	
廖傳國	男	一五	德陽	
蒲文彬	男	一五	崇慶	
汪雪祥	女	一五	簡陽	

民国31年（1942），四川省会疏散区西区贫儿寄托所所长郑朝鸣向成都市政府申请美国捐赠蓝布为贫儿制作衣服。这时抗日战争正如火如荼地进行，各种物资十分缺乏。为夺取抗战的胜利，美国对中国在各个方面进行了援助，其中就有十分紧缺的布匹。由于当时美国总统为罗斯福，这批布匹也被称为“罗斯福布”。

（二十九）集善公所办理急赈说明书

集善公所辦理急賑說明書

本年入夏以來雨澤愆期省城米價翔貴現在斗米售錢五千實爲向來所未有貧民艱食無以爲生甚有舉家嗷嗷坐以待斃之勢同人等會商本所原有年終施米一欵第爲數無多且係年底始行募捐此時尚未收集因議提前出捐勸募惟本所連年施送醫藥已及十載今年又復開辦養老廢疾恤嫠育嬰等項年年募捐已成弩末然值此歲荒米貴飢民嗷嗷又復不忍坐視幸捐摺送出後不特

各大善士踴躍傾囊並承

劉總司令倡捐銅幣壹千貫又荷

聶道尹轉由

交涉署及

尹仲錫先生商諸

英法領事於華洋義賑項下撥銀二千元其軍政紳商各界諸公均各慷慨助捐現在銀錢合計共收四千元有奇前請妥友四出會同警察街正分區依戶詳悉調查擇其貧民中之極貧先註草冊復慮倘有遺漏一再覆查因爲連日天雨所阻現在甫經竣事統計城廂貧戶四千七百有奇當茲款絀人多每戶平均不及壹元同人等一再籌商公家現已開辦平糶其次貧之家即無慮米貴各慈善團又復分地施粥即伶仃老弱亦復不患枵腹惟小負及苦力極貧之家終日逐逐所得無多其家口稍衆尤難一飽欲買糶則錢不敷思啖粥又似不願此等貧民正復不少本所現議辦法將查明極貧四千七百餘戶一律散發銅元分爲甲乙丙丁四等家實赤貧人口復衆爲甲等人口稍多爲乙等二三人爲丙一人爲丁又復斟酌有無特別情形如死亡患病及飢餓垂斃等情以爲加減甲等給錢三千乙丙以次遞減丁等一千略爲佽助或稍添貲本或暫救燃眉分路分期散款儘所收捐款悉數散竣惟是收款有限貧戶無窮祇得就力所能逮悉心辦理誠恐待哺者衆挂漏尚多曷勝歉仄事竣即將出入款項詳細花名逐一登報列單報銷並印送徵信錄以昭翔實所有辦法大概情形謹具說明書敬呈

各台公同察核並祈

惠教一切無任感禱

集善公所同人敬啓

这是集善公所向社会公开捐赠款项使用的说明书。当年入夏成都进入汛期，引发米价飞涨。集善公所出面进行募捐，华洋义赈会捐款 2000 元、社会募捐 2000 余元，共计 4000 余元。为让捐赠落到实处，集善公所请警察街正进行调查，查明 4700 余户贫民急需救助，后将这些贫民根据每家困难程度分为甲、乙、丙、丁四等，按照不同等级分发铜圆，甲等发钱三千，乙丙依次递减，丁等一千，以解燃眉之急。

（三十）集善公所请求省会警察总厅维持赈灾现场秩序

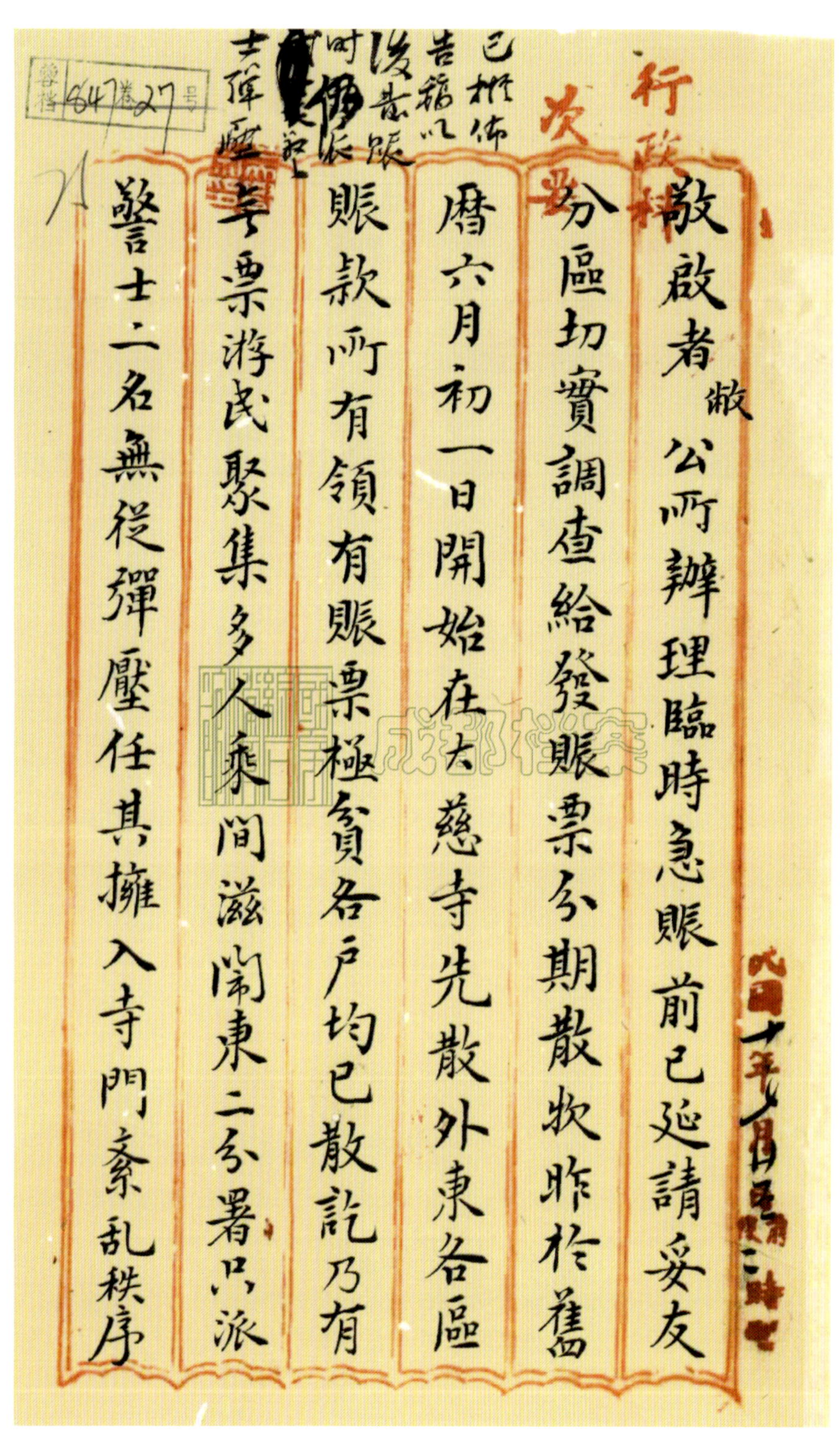
敬啓者敝公所辦理臨時急賑前已延請妥友分區切實調查給發賑票分期散放昨於舊曆六月初一日開始在大慈寺先散外東各區賑款所有領有賑票極貧各戶均已散訖乃有無票游民聚集多人乘間滋鬧東二分署只派警士二名無從彈壓任其擁入寺門紊乱秩序

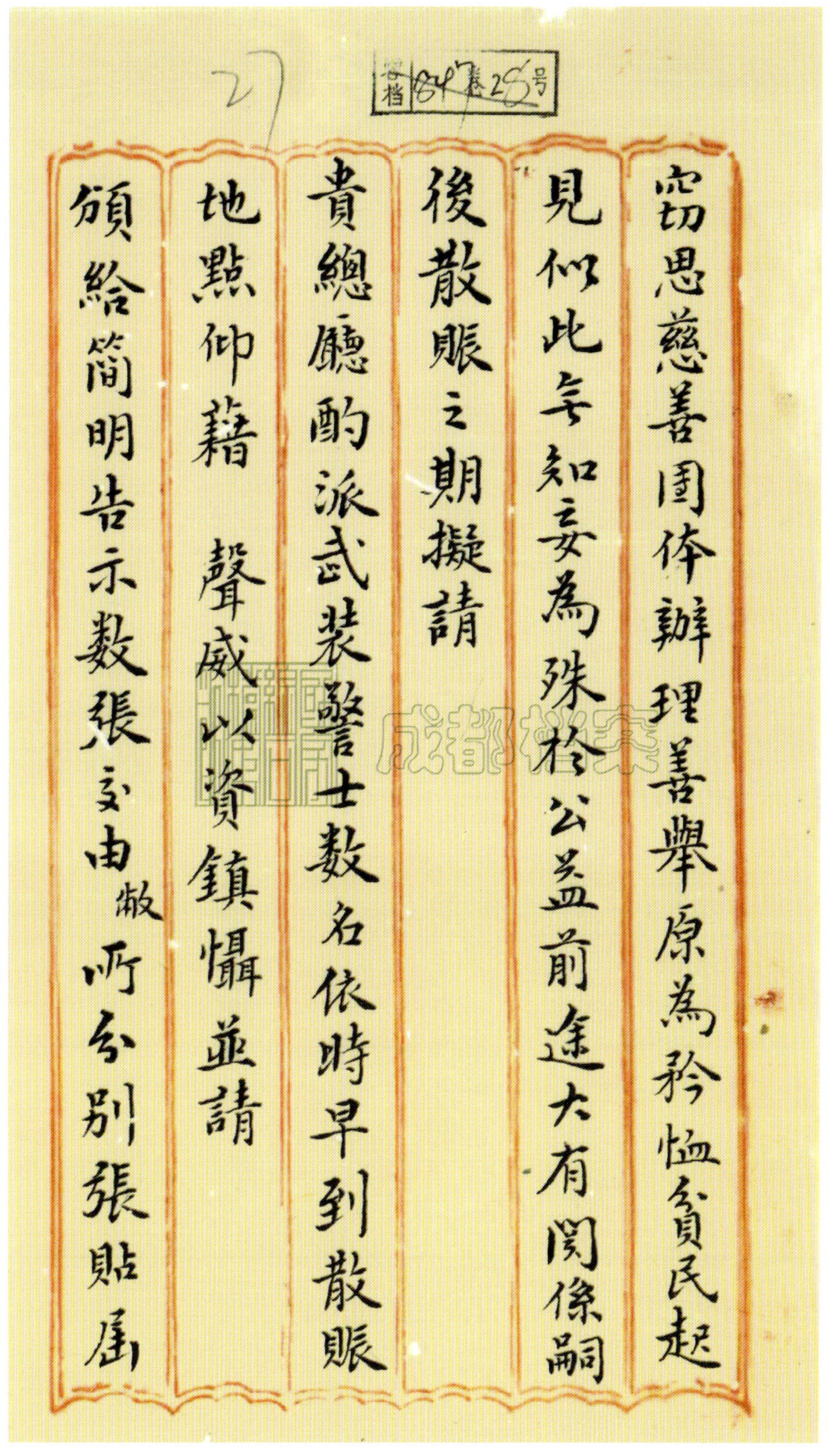

27

竊思慈善團体辦理善舉原為矜恤貧民起
見似此妄知妄為殊於公益前途大有関係嗣
後散賑之期擬請
貴總廳酌派武裝警士數名依時早到散賑
地點仰藉 聲威以資鎮懾並請
頒給簡明告示數張交由敝所分別張貼屆

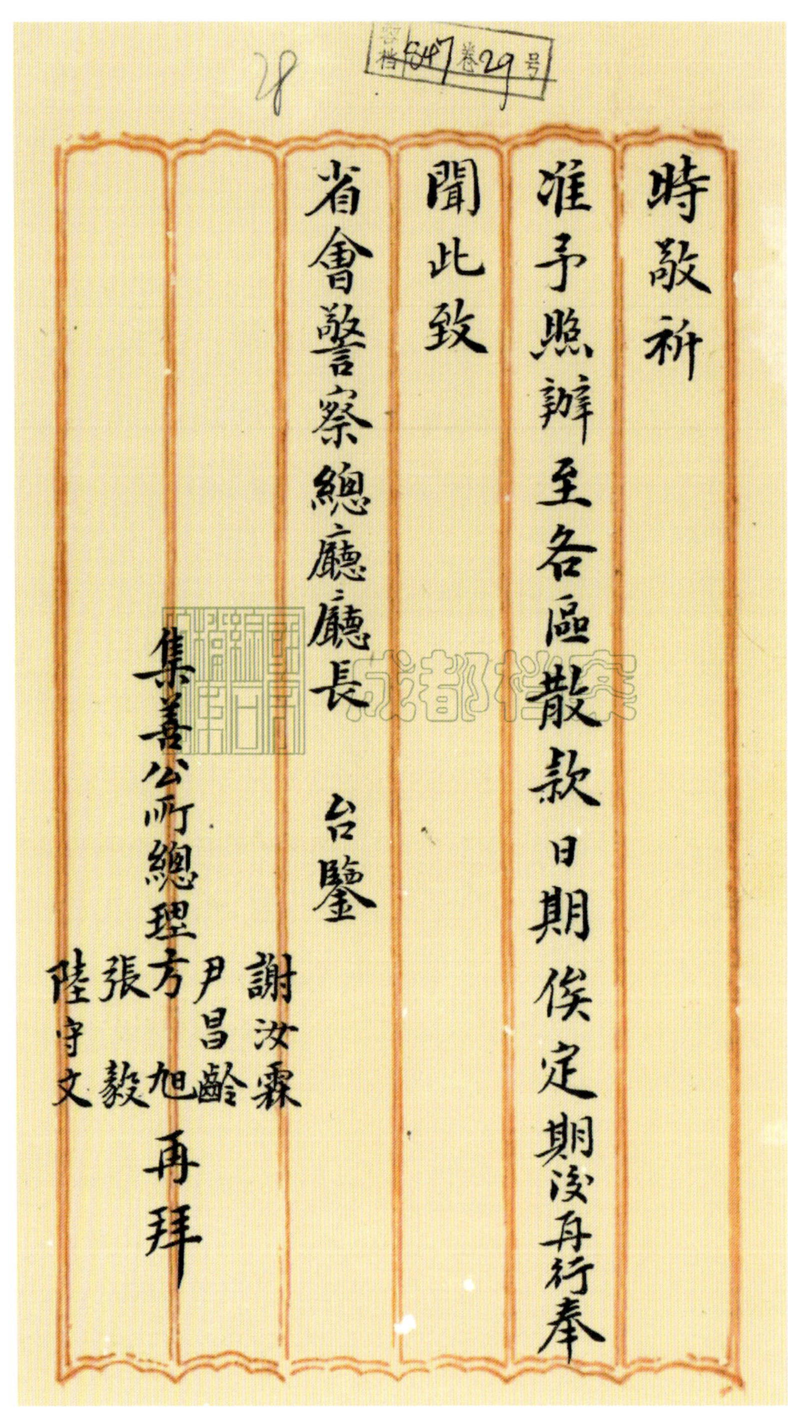

時敬祈
准予照辦至各區散款日期俟定期後再行奉
聞此致
省會警察總廳廳長　台鑒
集善公所總理　謝汝霖　尹昌齡　方旭　張毅　陸守文　再拜

集善公所在大慈寺先在外东各区赈款所发放赈票，有“游民聚众多人乘间滋事”，当时现场只有两名警士，无法控制局面。集善公所总理尹昌龄、方旭等请求四川省警察总厅派遣“武装警士数名依时早到散赈地点”，以震慑滋事者。

（三十一）恤嫠会联合悦来茶社进行开演募捐

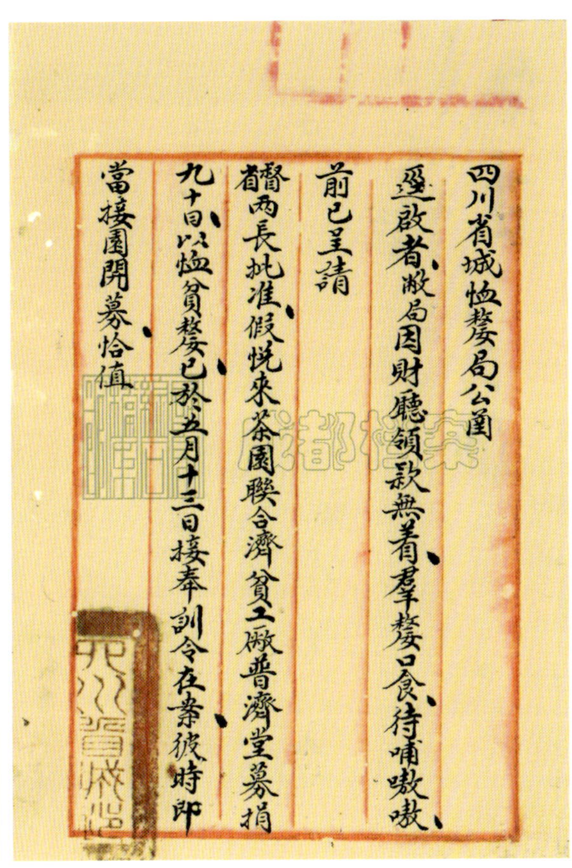
四川省城恤嫠局公函

逕啟者，敝局因財廳領款無着，羣嫠口食待哺嗷嗷，

前已呈請

督兩長批准，假悅來茶園聯合濟貧工廠普濟堂募捐

九十日，以恤貧嫠。已於五月十三日接奉訓令在案。彼時即

當接園開募，恰值

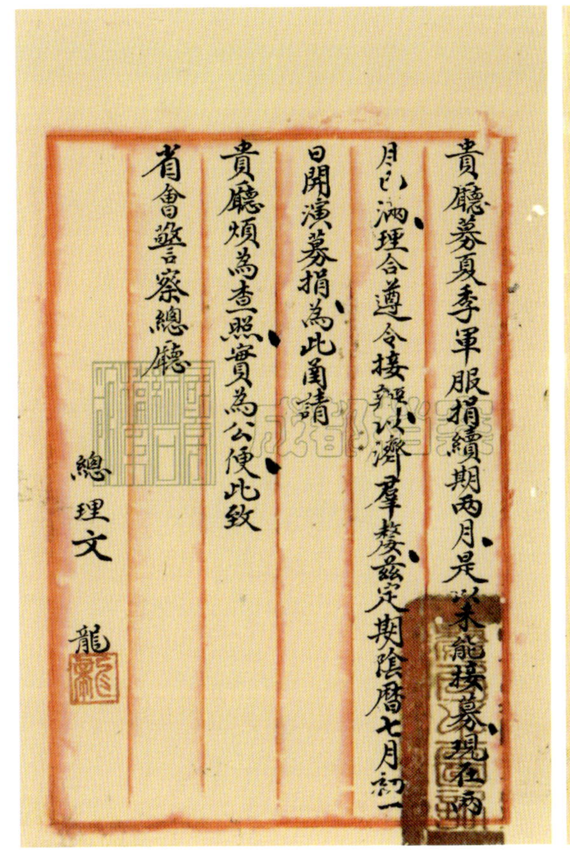
貴廳募夏季軍服捐，續期兩月，是以未能接募。現在兩

月已滿，理合遵令接辦，以濟羣嫠。茲定與陰曆七月初一

日開演募捐，為此函請

貴廳煩為查照，實為公便。此致

省會警察總廳

總理 文 龍

中国传统婚姻中，一旦丈夫早亡，年轻的妻子大多迫于社会压力无法再次结婚。而失去丈夫的支持，这些嫠妇生活便无依无靠。各界有识之士成立“恤嫠会”“清节堂”等专门慈善机构进对其进行救助。这是四川省城恤嫠局联合悦来茶社进行九十日的开演募捐档案。悦来茶社是成都当时最久负盛名的戏园，按照现在的提法，这算是企业践行社会责任的一种体现。

（三十二）四川省会慈善救济会贫民贷款所简章

本档案为四川省慈善救济会贫民贷款所简章，对于那些想改变生活但又苦于没有经商资本的贫民来说，有一笔启动资金支持自己做小本经营实属一件幸事。简章里规

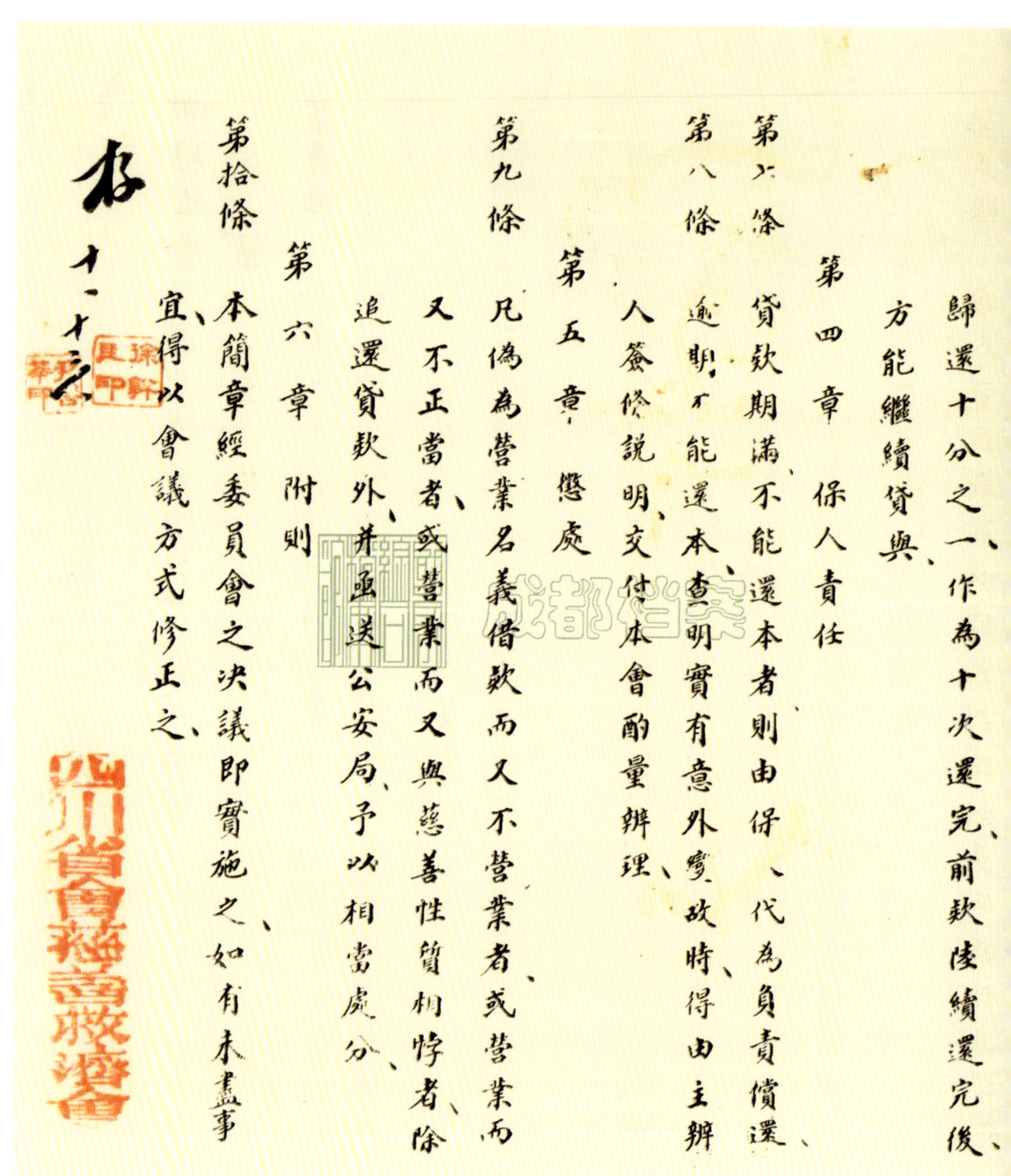

歸還十分之一、作為十次還完、前款陸續還完後、
方能繼續貸與、

第四章 保人責任

第七條 貸款期滿、不能還本者則由保、代為負責償還、

第八條 逾期不能還本查明實有意外變故時、得由主辦人簽條說明、交付本會酌量辦理、

第五章 懲處

第九條 凡偽為營業名義借款而又不營業者、或營業而又不正當者、或營業而又與慈善性質相悖者、除追還貸款外、并函送公安局、予以相當處分、

第六章 附則

第拾條 本簡章經委員會之決議即實施之、如有未盡事宜得以會議方式修正之、

存

十一、十六

定贷款对象必须符合以下条件：一是在十五岁以上无不良嗜好者；二是志愿做小本营业或曾为营业而却无资力者；三是具有殷实铺保或妥当保人者。

四川省會慈善救濟會貧民貸款所簡章

第一章 總綱

第壹條 本會為救濟貧民生計起見、特遵照國民政府内政部公佈各地方救濟院規則第七章之規定、設立貧民貸款所、

第二條 貸款所為救濟貧民貸與營業資本而設、

第二章 貸款規定

第一條 凡貧苦無營業之男女、向本會貸款所貸款者、須合[illegible]列各款之規定、

1 年在十五歲以上確無不良嗜好者、

2 志願作小本營業、或曾為營業而確無資力者、

3 具有殷實鋪保、或妥當保人者、

第四條 貧民貸款、須按照前條調查確實、方能貸與、

第三章 貸款數目及陸續歸還辦法

第五條 每人貸款額數以銅元弍拾釧、至伍拾釧為限、概

（三十三）四川省赈济会徽章